劉玉才　主編

十三經注疏校勘記

北京大學出版社
PEKING UNIVERSITY PRESS

儀禮注疏校勘記

〔清〕阮元　總纂
徐養原　分校
張文　整理

目録

整理說明

儀禮注疏校勘記十七卷，附釋文校勘記一卷，原題阮元撰、徐養原校字。徐養原（一七五八——一八二五），字新田，號飴庵，浙江德清人。嘉慶六年（一八〇一）副貢生。少隨父宦遊京師，從一時名宿問業，洞曉學術源流。長而家居誦讀，潛研經訓，學問益深通博洽。邃於經學，尤精三禮，於明堂、禘祫、廟制、郊社、井田等皆有論説，並考辨聲律、樂器、歌詩、地理及考工記諸制，著成頑石廬經説十卷。又著周官故書考四卷、儀禮古今文異同疏證五卷、春秋三家異同考一卷、論語魯讀考一卷，另有經學、小學、音律、天算及詩文論著多種。阮元撫浙之時，延入詁經精舍，參與纂修十三經注疏校勘記，分任尚書、儀禮。嘉興錢儀吉嘗述人言，謂養原「經爲人師，行爲儀表」（衎石齋記事稿卷十徐新田墓誌銘），可見其學行之醇篤。清史列傳卷六九有傳。續碑傳集卷七十二載張履所撰徐飴庵先生傳。

一、儀禮注疏校勘記所據版本及刊刻源流

儀禮注疏校勘記卷首詳列引據各本目録，其中所據版本依次爲唐石經、宋嚴州單注本、翻刻宋單注本、明鍾人傑單注本、明永懷堂單注本、宋單疏本、李元陽注疏本、國子監注疏本、汲古閣注疏本、國朝重修國子監注疏本。儀禮存世版本較多，版刻源流較爲複雜，爲充分揭示校勘記的

撰著背景及内容特點，兹參據張麗娟宋代經書注疏刊刻研究、顧永新經學文獻的衍生和通俗化、汪紹楹阮氏重刻宋本十三經注疏考、喬秀岩儀禮單疏版本説、廖明飛儀禮注疏合刻源流考等相關成果，分别經注本、單疏本、注疏本等門類，擇要簡述其主要版本及傳刻源流如下。

經注本：

五代監本既爲儀禮刊板之始，也是經注本之源頭，兩宋監本又先後相承，爲儀禮經注本之主流。在此監本系統之外，還有多種官刻及坊刻之本。由於年代久遠，宋刻諸本大都亡佚無傳，今惟可據張淳儀禮識誤知其大略。南宋乾道年間，温州太守曾逮刊刻儀禮經注，邑人張淳爲之校訂，乃裒集所校之字，而有儀禮識誤之作。其自序敘所據各本及版刻源流云：「此書初刊於周廣順之三年，復校於顯德之六年，本朝因之，所謂監本者也。而後在京則有巾箱本，在杭則有細字本。渡江以來，嚴人取巾箱本刻之。雖咸有得失，視後來者爲善。此皆淳之所見者也。淳首得嚴本，故以爲據，參以群本，不足則質之疏，質之釋文。疏、釋文又不足則闕之，蓋不敢以謏見斷古經也。監本者，天下後世之所祖。巾箱者，嚴本之所祖。故其有誤，則亦辨之，餘則採其所長而已。」按儀禮識誤實際所引據，除自序所云監本、巾箱本、細字本、嚴本外，還有湖北漕司本。此後很少有儀禮的刊刻記載，諸如南宋撫州公使庫所刊九經、興國軍所刊六經、余仁仲萬卷堂九經、廖瑩中世綵堂九經，以及後來相臺岳氏九經三傳，其中皆無儀禮。

傳世儀禮經注本以嚴州本爲最早，乃

南宋初期嚴州人據汴京巾箱本重刻。在張淳之後，嚴州本不見記載，數百年隱而不彰，直至清乾隆末年，吴中藏書家黄丕烈得到一部經注本，無刊刻時地標識牌記，顧千里證諸張淳儀禮識誤，考定其爲宋刻嚴州本，由是此本重現於世。嘉慶十九年（一八一四），黄丕烈又影刻此嚴州本，對原本行摹款仿，字體筆畫、刻工諱字皆仍其舊，即有文字舛誤亦不擅改，而别爲校録附於書後，意在「存嚴刻之舊面目」。黄氏所藏原本後來不知踪迹，然其影刻本大致可傳原本之真。嚴州本之外，儀禮經注本以徐本最爲著名，相傳爲明嘉靖間東吴徐氏所刊三禮之一。徐本間避宋諱「敬」字，乃據宋本覆刻之證，而其文字多與嚴州本相合，兩者必有版本傳承關係。顧千里跋此本云「此正從嚴州本出，與宋槧未達一間耳」，校勘記引據各本目録謂其「祖嚴本而稍異」，據此則是徐本源出嚴州本。萬曆間鍾人傑又據徐本重刻，是爲鍾本，校勘記引據各本目録謂其「全同徐本，其偶異者，是失於讎校也」。

在上述經注本之外，還有數種經注附釋文本。如前所言張淳所校、曾逮所刊之本，朱子儀禮經傳通解及魏了翁儀禮要義皆引其異文，謂之温本，校勘記中亦間接述及。温本雖已無傳，然據儀禮識誤所載釋文誤字，可知其附有經典釋文，是今所知最早的經注附釋文本。明正德十六年（一五二一），陳鳳梧在汴中刊儀禮十七卷，亦爲經注並附有釋文，其特點是經注文字多取正於朱子儀禮經傳通解，所附釋文亦直接録自朱子通解，而非依據陸氏經典釋文，故缺略之處甚多。又崇禎間金蟠、葛鼒所刊永懷堂本十三經古注，其中儀禮十七卷，亦附釋文，校勘記引作葛本。永懷堂本蓋據閩本十三經注疏刊刻，實源自注疏合刻本系統，校勘記引據各本目録謂其「全與閩刻注疏本同」，故其校勘價值有限。

單疏本：

自宋太宗端拱元年（九八八）至真宗景德二年（一〇〇五），北宋國子監先後校定刊行五經正義、七經疏義。玉海卷四十二「咸平校定七經疏義」條載：「（景德二年）六月庚寅，國子監上新刻公穀傳、周禮、儀禮正義印板。先是，後唐長興中，雕九經印板，而正義傳寫踳駁。太宗命刊校雕印，而四經未畢。上遣直講王焕就杭州刊板，至是皆備。」此爲儀禮單疏刊板之始，即後世所謂北宋景德官本，南宋時期又曾覆刻此本。宋刻儀禮單疏在清代尚有一部傳世，乾隆末年爲黄丕烈士禮居所得，黄氏卒後又歸汪士鐘。道光十年（一八三〇），汪氏藝芸書舍乃據原本影寫重雕，行款版式及刻工姓名悉仍其舊，顧千里爲作代序和後序。汪氏之後其原本已不知所在，然據此影刻本可知原本面目。其原書爲五十卷，闕卷三十二至三十七，而士冠、士昏、士相見、鄉飲、聘禮、特牲、少牢七篇間有闕葉，每半葉十五行，每行二十七字，各卷尾題後有字數，卷末題有景德元年校定諸臣銜名，正經注語皆標起止，而疏文列其下。顧廣圻、黄丕烈等據其卷末題銜，皆以此本爲北宋景德原刻，校勘記亦沿襲其説。然據其刻工有南宋初期杭州地區刻工，亦有元代刻工，可知其原本當爲南宋覆刊之本，後來又有修補。此外又有黄氏士禮居影抄本，乃據黄氏所藏原本影抄，今藏國家圖書館。又有日本宫内廳書陵部所藏舊鈔單疏殘卷，存卷十五、十六，汪紹楹謂其「書法潦草，訛字亦不少，然體式猶存單疏面目」。據喬秀岩研究，其底本乃宋刻單疏十五行本，且較士禮居藏本刷印爲早。

注疏本：

經書注疏合刻大概始於南宋，然儀禮合刻則遠在於後。遲至明正德間，南監十三經尚無儀禮注疏，而以楊復儀禮圖代之。嘉靖初年，陳鳳梧將單疏附於經注，編校刊行儀禮注疏十七卷，乃注疏合刻之始，是爲陳本。在嘉靖間還有另外兩種儀禮注疏單行刊本，一爲汪文盛、高瀫、傅汝舟校刊，行款與陳本相同，當據陳本翻刻；一爲直隸學政聞人詮校正、常州知府應檟刊行，乃據陳本重刻。陳氏板片後歸南監，嘉靖中李元陽在福建校刊十三經注疏，儀禮即因此本，是爲閩本。萬曆中北京國子監據閩本重刻，是爲北監本（校勘記省稱監本）。崇禎中毛氏汲古閣又據北監本重刻，是爲毛本。汪文盛本、聞人詮本與陳本皆傳布不廣，不及閩本、監本、毛本通行。清康熙間，對北監本板片又有校訂修補，校勘記所謂「國朝重修國子監注疏本」是也。乾隆四年（一七三九），武英殿又據監本重新編校，並附周學健等所撰考證於後，是爲殿本。上述諸刻輾轉相承，皆附有釋文，爲十七卷之形態。黄丕烈百宋一廛賦注所謂「陳鳳梧、李元陽、聞人詮散疏入注，而注之分卷遂爲疏之分卷」是也。嘉慶十一年，張敦仁重新校刊儀禮注疏，其經注取正於宋刻嚴州本，疏則採用宋刻單疏本，單疏所闕六卷則依儀禮要義。其特點是以經注散附於疏，故沿用單疏本之卷第，全書爲五十卷，仿十行本之版式，而不附釋文。後世流傳的儀禮刻本，以嚴州單注本及宋刻單疏本最古，亦最爲精善，而張敦仁刊本以之「雙美合璧」（黄丕烈語），又得顧千里精加讎正，遂成「此經注疏之最善者」（曹元弼語）。嘉慶二十年，阮元在江西主持重刊十三經注疏，其於儀禮雖自言「借校蘇州黄氏丕烈所藏單疏」重刻，實則出於覆刻張敦仁刊本。儀禮注疏合刻本之源流大略如此。

二、儀禮注疏校勘記的内容特點及價值意義

嘉慶六年，阮元在西湖立詁經精舍，

延攬學人校勘十三經注疏。由此上溯十年，在乾隆五十六年冬十一月，阮元奉旨充石經校勘官，分校儀禮十七篇經文上石，乃「總漢石經殘字、陸德明釋文、唐石經、杜佑通典、朱熹經傳通解、李如圭集釋、張淳識誤、楊復圖、敖繼公集説、明監本、欽定義疏、武英殿注疏諸本以及内廷天禄琳琅所收諸宋元本、曲阜孔氏宋本，綜而核之，經文字體擇善而從」，於次年六月撰成儀禮石經校勘記四卷（阮元儀禮石經校勘記序）。焦循謂阮元校勘石經時「臚列諸本，反覆經義，審擇得平，兼又博訪通儒，務從人善」，於戴震、劉臺拱、王引之、金榜之説皆有採擇，於錢大昕、王念孫「亦曾執手問故」；且謂阮元「又有校正鄭注賈疏册記，考證益精，俟更刻以傳焉」（焦循儀禮石經校勘記後序）。據之可知，

在正式撰作十三經注疏校勘記之前，阮元不但撰成儀禮石經校勘記，還曾全面校勘注疏文字，且似已經成編。有此前期準備和基礎，儀禮注疏校勘記較之其他各經校勘記爲特殊。而阮元校勘儀禮石經，則廣泛參據各種版本，充分吸收前賢時彦論説，用力可謂勤且至矣。儀禮石經校勘記與後來儀禮注疏校勘記之關係，據揅經室集一集卷二儀禮石經校勘記序所附阮福案語云：「在浙定十三經注疏校勘記時，此記皆採載彼本矣。」今以二書詳加比勘，因其出校範圍有别，前者僅校經文，而後者則全面校勘經、注、疏文以及釋文，彼此内容份量大相懸殊。專就經文部份來看，儀禮石經校勘記有些出校條目爲儀禮注疏校勘記所無，而就相同出校條目而論，兩書引徵文獻和論説考辨亦存在較大差異，甚至持論截然相反。在引據版本、徵考文獻、校勘理念諸方面，後出的儀禮注疏校勘記顯然更爲精密完善。可見兩者之關係並非阮福所言「此記皆採載彼本」如此直截簡單，然而不可否認，阮元早年校勘石經的實踐經歷和考證成果，爲後來撰作校勘記提供了良好學術積累，並奠定了堅實文獻基礎。

儀禮注疏校勘記的主要内容是版本對校，蒐羅版本較爲完備，而在所引各本之中，尤爲推重唐石經、嚴州本及單疏本之價值。阮元儀禮注疏校勘記序云：「大約經注則以唐石經及宋嚴州單注本爲主，疏則以宋單行本爲主，參以釋文、識誤諸書，於以正明刻之譌。」從版本源流來看，後世經注本皆源出五代監本，而監本經文即據唐石經，故唐石經被稱爲「古本之終，今本之祖」，爲「天地間經本之最完最舊者」（嚴可均唐石經校文敘）。清代學者從事儀禮校勘，頗得力於唐石經。而嚴州本則爲唯一傳世的宋刻經注本，張淳昔日校定儀禮，即以此本爲據，稽考儀禮識誤所載異文，可知在其所見諸本之中，嚴州本校刻精審，雖不無舛誤，然勝諸本之處實多，堪稱宋刻之佳者。如顧炎武所言監本脱誤之處，嚴州本皆完然具存；顧千里以嚴州本校經注，「補正注文者尤不可枚舉」（黄丕烈百宋一廛賦注），「視嘉靖本尤勝」（顧千里重刻儀禮注疏序）。至於宋刻單疏本，則更具無可替代之重要價值，以其未經後人删改更易，較好保存了賈疏的本來面目。顧千里跋單疏本云：「此宋時官本疏，分卷五十，尚是賈公彦等所撰之舊。不佞在士禮居勘之一過，於行世各本，補其脱，删其衍，正其錯謬，皆不可勝數。其所標某至某、注某至某，尤有關於經注，而各本刊落竄易殆盡，非此竟無由得見，實於宋槧書籍爲奇中之奇，寶中之寶，莫與倫比者也。」（思適齋書跋卷一）再就明刻注疏本而論，其源頭爲陳鳳梧刊本，陳氏則是依據自己先前所刻經注本，並附入單疏内容合刻而成。陳氏經注本多取正於朱子儀禮經傳通解，在附入疏文時又率意牽合，並據通解對疏文多有删改更易，加之校勘不精，以致經、注、疏文多有舛訛脱衍。其後閩本、監本、毛本諸刻輾轉相承，沿謬踵訛，舛錯彌盛。阮元儀禮注疏校勘記序議明刻注疏之失，謂「朱子作通解，於疏之文義未安者多爲删潤，在朱子自成一家之書，未爲不可，而明之刻注疏者一切惟通解之從，遂盡失賈氏之舊」。即此可見，校勘記以唐石經、嚴州本及單疏本爲主，實具有正本清源之性質，能徹底釐清陳本以下諸刻疏失，從而實現「以正明刻之訛」、「庶還唐宋之舊觀」的目的，與同時問世的張敦仁重刊儀禮注疏交相輝映，在版本學和校勘學上具有大致相同的價值意義。

在版本對校之外，儀禮注疏校勘記還廣泛徵引他校文獻，充分吸收前人校勘成果。如其卷首引據各本目録所列，則有陸德明經典釋文、張淳儀禮識誤、李如圭儀禮集釋、朱子儀禮經傳通解、魏了翁儀禮要義、楊復儀禮圖、敖繼公儀禮集説、浦鏜十三經注疏正字、盧文弨儀禮詳校、顧炎武九經誤字、張爾岐儀禮誤字、彭元瑞石經考文提要。此爲其所引據主要文獻，其中陸氏經典釋文既標注漢魏六朝聲讀音切，又兼載諸儒訓詁與各本異同，可據以考見陸氏所據底本與唐前古本之面目。張淳儀禮識誤乃儀禮校勘肇端之作，既校正經注文字之訛脱，亦存有宋槧諸本之崖略。李如圭儀禮集釋則取鄭注而博採經傳以釋之，多發賈疏所未備，以其生於南宋，故得參用古本，可訂注疏本之訛。朱子儀禮經傳通解以儀禮爲經，而取禮記及諸經史所載相關内容以附之，全載經注而節録賈疏，對注疏文字雖多有改易删潤，然精確之處亦復不少。魏了翁儀禮要義分别條目事類，節取注疏之文録於其下，有删節而絶無改竄，卷第悉依賈疏原本，文字也多與單疏相合，單疏所闕之六卷，可藉此以見大略。楊復儀禮圖全載經文而節取注疏，詳考儀節陳設方位而繫之以圖，所載注疏文字亦不無佳處。敖繼公儀禮集説解經多與鄭玄立異，於經文間有輕率臆改，所載鄭注亦多移易點竄，然精要之處亦不可没。至於顧炎武九經誤字、張爾岐儀禮誤字、彭元瑞石經考文提要，則是清人考訂唐石經的重要成果。浦鏜十三經注疏正字爲前此群經校勘代表性論著，而盧文弨儀禮詳校則是儀禮校勘專門之作。有些文獻雖未列入上述目録，但實際上仍有大量引用。如引通典近兩百處，引聶氏（聶崇義三禮圖）八十餘處，引周學健（殿本儀禮注疏考證）二十餘處，又據盧氏詳校引金曰追（儀禮經注疏正訛）二十餘處。此外還引述衆多清代學者之説，如臧琳、沈彤、惠棟、戴震、錢大昕、程瑶田、段玉裁、凌廷堪、瞿中溶、顧廣圻、嚴杰、臧庸諸家。綜而論之，儀禮注疏校勘記利用他校文獻極爲完備，彙集諸家論説較爲充分，前此重要的研究著作以及校勘成果基本囊括無遺。

儀禮文辭古奥難讀，歷來傳授研習者少，至後世不立於學官，學者益不復誦習，故其版本校勘疏略，文字多有舛誤。清初顧炎武以唐石經校明監本諸經，發現儀禮脱誤最甚，開清人儀禮校勘之先河。其後儀禮研究漸盛，出現了衆多考證成果，對於校勘也頗有助益。阮元身處乾嘉學術鼎盛之時，得以取精而用弘，博考而詳辨。阮元儀禮注疏校勘記序云：「鄭注疊古今文最爲詳覈，語助多寡，靡不悉紀。今校是經，寧詳毋略，用鄭氏家法也。」因此種種緣由，儀禮注疏校勘記的内容頗爲詳贍。前此專門從事儀禮校勘者，還有金曰追儀禮經注疏正訛、盧文弨儀禮注疏詳校。金氏正訛所據以朱子通解爲主，輔以楊氏儀禮圖、敖氏儀禮集説，並參考沈彤儀禮小疏、馬駉儀禮易讀，其參校版本則有陳鳳梧、鍾人傑兩經注本。盧氏詳校引證多本於武英殿本和儀禮義疏，並參據陸德明以下至近世十餘家之説，對浦鏜正字、金曰追正譌等均有利用。兩家蒐羅版本俱不完備，故論者謂金氏正譌「未見宋元各舊本，根據薄弱，遠不逮盧文弨詳校、阮元校勘記之精」，盧氏詳校則「景德單疏本未見，魏了翁要義雖見而未細考，故其書勝正譌，而遠不逮阮元校勘記」（胡玉瑨儀禮經注疏正譌跋、儀禮注疏詳校跋）。而儀禮注疏校勘記則對金氏、盧氏之書亦有參考，並能後來居上，卒集儀禮校勘之大成。儀禮注疏校勘記自成書之日起，就已廣爲流傳，産生較大學術影響。如胡培翬撰著儀禮正義，凡涉經注校勘必引阮元校勘記，所引將近千條之多，在所據文獻中居於主要。曹元弼謂「國朝禮家校勘以阮氏爲宗」（禮經學流别第七），洵非虚譽。

儀禮注疏校勘記也存在一些疏失和不足。如校勘記所引版本以嚴州本和單疏本最爲重要，但引據各本目録謂嚴州本是「元和顧廣圻用鍾本校其異者書於簡端，今據以採入」；至於單疏本雖未明言所據是否爲原本，然黄丕烈宋嚴州本儀禮經注精校重雕緣起云：「宋刻經注本及宋刻單行疏本，各校副本，流傳於外，阮芸臺侍郎取以入儀禮校勘記中者是也。」又據顧千里思適齋書跋卷一「儀禮要義」云：「中丞阮公將爲十三經作考證一書，任儀禮者爲德清徐君新田，新田與九能有媚親，曾傳鈔是書，近日復從予所持舊校景德本去臨出一部。」是知阮、徐撰作校勘記時，其實未嘗親見嚴州本和單疏本，而是據顧千里校本輾轉校録。顧氏校勘雖稱精密，學識誠爲卓絶，然千慮之失固所難免，故校勘記雖以嚴州本、單疏本爲主，但不能全面準確反映其原貌，且存在失校誤校之處。後來胡培翬著儀禮正義，在引用校勘記之時，多據士禮居重刊本補出嚴州本異同。曹元弼所撰禮經校釋，亦覆覈士禮居重刊嚴州本和藝芸書舍重刊單疏本，很多條目可補校勘記之闕失。至於其他方面的疏失訛誤，則汪文臺十三經注疏校勘記識語、孫詒讓十三經注疏校記亦有辨及。而今人王輝撰阮元儀禮注疏校勘記補正，彙集阮元校勘記之疏失和阮刻儀禮注疏之訛誤，爲之補正凡二百餘條，頗有詳確可據之處。若能以阮元儀禮注疏校勘記爲基礎，全面參核覆校今存各種重要版本，充分吸收諸家糾謬補正之成果，並參考利用後來所出武威漢簡、漢石經殘石等文獻資料，必定能彌補校勘記的疏失和不足，從而推進和提升儀禮注疏的校勘水平。

三、儀禮注疏校勘記的單行版本與印本差異

十三經注疏校勘記單行版本主要有二，先有阮氏文選樓刊本，後有學海堂刊清經解本。十三經注疏校勘記的成書及初刻時間，張鑒雷塘庵主弟子記有明確記載，當爲清嘉慶十一年冬十月，是刻即所謂文選樓本。嘉慶十三年八月，段玉裁撰十三經注疏釋文校勘記序，今所見文選樓本多將此序置於卷首。嘉慶廿一年十二

月，阮元經過反覆校改，又將此本敬裝十部，具表進呈御覽。道光九年廣東學海堂編刊皇清經解，十三經注疏校勘記收入其中，是爲學海堂本。學海堂本書板後因戰火多有殘毁，故在咸豐十年（一八六〇）又予補刻，補刻板片版心下方皆鐫「庚申補刊」，是爲庚申補刊本。我們通過版本調查，發現文選樓本前後印本之間存在差異，其中尤以尚書、儀禮爲甚。關於尚書注疏校勘記的印本差異，詳見其整理説明，茲不贅述。今專就儀禮注疏校勘記作以考述，先敘所檢覈文選樓各印本相關信息如下。

1．南京圖書館藏本。著録爲十三經注疏校勘記二百四十五卷，清嘉慶廿一年揚州阮氏文選樓刻本。續修四庫全書據之影印，卷端題「本書據南京圖書館藏清嘉慶阮氏文選樓刻本影印」，是目前較爲通行之本。有隸書牌記「宋本十三經注疏挍勘記二百十七卷坿釋文挍勘記廿六卷」，卷首有嘉慶戊辰（一八〇八）段玉裁序。（簡稱「南圖藏本」）

2．上海圖書館藏本（索書號：線善T417004—63）。著録爲宋本十三經注疏併經典釋文校勘記，清嘉慶十一年儀徵阮氏文選樓刻本，前有楷書牌記「十三經注疏校勘記／揚州阮氏文選樓藏板」。又有題識云：「凡例内所夾一簽似唐鷦庵手書。／儀禮缺卷補鈔極工整。丙子年以廉價得於上海城内書攤，乙卯年重裝訖。撲初記。」知其爲葉景葵舊藏。其中儀禮卷一至八抄配，卷九至十七原刻。（簡稱「葉景葵舊藏本」）

3．上海圖書館藏本（索書號：線普

長02871）。著録爲宋本十三經注疏併經典釋文校勘記，清嘉慶十三年揚州阮氏文選樓刻本，前有楷書牌記「十三經注疏校勘記/揚州阮氏文選樓藏板」，卷首有嘉慶戊辰段玉裁序。（簡稱「上圖藏本」）

4. 華東師範大學圖書館藏本（索書號：231220 愚經 4980）。著録爲十三經注疏校勘記二百四十三卷，清嘉慶廿一年揚州阮氏刻本。前有楷書牌記「十三經注疏校勘記/揚州阮氏文選樓藏板」，卷首有嘉慶戊辰段玉裁序，又有嘉慶廿一年十二月阮元恭進摺子。（簡稱「華師大藏本」）

在此需要説明的是，各圖書館所藏文選樓本的刊刻時間，或據張鑒雷塘庵主弟子記著録爲嘉慶十一年，或據段玉裁序文著録爲嘉慶十三年，或據阮元進呈摺子著録爲嘉慶廿一年，其實不盡準確，不能直接據以判斷印本先後。爲避免語意混淆誤會，以下敘述各本異同之時，將有意忽略其著録信息，而以簡稱來指代各本。核諸實際版面特徵和文字内容，南圖藏本當爲較早印本，而上圖藏本、華師大藏本則有明顯剜改增補之跡，屬於後來印本。至於葉景葵舊藏本，其鈔配部份與南圖藏本完全相同，而原刻部份則與華師大藏本完全相同，且其並非完整印本，故不再重出其異同情況。

文選樓本前後印本之間的區别，一是校正原刻訛誤。如01—215條：校語「浦鏜改從艸」，南圖藏本「從」誤「以」，上圖藏本、華師大藏本皆改作「從」。01—315條：出文「賓醴不用柶者」，南圖藏本「柶」誤「栖」，上圖藏本、華師大藏本皆改作

「柶」。15—284條當爲注文校記，南圖藏本出文之前原空兩格，誤作疏文之校記，上圖藏本、華師大藏本皆移正。一是删去個別條目。如07—270條：出文「守故之辭」，校云：「浦鏜云『有』誤『守』。」南圖藏本如此，但上圖藏本、華師大藏本皆剜改删去，故此行空闕。一是增加出校條目。較之南圖藏本，上圖藏本、華師大藏本增出校記凡二十條，其中卷六增兩條，卷七增一條，卷十一增四條，卷十二增三條，卷十三增一條，卷十四增兩條，卷十五增四條，卷十六增一條，卷十七增兩條。凡增加條目之處，爲遷就原刻行款，多將兩條併作一行，或減省前後條目文字，剜改增補之跡顯而易見。一是更改校語内容。如06—100條校語之末，上圖藏本、華師大藏本中皆删去「凌廷堪據」以下至末二十一字。07—036條校語之末，上圖藏本、華師大藏本皆增「按上鵠字當作侯」七字。10—142條：出文「同姓大邦而言若也」，校云：「若，要義作『者』。按，『若也』疑當作『若然』。」南圖藏本如此，上圖藏本、華師大藏本出文皆改作「同姓大邦而言若也據文」，校語改作：「『若』，要義作『者』。許宗彦云『若也據文』乃『若據他文』之訛。」

上圖藏本與華師大藏本雖皆爲後印本，但兩者又有很多差異。如01—337條，出文「謂賓客之贊冠者」，南圖藏本如此，上圖藏本同，而華師大藏本删去「客」字；01—382條，出文「二者謂刌肺」，南圖藏本如此，上圖藏本同，而華師大藏本「謂」下補「之」字；05—287條，出文「即立於席端」，南圖藏本如此，上圖藏本同，而華師大藏本「席」改作「序」；05—298條，出文

「右祭薦俎」，校云「右，誤作『反』」，南圖藏本如此，上圖藏本同，而華師大藏本校語改作「右，當從毛本作『又』」；08—675條，出文「外門應在臯門外」，南圖藏本如此，上圖藏本同，而華師大藏本「門」更正爲「朝」；08—875條，出文「晉侯享之以豆籩」，南圖藏本如此，上圖藏本同，而華師大藏本「豆」更正爲「加」；13—432條，出文「此菅屨也」，校云：「『此』字下，單疏本有『則』字」，南圖藏本如此，上圖藏本同，而華師大藏本則增出「菅毛本誤營」五字；14—189條，出文「釋曰」至「於苴」，校云「疏凡三十二字，今本脱，單疏、通解、要義俱有」，南圖藏本如此，上圖藏本同，而華師大藏本校語則改作「注疏本俱脱，此據單疏本及通解、要義補」；14—286條，出文「無尸則不薦猶出几席設如初」，南圖藏本如此，上圖藏本同，而華師大藏本「薦」更正爲「餞」；15—321條，出文「亦於大夫同少牢五誤」，南圖藏本如此，上圖藏本同，而華師大藏本「誤」更正爲「鼎」。

通過上述分析考察，可知南圖藏本、上圖藏本、華師大藏本存在較多差異，分別屬於文選樓本的早、中、晚三種類型印本。南圖藏本應該接近初刻面貌。而華師大藏本則有阮元恭進摺子，且其增補內容較爲完備精審，蓋即阮氏進呈御覽之改定本。在此三種印本之外，還有可能存在其他不同的印本，限於個人的時間精力，難以再作全面考索。但通過此三種印本，已經足以説明在校勘記纂成刊刻之後，曾不斷予以校正修補並陸續印行，而這正與阮元恭進摺子所謂「連年校改方畢」之語相互印證。日本京都大學人文科學研究所藏文選樓本十三經注疏校勘記，卷首無阮元恭進摺子，亦無段玉裁序文，版面分明如新，且有王念孫批校題識，有學者認爲其可能是文選樓本的最初印本。至於學海堂本與文選樓本之關係，我們經過認真比勘，發現學海堂初刻本與華師大藏本基本一致，知其所據底本當爲文選樓後印本。考慮到學海堂編刊皇清經解是由阮元發凡起例，由其得意門生嚴杰總司編輯校讎，而嚴杰又曾參與撰作十三經注疏校勘記，故學海堂本所據當爲文選樓本的改定本。咸豐庚申補刊學海堂本，其校勘較爲精審，改正原刻訛誤較多，總體而言似較原刻更善，但亦有原刻不誤而補刻反訛者。因此對於學海堂本的文字異同，還應區分道光九年原刻與咸豐庚申補刊之别。

通過文選樓前後印本的差異，又可引申出一些重要問題。如儀禮注疏校勘記原刻並無許宗彦之説，而後出印本則多補入許氏之説，涉及校記凡二十二條，在所增補内容中最爲矚目。詳考所引許氏之説，其特點是擅長理校之法，潛心玩味經義，紬繹内在脈絡，辨駁原校是非按斷，多有精確不易之見，具有重要學術價值。許宗彦字積卿，又字周生，浙江德清人。嘉慶己未進士，授兵部車駕司主事，旋以親老引病歸，後居杭州，杜門以讀書爲事。許宗彦與阮元乾隆丙午（一七八六）同舉於鄉，而己未會試時阮元又爲其座主，又以子女結爲姻親，「學術行誼相契最深」，阮元稱譽其「於學無所不通，探賾索隱，識力卓然，發千年儒者所未發，是爲通儒」（揅經室集二集卷二浙儒許君積卿傳）。徐養原與許宗彦既是同鄉，又爲論學之友，過從極爲頻密。在十三經注疏校勘記中，惟有徐養原所校尚書和儀禮採擇許宗彦之説。其中尚書注疏校勘記引許宗彦之説凡十五條，但其原刻即已如此，而儀禮注疏校勘記所引則是後來增補。若就此稍加探究考察，就會發現儀禮注疏校勘記的成書過程較爲複雜，並非如阮元序文所謂「徐養原詳列異同，元復定其是非」如此單純，而從中尤可考見段玉裁與校勘記撰作的密切關係。

四、南昌府學本儀禮注疏所附校勘記

嘉慶二十年南昌府學重刊十三經注疏，凡經注疏文有關校勘之處皆加圈於旁，由盧宣旬摘録十三經注疏校勘記附於各卷之後。盧氏摘録之時，對於校勘記原文有所改動，校記條目有增有删，校語文字有改有補，由此形成十三經注疏校勘記的兩個系統：以文選樓本爲代表的單行本和以南昌府學本爲代表的附録本。在這兩個系統之間，儀禮與尚書、論語情況較爲特殊，因爲涉及校勘底本的變化，盧氏摘録此三經校勘記之時，不能是單純地擇取附録，而是要對校勘記的出文和校語進行改寫，由此産生了不同於他經的問題。

文選樓本儀禮注疏校勘記存在前後印本之别，而南昌府學本則據後出印本摘録，其文字内容與華師大藏本相近。儀禮注疏校勘記十七卷，南圖藏本凡 7423 條，而華師大藏本等後印本皆删去 1 條，又增出 20 條。南昌府學本儀禮注疏五十卷，各卷之後附以校勘記，凡 4672 條，其中增出校記 3 條，所棄校記 2767 條。南昌府學本對校勘記的取捨，整體而言比較隨意，並無内在規律條例可循。其所增出之三條校記，分别見於卷一、卷二、卷七，則或補出監本異同，或辨南昌府學刊本之誤。南昌府學本所附校勘記之中，大都對原校存在不同程度的改動，其中主要是因校勘底本轉换，對出文和校語作相應改寫。根據卷首引據各本目録，並核諸校記實際内容，可知儀禮注疏校勘記是以毛本爲底本來標注出文並撰寫校語。而盧氏摘録校勘記，則應以南昌府學本爲底本，對出文和校語進行相應改寫。前已敘及，南昌府學本儀禮注疏號稱「借校蘇州黄氏丕烈所藏單疏」重刻，實則出於覆刻張敦仁刊本，而張敦仁刊本則是萃合嚴州本與單疏本而成。張氏、阮氏皆有意存古本之真，對於原本一仍其舊，即便有錯訛之處，亦不輕易更改。因此就理想形態而言，南昌府學本儀禮注疏的經注文字應該和嚴州本相合，疏文應該和單疏本相合。盧宣旬摘録校勘記時，涉及疏文時對底本轉换有明確意識，故多删去單疏本的文字異同和版本信息。盧氏摘録改寫校勘記，存在普遍性的疏失和訛誤，主要如下：

一是忽略原校版本信息。如士冠經文「筮於廟門」，疏文「既云不腆先君之祧」，毛本如此，文選樓本校勘記云：「既，單疏、要義俱作『即』。」盧氏摘録出文作「即云不腆先君之祧」，校語云：「要義同。毛本『即』作『既』。」今案，校勘記以毛本爲底本，而閩本、監本與毛本同出一源，文字大同小異，凡相同之處不需説明，惟相異之處則特别表出，此爲儀禮注疏校勘記之通例，其中實包含隱性版本信息與顯性版本信息：此處閩本、監本與底本同，雖不言而自明，此爲隱性版本信息；單疏本與底本不同，故需特别表明，此爲顯性版本信息。盧氏摘録時底本轉换爲單疏本，校語惟言毛本「即」作「既」，意似閩本、監本皆與毛本不同，忽略原有版本信息，甚失原校之意。

一是遺漏原校是非判斷。如士冠經文「主人玄冠朝服」，疏文「此服乃服朝服」，毛本如此，文選樓本校勘記云：「單疏本無『乃服』二字，是也。」盧氏摘録出文作「此服朝服」，校語云：「毛本『朝』上有『乃服』二字。」今案，自陳本以下皆誤衍「乃服」二字。盧氏皆僅言毛本文字異同，不但忽略原校所隱含版本信息，而且遺漏其是非判斷。

一是混淆原校版本概念。如士冠經文「皮弁服」，疏文「以白鹿皮冒覆頭鉤頷繞項」，毛本如此，文選樓本校勘記云：「單疏本無『以白鹿皮』四字，『鉤』作『句』。通解與今本同。」盧氏摘録出文作「冒覆頭句頷繞項」，校語云：「毛本『冒』上有『以白鹿皮』四字，『句』作『鉤』。通解與毛本同。」今案，儀禮注疏校勘記中「今本」一詞頻繁出現，撰作者對此雖未有明確界定，但結合卷首所列引據各本目録以及校勘記的實際内容，可知「今本」之内涵指向基本確定，一般是指閩本、監本、毛本。陳本雖不在卷首目録之列，但校勘中實際對其多有引用，且其爲閩、監、毛本之源頭，文字異同與「今本」相合，故「今本」亦可包含陳本在内。在個别情況下「今本」可能僅指毛本，不包含陳、閩、監諸本在内。但這種情況極少，就普遍的情況而言，「今本」是指陳本以下的閩、監、毛諸刻。盧氏以爲此處今本僅指毛本，意似通解與閩本、監本等不同，不合原校之意。

一是文字敘述出現錯誤。士冠疏文「大夫冠而不爲殤」，毛本如此，文選樓本校勘記云：「大，閩本作『丈』。」盧氏摘録出文亦作「大夫冠而不爲殤」，校語云：「大，閩本、毛本作『丈』。」今案，陳本、監本、毛本、單疏本作「大」而非「丈」，盧氏誤以毛本作「丈」，與原校顯然矛盾。又如士喪經文「掩練帛廣終幅」，注文「又還結於項中」，毛本如此，文選樓本校勘記云：「張氏曰：『注曰又還結於項巾。案，監、杭本巾作中，從監、杭本。』」盧氏摘録出文作「又還結於項巾」，校語云：「張氏曰：『注曰又還結於項巾。案，監、杭本、毛本巾作中，從監、杭本。』」今案，此所引張氏，乃張淳儀禮識誤之説。盧氏在中間插入「毛本」二字，張氏爲南宋時人，豈能得見明刻版本？類似這樣的疏失和訛誤，在南昌府學本中較爲常見。

通過上述分析可知，南昌府學本儀禮注疏所附校勘記不太完整，所删校記數量超過全書三分之一，無疑會忽略很多版本信息。而其摘録改寫又存在諸多疏失，對儀禮注疏校勘記原文多有曲解和違悖，若加以推勘詳究，估計有一半以上的校記存在問題。客觀而言，盧宣旬摘録改寫之所以出現種種疏失，亦有種種不得已之情由：因南昌府學重刊十三經注疏歷時較短，盧氏倉促辦理此事，校讎之責極爲繁重。而十三經注疏校勘記雖由阮元主持編撰，其實書成衆手，各經校勘記的體例風格存在較大差異。如就出校情況而言，徐養原、嚴杰、孫同元所校各經，在校記中一般只注明與底本文字相異的版本，對於相同的版本並不特別注明，而李鋭、顧廣圻、臧庸所校各經，則對與底本相同的版本亦皆注出。這些校勘體例上的差異，加之涉及校勘底本的轉换，客觀上增加了盧氏摘録改寫的難度，間接導致種種疏失的産生。不可否認，南昌府學本增加了個别條目，增補了部分校語，一些案斷亦有獨到之見，但其内容分量微乎其微。即此可見，如果要參考利用儀禮注疏校勘記，不能完全依據和憑藉南昌府學附録本。

此次校點整理儀禮注疏校勘記，我們選擇以續修四庫全書影印之南京圖書館藏嘉慶阮氏文選樓刻本爲底本，以臺灣藝文印書館影印之嘉慶二十年南昌府學刊本爲校本，並參校華東師範大學圖書館所藏文選樓後印本（華師大藏本）及上海圖書館所藏學海堂道光原刻本及咸豐庚申補刊本。因儀禮注疏校勘記版本情況特殊，且南昌府學本存在底本轉换問題，故於全書體例略有變通：凡南昌府學本所增出，且華師大藏本、學海堂本亦有之條目，皆在相應位置補入，在其上端以「**」標示；凡南昌府學本所增出，而華師大藏本、學海堂本所無之條目，皆在相應位置補入，在其上端以「*」標示；凡華師大藏本、學海堂本所增出，而南昌府學本所無之條目，皆在相應位置補入，在其上端以「*」標示，在其末尾並以「×」標示。凡華師大藏本、學海堂本所删之條目以及增補改寫之校語，皆出校詳細説明，並注明南昌府學本之異同。凡南昌府學本因底本轉换而産生的一般性差異，以及普遍性疏失，諸如忽略原校版本信息、遺漏是非判斷以及混淆版本概念等，均不作出校説明；南昌府學本對校語的增補改寫，如確有獨特判斷與見解，則擇要出校説明；至於南昌府學本存在的其他差異和文字訛誤之處，則視情況出校説明。凡底本文句訛誤之處，如有版本依據，則引據華師大藏本、學海堂本或南昌府學本，改正原文並出校説明；如無版本依據，則不改正原本，而僅出校説明。凡引據學海堂本之處，皆檢核道光九年原刻與咸豐庚申補刊本，如果相同則統稱學海堂本，如果有異則分别注明。鑒於學海堂本更爲通行，而華師大藏本則與學海堂初刻本基本一致，爲避免校勘蕪雜繁冗，故校記中一般不再重出華師大藏本。其他具體整理方法詳見全書凡例，此不再贅述。

本次校點整理儀禮注疏校勘記，力求既忠實反映其初始刻本之形態，又準確呈現其最終定本之面目，既擇要説明南昌府學附録本之差異，又參酌吸收其所增補之校勘成果，從而爲學者參考利用校勘記提供便利。限於自己的學養與識見，整理本肯定存在疏失和舛謬，敬祈讀者指正爲感。

張　文

儀禮注疏校勘記序

儀禮最爲難讀，昔顧炎武以唐石刻九經校明監本，惟儀禮譌脱尤甚。經文且然，况注、疏乎？賈疏文筆冗蔓，詞意鬱轖，不若孔氏五經正義之條暢，傳寫者不得其意，脱文誤句往往有之。宋世注、疏各爲一書，疏自咸平挍勘之後，更無別本，誤謬相沿，迄今已無從一一釐正。朱子作通解，於疏之文義未安者多爲删潤，在朱子自成一家之書，未爲不可，而明之刻注疏者，一切惟通解之從，遂盡失賈氏之舊。臣於儀禮注疏舊有挍本，奉旨充石經挍勘官，曾挍經文上石。今合諸本，屬德清貢生徐養原詳列異同，臣復定其是非。大約經、注則以唐石經及宋嚴州單注本爲主，疏則以宋單行本爲主，參以釋文、識誤諸書，於以正明刻之譌。雖未克盡得鄭、賈面目，亦庶還唐、宋之舊觀。鄭注疊古今文最爲詳覈，語助多寡，靡不悉紀。今挍是經，寧詳毋略，用鄭氏家法也。臣阮元恭記。

引據各本目録

唐石經　明王堯惠補缺。案，此刻自五季以來，名儒俱不窺之，不特張淳、李如圭諸人生於南宋，固不及見，即敖繼公當元一統之時，亦未嘗過而問焉。至國朝顧炎武、張爾岐始取以挍監本，多所是正。

宋嚴州單注本　宋本之最佳者，張淳所據即此本也。元和顧廣圻用鍾本校其異者書於簡端，今據以採入。

翻刻宋單注本　明徐姓翻刻於嘉靖時，祖嚴本而稍異。記中凡與嚴州本及鍾人傑本合者，則偁徐本。

明鍾人傑單注本　全同徐本，其偶異者，是失於讎挍耳。

明永懷堂單注本　全與閩刻注疏本同。

宋單疏本　此北宋時咸平、景德間所挍勘開雕者也。注疏合刻起于南北宋之間，惟儀禮又在後。朱子自述通解云：「前賢嘗苦儀禮難讀，以經不分章，記不隨經，而注、疏各爲一書，故讀者不能遽曉。今訂此本，盡去諸弊。」是朱子時注、疏各爲一書也。馬廷鸞曰：「余從敗篋中得景德中官本儀禮疏四帙，正經注語皆標起止，而疏文列其下。家有監本儀禮經注，因取而附益之。」是馬氏時注、疏猶各爲一書也。此本與馬氏所見正同。又按，宋人各經皆以經注分附於疏，其分卷依疏之卷數，如禮記注疏七十卷是也。惟儀禮以疏分附經注，其分卷依經注之卷數。如舊唐書經籍志、新唐書藝文志竝云儀禮疏五十卷，而注疏本則分爲十七卷。賈公彦五十卷之本，今之學者每恨不可得見。近年吴中黄丕烈家有其書，每葉三十行，每行二十七字，末葉列宋時諸臣官銜。今併將每卷起止具述於記中，俾學者知唐時舊式也。❶

李元陽注疏本　刻于閩中，故稱閩本。每半葉九行，每行二十一字。監本、毛本俱仿此。

國子監注疏本　明神宗時北京國子監刊。

汲古閣注疏本　今校正義，以此本爲據。記中凡云某誤作某，而不言何本者，是此本獨誤者也。❷

國朝重修國子監注疏本

經典釋文　内儀禮一卷。

儀禮識誤　聚珍板本。宋乾道八年，曾逮命張淳挍刊儀禮，因爲識誤三卷。今刊本未見，惟識誤存焉。其書專宗釋文，意在復古，然所辨或祇係偏旁形體，則六朝時俗書最多，既不足據，且無關語句之異同也。至其精審之處，自不可没。以嚴本爲據，參以監本及汴京巾箱本、杭細字本，又有湖北漕司本。監本初刊于廣順，復挍于顯德，而宋因之。

儀禮集釋　聚珍板本。李如圭著。全載鄭注，微遜嚴本。書中引石本與唐石經異，疑是成都石經。

儀禮經傳通解　全載鄭注，節録賈疏，明刻注疏多與此同。近世挍儀禮者奉此爲準則，然於其佳處不能盡依，而移易删潤之處則多據之，是取其糟粕而遺其精華也。又引温本及成都石經。至喪、祭二禮，門人黄幹續成。

抄本儀禮要義　魏了翁著。專録賈疏，多與單疏本合，有刪節而絶無改竄，遠勝通解。間録經注，雖不盡與嚴本合，終勝今本。亦引温本異同。

儀禮圖　通志堂本。與通解略同。注内叠今古文俱刪去。

儀禮集説　通志堂本。敖繼公著。所載鄭注多移易點竄，不足盡憑。

浦鏜十三經正字内儀禮二卷　據重修監本校其誤字。

儀禮詳校　盧文弨著。多採諸家之説，記中所偁金曰追正譌，即本諸此。

九經誤字　顧炎武著。以唐石經正明監本。又金石文字記載石經誤字。

儀禮誤字　張爾岐著。

石經考文提要

附記單疏本缺葉

士冠禮　自五十六葉前第三行左上「諸侯」起，至五十七葉後第四行左下「不爲」止。

士昏禮　自三十六葉後第一行右下「若舅」起，至三十九葉後第二行右下「尚書」止。

士相見禮　自十葉前第八行左上「此釋」起，至十二葉前第五行右上「見至」止。

鄉飲酒禮　自四十五葉後第五行左上「俎者」起，至四十七葉後第九行右上「祭于」止。

聘禮　自四十八葉後第五行右上「文賔」起，至五十葉後第一行左下「言也」止。又自五十四葉後第二行右下「立門」起，至五十六葉前第五行右上「至行」止。又自八十葉前第四行左上「賔拜」起，至八十一葉後第五行左下「亨大」止。

特牲饋食禮　自廿八葉後第四行左上「其薦」起，至三十葉後第三行左上「拜主」止。又自五十二葉後第五行左上「爲加」起，至五十七葉前第五行左上「證祭」止。

少牢饋食禮　自十八葉前第一行右下「者郊」起，至後第九行左下「知也」止。又自廿七葉前第二行右下「魚皆」起，至廿九葉前第二行左下「鄉左」止。

凡記中通用及俗譌字放九經字樣例彙録左方：

鎛或作「鑮」，誤作「鏄」。　筭溷作「算」。　于通作「於」。唐石經「于」字一千四百四十三，「於」字一百四十二，莫詳其義例。諸刻注疏尤參差不一，各依舊本可也。　已與「以」通。　矇誤作「朦」。　鍾誤作「鐘」。　注「註」非。❸　絜作「潔」俗。　唯或作「惟」，或作「維」。　大即「太」字。　孰與「熟」通。　壺誤作「壼」。　莅或作「涖」、「蒞」。　眡與「視」同。凡作「眂」少一筆者，別一字也，經典所無。　蒸或作「苤」，通作「烝」。　亨與「烹」通。　齊與「齋」通。　彊或作「强」。　扑誤作「朴」。　解與「懈」通。　殽或作「肴」。　館「舘」非。　它或作「他」，或作「佗」。　鈃或作「鉶」。　路「輅」俗。　適與「嫡」通。　摯與「贄」通。　灋周禮「法」字。　荅「答」非。　昏昬禮，或亦作「婚」。　取與「娶」通。　竟與「境」通。　趨或作「趍」，俗。　挍或作「校」。几足之「校」，或亦誤從手。　道與「導」通。❹　鄉與「鄊」通，又與「向」通。　説與「脱」通。　辟與「避」通。　申與「伸」通。　傍溷作「旁」。　共與「恭」通，又與「供」通。　麤或作「粗」、「麄」。　要與「腰」通。　馮與「憑」通。　頳或作「經」。　荐或作「薦」。　筴或作「策」。　御與「禦」通。　玩或作「翫」。　苞或作「包」。　軾或作「式」。　從與「縱」通。　炤或作「照」。　饗或作「享」。　夾或作「俠」。　翦或作「剪」、「翦」。　匝即「帀」字。　擥誤作「擥」。　并或作「併」。　胳或作「骼」。　闇或作「暗」。　麴或作「麯」。　腴誤作「膄」。　圜或作「圓」。　謚「諡」非。　儗或作「擬」。　鼈「鱉」非。　歡或作「懽」。　毋誤作「母」。　敕誤作「勑」。　埽「掃」俗。　著「着」非。　牖「牗」非。　登段玉裁曰：「古祇作登，凡作登者，宋、元俗字。」　脩瀏作「修」。　膊誤作「膞」。　弦「絃」非。　齎「賫」非。　䪥或作「韲」。　壁或誤作「璧」。　粱誤作「梁」。　箱「廂」非。　己瀏作「巳」。　坫誤作「玷」。　藉瀏作「籍」。　然「燃」非。　髻誤作「髺」。　襌誤作「禪」。　櫕瀏作「攢」。　稾瀏作「藁」、「槀」。　葅誤作「菹」。　匕瀏作「七」。　干瀏作「于」。　日、曰古人書此二字無甚分别，説詳疏序「隋曰碩儒」句下。　謂、爲二字刻本亦多互誤。　廿、卅上二十也，下三十也。唯唐石經如此。

校　記

❶「今倂」至「式也」二句，南昌府學本作「今訂從賈疏分五十卷，挍正義以此本爲據」。

❷南昌府學本删「今校正義」以下至末三十字。

❸南昌府學本「註」誤作「注」。

❹「通」原誤「道」，南昌府學本同，據學海堂本改。

儀禮注疏校勘記卷一

01—001 儀禮注疏序　單疏本題曰「儀禮疏序」。案，此序爲疏而作，非爲注而作，加「注」字非也。據五經注疏序，今本皆題曰「某經正義序」，則此題亦當依單疏本爲正。

002 唐朝散大夫行太學博士弘文館學士臣賈公彦撰　「撰」上，單疏、陳本俱有「等」字。案，單疏本此行在「儀禮疏卷第一」之下，疏與李元植同撰，故曰「賈公彦等」也。今雖移置序題之下，而舊文所有，不可輒删，當依陳本補入。○按，賈氏三禮疏皆私撰，故不言奉勑。其書或經進御，故稱臣。惟「唐」字恐非原文所有，當是咸平校勘時增入。

003 未便易曉　便，要義作「則」。　×

004 隋曰碩儒　曰，單疏本作「日」。案，顧炎武金石文字記曰：「唐人『日』、『曰』二字同一書法，惟『曰』字左角稍缺。石經『日』字皆作『曰』，釋文遇二字可疑者即加音切。宋以後始以方者爲『曰』，長者爲『日』，而古意失矣。」

005 互有修短　修，要義作「長」。

006 庶可施矣　施矣，要義作「以施」。

007 幸以去瑕取玖　去，誤作「玄」。

008 儀禮注疏卷第一　按，今本標題俱後人妄改，不足記，今別記舊題于左，以存古意。　×

009 儀禮卷第一　士冠禮第一　儀禮　鄭氏注　石經、徐本標題俱如是。案，鄭氏原本惟有「士冠禮第一儀禮鄭氏注」十字而已，首五字蓋石經所加。夫大題既在小題之下，何得重書于上？且儀禮以篇爲卷，既識篇數，又識卷數，不已贅乎？○按，禮經在漢祇稱爲「禮」，藝文志云「禮古經五十六卷」是也。亦曰「禮記」，熹平石經有儀禮，載洪适隸釋，而戴延之謂之「禮記」是也。無稱「儀禮」者。鄭氏引此經直舉篇名，亦不稱「儀禮」。疑「儀禮」二字鄭學之徒加之，猶「鄭氏箋」三字爲雷次宗所加也。荀崧請置儀禮博士，蓋自過江以後，儀禮之名始顯。

010 儀禮疏卷第一　唐朝散大夫行太學博士弘文館學士臣賈公彦等撰　儀禮疏序　竊聞道本沖虛云云　士冠禮第一　單疏本標題如是，第二卷以後不列官銜姓名。×

士冠禮第一

011 鄭目録云　自此至「此皆第一」，毛及陳、閩、監本俱列疏前，與注一例，餘篇放此。按，此乃疏引目録之文，三禮皆然，玉海所謂「正義每篇案鄭目録」是也，諸本俱誤。毛本除冠、昏、燕、大射、聘、士喪、特牲、少牢八篇之外，皆標「注」字，尤誤，當以單疏本正之。

012 童子任職居士位年二十而冠　按，喪服小功章疏引鄭目録云：「士之子任士職，居士位，二十而冠。」蓋檃括鄭意，非原文也。釋文與此同。

013 則是仕於諸侯　單疏、要義俱無「仕」字，似誤。敖作「則是諸侯之仕」。

014 天子之士　案，釋文上句作「則是仕於天子」，此句作「諸侯之士」。朱子曰：「諸侯朝服以日視朝，天子皮弁以日視朝，皆君臣同服，故言此篇言主人玄冠朝服，則是仕於諸侯而爲士者。若天子之士，則其朝服當用皮弁素積，不得言玄冠朝服也。釋文以『天子』二字加於『諸侯』之上，温本亦誤。」×

015 此皆第一　通解作「皆此爲第一」。×

016 鄭云四民世事　民，單疏、要義俱作「人」。

017 成民之事若何　民，單疏、陳本俱作

「人」，下「四民勿雜處」、「四民世事」同。事，陳本作「士」，非也。

018 **證此士身年二十加冠法**　「加」上，陳、閩俱有「而」字。

019 **大夫冠而不爲殤**　大，閩本作「丈」。○今案，下記疏又引此句，諸本亦或作「丈」，或作「大」，究以「丈」爲是。蓋言丈夫冠而不爲殤，今大夫降兄殤在小功，則大夫有未冠之兄，而大夫之身尚未二十可知。昏禮記疏引喪服小記仍作「丈」，可證此疏不作「大」。

020 **天下無生而貴者**　下，陳、閩、監本俱誤作「子」。

021 **此皆第一也**　此，單疏本作「即」。

022 **士喪爲第十三**　單疏本無「士」字，要義有。

023 **故鄭玄皆不從之矣**　玄，陳、閩俱作「氏」。

024 **儀禮**　單疏本「儀禮」上下及下「鄭氏注」上下並空一字，後凡標起止處皆同。

鄭氏注

025 **若水之注物**　注，誤作「註」。要義作「著」。盧文弨云「『鄭氏注』，舊作『註』，通部皆然。疏云『言注者，注義於經下，若水之注物』。舊本亦並作『註』，於文義全不可通。一本悉改作『注』，是也。」○按，字體雅俗，悉詳序目中，今不悉辨。此句「註」字似礙理，故録盧說正之。

026 **爲義不同**　義，單疏、要義俱作「意」，是也。

027 **凶盡則行祭祀吉禮**　陳本、要義、單疏俱無「凶」字。

028 **士冠禮筮于廟門**　「禮」下，今本俱有一圈。

案，分段用圈，非古也。石經、徐本皆無之，施于此處，尤非所宜。蓋「士冠禮」三字乃發首之句，猶言「文王之爲世子也」、「子贛見師乙而問焉」，與尚書篇題不同。葛本别爲一行，亦謬。○按，儀禮「庿」、「廟」錯出，張淳論之詳矣。經、注既然，疏文更甚，今當畫一從「庿」。「庿」乃古文，鄭不叠今文者，鄭叠今古有三例：辭有詳略則叠之，「賓對曰某敢不夙興」，今文無「對」是也。義有乖互則叠之，「禮于阼」，今文「禮」作「醴」是也。字有通借則叠之，「闑西閾外」，古文「闑」爲「槷」、「閾」爲「蹙」是也。若「庿」、「廟」則同字，故不叠。然儀禮字例亦多參差。如士冠、特牲俱有「主人受眂」之語，士冠作「眂」，特牲作「視」。士冠「嘉薦亶時」，劉作「旹」，陸作「時」。皆後人任意爲之，非鄭氏之舊。

029 **闑爲門限**　盧文弨改「闑」爲「閾」。

030 **筮者至庿神**　神，監本誤作「門」。

031 **行之於庿者**　陳、閩俱無「者」字。

032 **既云不腆先君之祧**　既，單疏、要義俱作「即」。

033 **服虔注以祧爲曾祖者**　虔，單疏、要義俱作「氏」，陳本誤作「是」。

034 **嫌蓍之靈由庿神者**　「蓍」下，單疏、要義俱有「龜」字。下「嫌蓍之靈由庿神也」，單疏本同。案，注無「龜」字，疏于下節注「尊蓍龜之道」始釋言龜之義，則此不應豫有「龜」字。×

035 **蓍龜能出其卦兆之占耳**　蓍龜，單疏本作「龜筮」，無「蓍」字。下「而蓍龜」並同。×

036 **則蓍龜直能出卦兆**　卦，陳、閩俱作「其」，非是。

037 **是知蓍自有神**　是知，單疏本作「若」。

主人玄冠朝服

038 **筮必朝服尊蓍龜之道也**　徐本、集釋、楊氏「服」下俱有「者」字，「道」下無「也」字，與疏合。

039 黑繒帶也　嚴本、集釋俱無「也」字，與疏合。

040 白韋韠也　嚴、徐、集釋俱無「也」字，與疏合。

041 肩革帶博三寸　三，嚴本、集釋、通解、楊氏俱作「二」。○按，作「二」與玉藻合。

042 玄冕以視朔　視，釋文作「眂」，云：「本或作視，下同。」

043 即位於禰廟門外　即，陳本誤作「既」。

044 云素韠者　通解作「既云素韠」。要義無此下十六字，別有「素裳積白素絹爲之」八字，在「其衣冠色異」上。

045 是以下文爵弁服純衣是也　文，單疏、要義俱作「云」。

046 尊蓍龜之道也　也，單疏、要義俱作「者」。○按，無「也」字與注合。

047 乃服朝服　單疏本無「乃服」二字，是也。

048 下文云有司如主人服　文，陳本誤作「又」。

049 此筮唯有蓍草　草，要義作「兼」，屬下句。按，要義是。

050 此爲冠事　單疏、要義俱複出「冠事」二字，是也。

051 士則裨其末繞三尺所垂者不裨　單疏本「不裨」下有「在者」二字。按，「在」疑作「屈」。

052 亦皆玉藻　「藻」下，單疏本有「文」字，是

也。×

053 **鄭玄彼注云** 單疏本無「玄」字。○按，無「玄」字與下文同。×

054 **肩與革帶廣同** 革，誤作「韋」。×

055 **證此玄冕朝服而筵者** 冕，盧依金改「冠」。×

056 **天子用玄冕諸侯同皮弁** 單疏本兩句俱作「用」，閩本兩句俱作「同」。陳本上句作「同」，下句作「用」。

057 **無四入六入之文** 單疏本「四入」下有「與」字，陳本「四入」下衍「五入」二字。閩本「四入六入之文」六字排寫甚稀，可容八字。

058 **禮有朱玄之色** 「有」下，單疏、陳本俱有「色」字，似誤。閩本「朱玄之」三字甚稀，亦可容四字。

059 **以涅染緅** 案，「緅」字似當作「紺」。後爵弁服節疏引作「紺」。

060 **有司如主人服即位于西方** 于，徐本作「於」。按，士昏禮「至於某之室」，大射儀「士御於大夫」，鄭注皆云「今文於爲于」，則「於」、「于」二字宜有辨，但俗本溷寫已久，不可勝挍。石經作「于」者多，作「於」者少。大抵經文則依石經，注依徐本，疏依單疏本可也。

061 **府史以下也** 徐本、集釋俱無「也」字，與疏合。×

062 **今時卒吏及假吏皆是也** 沈彤云：「案漢書倪寬傳『補廷尉文學卒史』，儒林傳『置五經百石卒史』，黃霸傳『補馮翊卒史』，皆作『史』。」○按，通解引疏曰「卒史、假史，又舉漢法爲證也」，沈説據此。然疏無此語，通解載注仍作「卒吏」。徐本、集釋俱無「皆」字。

063 **此論主人有司** 主人有司，陳、閩俱作

「有司主人」。

064 府史以下者　「者」上，要義有「今時卒吏及假吏是也」九字，與徐本注合。

065 則爲府史胥徒也　爲，要義作「謂」。按，「謂」、「爲」二字唐人多通用，然究嫌蒙溷，今悉挍出。

066 若中士下士也　單疏、要義俱作「中士若下士也」。○按，作「中士若下士」與後注合。

067 是言屬者尊之義　尊，誤作「義」。×

068 特牲云有司　云，單疏、要義俱作「之」，是也。

069 亦親類也　浦鏜疑「親」爲「此」字之誤。

筮與席所卦者

070 據陳處言　單疏本無「言」字。

071 龜爲卜蓍爲筮　卜，誤作「十」。蓍，單疏、要義俱作「策」，陳作「筴」。

072 掛一以象三　掛，單疏、要義俱作「卦」。○按，「掛」，俗「卦」字。

073 兩少一多爲拆錢　拆，陳本誤作「折」，下同。×

074 說卦云　「云」上，單疏本有「文彼」二字，是也。×

075 故易六畫而成卦　單疏本無「而」字。

布席于門中

076 闑門橛也　徐本、集釋俱無「也」字，與疏合。×

077 疑卜筮之事　疑，單疏、陳本、要義俱作「擬」。按，燕禮「膳宰具官饌」，疏云「擬燕」，可證。

078 言在門中者　門中，陳本、要義俱作「中門」，非也。

079 得亡儀禮五十六篇　亡，要義作「古」。

080 闑閾之等　「等」下，單疏、要義俱有「是也」二字。

081 今文冠無布纓之等　冠無，單疏、要義俱作「無冠」，與喪服傳注合。

082 贊者辯取之　辯，諸本俱作「辨」。

083 若疊古今之文説　古今，要義作「今古」。説，一本改作「訖」。

084 須别釋餘義者　須，陳本誤作「頒」。

085 則在後皆言之　皆，單疏、要義俱作「乃」，是也。

086 事相爲　爲，單疏、要義俱作「違」，是也。

筮人執筴

087 有司主三易者也　徐本、集釋俱無「也」字。

088 藏筴之器也　筴，通解作「筮」。按，通解偶誤耳。敖氏改經「筴」爲「筮」字，乃肊説也。徐本、集釋俱無「也」字，與疏合。

089 擇建立卜筮人　卜，誤作「十」。

090 卜筮皆三占從二　單疏、要義俱無「卜」字，是也。

091 則三代類用　類，單疏、要義俱作「顆」。按，「顆」即「科」字。

092 故春秋緯演孔圖云　圖，陳、閩、監本俱誤作「啚」。

093 是孔子用二代之筮　二，單疏、要義俱作「異」。

宰自右少退

094 有司主政教者也　徐本、集釋俱無「也」

字，與疏合。

095 **辛自至贊命**　單疏本有此五字，今本俱脱。凡疏内標經注起止，今本有經注分標者，單疏本同，如上數節是也。有衹標經者，單疏本亦同，如下文「筮人」至「告吉」是也。今本或脱去不標也。有衹標注者，單疏本必先標經，如此節是也。今惟「采衣紒」一節尚存舊式，餘俱脱矣。其摘字之法，六字以下則全書之，如「主人受眂反之」，直書全句是也。七字以上則起止各摘兩字，如此節七字，摘「辛自」兩字、「贊命」兩字是也。大例如此，亦有不盡然者。今于合例處不復挍，惟體例參錯之處仍悉挍之，以存賈氏舊觀。❶

096 **士雖無臣**　無，陳、閩俱誤作「爲」。

097 **故贊命在右**　「命」下，單疏、要義、楊氏俱有「皆」字，是也。

098 **是以士之喪禮**　單疏、要義俱無「之」字，是也。

筮人許諾

099 **主畫地識爻者也**　嚴本、集釋、楊氏俱無「也」字，與疏合。

100 **於主人受命訖**　於，陳、閩俱作「以」。

101 **主人爲筮人而言**　主人，盧以「人」爲衍字。

102 **則坐文**　則，陳本、單疏本誤爲「作」。

103 **上云所卦者謂木**　單疏本無「木」字，似誤。按，此「木」字即少牢饋食云「卦者在左坐卦以木」之「木」也。

卒筮

104 **寫所得之卦也**　嚴本、集釋俱無「也」字。按，特牲饋食禮引亦無「也」字。

105 **此言所筮六爻俱了**　爻，誤作「卦」。

106 卒已至卦也　卦也，單疏本作「之卦」，與嚴本注合。×

107 吉尚事提提　尚事，單疏、要義俱作「事尚」，是也。×

108 卦者寫卦示主人　寫，陳、閩作「爲」，下「自寫」同。嚴杰云：「『寫』是也，士喪禮注與疏並作『寫』字。下云『經無寫卦之文』，謂此處經文無『寫卦』之文。若他處，特牲饋食禮即云『卒筮寫卦』也。」×

筮人還

109 古文旅作臚　「臚」下，嚴本有「也」字。×

110 既於主人受得卦體　於，陳、閩俱作「以」。×

111 乃進向門東　乃，陳本作「及」。×

若不吉

112 乃更筮中旬　要義無「更」字。×

113 旬之外曰遠某日據大夫以上禮　「日」下，單疏、要義俱有「者」字。

114 是以少牢　少牢，陳本誤作「小注」。×

115 後丁若後己　丁若後己，陳本誤作「不若近日」。

宗人告事畢

116 有司主禮者也　徐本、集釋、敖氏俱無「也」字，與疏合。×

主人戒賓

117 則樂與賢者歡成之　歡，集釋作「勸」。按，疏作「歡」。○

118 一辭而許也　徐本、集釋俱無「也」字，與疏合。×

119 論主人筮日訖　訖，陳、閩俱作「吉」，非。 ×

120 某猶愿吾子之終教之也　愿，單疏本作「願」，是。按，「愿」別一字。

121 嘗執摯相見者也　嘗，陳本誤作「掌」。 ×

122 後辭而許　而，單疏、陳本、要義俱作「上」。下「三辭而許」同。

123 素有所志　有所，單疏本作「所有」。○按，鄉飲酒禮作「所有」。

124 諸經云禮辭許者　「許」上，陳、閩俱有「之」字。○按，「之」字衍文。 ×

主人再拜

125 主人至拜送釋曰　單疏本此疏與前疏相接，無此七字。 ×

126 案鄉飲酒禮　單疏本無「禮」字，與前後疏文一例。

127 當依彼文爲正　依，誤作「與」。 ×

前期三日

128 古者冠禮　者，嚴、徐、鍾本俱作「日」，誤。 ×

129 加冠日爲期　單疏、陳本俱無「冠」字。

130 則改適字爲庶字其餘亦同　單疏本作「則改適爲一庶字異餘亦同」。

131 故鄭引冠禮爲證也　禮，單疏、陳本俱作「義」，是也。

乃宿賓

132 此經謂宿賓　謂，陳、閩俱作「爲」。

133 前期二日宿尸　二，陳本、要義俱作「三」。按，作「三」是。

134 **讀宿爲肅**　讀宿，單疏、要義俱作「宿讀」。○按，祭統注作「宿讀」。

135 **戒輕宿重也者**　宿，單疏、要義俱作「肅」，是也。

136 **宿亦戒之意**　意，要義作「義」。×

137 **儀益多**　儀，陳本誤作「義」。×

138 **使知祭日當來**　知，誤作「之」。×

139 **戒宿尸**　戒宿，單疏、要義俱作「宿戒」，是也。

乃宿賓

140 **此經據主人自致辭**　辭，單疏本作「時」，誤。×

厥明夕

141 **以冠者在廟**　單疏、要義俱無「者」字。

擯者請期

142 **上經布位已訖**　訖，要義作「畢」。按，前後文皆作「訖」字。

143 **在客稱介者**　稱，單疏、要義俱作「曰」，是也。×

144 **肉爲之羹**　爲，單疏、要義俱作「謂」，是也。×

145 **旦日正明行冠事也**　旦，陳本誤作「日」。×

夙興設洗

146 **及大小異**　「小」下，聶氏有「皆」字。朱子曰：「『及』字恐誤。」○按，疏云「及其大小異」，蓋謂論其質則尊卑皆用金罍，及論其形制之大小，則仍有異耳。

147 **故云棄水器**　「器」下，單疏、要義俱有

「也」字。 ✕

148 即今之搏風　今，監本誤作「令」。搏，陳本、通解、要義俱作「博」，一本改作「摶」。○按，衛氏禮記集說鄉飲酒義引此正作「搏」。

149 言周制也　也，單疏、要義俱作「者」，是也。 ✕

150 四注重屋　重屋，諸本俱作「屋重」，此誤。 ✕

151 漢時門廡也　時，要義作「之」。 ✕

152 而周之天子諸侯皆四注　注，監本誤作「註」。 ✕

153 此亦案漢禮器制度　要義無「漢」字。

154 又不言設之者　又，單疏、陳本、要義俱作「文」，此誤。

155 是不具也　是，閩本作「文」。 ✕

陳服于房中西墉下

156 墉墻　「墻」下，集釋有「也」字。 ✕

157 陳服至北上　按，單疏分五十卷，與唐書新舊志合。今本俱依注作十七卷。茲紀單疏每卷起訖，以存舊式。浦鏜云：「疏中『自此至東面』云云十八字已見上『夙興』節疏，此重出。」○今按，此兩節適在兩卷交接之處，故重言之。浦未見單疏本，故未喻其重出之故。

158 以待冠者　者，要義作「事」。 ✕

159 故士之冠時　士之，要義作「也士」。時，單疏、陳本、要義俱作「特」，通解作「時」。

爵弁服

160 此與君祭之服　與，通典作「助」。按，若作「與」，當讀去聲，而釋文無音，疑作「助」是也，因下注「此與君視朔之服」相涉而誤耳。

161 **再入謂之赬**　入，釋文作「染」，下二字同。張氏曰：「爾雅有再染、三染之文，此鄭氏用『染』字之據也。」○按，爾雅云：「一染謂之縓，再染謂之赬，三染謂之纁。」鄭氏既據爾雅，何以「一入」不稱「染」？不若依今本，概作「入」字爲是。

162 **今齊人名蒨爲韎韐**　集釋挍云：「疏云『周公時名蒨爲韎草，以此韎染韋，合之爲韐，因名韍爲韎韐』。是蒨一名韎，而韍名韎韐，蒨不得名韎韐也。韐字乃衍文。」○按，韎者，茅蒐之别名也。韐者，所以代韠也。自後人誤讀毛傳，妄改鄭箋，遂併此注而亦誤矣。戴侗六書故卷十八「韎」字下引鄭氏曰：「齊人謂蒨爲韎。」又「韐」字下引鄭康成曰：「韐韍之制似韠。」以「韐」字屬下句，與疏不合，其讀上句却正與疏合。録此以見宋儒亦有覺其誤而改其讀者。

163 **冠弁者**　盧文弨云：「『者』字衍，金依疏去之。」❷

164 **士禮玄端自祭**　玄，誤作「上」。端，陳、閩俱作「冠」。

165 **若以纁入黑則爲紺**　纁，陳本誤作「練」。✕

166 **以紺再入黑汁**　紺，陳、閩、監本俱誤作「緅」。✕

167 **是況有不同之事**　況，要義作「注」。

168 **但古緇紂二字竝色**　色，單疏、要義俱作「行」，是也。

169 **玄端亦服之類**　浦鏜云：「『亦』下當脱『朝』字。」是也。

170 **此經云韎韐**　浦鏜云：「下當脱『禮記云緼紱緼紱韎韐』九字。」

171 **鄭即因解明緼韍之事**　明，單疏、陳、閩、要義俱作「名」；事，諸本俱作「字」，是也。

172 **按上注已釋韠制**　注，閩本誤作

「先」。

173 是紱有與組異　浦鏜云：「『組』當『韠』字之誤。」○按，疑當云「是韍又與組韍異」。

174 二與日爲體離爲鎮霍　上六字，要義曰：「當云『二與四爲離體』。」霍，陳、閩俱誤作「瞿」。

175 緇布冠皮爵弁在堂下　皮爵，單疏、陳本、要義俱作「及皮」，是也。

176 並言之者　并，單疏、要義俱作「并」。

177 當從絲旁爲之　段玉裁校本「絲」作「糸」，是也。

皮弁服

178 用白布衣　白，監本誤作「曰」。

179 以白鹿皮冒覆頭鉤領繞項　單疏本無「以白鹿皮」四字，「鉤」作「句」。通解與今本同。

180 至黃帝則有冕　冕，陳、閩俱作「異」。○按，下云「黃帝作旒冕」，則「異」字非也。

181 黃帝作冕旒　冕旒，單疏本作「旒冕」。

182 黃帝雖有絲麻布帛皮弁　黃，誤作「皇」。皮，誤作「布」。

183 繪事後素之等事也　繪，單疏本作「繢」。事，諸本俱作「是」，是也。

184 素用繪者　繪，單疏、陳、閩俱作「繢」，是也。

玄端

185 天地之雜也　也，徐本作「色」。張氏云：「鄭氏正引易文，不必改『也』爲『色』。『也』字近『色』，傳寫者誤耳。」○按，漢時六經異文甚多，張說未確，通解亦從張氏。

186 不同一命不命　浦鏜云：「『同』當『問』字之誤。」盧文弨云：「『不同』二字屬上亦可。」

187 以其士唯有一幅褘之帶　士，陳本誤作「上」。幅，一本改「緇」。 ×

188 有革帶可知　革，陳本誤作「韋」。 ×

189 各有所當當者即服之　「當」字，陳、閩俱不重，非也。

190 朝時不服　不，要義作「所」。按，要義是。

191 以聽私朝矣　矣，要義作「衣」，屬下句。

192 必以莫爲夕者　莫爲，疑當作「爲莫」。

193 無事亦無夕法　亦，單疏、陳、閩、要義俱作「則」，是也。

194 襄十四年　襄，單疏、要義俱作「哀」，是也。

195 即此玄冠也　冠，單疏、要義俱作「端」，是也。

196 爲緇色正幅爲之　「正」上，陳、閩俱有「之」字。 ×

197 此既易其裳　易，誤作「亦」。 ×

198 今不以玄冠表此服者　此，監本誤作「比」。 ×

199 又總三者用韋爲之　總，陳、閩俱誤作「物」。 ×

200 見五等諸侯　見，陳、閩俱誤作「則」。 ×

緇布冠

201 結項中　按，疏無「中」字。

202 屬猶著　「著」下，通典有「也」字。 ×

203 今之幘梁也　集釋無「也」字。 ×

204 足以韜髮而結之矣　韜，釋文作「叏」。張氏云：「士昏禮注之紹髮，釋文亦云『本又作叏』。不爲叏則爲紹，今之爲韜，未知孰據。」○按，説文：「韜，劍衣也。弢，弓衣也。」二字音義相近，故古多通用，如「六韜」一作「六弢」是也。叏本訓滑，因弢而轉爲叏，從省也。紹則韜之俗字。

205 謂此以上凡六物　徐本、通典、集釋俱無「以」字，與疏合。通解、要義俱與今本同。釋文亦有「以」字。按，徐本作「此上」，釋文則摘「以上」二字爲音，未見「以」字之上必無「此」字。張氏遽改「此」爲「以」，殆因「此」、「以」二字不宜並存故歟？

206 首著卷幘之狀雖不可知　之，要義作「其」。可，單疏、陳本俱作「智」，通解、要義俱作「審」。

207 故以冠之　冠，要義作「況」。

208 人髮之長者　單疏、要義俱無「髮」字，似誤。

209 皮弁爵弁各有一爲二物　單疏、聶氏「爲」上俱有「則」字，是也。×

210 謂狹而長也　狹，誤作「挾」。

211 韋弁與皮弁同科　皮，監本誤作「布」。×

212 大夫士當緇組紘纁邊　單疏本、陳本無「紘」字。○按，無「紘」字與禮器注不合，且與此處經文亦異，單疏非也。

櫛實于簞

213 與簞方圓有異　「與」上，單疏、聶氏、要義俱有「笥」字，是也。

蒲筵二在南

214 鄭注云　盧文弨云：「『鄭注』二字衍。舊本俱經注連釋，一本始分作兩段，然體例亦不盡合。」○按，此爲經注連釋之始，故特加「鄭注」二字，以别于釋經也。以後凡經注連釋者，即不盡用此例。

215 **籍之曰席**　籍，浦鏜改从艸，❸是也。單疏本不誤，下同。

216 **前敷在地者皆言筵籍取相承之義**　單疏、陳本俱無「筵」字，閩本「筵」字擠入。按，通典釋此經云：「上重者皆言席，取相承籍之義，在地多言筵也。」蓋用疏説。

側尊一甒醴

217 **勺尊升**　金曰追云：「疏謂少牢罍科所以斞水，此尊科斞酒者也。是注『升』本作『斗』，後魏以來字多别體，『升』、『斗』字幾不辨，故致誤如此。當并疏『尊升』改正。」

218 **云篚竹器如笭**　單疏本「笭」下有「者」字，是也。×

219 **則此爲尊科斞酒者也**　科，要義作「升」，誤。

220 **案韓詩外傳云**　案，陳、閩俱誤作「然」。×

221 **廡是夏屋兩下**　夏，陳、閩、監本俱誤作「厦」。×

222 **爵弁皮弁緇布冠各一匴**　宋本釋文云：「匴，本或作算。」○按，通典作「算」，與或本合。今本釋文「算」誤作「篹」。

223 **制如冕黑色**　按，疏「黑」上有「而」字。×

224 **古文匴爲篹坫爲襜**　篹，嚴、徐、集釋俱作「纂」，與單疏述注合。上「爲」字，嚴、徐、集釋俱作「作」。下「爲」字，嚴本、集釋俱作「作」，徐本作「爲」。張氏云：「注曰『匴作纂』。案，釋文云『爲篹，素管反。劉音纂』。纂字既誤，作字必非。」又云：「注曰『坫作襜』。案，釋文云『爲襜，以占反』。廣韻云『襜與簷同，屋襜也』。垝謂之坫，故或爲檜。今從襘，非也。襘字既誤，作字必非。」○按，今本兩句俱是「爲」字，與釋文合。疏則上句是「爲」，下句是「作」，與徐本相反。又釋文「檜」，今本亦誤作「襘」。

225 **據終言之也** 據，誤作「豫」。×

226 **已於上解說** 說，單疏本作「訖」，是也。×

227 **各以其等爲之** 各，重脩監本誤作「谷」。×

228 **乃依命數之事** 乃，單疏本作「及」，是也。×

229 **但坫有二文有一者** 單疏、要義俱無下「有」字，是也。坫，單疏誤「玷」。

230 **云古文匴爲篹坫作襘者** 篹，單疏、陳、閩、監本俱作「纂」，要義與今本同。襘，單疏、要義俱作「檜」。

主人玄端爵韠

231 **主人至西面** 主，誤作「玄」。×

232 **上文以陳衣冠器物** 以，單疏本作「已」。按，「以」「已」二字錯出，其義不殊，後不悉挍。×

233 **兄弟畢袗玄** 朱子云：「袗，古文作均，而鄭注訓同。漢書字亦作袀，則當從袗爲是。」○今按，說文無「袀」字，均之爲袀，猶玄之爲袨，皆俗字也。袗本玄服，以經既有「玄」字，故鄭轉訓爲同。蓋字雖從今，而義則從古。袗、均音同，得相假借也。或疑經文「袗」字當作「均」，注當云「均，同也。古文均爲袗」。恐不必然。

234 **注兄弟至爲均** 爲均，單疏本作「均也」。×

235 **故是主人親戚** 單疏本無「主人」二字。×

236 **主人當序南西面洗當東榮** 單疏、

要義俱無「東」字，通解有。○按，有者非也。×

237 韠弁同色　韠，陳本、要義俱作「爵」。

將冠者采衣紒

238 童子之飾也　飾，徐本、集釋、楊氏、敖氏俱作「節」。○按，作「節」與玉藻合。

239 將冠至南面注采衣至爲結　按，疏内總標經注之式，唯此僅存。浦鏜謂「注采衣至爲結」六字當在「故言將冠者也」下，蓋未見單疏本故也。

240 則詩曰總角丱兮　曰，單疏、要義俱作「云」。×

賓如主人服

241 注外門大門外　六字，今本俱脱，單疏本有。

242 欲得尊嘉賓　尊嘉賓，盧文弨作「尊賓嘉客」，云「依宋本補正」。×

主人迎

243 入以西爲左也　「入」下，要義有「則」字。×

主人揖贊者

244 云贊者隨賓　「賓」下，單疏本有「者」字，是也。×

每曲揖

245 對殷右宗廟也　陳、閩俱無「宗廟」二字。

246 言此皆欲見入大門東向入廟　皆，要義作「者」。×

247 俱向東是一曲　向東，單疏、要義、楊氏俱作「東向」，是也。

248 是曲爲二揖　二，陳本誤作「當」，單疏本誤「子」。×

至于廟門

249 將北曲與客相見　曲，要義作「面」，非也。

250 即曲北面揖　即，陳、閩俱作「既」。

主人升立于序端

251 冠子非爲賓客　單疏本無「非」字。

252 贊者盥于洗西　浦鏜云：「『于洗西』三字當衍文。疏云『贊者盥于洗西無正文』，若經有此三字，便是正文，何云無也？當是傳寫者因注『盥于洗西』之文誤衍之耳。然傳誤已久，諸本並同，未敢遽定也。」[4]

253 此贊者賓之贊冠者　單疏、陳本俱作「此賓者之贊冠者」。

254 故先入房立立侍事　侍，單疏本作「待」，是也。

255 故在洗西東面　故，單疏本作「明」，是也。

256 恐作阼階　作，單疏、通解俱作「由」，是也。

257 故明其同於賓客也　其，單疏本作「之」。

258 明與主人贊爲序也　單疏本無「贊」字。

贊者奠纚笄櫛于筵南端

259 適房中隱處加服訖　適，單疏本作「宜」，是也。陳本誤作「冠」。

賓降

260 注主人至未聞　單疏本祇標經文起止，無此六字。

261 不陳不言　不陳，單疏本作「下皆」，陳本誤作「不贊」。按，「不」與「下」、「贊」與「皆」，倶因形似而誤。今本作「陳」則近理，而莫究其原矣。

262 賓盥卒壹揖壹讓升　瞿中溶云：「唐石經兩『壹』字初刻作『一』，後改。」

賓筵前坐

263 賈馬以爲傍九等爲階　傍，陳本作「榜」，誤。×

賓右手執項

264 行翔而前鶬焉　鶬，通典作「鏘」。×

265 行翔而後鶬焉者　後，單疏、陳、閩倶作「前」，是也。

266 堂下不趨　下，要義作「上」，❺下同。○按，要義是也。

267 謂行翔而前蹌焉　蹌，單疏、要義倶作「鶬」。

冠者興

268 觀衆以容體　體，通典作「儀」。

269 按郊特牲論加冠之事　郊，誤作「特」。

賓揖之

270 右相屈繫　屈，單疏本作「[糸屈]」。

興賓揖之

271 起而賓揖之也　而，單疏本作「待」，是也。

贊者洗于房中

272 古文葉爲擖　擖，陳、閩、監、葛倶誤作「揭」。按，「擖」當作「擸」，説詳聘禮。

273 注洗盥至爲擖　擖，陳、閩、監本倶誤作「揭」。

274 凡洗爵者必先盥　先，陳本作「洗」，×

誤。×

275 以庭中有洗　庭，單疏本作「房」，是也。

276 昏禮贊酌醴　酌醴，諸本俱作「醴婦」。

277 謂扱醴之面柄細　柄，要義作「枋」。×

278 此與昏禮賓　盧文弨云：「『禮』下脱一『禮』字。浦鏜、金曰追皆云當補。下同。」❻

279 公側授醴　授，單疏、要義俱作「受」，是也。

賓揖冠者就筵

280 以其冠者筵室户西　筵，通解、要義俱作「在」。

冠者筵西拜受觶

281 賓還荅拜於西序之位　葛本脱「還」字。×

282 知以觶拜還南面也　以，要義作「受」，是也。

283 今此以西序東面拜　以，單疏、要義俱作「於」，是也。

薦脯醢

284 上文云贊者酌醴　者，單疏本作「側」，是也。

285 286 冠者即筵坐○以柶祭醴三　三，誤作「二」。捷柶　捷，石經、徐本、集釋、敖氏俱作「建」，注同，通解作「捷」。錢大昕云：「士昏禮婦受醴，亦有『以柶祭醴、坐啐醴、建柶』之文，則作『建』爲是。」

287 扱柶於醴中　扱，釋文作「捷」，云：「本又作插，亦作扱。」盧文弨云：「釋文云云，正指注言。後人誤會，乃改經之『建柶』爲『捷柶』，失之矣。」張氏云：「鄉射之注曰『搢，插也，插於帶右』。大射之注曰『搢，扱也』。士喪禮之注曰『搢，插也。插于帶之右旁』。釋文皆作『捷』。由是觀之，釋文之前『捷』字猶在，釋文之後始盡變而爲插、扱爾。」○按，集釋云：「建，陸作捷。」蓋其誤自李氏始。

288 一如昏禮　一，要義作「亦」。 ×

289 云筵末坐啐醴捷柶興降筵　捷，單疏、要義俱作「建」，是也。 ×

賓降直西序東面

290 而迎之位也　案，此與下「欲迎其事」，兩「迎」字疑皆當作「近」。

291 主人直東序西者　「西」下，盧增「面」字。 ×

冠者立于西階東

292 據彼則字訖乃見母　「據」上，陳本有圈。 ×

293 此文先見母乃字者　單疏、陳本、要義俱無「母」字。 ×

294 此先見母是正禮　單疏、陳本、要義「先」俱作「文」，「禮」俱作「見」。 ×

295 字訖乃見兄弟之等　「等」下，單疏、要義俱有「者」字。 ×

請醴賓

296 此醴當作禮禮賓者謝其自勤勞也　「禮賓者」以下九字，今本俱脱，徐本、集釋、通解、敖氏俱有。

297 必帷幕簟席爲之　必，徐本、集釋、通解、要義、敖氏俱作「以」。

298 天子禮諸侯用鬯　單疏、要義俱無「天子禮」三字，通解有。

299 云必帷幕簟席爲之者　必，要義作「以」。按，單疏作「心」，乃「必」之譌。 ×

300 按禮記云　「禮」上，單疏、要義俱有「聘」

字，是也。

301 **主國門之外** 「門」下，陳、閩俱有「有」字。按，聘禮記無「有」字。

302 **掌帷幙幄帟綬之事** 單疏本「幙」作「幕」，下同。

入見姑姊

303 **亦俠拜也** 集釋無「也」字。

304 **乃易服○奠摯見於君** 摯，釋文作「贄」，云「本又作摯」。○按，摯、贄今本錯出，宜俱從手，後不悉挍。

305 **遂以摯見于鄉大夫鄉先生** 先，誤作「見」。○按，近有據誤本疏文，欲改經「鄉大夫」爲「卿大夫」者。段玉裁云：「鄉大夫，謂每鄉卿一人之鄉大夫，及同一鄉中仕至卿大夫者，鄉飲酒禮、鄉射禮所謂遵者也。鄉先生，同一鄉中仕爲卿大夫而致仕者也。必皆云鄉者，謂同一鄉，周禮重鄉飲、鄉射，以鄉三物賓興之意也。禮記冠義釋文云『鄉大夫、鄉先生，並音香』。此則經文不作『卿』字甚明。」

306 **爲卿大夫致仕者** 卿，鍾、陳、通典、通解、楊氏俱作「鄉」，陳本疏同。案，鄉射注云：「鄉先生，鄉大夫致仕者也。」鄉大夫，猶言鄉中大夫也。此注上有「鄉中」字，則此句作「卿」爲是。

307 **非立朝之節** 立朝，單疏、要義俱作「正服」。

308 **冠而弊之** 單疏、要義俱無「冠」字。

309 **則玄裳黄裳雜裳黑屨者朝服** 屨者，單疏、要義俱作「屨若」。

310 **而屨色白也** 屨，單疏、要義亦俱作「屨」。

311 **故朝服亦得端名** 端，陳、閩俱誤作「玄」。

* 則玄端不朝得名爲玄端也　不，監本作「以」。

312 爲卿大夫致仕者　「者」下，單疏本復有「者」字，是也。

313 與鄉射禮先生　禮，單疏、要義、陳本俱作「記」，是也。

314 經云卿大夫不言士　卿，單疏、陳本、通解俱作「鄉」，要義亦誤作「卿」。

乃醴賓以壹獻之禮

315 賓醴不用柶者❼　賓醴，徐本、集釋、通解俱作「禮賓」。按，疏作「醴賓」。

316 飲重醴清糟稻醴清糟黍醴清糟粱醴清糟　「稻醴」以下十二字，今本俱脱，徐本、集釋、通解俱有。敖氏無末「清糟」二字。陸氏云：「糟，劉本作湑，音糟。」

317 即燕無亞獻者　「者」下，單疏本復有「者」字，是也。

318 鄉飲酒未有燕　未，單疏、閩本、要義俱作「末」，通解作「未」。

319 而成禮也　成禮，單疏、通解、要義俱倒。

320 備有酬酢者　「備」上，單疏、要義俱有「禮」字。

321 鄉飲酒亦備獻酢酬　獻酢酬，要義作「酬酢」。

322 此賓主人各兩爵　要義重「此」字。

323 亦是其差也　是，誤作「士」。

324 云醴賓不用柶者　醴賓，陳本作「賓禮」。

325 云重醴清糟者　「醴」下，金曰追補「至」

字，云：「疏括注語，本有『至』字，不知何時脱去，遂使轉寫者反據疏中『重醴清糟』四字誤删注文。」○按，内則原文「重醴」下無「清糟」二字，故校者疑鄭注今本固有脱句，而古本亦有衍字也。然古書多異文，未可臆爲刊削。金謂疏有「至」字，不知何據。疏引内則注先解「清糟」兩字，乃云「稻醴以下是也」，則疏舉注語，未必總括五句。

326 重陪也　陪，陳本誤作「倍」，下同。　×

327 云凡醴事　醴，單疏、陳本、要義俱作「禮」。按，各本注俱作「醴」，陳本亦然。

328 故以房户之間　以，要義作「於」。　×

主人酬賓

329 釋曰云主人酬賓　單疏、要義俱無「云」字。　×

330 禮幣采飾而四馬　馬，陳本誤作「烏」。　×

331 則又異於大夫也　則，要義作「是」。　×

332 彼九酬之間皆有幣　酬，單疏、通解、要義俱作「獻」，是也。有，單疏本作「云」，通解作「有」。

333 若臣聘禮　單疏、要義俱無「禮」字。　×

334 兩國諸侯　國，陳本、要義俱作「説」。按，單疏亦誤「説」字。

贊者皆與

335 贊者衆賓也　朱子云：「贊者，謂主人之贊者也，恐字誤作衆賓耳。」○按，如朱子説，則疏中兩「衆賓」亦當改爲「主人之贊者」。

336 明上文贊者　文，單疏本作「云」。　×

337 謂賓之贊冠者❽　之，單疏本作「此」。按，「賓」字亦宜作「尊」。

若不醴

338 不改者也　盧文弨云：「者，李作『舊』，與疏同。」○按，疏中「舊」字本亦作「者」。又冠義疏引此注云：「若不醴，謂國有舊俗可行，聖人用焉不改是也。」「是也」二字係疏語，疏引鄭注至「不改」止，明無「舊」字。

339 謹脩其法而審行之是也　徐本、集釋俱無「也」字，與疏合。×

340 若不至用酒　單疏本卷三起。×

341 不改舊也　舊，單疏、要義俱作「者」，是也。×

342 是下曲禮云也　云，單疏、要義俱作「文」，是也。×

343 云哭泣之位者　泣，重脩監本誤作「池」。×

344 云是者　是，陳、閩俱作「行」，非也。×

345 殷人六族在魯　六，陳、閩俱誤作「大」。×

346 不變己國之俗　己，監本誤作「也」。×

尊于房户之間

347 故不設戒爲　爲，陳、閩、通解俱作「也」。○按，單疏本亦作「也」。×

348 此用酒　用，誤作「周」。×

洗有篚

349 是以下云賓降取爵于篚　爵，陳本誤作「酌」。×

350 故此直言洗有篚在西　言，單疏、要義俱作「云」，陳本誤作「文」。按，「文」、「云」相似，故多誤。

351 云西南順北爲上也者　單疏本無「西」字。

352 以其南順之故言北爲上也　故言，諸本俱作「言故」。

始加醮用脯醢

353 云始加薦用脯醢者　薦，單疏、要義俱作「醮」，是也。

354 此始加訖　單疏、要義俱無「始」字。×

355 言商與周異之意　言商，單疏、要義俱作「因言」，是也。

356 故經不言也　言，單疏、陳本俱作「見」。×

357 以其經云醮用脯醢　醮，誤作「薦」。×

冠者升筵坐

358 出房立待賓客命　客，單疏本作「容」。

359 糟醴不啐　啐，單疏本作「卒」。案，周學健云：「不卒，謂不卒爵也。經云啐醴，則非不啐明矣。」

徹薦爵

360 是後加啐設於席前也　啐，單疏、通解俱作「卒」，閩本作「嚌」。

加皮弁

361 添益整頓示新也　要義無「整頓」二字。×

加爵弁

362 前二醮有脯醢　二，誤作「三」。

363 則再醮之後皆有攝　再，陳本作「在」，誤。×

364 若殺已下文卒醮　文，單疏本作「云」。×

365 若今梁州鳥翅矣　鳥，單疏作「烏」，與周禮注合。

366 桱之而施薑桂　桱，單疏、陳本、通解俱

從手，此誤。×

367 言若今梁州鳥翅　「翅」下，單疏本有「者」字。按，上「鳥」字單疏本作「烏」，則此「鳥」字亦宜作「烏」。×

368 則節析爲二十一體　析，通解作「折」。×

369 以茅覆鼏　鼏，單疏、通解、要義俱作「鼎」。

若殺則特豚

370 皆依漢禮而知　知，陳本誤作「短」。×

371 則以牛左肩折九个　个，陳、閩俱誤作「今」。×

372 爲歸胙用左　爲歸，陳、閩俱誤倒。×

373 則用右而祭之鄉飲酒鄉射　右，誤作「左」。射，誤作「社」。×

374 主人亦與祭同用右者　主，單疏、要義俱作「生」，是也。×

375 亨豚魚腊以鑊　豚，諸本俱作「豕」。

376 特豕合升　豕，單疏、要義俱作「豚」，此誤。

377 加匕于鼎　匕，誤作「七」。×

378 升牲醴於俎也　醴，單疏、陳本、要義俱作「體」，是也。

379 又合在三者之間　三，單疏、要義俱作「二」，此誤。×

380 一者祭肺　者，誤作「一」。×

381 皆據主人爲食而有也　主，單疏、陳本、要義俱作「生」，是也。

382 二者謂之刌肺⑨　刌，諸本俱作「忖」，下竝同。盧文弨云：「忖，古與刌通。玉藻『瓜祭上環』，鄭注云『上環，頭忖也』。」

始醮如初

383 此一醮與不殺同　陳、閩俱脱「醮」字。 ×

再醮

384 螔蝓醢　螔，釋文、徐本、集釋、通解、敖氏俱作「螔」，此字从虫虒聲。

385 乃後剉之　剉，陳、閩俱作「挫」。

386 螔蝓醢者　螔，單疏本作「螔」。 ×

387 爾雅文　文，陳、閩俱作「云」。 ×

三醮

388 如祭脯醢者　陳、閩俱脱「如」字。 ×

389 今殺亦然　殺，單疏、陳本、要義俱作「殷」。

390 唯徹爵而已　唯，單疏、要義俱作「直」，陳本誤作「其」。按，「其」、「直」相似，故誤。

卒醮

391 上周法與不殺　周，閩本作「醴」，陳本誤作「用」。 ×

392 此若殺云兩邊　邊，陳、閩俱作「籩」。

若孤子

393 禮之於客位　要義無「之」字。 ×

394 非己之親父親兄也　親父親兄，陳本作「親諸父諸兄」。 ×

冠之日

395 别言其異者也　要義無「者」字。 ×

若殺

396 孤子得申禮　「得」上，敖氏有「尊」字，蓋以

意加，不可從。×

397 私家之禮也　私家，單疏、通解、要義、楊氏俱作「家私」。

若庶子

398 若庶至醮焉　此五字今本俱脱，單疏本有。案，此節疏係經注分釋，則疏首宜有此五字，今本偶脱耳。後凡類此者，可以例推。

399 今於周之適子　之，誤作「子」。×

400 是以下文祝辭　「辭」下，單疏、要義俱有「三」字，是也。

401 若庶子則無　若，陳本誤作「言」。×

402 按鄉飲酒賔在東則尊東　單疏、要義俱無「在」字，陳本「在」字未刻。「則」上，單疏本有「則東」二字，要義有「賔東」二字。×

始加祝曰

403 元首也　首，通典作「長」。

404 注令吉至首也　此與下節疏，單疏本俱不標經文起止。令，單疏本誤「今」。×

405 棄爾幼志○壽考惟祺　惟，集釋作「維」。

三加曰

406 皆加女之三服　加，誤作「如」。

兄弟具在

407 厥其　此注今本俱脱，徐本、集釋、通解並有。集釋「其」下有「也」字。

黃耇無疆

408 凍梨也　梨，監本作「黎」。

409 注黃黃至疆竟　單疏本不標經文起止。×

410 黃髮兒齒　兒，單疏本作「齯」。

411 云耇涷黎者　涷黎，單疏、通解俱作「涷棃」，下並同。陳、閩此句作「棃」，下句作「黎」。

拜受祭之

412 休美也不忘長有令名　注首三字，今本俱脱，徐本、集釋、通解、敖氏並有。

413 醮辭曰○嘉薦亶時　陸氏云：「時，劉本作古旹字。」

始加元服

414 注善父至不祝　以下四節，單疏本俱不標經文起止。×

415 善兄長爲友者　長，諸本皆作「弟」。

416 欲見非但善事兄弟　但，單疏本作「且」。

417 諸行周備之意也　諸，誤作「謂」。

418 謂庶子也　「謂」下，閩本有「於」字。×

419 既不加冠于阼　加，要義作「出」。

420 案大戴公冠篇　「戴」下，單疏、要義俱有「禮」字。

421 遠於年　年，單疏、要義俱作「天」，是也。

再醮曰

422 注湑清也伊惟也　以下三節，單疏本俱不標經文起止。×

423 承天之慶○昭告爾字　徐本斷此爲節，與疏合。通解及今本俱誤。×

424 昭明也　徐本、楊氏并在此。×

425 則亦遂三代字辭同　遂三，閩本誤作「逆公」。×

426 爰字孔嘉髦士攸宜　徐本、楊氏並以此兩句

爲一節，通解及今本俱誤。 ×

427 爰於也孔甚也髦俊也攸所也　徐本、楊氏並在此。 ×

428 宜之于假　自此至「唯其所當」，徐本、楊氏並合爲一節，與疏合。通解及今本俱誤。❿通典「假」作「嘏」，「仲」上有「伯」字。

429 于猶爲也　自此至「或作父」，徐本、楊氏並合爲一節，與單疏標目合。按，「備」與「字」爲一韻，「嘉」與「宜」爲一韻，「假」與「甫」爲一韻，此鄭氏分節之意也。通解誤讀古韻，割裂經注，今本依之，謬矣。集釋並與徐本同。 ×

430 云伯某甫者　云，閩本作「曰」。 ×

431 若云尼甫嘉甫也　單疏、要義俱作「若云嘉也」，通解與今本同。

432 既此某甫立爲且字　既，要義作「即」。

433 夏殷質則稱仲周文則稱叔　兩「稱」字，單疏、通解、要義俱作「積」，是也。

434 至閔公二年　陳、閩俱無「至」字。

435 注伯仲至作父　伯仲，單疏本作「于猶」，是也。

436 公及邾儀父盟于蔑　父，要義作「甫」。 ×

437 父猶傅也　傅，閩、監俱作「傳」，單疏本亦作「傳」。

438 云孔子爲仲尼甫者　單疏、要義俱無「仲」字，與注合。

439 云周大夫有嘉甫者　嘉，要義作「家」，下同。按，「家」與春秋合。

440 宋左氏傳桓二年　宋，單疏、要義俱作

「案」，此誤。

441 又甫字或作父者　又，要義作「云」。

屨夏用葛

442 一則屨用皮用葛　「葛」上，單疏、要義俱無「用」字。

443 詩魏風以葛屨履霜刺褊也　風，單疏、要義俱作「地」。

444 不取黃裳雜裳故云以玄裳爲正也　要義作「而却不取黃裳雜裳」，是也。

445 自拘持之意　意，單疏、陳本俱作「言」。

素積白屨

446 魁蜃蛤柎注也　柎，宋本釋文从手。也，徐本作「者」，敖氏作「之」，集釋作「也」。

447 注魁蜃蛤柎注也　也，單疏本作「者」。

爵弁纁屨

448 故不以衣裳　裳，陳、閩俱作「服」。

449 爲繶次之事也　事，陳、閩俱作「序」。

不屨繐屨

450 欲見大功未可以冠子　未，要義作「末」。

451 故於屨未　未，陳、閩、通解、要義俱作「末」。

記冠義

452 當在子夏之前孔子時　「時」上，單疏、要義俱有「之」字。

453 記子冠中之義也者　單疏、要義俱作「記士冠中之義者」。案，此節疑當有注云「冠義者，記士冠中之義」，故疏叠其文而釋之，今本佚脱耳。疏云「記時不同，故有二記」，此釋注中「記」字也。否則此賈自疏「冠義」二字，非另有鄭注也。

454 儒者加之　加，要義作「記」。

始冠緇布之冠也

455 太古質無飾　「質」下，徐本、集釋、通解、要義、敖氏俱有「蓋亦」二字，與疏合。

456 白布冠　徐本「冠」下有「者」字，與疏合。×

457 此緇布冠更著與不　與，單疏本作「以」。○按，唐人「與」多作「以」。×

458 鄭云尊者飾也　「也」下，單疏本空一字。×

459 冠訖則廞之　「廞」下，單疏本有「經」字，要義有「去」字。按，要義是。

460 云緌纓飾未之聞　單疏本無「緌纓飾」三字，誤。

461 未知太古有緌以是　是，單疏、陳、閩俱作「不」。盧文弨云：「以不猶與否，疏中往往見之。」

適子冠于阼

462 醮夏殷之禮每加於阼階醮之於客位所以尊敬之成其爲人也　徐本、集釋俱有此注，在「加有成也」下。楊氏有「客位」于上四句。今本並脱。

463 適子至成也　注醮夏至人也　釋曰此記人説夏殷法　單疏本如此，今本並脱誤。×

464 唯醮禮有異　禮，單疏本作「醴」，是也。×

465 故知舉一以見二也　一、二，單疏本互易。×

三加彌尊諭其志也

466 彌猶益也冠服後加益尊諭其志者欲其德之進也　徐本、集釋俱有此注，楊氏有「諭其志者」二句，今本並脱。

冠而字之

467 故敬之也今文無之　下五字今本俱脱，徐本、集釋俱有，與單疏標目合。

468 注名者至敬之　敬，單疏本作「無」。×

469 是字敬名也　單疏本作「是敬定名也」，要義作「是敬其名也」。

470 委貌○毋追　毋，唐石經、閩、監、宋本釋文俱與此同，今本釋文、徐、陳俱作「母」，注及疏放此。按，古人書「母」、「毋」不甚有別，故釋文遇「毋」字必有音。曲禮音義曰：「毋字與父母字不同，俗本多亂。讀者皆朱點母字，以作無音，非也。」可見二字蒙溷已久，凡可以意會者，今不盡挍也。

471 或謂委貌爲玄冠　徐本、集釋俱無此七字，通解有。金曰追云：「疏標起止云『注委猶至之閒』，則注本無此七字可知。此乃鄭注郊特牲文，因通解參取兩注，傳寫者不察，而誤衍于此耳。」×

472 甫或爲父　爲，葛本作「謂」。×

473 猶堆也　陸氏云：「堆，本或作塠，同。」×

474 皆所常服以行道也　嚴本無「常」字。×

周弁殷冔夏收

475 齋所服而祭也　徐本、集釋俱無此六字，通解有。盧文弨云：「郊特牲疏全引此兩節注文，而無『或謂委貌爲玄冠』及『齋所服而祭也』兩句，尤可證。」

476 其制之異未聞　異，葛本誤作「畢」。「異」下，敖氏有「同亦」二字，與要義所載疏合。徐本、集釋俱有「亦」字。盧文弨云：「郊特牲孔疏引此注亦有『亦』字，當補正。」

477 **見士之三加之冠者爵弁者**　浦鏜云：「上『者』字疑『有』字誤。」

478 **云制之異亦未聞者**　「異」下，要義有「同」字。

479 **周禮弁冕**　冕，要義作「師」。按，要義是。

480 **相參考之**　考，要義作「周」，陳本誤作「尚」。按，「參」字當絕句，「周之」二字屬下「冕」字爲句，謂以漢禮器制度與周禮弁師相參，因得周冕之制也。陳本「周」作「尚」，形相近而誤。今改作「考」，則失之遠矣。

481 **天子玉笄朱紘**　朱紘，陳本誤作「矣總」。

482 **其制與周異**　「異」上，要義有「同」字。

無大夫冠禮

483 **大夫或時改娶**　娶，徐本、集釋、通解、敖氏俱作「取」。按，「取」、「娶」今本錯出，不悉挍。

484 **鄭云據時有未冠**　云，閩本作「君」，陳本誤作「若」。

485 **大夫爲昆弟之長殤小功**　陳、閩俱無「長」字。

486 **丈夫冠而不爲殤故也**　丈，陳本、要義俱作「大」。

487 **以其三十而娶**　娶，單疏、要義俱作「取」。

488 **五十以上容改娶**　以上，單疏、要義俱作「已後」，陳本誤作「以已」。

489 **鄭云古爲殷**　單疏、陳、閩俱作「謂」，是也。

公侯之有冠禮也

490 五十乃命也　五，徐本作「吾」，誤。鍾本不誤。

491 篡弑所由生　弑，釋文作「殺」，云：「本又作弑，亦作試。」徐、陳、通解亦俱作「殺」。下同。

492 以弑其君者　者，徐本、集釋俱作「也」。按，疏標目作「者」。

493 明初夏末有　初夏，單疏本倒，是也。

494 服士服行士禮也　單疏、陳本俱無「士服」二字。

495 此謂非在軍時　軍，陳本誤作「車」，下同。

天子之元子

496 見天子元子冠時　元，誤作「天」。

497 猶依士禮也　單疏、要義俱無「也」字。

繼世以立諸侯

498 亦行此禮　此，單疏、陳、閩俱作「士」。

499 以此士之子恒爲士　此，諸本俱作「其」。

500 及其出封　出，陳、閩俱作「世」。

死而謚

501 死猶不爲謚耳　浦鏜云疏無「爲」字。

502 曰無生而貴　曰，單疏、要義俱作「由」。

503 以士生時雖有爵　以，單疏、要義俱作「據」，是也。

504 公曰末之卜也　未，單疏、閩本俱作「末」。按，檀弓作「末」。

505 至記時亦行之　時，陳本誤作「若」。 ×

01—506 儀禮卷第一　唐石經、徐本卷後標題俱如是，後放此。

校記

❶ 南昌府學本删「凡疏内標經注起止」以下至末。
❷ 南昌府學本删「金依疏去之」五字。
❸ 「从」原誤「以」，據學海堂本、南昌府學本改。
❹ 南昌府學本删「然傳誤已久」以下至末十四字。
❺ 南昌府學本「要義」下增「毛本」二字，非也。
❻ 南昌府學本删「浦鏜」以下至末十一字。
❼ 「柶」原誤「栖」，據學海堂本、南昌府學本改。
❽ 「賓」下原衍「客」字，據學海堂本、南昌府學本删。
❾ 「之」字原脱，據學海堂本、南昌府學本補。
❿ 南昌府學本删「自此」至「俱誤」二十六字。

儀禮注疏校勘記卷二

士昏禮第二

02—001 士娶妻之禮　單疏本卷四起。釋文作「取」，宋本作「娶」。×

002 陽往而陰來　按，釋文引鄭目録「陽」上有「取其」二字。×

003 商謂商量　謂，要義作「是」。×

昏禮

004 通達也　徐本、通典、集釋、要義、楊氏俱無「達」字。×

005 取妻如之何　陸氏云：「取亦作娶，下同。」×

006 納采而用鴈爲摯者取其順陰陽往來　此兩句，徐本、集釋、要義俱在「詩云」上，無「納采而」三字，楊氏亦無此三字，並與疏合。通解與今本同。×

007 男父先遣媒氏女氏之家　「女」字上，一本增一「至」字。按，「女氏之家」疑當作「之女氏家」。

008 故闞其納吉以非之也　闞，單疏作「関」，誤。要義亦作「闞」。

009 達通至往來　往來，單疏本作「廉耻」。按，今本既改注，遂併改疏中標目。×

主人筵于户西

010 故受其禮于禰庿　「庿」下，徐本、集釋、通解、楊氏俱有「也」字。×

011 下文禮賓　禮，誤作「體」。

012 知受禮于禰廟者　「知」下，要義有「將以先祖之遺體許人故」十字。

使者玄端至

013 於中士下士差次爲之　「差」上，單疏本無「士」字。

主人如賓服

014 主人迎於大門外　「迎」下，單疏本有「賓」字，是也。

015 寢門大門而已　已，單疏本作「矣」，誤。要義亦作「已」。

016 明此門外是大門外　此，誤作「出」。×

017 云不荅拜者　「不」上，要義有「賓」字，是也。

018 是以躬禮賓迎入門　「躬」字誤。諸本作「射」，亦非。此是「聘禮」之誤。

主人以賓升

019 獨此云當阿　「云」下，單疏、要義俱有「賓」字，是也。

020 序則物當棟　當，誤作「堂」。

021 故云是制五架之屋也　故，要義作「鄭」。

授于楹間

022 謂兩楹之間　謂，要義作「爲」。×

賓降出

023 是以喪服公食大夫　食，單疏、陳本、要義俱作「士」，不誤。×

賓執鴈

024 將歸卜其吉凶　吉凶，楊氏作「凶吉」，按，疏作「吉凶」。×

025 此一使　「一」上，單疏、要義俱有「之」

字。

026 故云一使也　云，要義作「共」。

027 一者是名字之名　要義無「是」字。衛氏禮記集説引此句有「是」字，下「一者是名字之名」句無「是」字。

擯者出請

028 彼已破爲禮　爲，單疏、要義俱作「從」，是也。

029 以此醴酒禮賓　以此，單疏本作「此以」。

030 字從醴者　字，單疏、要義俱作「不」字。從醴，單疏本作「從豊」，下文「爲醴之義」作「爲豊之義」，皆是也。

031 伯侯一祼而酢　伯侯，單疏、要義俱作「侯伯」，不誤。

032 大夫已上尊　「大」上，單疏、要義俱有「是」字，是也。

賓禮辭許

033 賓主之情已通矣　「主」下，陳本有「人」字。

主人徹几改筵

034 鄉爲神　陸氏云：「鄉，本又作鄕。」○按，鄕，正字。鄉，今之「向」字。

035 今爲人者　者，陳本作「若」，誤。

036 醴禮側無玄酒配之　禮側，單疏、要義俱作「糟例」。

037 及云贊者薦脯醢　及，單疏、要義俱作「又」，是也。

038 主人迎賓于廟門外○主人拂几授校　校，改作「挍」，疏同。盧文弨云：「緣避明諱改。」

039 辟逡遁　遁，釋文、徐本、集釋、敖氏俱作「巡」，通解、楊氏作「遁」。張氏云：「鄭氏於儀禮用『逡遁』字凡十有一，開寶釋文獨於此作『巡』，諸釋文本皆作『遁』。」

040 古文挍爲枝　枝，徐本、集釋俱作「技」，通解作「枝」。

041 欲見賓至乃拜之　至，陳、閩俱誤作「及」。 ×

042 以昏禮有相親之義也　單疏、要義俱無「也」字。 ×

043 推拂去塵示新　示，誤作「案」。 ×

044 凡行禮敵者　禮敵，單疏、要義俱作「敵禮」。

045 宰夫内拂几三　單疏、要義俱無「夫」字。○按，無「夫」字與聘禮不合，單疏非也。

046 冠禮賓無几者　單疏、要義俱重「禮」字，是也。

047 授設皆然　單疏、要義俱無「設」字。 ×

048 尊王故也　單疏、要義俱作「尊王使也」，閩本作「尊主故也」，陳本作「尊主使也」。

049 凡授几之法　授，單疏、要義俱作「設」，此誤。

贊者酌醴

050 待主人迎受　迎受，釋文作「梧授」。按，今本釋文梧從木，聘禮、公食大夫、即夕皆然。張氏引釋文從手，各本注疏聘禮、公食大夫从木，既夕从手，未知孰是。説文無「捂」字，有「牾」字，訓逆也。既夕疏云「捂即遻也」。遻、迎二義相近，疑「捂」即「牾」之俗體，而「梧」則又其假借通用者也。盧文弨云：「陸『梧授』，『授』字譌。」今案，公食注及既夕經既有「梧受」之言，張氏引既夕乃作「捂授」，又引玉篇云「捂，受也」，捂授謂受其所授也。鄭於既夕注云「謂對相授，不委地」，則經文似當作「授」，張説不爲無據，而此處釋文「授」字，亦未必譌也。

主人受醴面枋

051 皆於筵西受禮　浦鏜云「醴」誤作「禮」。

賓即筵坐

052 贊者至荅拜　按，「贊者」二字，經文在上節，此當作「賓即」。

053 醴中有拜可知也　醴，單疏本作「理」。×

054 皆有酒醢　酒，單疏、要義俱作「脯」，不誤。×

賓即筵奠于薦左

055 此云奠于薦東升席奠之　浦鏜云：「薦左，誤薦東。『升席奠之』四字，當爲衍文。」單疏不誤。

納吉

056 婚姻之事於是定　婚，徐本作「昏」。按，昏嫁宜作「昏」，婚姻宜作「婚」，古或俱用「昏」字。凡今本經、注作「婚」者，石經、徐本俱作「昏」。舉此爲例，後不贅。

057 占曰吉　單疏、要義俱無「曰」字。○按，下記有「曰」字。×

058 凡卜筮皆於禰廟　筮，單疏、要義俱作「並」。

059 故納吉乃定也　故，要義作「知」。

納徵

060 凡嫁子娶妻　娶，徐本、集釋俱作「取」。×

061 故指幣禮而言　禮，單疏、要義俱作「體」，非也。

062 納幣用緇　用，單疏本作「帛」。要義亦作

「帛」，又云：「緇，元本作『純』。」

063 **十者象五行十日相成也**　單疏、要義俱無「者」字。×

請期

064 **納徵如納吉禮**　單疏、陳本、要義俱無此句。×

065 **納吉如納采禮**　「吉」下，單疏、陳本、要義俱有「禮」字。×

066 **及禮賓送迎之事**　賓，單疏、陳本、要義俱作「賔」。送迎，單疏、要義俱作「迎送」。

067 **乃卜婚日**　「卜」上，單疏、要義俱有「下」字。日，要義作「月」，單疏亦誤「月」。

期初昏

068 **飪熟也**　熟，通解、徐本俱作「孰」。按，孰、熟諸本錯出，後不悉挍。

069 **扃所以扛鼎**　扛，徐本作「杠」，釋文、集釋、通解俱作「扛」。

070 **今文扃作鉉鼏皆作密**　依注例，「鼏」上當有「古文」二字。按，儀禮扃、鼏屢見，恐經、注俱有誤。説文鼎部「鼏」字注云：「以木橫貫鼎耳舉之。」則「鼏」即「扃」也，不得爲兩字。又金部「鉉」字注云：「易謂之鉉，禮謂之鼏。」是「鉉」字唯易有之，禮經安得有「鉉」。今本儀禮覆尊則爲冪，覆鼎則爲鼏，釋文則多作鼏。或强爲分別曰：「冪字从巾，覆尊以巾，則稱冪。覆鼎以茅，故不得稱冪。」然則「扃」字从户，何以得施于鼎？且賈氏云：「鄭兼下『綌冪』總疊之，故云『皆』。」可見覆鼎、覆尊皆作「冪」矣。又士喪禮及既夕「冪用疏布」，古文皆作「密」，是古文無分尊、鼎，尤爲明證也。案，「扃鼏」二字，古文當爲「扃密」，今文當爲「鼏幎」，鄭于上字從古，下字從今，當注云：「今文扃爲鼏，古文幎爲密。」鼏之从冂，乃諧聲，非會意也。古蓋音冥，冥、扃聲相近，故通作扃。又音瞑，瞑、鉉聲相近，故別作鉉。

071 豫陳司牢之饌也　司，單疏、陳、閩、要義俱作「同」，是也。×

072 謂在乎寢門外也　乎，單疏、要義俱作「夫」，是也。×

073 喪禮小斂在東方者　小斂，單疏、要義俱作「少變」。陳作「少寑」，非也。

074 未忍異於生時　單疏、要義俱無「時」字。

075 於大斂奠及朔月奠　「斂」下，單疏、要義俱有「大」字。

076 皆如大斂奠　如，閩本誤作「於」。×

077 下文云　文，單疏、要義俱作「又」。×

078 贊爾黍稷　浦鏜云「稷」衍字。×

079 有三脊正脠橫脊　脠，單疏、陳本、要義俱作「脡」，是也。×

080 舉肺脊後食幹骼　骼，單疏本作「骼」，是也。×

081 魚有十五　有十，單疏、陳本、要義俱作「十有」，是也。×

082 取數於月十有五日而盈　取，單疏、要義俱作「重」。要義「月」下有「之」字。○按，皆非也。特牲記作「取」，無「之」字，彼疏引注同。❶

083 此或少牢云　云，單疏、要義俱作「文」，是也。×

084 喪禮略文　文，單疏本作「云」，屬下句。×

饌于房中

085 則夫婦皆有　婦，陳、閩、監本、要義俱作「妻」。

086 大羹涪在爨　大，陸氏云「亦作泰」。

087 則致有五味　有，單疏、要義俱作「以」。×

088 引周禮證大羹須熱　「禮」下，單疏、要義有「者」字，是也。×

089 尊于室中北墉下○綌幂加勺　張氏云：「釋文『幂』作『鼏』，後『撤尊幂』，鄉飲酒、鄉射『尊綌幂』同。」按，今本釋文仍作「幂」，作「幂」是也。然賈氏於前節疏云「鄭兼下『綌幂』總疊之」，則兩處之文同矣。鼏則皆鼏，幂則皆幂，明無尊、鼎之別。

090 綌粗葛　粗，徐本、集釋、通解、楊、敖俱作「麤」。

091 汙尊而抔飲　抔，監本誤作「杯」。×

尊于房户之東

092 略之者　「之」下，要義有「也」字。×

主人爵弁纁裳

093 乘二車從行者也　二，嚴本、通解、楊、敖俱作「貳」，與疏合。

094 士而乘墨車　按，疏無「而」字。

095 使從役持炬火　從，徐本、楊、敖俱作「徒」，集釋、通解俱作「從」。

096 自此至俟于門外　單疏本無「自」字。×

097 亦當玄冕攝盛也　玄，誤作「亦」。

098 士無二車　二，單疏、要義俱作「貳」。

099 此有者亦是攝盛也　者，陳、閩俱作「二」，單疏、要義俱無「盛」字。

100 棧車欲其弇　欲，陳、閩俱誤作「從」。×

101 皆有革鞔　有，單疏、要義俱作「以」。

102 革上文有漆飾　文，單疏、要義俱作「又」。

103 則諸侯天子尊則尊矣　下「則」字，要義作「其」。

104 亦不欲攝盛　欲，單疏、聶氏、要義俱作「假」。

105 玉欲祭祀不可以親迎　欲，單疏、陳、監、要義俱作「路」，閩本亦誤作「欲」。聶氏「路」下有「非」字，「可」下有「乘」字，當以「玉路非祭祀不可乘」爲一句，「以親迎」三字屬下「當乘金路矣」爲一句。

106 以攝言之　「攝」下，聶氏有「盛」字。

婦車亦如之

107 曰士妻之車　曰，要義作「云」。×

108 則自以車送之者　之，要義作「女」。×

109 士昏禮曰　曰，要義作「云」。×

110 此婦乘夫家之車　要義無「之」字。×

111 何彼穠矣篇曰　穠，單疏、要義俱作「襛」。

112 禮雖散言　言，單疏、要義俱作「亾」，是也。×

113 翟茀以朝　茀，單疏、要義俱作「蔽」，下同。

114 以朝見于君成之也　成，要義作「盛」。

115 然則王后始來乘重翟車　車，單疏本作「受」，要義作「矣」。按，當從要義。

116 與重翟厭翟有差　差，陳本、要義俱作「屈」，單疏本亦誤「屈」。

117 依次下夫人以下一等爲差也　陳、閩俱無「以下」二字。

118 或謂之童容　童，單疏、陳本、要義俱作「潼」，是也。

至于門外

119 知是大門之外者　單疏、要義俱無「之」

字。✕

120 廟在大門内　在，陳、閩俱作「乃」，非也。

女次純衣纁袡

121 則此衣亦玄矣　徐本、集釋俱無「衣」字，通解有，與疏合。

122 女次至南面　單疏本卷五起。✕

123 素沙與上六服爲裏　裏，陳、閩俱作「衰」，非。✕

124 子男夫人自闕翟而下　單疏本無「翟」字。

125 故見絲體也　見，陳、閩俱作「是」。

姆纚笄

126 無子出而不復嫁　出而，聶氏作「而出」，非也。✕

127 若今時乳母　「母」下，徐本、聶氏、集釋俱有「矣」字，通解無。✕

128 纚縚髮　陸氏云：「縚，本又作弢。」聶氏「髮」下有「纚也」二字。

129 須有傳命者之事也　事，單疏本作「義」，陳本誤作「美」。

130 婦人年五十陰道絶　「年」上，陳本有「者」字。✕

131 淫出妬出無子出惡疾出多言出竊盜出　單疏本作「淫辟出無子出不事舅姑出惡疾出多言出盜竊出」，是也。

132 喪父長女不娶　父，單疏本作「婦」，是也。謂失母教也。❷

133 棄于夭也　夭，單疏、陳、閩俱作「天」，是也。

134 亂家女不娶　單疏本無「女」字。

135 又案易同人六二鄭云　「鄭」下，單疏本有「注」字。×

136 故無子出能以婦道教人者以爲姆　聶氏「無」上有「取」字，「出」上有「而」字，「出」下有「不復嫁」三字，❸「者」下有「留」字。

137 既教女　「既」下，聶氏有「使」字。

138 姆所以異于女者　單疏、聶氏、要義俱無「以」字。

139 舉漢爲況義也　舉，陳、閩俱作「法」，非也。

140 明此據領也　「據」上，單疏本有「亦」字，是也。×

女從者

141 詩諸娣從之　「詩」下，徐本、集釋俱有「云」字，通解無。

142 上下皆玄也　徐本、集釋、楊氏俱無「也」字，與疏合。通解有。×

143 此是女從之人　女從，單疏本作「從女」，是也。×

144 必姪娣從爲之媵　爲，單疏本作「謂」。×

145 引之證娣姪之義也　單疏本無「娣」字。

146 即婦人之服不殊裳　「裳」下，單疏本有「也」字。×

147 則大夫以下刺之　浦鏜云「上」誤「下」。

148 中衣有黼領上服則無之　單疏、陳本、要義俱無「上」字，閩本「上服」二字擠入。

149 則常服有之非被也　被，單疏、要義俱作「假」。

主人揖入

150 父迎出大門之事也　浦鏜云：「父迎，當『婦從』之誤。」

151 見隱元年　元，單疏、要義俱作「二」。按，單疏是也。

152 今婦既從　從，陳本、要義俱誤作「送」。

壻御婦車

153 曲禮曰　徐本、集釋、楊、敖俱無此三字，通解有。集釋挍云：「疏云曲禮文，則注無可知。」

154 婦乘以几姆加景　景，通典作「幜」，非也。古無「幜」字。

155 加之以爲行道禦塵　禦，釋文作「御」。

156 行車輪三周　集釋無「車」字。

157 今文景作憬　浦鏜云：「憬，釋文同，疑『幜』字之誤。」○按，从心者是，从巾者後人改也。

158 用布袂屬幅　幅，要義作「福」。○按，作「福」非也。既夕禮記「用」下有「幕」字。

159 直云制如明衣　浦鏜云：「『直』上當脱『不』字。」○按，此句當連下「此嫁時尚飾不用布」讀之，明衣必用布，景則但制如明衣耳，不用布也，浦説非。

160 士妻紂衣纁袡　袡，誤作「衻」。

壻乘其車

161 故改爲壻家大門外　改，單疏、要義俱作「解」。按，「解」字是也。

162 婦至○媵布席于奥　張氏云：「案，釋文云『媵席』，中無『布』字。」

163 宛然左辟　然，誤作「若」。

164 謂女從者也者　單疏、要義俱無下「者」字。按，「者」當有。

165 云御當爲訝訝迎也　兩「訝」字，要義並作「迓」。×

166 贊者徹尊冪○出除鼏　鼏，通解、敖氏俱作「冪」。浦鏜云：「衛氏湜云鼏當作冪，今作鼏字，後人更易也。」○按，此冪乃鼎冪也。

167 爲肩臂臐肫胳脊脅之等　單疏、要義「爲」俱作「謂」，「臐」俱作「臑」。

168 匕者逆退　匕，釋文作「朼」，引劉云：「匕，器名。朼者，朼載也。」張氏云：「陸氏詳論之，所以辨時本之誤也。其後士喪禮乃朼載，又云匕者，士虞禮朼者，特牲饋食乃朼，有司朼羊、朼豕、魚，字皆从木。至少牢饋食長朼，古文作匕，鄭氏亦改爲朼。」

菹醢在其南

169 醢食乃將入　醢，要義作「臨」。

170 又生人食公食大夫是也　生，誤作「主」。

贊爾黍授肺脊

171 謂用口啜湆用指咂醬　徐本、集釋俱無「用口」、「用指」四字，與疏合，通解、楊氏俱有。盧文弨云：「公食大夫疏引此注亦無此四字。沈彤云『經云以湆醬，故注以用訓其字，而以啜咂解其義。若云用口用指，則似所用者在口指，而不在湆醬矣。此四字蓋寫者因疏文而誤入也』。文弨案，此說甚是，然案疏文，似賈本有『用口』、『用指』字。」○按，注以啜湆咂醬釋用湆醬之義，疏又以用口用指釋啜咂之義，各明一義。疏中疊注，本無「用口」、「用指」四字，後人誤會，遂于注中、疏中各增四字。沈彤、盧文弨未見單疏本也。×

172 故此昏禮從特牲祭祀❹　「祀」下，單疏、要義俱有「法」字。

173 彼九飯禮成　浦鏜云「盛」誤「成」。

174 謂用口啜湆用指咂醬者　單疏本作「謂啜湆肺咂醬者」。按，「肺」衍字。

贊洗爵

175 漱所以潔口　潔，徐本、集釋俱作「絜」。按，凡「潔」字，嚴、徐、鍾本並作「絜」，是正字。他本錯出，後不悉挍。

176 酳乃徹饌于房之節　乃，單疏本作「及」，無「之」字。×

177 籑皆荅拜　按，籑，後經皆作「⿱艹食」。「⿱艹食」字五經文字不載，至九經字樣始有之，實則説文之「籑」也，从食算聲。論語「先生饌」，饌，鄭作「餕」，蓋「饌」即「籑」之或字，「籑」又與「餕」通，故鄭氏讀「饌」爲「餕」也。然則儀禮「⿱艹食」字皆當作「籑」明矣。幸有此句未誤，猶得據以考正。

178 亦頤衍養樂之義　單疏本無「衍」字，是也。×

179 贊以肝從○嚌肝　張氏云：「案，釋文云『齊，才計反』。齊、嚌古通用，此從口者，後人加之爾。」○按，今本釋文仍作「嚌」。

180 尸以肝加於俎者喪祭　祭，閩本誤作「余」。×

卒爵皆拜

181 婦拜見上篇見母章此篇婦見奠菜一章及内則女拜尚右手　徐本、集釋俱無此注，係通解語誤入。×

贊荅拜

182 卒爵至如之　注亦無從也　單疏本。○按此，知「卒爵皆拜」下不得有注。×

183 贊洗爵酌于户外尊　戴震云：「據前『尊于室中北墉下』，是爲内尊；『尊于房户之東』，是爲外尊。注止偁内尊、外尊，此處疏云『乃酌外尊』，亦無『户』字，今删正。」

184 既合巹乃用爵　「既」下，單疏本有「隔」字。

主人出

185 則此時亦東房矣　「亦」下，單疏本有「向」字，是也。 ×

186 乃徹于房中　乃徹，釋文作「迺撤」。

187 主人説服于房〇婦説服于室御授　授，唐石經、徐本、集釋、通解、楊、敖俱作「受」。

188 今文説作税　「作」上，徐本、集釋俱有「皆」字。 ×

189 與沃盥交同　交，單疏、陳、監、要義俱作「文」，是也。 ×

御衽于奥

190 將覸良人之所之　覸，徐本、集釋、敖氏俱作「見」，與疏合。釋文作「覸」，云「今本亦作見」。臧琳云：「賈本作『將見』，故後人挍釋文云『今本亦作見』，乃注疏本反作『覸』，此又近人依釋文改也。祭義『見以蕭光』、『見間以俠覸』，『見』及『見間』皆爲『覸』字之誤。儀禮注當從釋文作『覸』，賈疏作『見』，非也。」

191 則盡富貴者其妻告其妾曰良人出則厭酒肉而後反問所與飲食則盡富貴者也　單疏本如是。今本脱「者其」至「貴者」二十七字。 ×

192 吾將覸良人之所之　覸，單疏本作「瞷」，下同。

主人入

193 又云女子許嫁　云，要義作「曰」。 ×

194 鄭據此許嫁文而言　許嫁，單疏、陳本、要義俱誤作「諸侯」。

195 據男子去冠仍有笄與婦人之笄　「與」上，單疏本空一字。 ×

196 媵侍于户外　單疏本標經起止云「媵待至則聞」，疏中兩「侍」字亦俱作「待」。按，如單疏本，則注當云「今文待作侍」。

夙興

197 兼内則云　兼，單疏、要義俱作「案」，是也。

198 則不隨母嫁　母，陳、閩俱誤作「父」。

婦執笲棗栗

199 其形蓋如今之筥筳籚矣　筳籚，徐本、釋文、集釋、敖氏俱作「筥籚」。嚴、鍾、通解作「筥籚」。按，説文：「凵盧，飯器。凵或从竹，去聲。」

200 云如今之筥筳籚矣者　筳籚，聶氏、要義俱作「筥籚」，與通解注同。

201 今已遠　已，單疏本作「以」。按，以、已古多通用。

202 其狀已無可知也　已無可，單疏、要義俱作「無以可」，陳、閩俱作「無已可」。

203 若親授之然　要義作「則親授之」。

舅坐撫之

204 則不徒此婦于舅而已　于，要義作「與」。

205 故廣言婦人與丈夫行禮　行，單疏、要義俱作「爲」，是也。

206 降階受笲腶脩　腶，唐石經作「殹」，釋文作「段」。段玉裁云：「本又作腶。」瞿中溶云：「石本原作段，朱梁重刻譌作殹。陸本作段，正與石本原刻同。」

207 授有司徹之　通解無「之」字。

席于户牖間

208 注室户至面位　單疏本有，今本脱。

側尊甒醴于房中

209 若行禮之間而立　單疏本無「禮」字。

贊者酌醴

210 亦面之拜也　之拜，單疏本作「拜之」，是也。

婦升席

211 不親徹此親徹　單疏、陳本俱無「此親徹」三字。

212 故云親徹　單疏本無此句，陳本無「故」字。

213 且榮得禮　「且」上，單疏本有「是」字。

214 於禮時禮訖　下「禮」字，閩本誤作「親」。

特豚合升

215 其他謂醬湆菹醢　謂，誤作「爲」。

216 竝當作併　「竝」上，徐本、集釋、通解俱有「今文」二字。按，既有「今文」二字，則「當」字宜衍。

217 是常得云側　「常」下，浦鏜云：「疑脱『法不』二字。」

218 席于北墉下　墉，誤作「牖」。

219 墉墻也室中北墻下　今本俱脱首三字，徐本、集釋、通解俱有。

婦徹設席前如初

220 嫌淬汙　陸氏云：「淬，本或作染。」

* 婦嫌淬汙者　案，注無「婦」字，此誤衍也。

婦餕姑之饌

221 奠之奠于篚　今本俱脱首二字，徐本、集釋、通解、敖氏俱有，楊氏無。

222 注奠于篚　「奠」上，單疏、陳、閩俱有「奠

之」二字，是也。監本此處排稀兩字。 ×

婦徹于房中

223 必姪娣從之　姪娣，陳、閩、監本俱誤倒。徐本、集釋、通解、敖氏俱無「之」字。 ×

224 客之也　客，徐本、楊氏俱作「容」。○按，作「容」與單疏本疏文合。

225 娣者何女弟也　單疏、要義俱無「女」字。 ×

226 客之也者　客，單疏、要義俱作「容」。 ×

227 以對御爲先　陳、閩俱脱「先」字。 ×

舅姑共饗婦以一獻之禮

228 則更使人舉爵　更，陳本誤作「受」，疏同。 ×

229 知者見昏義　「義」下，單疏、要義俱有「曰」字。 ×

230 或異日　異日，陳本誤作「二者」。 ×

231 今設此洗　此，要義作「北」。 ×

232 知記非醴婦者　非，陳本誤作「昨」，閩本誤作「晡」。 ×

舅姑先降自西階

233 注受之至代己　受，陳、閩俱作「授」。

234 胙階是主人尊者升降之處　單疏、要義俱無「胙階」、「升降」四字。

235 昏義之文也　單疏本無「之」字，是也。 ×

歸婦俎于婦氏人

236 明其得禮　通解作「明得其禮」，要義作「明所得禮」。按，疏云「三牲是賓所當得」，則作「所」字爲是。鄉射注云：「遷設薦俎就乏，明己所得禮也」，亦是此意。

237 歸婦俎于婦氏人　注言俎至得禮　單疏本。 ×

238 故歸之也　單疏、要義俱無「之」字。

239 既言俎俎所以盛肉　俎，陳、閩俱不重，非也。 ×

舅饗送者以一獻之禮

240 古文錦皆作帛　作，徐本、集釋、敖氏俱作「爲」，通解作「作」。按，疏中標目是「作」字，叠注是「爲」字，必有一誤。

241 雖公子亦上卿送之　上，陳、閩俱作「大」，非也。 ×

姑饗婦人送者

242 皆就館速之　速，單疏、陳本、要義俱作「召」，是也。按，單疏「之」字空缺。

若異邦

243 莒慶來迎叔姬　迎，要義作「逆」，是也。 ×

244 公羊傳曰　曰，要義作「云」。 ×

若舅姑既没

245 若舅至奠菜　單疏原本卷六首缺兩葉。 ×

246 此言舅姑俱没者　俱，要義作「既」。

247 因内則有堇荁芬榆供養　荁，陳、閩俱誤作「萱」。浦鏜云「枌」誤「芬」，是也。

祝盥

248 來婦　婦，集釋作「歸」，誤。 ×

婦拜扱地

249 以手之至地　陳、閩俱無「之」字。

250 又與男子空首不同　又，陳、閩俱誤作「人」。 ×

251 故謂之吉拜　吉，閩本誤作「言」。 ×

252 拜神與户　户，陳、閩俱作「戸」，是也。　×

老醴婦于房中

253 象舅姑生時因見禮也　也，陳、閩俱作「之」。　×

記 士昏禮

254 用昏壻也壻悉計反從士從胥俗作婿女之夫腆善也　自「壻悉」至「之夫」十四字，徐本、集釋俱無。按，此乃陸氏釋文，今本因通解而誤。陳本於「壻」字上加一圈，則似并「腆善也」以下三句皆爲音義矣。　×

255 昕即明之始　陳、閩俱脱「昕」字。　×

256 不得謙虚爲辭注云　注，要義作「也」。　×

摯不用死

257 三帛二生　生，單疏、要義俱作「牲」，是也。❺

258 腊必用鮮○必殺全　按，疏作「殺必全」。

259 不餒敗　釋文同。徐本、集釋俱作「餧」。

女子許嫁

260 非受幣不交不親　受，誤作「納」。

261 彼以非許嫁笄笄輕　笄，單疏、要義俱不重。　×

祖廟未毀

262 經故云未毀與已毀　單疏、要義俱無「故」字，是也。　×

263 故云祖廟女高祖爲君者之廟也　要義無「者」字。

264 是小功之親　是，單疏、要義俱作「曾祖」，是也。　×

265 若共祖是大功之親　單疏、要義俱無「是」字，是也。

266 謂別子之世適長子　下「子」字，陳、閩俱作「者」，非也。

267 則皆以大宗之家教之　以，單疏、要義俱作「於」。

問名

268 此即西面對　面，誤作「南」。

269 祭醴始扱一祭　一，唐石經、徐本、集釋、通解、楊、敖俱作「壹」。

270 始祭禮之初故云始扱一祭及又扱則分爲兩祭故云又扱再祭是爲三也　單疏本作「始祭醴云初故始扱壹祭後祭醴又扱爲再祭也」。陳、閩俱無「始祭禮之初故云」七字。案，通解改此疏云：「禮成于三，故祭醴之時始扱壹祭，及又扱則分爲兩祭，是爲三也。」今本略依通解。

271 云右取脯左奉之者　八字陳、閩俱脱。

納徵

272 執禽者左首　首，徐本作「手」，誤。

273 執皮者二人　單疏、要義俱無「二人」兩字，是也。

274 執皮者皆左首　浦鏜云「右」誤「左」，是也。

275 天子廟門　單疏、要義俱無「天子」二字，是也。

276 共二丈一尺此士廟門　單疏、要義俱作「七个二丈一尺，彼天子廟門，此士之廟門」。○按，單疏是也。作「共」字與匠人注不合。

277 而執皮者又横執之　八字單疏本

無。×

278 故二人相隨乃可以入不得竝行也至中庭則稍寬故得俱北面西上也　單疏本作「故隨入得竝也云西上中慶位併者俱北面西上也」。○按，自「天子廟門」以下，今本悉依通解改。單疏本「慶」字誤。❻

279 280 賔致命○士受皮者自東出于後　朱子云：「疏引此文『皮者』下有『取皮』二字，今本無之，未詳孰是。」適東壁　壁，徐本作「璧」，誤。

281 此亦爲經至故記之也　十八字陳、閩俱脱。×

282 釋之則文見　釋，單疏、陳本俱作「受」。❼

283 云受皮者　「受」上，單疏、通解俱有「士」字，與注合。×

284 自左受者　單疏本無「自左受」三字，通解有。○按，無者是。

285 逆退者　「逆」上，單疏本有「云」字，是也。×

286 主人堂上授幣時　授，陳、閩俱作「受」。

287 與子男之士不命者別　男，誤作「卑」。

父醴女而俟迎者
288 母出南面房外　「房」上，敖氏有「于」字。×

289 云女奠爵于薦東　于，誤作「子」。×

290 且當戒女也者　當，誤作「富」。×

女出于母左
291 以託戒之　徐本、集釋、敖氏俱無「之」字，與疏合。通解、楊氏俱有。×

292 使不忘　不，集釋、敖氏俱作「勿」。×

293 故行出于母左　行，單疏、要義俱作「云」，是也。

294 重云戒者　云，陳、閩俱作「行」。

295 齊侯送姜氏于讙　陳、閩俱脱「于」字。

296 穀梁傳曰　曰，要義作「云」。

婦乘以几

297 婦乘以几　注持几者重慎之　單疏本。

298 是石几之類也　段玉裁云：「當作『几石』，此誤倒也。」

299 婦入寢門贊者徹尊冪　冪，要義作「鼏」。

300 釋曰記云　記，單疏本作「經」，是也。

301 配尊之酒三酒　要義無「三酒」二字。

302 三酒加玄酒　陳、閩俱脱下「酒」字。

303 及明水若生人相禮　及，單疏本作「又」。

笲

304 笲有衣者　衣，聶氏作「表」。

305 釋云上經雖云笲　上「云」字，閩、監俱作「曰」。

婦席薦饌于房

306 非直有席薦　非，閩本作「亦」。

饗婦姑薦焉

307 時同明日　明日，單疏本作「自明」。

婦洗在北堂

308 房與室相連謂之　謂，單疏、要義俱作「爲」。

309 經中所謂北洗也　經中所謂，單疏、要

310 北堂房半以北者　「房」下，要義有「中」字。
義俱作「所謂經中」。

婦酢舅

311 婦酢舅更爵自薦　釋曰　單疏本。 ×

312 謂舅姑饗婦時舅獻姑薦　時舅獻，單疏本作「獻時舅」。

不敢辭洗

313 此當在婦酢舅之上　「當」上，單疏本有「事」字。 ×

凡婦人

314 凡婦人相饗無降　注姑饗至在上　單疏本。 ×

婦入三月

315 婦入三月廟見祭菜之後　見，陳、閩俱作「行」，非。 ×

昏辭曰

316 子謂公冶長可妻也　陳、閩、監、葛、通解俱脱此八字。

317 是使告主人辭　「人」下，單疏本有「之」字，是也。 ×

某有先人之禮

318 仍得以女許人　仍，單疏本作「乃」。 ×

319 某也使名也　「使」下，敖氏有「者」字。 ×

320 亦是使者　「亦」上，單疏本有「此」字，是也。 ×

對曰某之子惷愚

321 古文弗爲不　古，徐本、集釋、通解俱作「今」。

問名曰

322 問名至誰氏釋曰　單疏本無此七字，

與上節疏合爲一段，祇標「致命者敢納采」六字。

323 有見賓升堂　有，單疏、陳本俱作「直」，是也。

324 假外人之女　女，閩本誤作「人」。

325 其本云問名　其，要義作「且」。

某辭不得命

326 不得辭己之命　辭，徐、陳、集釋、通解、楊、敖俱作「許」。

納徵曰

327 是升堂致命辭也　「升」上，單疏本有「所」字。

328 餘且納采　四字單疏本無。案，此係通解之文誤入，又誤「見」爲「且」。

請期曰

329 襍記曰大功之末　末，誤作「宋」。

330 是父己子三者之昆弟　「弟」下，單疏、要義俱有「者」字，是也。

331 若期親內則廢　內，閩本誤作「由」。

332 見大功之末　「功」下，單疏、要義俱有「小功」二字。

333 己與子皆爲服期者　與，要義作「及」。

對曰某固唯命是聽

334 注某吉日之甲乙　此下兩節，單疏本俱不標經文起止。

335 是使者傳主人吉日之辭　傳，單疏本作「付」。

對曰某敢不敬須

336 須待也　徐本、集釋、楊氏俱無「也」字，通解有。×

337 告禮所執脯　通典無「告」字。玩疏意，似亦無「告」字。

凡使者歸

父醮子

338 子壻也　徐本、集釋俱無「也」字，通解有。

339 釋曰女父禮女　釋，陳、閩俱誤作「注」。×

340 父禮女子　子，單疏、要義俱作「者」。

341 若在廟以禮筵于户西　陳、閩俱脱「在廟」二字。

342 右几在神位　在，單疏、要義俱作「布」。

343 故在寢可知也　陳、閩俱脱「在」字。×

344 命之辭曰　唐石經、徐本、集釋、要義、敖氏俱無「辭」字，通解、楊氏有。石經考文提要云：「記乃通記昏辭，每節俱無『辭』字。」

勗帥以敬先妣之嗣

345 勉帥婦道　張氏云：「釋文上『帥道』之注云『下帥道同』，謂此句也，此句當云『勉帥道婦』。」○按，張氏之説是也。帥之訓道，上文已具，故此不復言，但叠「帥道」兩字以見義。通典云「勉導以敬其爲先妣之嗣」，正合注意。蓋敬其爲先妣之嗣，即是婦道。若云「勉帥婦道」，則不可通矣。

346 詩大姒嗣徽音者大雅文王詩　兩「詩」字下，單疏本俱有「云」字。×

賓至

347 經云命某者是壻自稱父　「經云」二字，單疏、陳本俱在下「使某者」上，「父」作「之」。×

348 父送女〇夙夜毋違命　毋，陳、閩、監本俱誤作「母」。凡他篇「毋」字，此本亦有誤作「母」者，可以義求之，不盡挍。

349 舅姑之教命　案，疏以「姑」字爲衍文。

350 今此記人又云　又，誤作「父」。×

351 續成前文　文，單疏本作「語」，陳本誤作「女」。

352 母云戒也　戒，閩本作「事」，非也。×

353 若然此注有云　若然，陳、閩俱誤倒。×

354 姑舅之教命　姑舅，單疏本作「舅姑」，與注合。×

355 傳寫誤也　傳，誤作「博」。×

母施衿結帨曰

356 宮事釋曰　單疏本。×

357 宮事謂姑命婦之事　單疏本作「則姑命婦之事」，通解與今本同。〇按，則猶即也，疏中每有此語。前疏云「母戒之，使無違姑命」，此節經云「夙夜無違宮事」，是宮事即姑命婦之事，此賈氏自釋前語也。「宮事」二字已標于上，故不再出，直釋曰「則姑命婦之事」。今本既删標目，又不達「則」字之義，率依通解改之，謬矣。

庶母及門内

358 示之以衿鞶　句末徐本、集釋、通解俱有「者」字。×

359 不示之以衣笄者　集釋無「以」字。×

360 案曲禮文　文，單疏本作「云」。×

361 壻授綏姆辭曰未教不足與爲禮也　十四字在「宗子無父」上。唐石經、徐本、集釋、通解、楊、敖俱有，通典有「曰未教」以下九字。

362 姆教人者　四字徐本、集釋、通解、楊氏俱有，今本經注並脫。

宗子無父

363 是有有父者　徐本、集釋俱脫一「有」字。

364 云宗子者適子也者　「適」下，要義有「長」字。○按，單疏亦有，否則與注文異。

365 繼別爲宗　單疏本無「爲」字，誤。要義有。

366 云命之命使者　單疏本重「者」字，是也。

367 稱父兄師友以行　「稱」下，單疏本有「諸」字。○按，公羊隱二年傳注有「諸」字。

368 傳家事在子孫　浦鏜云「任」誤「在」。

369 二者皆是宗子有父　二，陳、閩誤作「三」。

370 弟則稱其兄　唐石經、徐本、集釋、敖氏俱無「則」字，通解、楊氏有。按，單疏標目有「則」字。

371 弟宗子母弟　「子」下，徐本、集釋俱有「之」字，與單疏標目合。通解、楊氏俱無。

372 弟則稱其兄注弟宗子母弟　單疏本「子」下有「之」字。

若不親迎

373 覿見也　嚴本無「也」字，與單疏標目合。

374 注女氏至見也　見也，單疏本作「覿見」，是也。

375 主人對曰未得濯溉於祭祀　溉，敖氏作「摡」。張氏云：「釋文云『摡，古代反』。少牢饋食『摡鼎匕俎』、『摡甑甗匕與敦』、『摡豆籩勺爵觚觶』，字皆作『摡』。」○按，今本釋文作「溉」。

376 造置于緇色器中　器，要義作「之」。

377 對曰某以非他故　他，通解作「它」，注同。按，士虞「他用剛日」，注云「今文他爲它」，則他、它宜有辯。但諸本錯出，故不悉挍。

378 對曰某以得爲婚姻之故　以得，唐石經、徐本、張氏、通解、楊氏、敖氏俱作「得以」。集釋挍云：「上言『某以得爲外婚姻之數』，以者，自以也，對稱『某以非他故』。此乃云『某得以爲昏姻之故』，以者，指壻以之也。敖疑上言『之數』，下言『之故』，必有一誤，因云『得以宜作以得』。不知『以』字在下，正與『故』字語氣相貫，又與上『故』字相應。今注疏本從敖氏説改經耳。」

379 敢不從　張氏云：「五代廣順中監本同。至顯德中吉觀國所挍監本，乃云『敢從』，無『不』字。或曰歲久版脱之也。」

380 亦彌親之辭古文曰外昏姻　下六字，徐本、集釋、通解、敖氏俱有，今本俱脱。

主人出門左

381 不敢授也　授，誤作「受」。

382 凡見賓客及士親迎皆于廟　單疏、要義「士」俱作「上」，「廟」下俱有「者」字。

383 以先祖之遺體許人　要義無「之」字。

擯者以摯出

384 賓執摯入門右　陳本脱「執」字，閩本脱「入」字。

385 從君臣禮　單疏本無「君」字。陳本「從」下空一字。

386 由門左西向北面　向，單疏本作「進」。

見主婦

387 見兄弟不踰閾　要義無「見」字，單疏本無「兄」字。

388 故是左扉也　「故」下，單疏本有「知」

字。×

02—389

壻立于門外

婦人於丈夫必俠拜　於，要義作「與」。×

校　記

❶南昌府學本删「彼疏引注同」五字。

❷南昌府學本删「謂失母教也」五字。

❸南昌府學本「有」下衍「故」字。

❹南昌府學本「祭」下脱「祀」字。

❺此條校語以單疏作「牲」爲是，南昌府學本以毛本作「生」爲是。

❻南昌府學本删「○按自天子」以下至末二十一字。

❼此條校語無是非判斷，南昌府學本以毛本作「釋」爲是。

儀禮注疏校勘記卷三

士相見禮第三

03—001 儀禮疏卷第七士相見禮第三　單疏本卷七起。

002 始承摯相見之禮　單疏本無「之」字，釋文有。按，疏讀「見」字絶句，似亦無「之」字，「禮」字宜屬下讀。

003 亦有士見大夫之法　單疏、要義俱無「有」字。

004 云禯記會葬禮曰　單疏本無「會葬禮曰」四字。

005 案周禮行人　人，單疏、閩本俱作「夫」，是也。

士相見之禮

006 君子見於所尊敬　集釋無「於」字。

007 必執摯以將其厚意也　集釋無「也」字。

008 今所因緣之姓名也　據疏或本無「名」字。

009 彼又云　閩本脱「云」字。

010 不言願見於將命者　「者」下，單疏本復有「者」字。

011 新升爲士者　單疏本無「新」字，「者」下空一字。

012 雉交接有時　單疏本無「雉」字。

013 二生一死雉　單疏本「生」作「牲」、「雉」作「摯」，是也。❶

014 則雉義取耿介　則雉，通解作「鄭云士執雉也」。按，通解必有所據，此非可臆改也。❷

賓對曰某不足以辱命

015 謂請吾子之就家　「謂」字，閩、葛俱誤在「子」字下。 ×

主人對曰某不敢爲儀

016 古文云固以請　「請」下，徐本、通解俱有「也」字，集釋無，張氏云疏無「也」字。

017 注不敢至以請　此下六節，單疏本俱不標經文起止。 ×

018 堅固則如故　閩本無「堅固」二字。

019 賓對曰　對，唐石經補刻誤作「用」。

主人對曰某也固辭不得命

020 故云走猶出也　單疏本無「猶」字。○按上文，當有「猶」字。

賓對曰某不以贄

021 唯是平敵相抗　抗，單疏、要義俱作伉。

賓對曰某也不依於贄

022 謙自卑也今文無也　今本脱下四字，徐本、集釋、通解俱有。

023 注言依至卑也　案，注末有「今文無也」四字，則「卑」字疑當作「無」。

主人對曰某也固辭不得命

024 今文無也　徐本無「也」字，與單疏標目合。集釋、通解俱有。 ×

025 注右就至無也　無也，單疏本作「文無」。

026 入則以東爲右　「入」下，單疏本有「門」字，是也。

027 云既拜送則出矣者　浦鏜云：『「拜」

下脱『受』字。」○按，注文「受」字疑衍文。

028 無意得待主人留己也　閩本無「意」字。×

029 故云不於堂　於，閩本作「升」。×

主人請見

030 主人請見至再拜　注請見至而出　單疏本。×

031 則執摯來見也　見，單疏本作「是」，是也。×

032 禮畢奠摯而出　畢，閩本、要義俱作「卑」，非也。×

主人復見之以其贄

033 謂擯相也　也，徐本、集釋、通解、楊、敖俱作「者」，與單疏標目合。按，宋本釋文亦作「者」，今本作「也」。×

034 論主人還于賓之事　浦鏜云：「『還』下脱『摯』字。」

035 注復見至相也　也，單疏、閩本俱作「者」。×

036 謂擯相也者　也，單疏、閩本俱作「者」。×

賓對曰某也非敢求見

037 不敢當也今文無也　今本脱下四字，徐本、集釋、通解俱有。

038 注言不至當也　此下三節，單疏本俱不標經文起止。按，注末有「今文無也」四字，則「當」字疑當作「無」。

039 曰鄉者　曰鄉，單疏本作「曏」。×

主人對曰某也固辭不得命

040 若聘禮公迎于大門内　「若」下，單疏本有「然」字。

041 昏禮賓爲男家使　閩本無「賓」字。×

士見于大夫

042 送再拜尊賓　賓，楊氏作「賢」。

043 士見於大夫至再拜　注終辭至尊賓　單疏本如此。浦鏜云：「『又文有三辭』至『輕重之義也』，當在下『擯者對曰某也使某不敢爲儀也固以請』節注下疏，此錯簡也。『又文』，疑『案禮』之誤。」○按，此下凡七節無疏，故於此總釋之，非錯簡也。

044 若常爲臣者　常，唐石經、徐本、楊、敖俱作「嘗」，集釋、通解俱作「常」。

賓對曰某也既得見矣

045 今文無也　徐本亦無「也」字，集釋、通解俱有。×

賓對曰某固辭不得命

046 注受其摯而去之　單疏本不標經文起止。×

047 既不受其摯　不，誤作「而」。×

048 而去之以絶之也　「去」下，單疏本無「之」字。×

下大夫相見

049 維謂繫聯其足　張氏云：「釋文云『以索，悉各反，注同』。今注無『以索』字。經曰『飾之以布，維之以索』，注舉『飾之以布』全句釋之，至下句不應獨曰『維』。此必今本脱去『之以索』三字，今增入。」○按，釋文專爲「索」字作音，其言「注同」，自指「索」字，非兼指「以索」兩字。注中「索」字今已脱去，不可復考。張謂「維」下當增「之以索」三字，亦臆説耳。

050 言下大夫者　閩本無「言」字。×

上大夫相見

051 羔取其從帥　從，徐本作「後」，集釋、通解、楊氏俱作「從」。張氏曰：「注曰『羔取其後帥』。案，監本『後』作『從』，疏引注文亦作『從』，至其下釋乃云：『凡羔羊皆有引帥，若卿之後君之命者也』。此釋亦誤以『從』爲『後』。『後』字近『從』，傳寫誤也。」○按，作「從」是也，今疏各本及單疏本亦俱作「從」，張氏所見本偶誤作「後」耳。❸

052 秋獻麛　秋，閩、監、葛本俱誤作「法」。

053 上大夫至執之　注上大夫至爲脰　單疏本。　×

054 凡羔羊群　張氏引疏無「群」字。

055 若卿之從君之命者也　從，張引作「後」，説見上。

056 雖群居不阿黨也　居，誤作「而」。

如士相見之禮

057 或兩卿相見　閩本無「或兩卿」三字。

庶人見於君

058 此不言民而言庶人　閩本脱「民而言」三字。　×

士大夫則奠贄

059 則於庶人不荅之者　於，監本誤作「與」。　×

060 與君言言使臣○與衆言言忠信慈祥

敖氏曰：「大戴記注引此無『忠信』字，後人因下文有『言忠信』三字而誤衍之。」

061 臣事君以忠　單疏本「臣」作「并」，「忠」作「服」。案，「臣」當從單疏作「并」，「服」當從今本作「忠」。又注及疏「使臣之禮」，「之」字疑俱當作「以」。

062 又非士是卿大夫可知　士是，閩本作

「是士」。×

若父則遊目

063 古文母爲無　爲，徐本、集釋俱作「作」，與單疏標目合。通解作「爲」。×

064 注子於至爲無　爲，單疏作「作」，是也。
案，今本注文亦誤「爲」。×

凡侍坐於君子

065 及國中賢者也　「中」下，集釋有「之」字。

066 問日晏　「日」下，敖氏有「蚤」字。

067 具猶辯也　辯，釋文作「辨」。張氏曰：「注曰『具猶辨也』。案，釋文云『辨，皮莧反』。特牲饋食注亦曰『具猶辨也』。從釋文。」○按，張氏所見注作「辦」，與今本異。説文有「辨」無「辦」，則當以「辨」爲正，作「辦」非也，作「辯」尤誤。

068 君子謂卿大夫者　單疏本無「謂」字。
案，各本注俱有「謂」字。

069 博聞强識而讓　聞，單疏本作「文」。○按，「文」字非也。

070 侯執伸圭　伸，單疏、閩本、要義俱作「身」。○按，周禮作「信」，鄭注云「信當爲身」，故即以「身」字易之，此正義例也。❹

夜侍坐

071 膳葷謂食之　敖氏無「葷」字。

072 食之以止臥　「之」下，集釋有「可」字。

若君賜之食

073 食其祭食　食其，敖氏作「謂君」。盧文弨云：「宋本作『於其』。」

074 此謂君與之禮食　此，楊氏作「食」。「與」下，集釋有「臣」字。

075 今云呫嘗膳　臧琳曰：「釋文『呫嘗音貼，穀粱未嘗有呫血之盟，呫，嘗也』。案，呫既訓嘗，則呫即嘗之駮文，『呫』下不得更着『嘗』字。蓋古文『徧嘗膳』，今文『徧呫膳』，注當作『今文云呫膳』，『文』脱『嘗』衍也。説文口部無呫，食部有鉆，云『相謁食麥也』。廣雅二釋詁鉆、嘗同訓爲食，則鉆爲呫之本字無疑。」

076 若臣嘗食　臣嘗，要義作「尋常」。

若有將食者

077 周禮膳夫授祭　徐本、集釋、楊、敖俱無「授祭」二字，通解有。

078 末有原　末，誤作「未」。

若君賜之爵

079 坐授人耳者　要義脱「者」字。　×

退坐取屨

080 俛而逡巡　巡，釋文、楊氏俱作「遁」。

大夫則辭退下

081 下亦降也　亦，通解作「猶」。

082 兼三卿五大夫　三、五，要義互易，似誤。

083 大得辭降也　大，單疏、閩本、要義俱作「故」。

若先生異爵者

084 欲見主敬客先拜也　主，單疏本作「言」，是也。

非以君命使

085 不稱寡君　君，徐本、集釋俱作「者」。

086 是擯贊之辭也　閩本脱「贊」字。　×

087 則曰寡大夫寡君之老　單疏本「君」上無「寡」字。○按，單疏本誤，玉藻有「寡」字。

088 亦有正禄者同　有，單疏本作「與」。　×

凡執幣者不趨

089 凡執幣至爲儀　單疏本無「幣」字。

執玉者

090 唯舒者　「舒」下，敖氏有「武」字。朱子釋經文云：「注疏以『舒』字絶句。」盧文弨云：「上節疏明以『舒武』連讀，宋本『唯舒』下本有『武』字，後脱去耳。」○按，盧所謂宋本，即敖氏本。敖引注多臆改，不足憑也。然注疏實不以「舒」字絶句，盧説良是。

091 古文曳作枻　枻，徐本、釋文、集釋、通解俱从手。

092 以禽摯相見之禮　以，閩本作「爲」。

093 故兼言朝聘執玉之禮也　言，單疏本作「見」。

094 注唯舒至作枻　枻，單疏本亦從手。×

095 蹻跲則鎮倒　鎮，單疏、閩本俱作「顛」，是也。×

096 凡自稱于君○在野則曰艸茅之臣　艸，唐石經、徐、閩、釋文、集釋、通解、要義、敖氏俱作「草」。

097 謂致仕者也致仕者　今本脱下四字，徐本、集釋俱有，通解無。

098 今文宅或爲託　徐本無「文或」二字。集釋有「文」字，無「或」字。通解無「文」字，有「或」字。

099 刺猶剗除也　此句徐本、集釋、通解俱在「任近郊之地」下，與單疏標目合。

100 下大夫曰下臣　句首「下」字，單疏本作「上」。○按，作「上」與玉藻合，單疏是也。

101 注宅者至剗除　剗除，單疏、閩、監俱作「作苗」。按，閩、監注雖已誤，而疏文未改，猶得據以攷正。此本併疏文改之，遂不復知注有錯簡矣。且即就今本注文言之，亦當作「宅者至除也」乃爲合例，否則似注文亦無「也」字。

102 國内則云宅　單疏、要義俱無「國内」二字，下三字連下「在野者」作一句。

103 案詩有其鎛斯趙　鎛，監本誤作「鍊」。

104 鎛刺也　鎛，單疏、閩本、要義俱作「趙」，監本誤作「鍊」。

03—105 故以刺爲剗除艸木者也　艸，閩、監俱作「草」。

校記

❶ 此條校語以單疏作「牲」爲是，南昌府學本以毛本作「生」爲是。

❷ 南昌府學本删「按通解」以下至末十三字。

❸ 南昌府學本删「〇按作從是也」以下至末二十七字。

❹ 學海堂本、南昌府學本删「〇按周禮作信」以下至末。

儀禮注疏校勘記卷四

04—001 鄉飲酒禮第四　單疏本卷八起。

002 獻賢者能者於其君　按，「獻」上釋文有「將」字。

003 故以爲諸侯卿大夫也　卿，單疏、閩本、要義俱作「鄉」，是也。

004 謂諸侯卿大夫　卿，單疏、要義亦俱作「鄉」，閩本仍作「卿」。

005 鄭彼注云　云，當從要義作「方」。

006 又有鄉大夫士飲國中賢者　鄉，單疏本作「卿」，是也。通解、要義、楊氏俱作「鄉」，非。通解「鄉」下衍「士」字。

007 還是州長黨正飲酒法　單疏、要義俱作「還是鄉飲酒黨飲酒法」。

鄉飲酒之禮

008 賓介處士賢者　「者」下，通典有「也」字。按，通典引諸經傳注往往增入「也」字。就此篇論之，如「明其德各特也」、「拜賓至此堂尊之也」、「進酒於賓也」、「復西階上位也」、「坐於席也」、「以右手也」、「酬之言周也」、「賓謙不敢居堂上也」、「不嚌啐下賓也」、「就賓南授之也」、「下賓也」、「長其老者也」、「賤者禮簡也」、「謂歌與衆聲俱作也」、「示絜敬也」、「以察衆也」、「又以序相酬也」。此類甚多，豈古本俱有「也」字，而今本盡刪之歟？凡類書徵引群籍有刪無增，此或原本如是，今不能一一細校，聊誌其概於此。

009 孝友睦婣任恤　婣，徐本作「姻」。張氏曰：「按，周禮『姻』作『婣』。鄭氏引經多用古字。若玉藻『視朔』、『視朝』，鄭氏引作『眂』。周頌『於穆清廟』，鄭氏引作『庿』。于此必不改『婣』

爲『姻』。」〇按，後世栞行之本，原非康成手迹，張説殊未確。❶

010 受瀍於司徒　瀍，徐、葛、通解俱作「法」。按，法、瀍今本錯出。

011 葢如此云　「葢」下，疏有「亦」字。×

012 天下有達尊三　下，徐本誤作「不」，嚴、鍾俱不誤。×

013 先就庠學者若先生　盧文弨改「若」作「告」，云：「賔介皆庠中之學士。」

014 云賔介處士賢者　按，「者」字當重。

015 數九數之計也　九，閩本誤作「品」。單疏、閩本俱無「也」字。

016 教成之使鄉大夫　之，單疏本作「亦」。

017 謂三年大案比户口之時　閩本脱「案」字。

018 二卿公一人　卿，單疏本作「鄉」。×

019 而教之學焉　學，要義作「孝」。

020 若據鄉貢一人　據，要義作「舉」。×

021 大國三鄉　鄉，要義誤作「卿」，下兩句同。×

022 而貢士與鄉數司　司，單疏、閩、監、要義俱作「同」。×

023 賓之于其君簡訖　其君，通解、要義俱作「君其」。

024 是易觀盥而不薦　盧文弨云：「『是』字疑衍，或當作『案』。」〇按，「是」下當有「以」字，疏每省之。

025 唯主人觀而獻賓　盧文弨改「觀」爲

「盥」。

026 是正齒位之位也　下「位」字，單疏、要義俱作「法」，是也。　×

027 或鄉大夫居黨内　「居」下，單疏、要義俱有「此」字，是也。　×

028 宿於大夫景丑氏之家　單疏、要義俱無「氏」字。○按，此節疏引孟子多以意增改，非有誤字也。

029 景子譏之曰　子，要義作「丑」。

030 君命召　單疏、要義俱無「命」字。

031 爵一德一齒一　三「一」字，單疏、要義俱作「也」。

032 鄉黨莫如齒　黨，要義作「里」，非。　×

033 惡得有其一　得有，單疏本作「有得」，要義亦作「得有」。

034 是尚齒也　是，單疏、要義俱作「尊長」。

主人戒賓

035 主人戒同寮同寮尊　同寮，閩本不重。

036 是以下文云賓拜辱者　單疏、要義「文」俱作「注」，「賓」俱作「去又」。○按，單疏是也，否則與下文注不合。　×

介亦如之

037 竟不言衆賓　竟，單疏、要義俱作「意」。○按，「意」字屬上句，「亦言賓介意」者，謂拜辱禮辭也。

038 尊兩壺于房户間○加二勺于兩壺　壺，徐本、監本俱誤作「壼」。後凡誤尊言壼，皆「壼」字之誤，不悉挍。

039 謂之棜者　謂之，要義作「諸云」。　×

040 如今大木輿矣　輿，特牲注作「轝」。

041 以少牢不名斯禁　「以」上，單疏、要義俱有「是」字。×

042 其餘士冠昏禮　餘，閩、監俱誤作「余」。×

設洗于阼階東南

043 北至房屋之壁　屋，單疏、通解、楊氏俱作「室」。

044 假令堂深三丈　三，單疏、閩本、通解、楊氏俱作「二」，下句同。監本此句作「三」，下句作「二」。

主人速賓

045 主人至拜辱　單疏本不標經文起止。×

046 乃云主人荅拜　單疏、要義俱無「人」字。×

介亦如之

047 如速賓也　速賓，徐本、集釋俱作「賓速」。

主人揖先入

048 揖賓也　「揖」下，要義有「衆」字。

賓厭介

049 皆東面北上定位　定，閩本作「賓」。

050 云推手曰揖引手曰厭者　「揖」上，單疏本無「曰」字，下「推手曰揖」句同。要義此句有「曰」字，下「推手曰揖」句無「曰」字。○按，注當有「曰」字。

051 古字義亦通也　亦通，要義作「通用」。

052 云又曰衆賓皆入左　「左」上，單疏本有「門」字，是也。×

主人與賓三揖

053 當陳揖　張氏曰：「監、巾箱、杭本『陳』皆作『楣』，自嚴本以後，始正作『陳』。疏引爾雅『陳，堂塗也』。從嚴本。」○按，通典作「塗」。塗即堂塗也，雖不如「陳」字之古，其義則同。

054 拜賓至此堂尊之者　單疏本無「拜」字，要義有。×

055 公升二等　二，要義誤作「三」。×

主人坐取爵于篚

056 注將獻賓也　五字今本俱脱，單疏本有。×

057 事同曰讓事異曰辭　張氏曰：「監及巾箱、杭本『曰』作『日』，從嚴本。」×

主人坐奠爵于階

058 注重以至曰辭　單疏本不標經文起止。×

賓對

059 注賓主之辭未聞　單疏本不標經文起止。×

主人坐取爵

060 次言洗　次，要義作「後」。○按，單疏本「次」誤「洗」。×

賓進東北面辭洗

061 注必進東行示情　單疏本無此七字。×

062 案下經云　浦鏜云：「自此至『位在此者』二十六字，係上文『賓降』二字下朱子自按，今誤入疏内，當正之。」○按，賈氏、朱子各引下經以釋本節，此二十六字單疏本已有，非從通解誤入。

063 是其實初降立　實，單疏、閩本、通解俱作「賓」。○按，作「賓」是也。×

主人坐奠爵于篚

064 明始降時位在此　位，監本誤作「代」。×

065 此即至洗　浦鏜云「既」誤「即」。

主人坐取爵

066 徹鼎沃盥　鼎，通解、要義俱作「鼏」。○按，作「鼏」與下記注合。❷

卒洗

067 古文壹作一　壹、一，徐本互易，集釋、通解、要義俱與今本同。張氏曰：「按，經云『壹揖壹讓升』，『壹』字當在上，從經。」○按，張氏云「從經」，則非有別本可據也。通解似即依張氏，而今本又依通解耳。

賓降

068 讀爲仡然從於趙盾之仡　兩「仡」字，徐本、集釋、通解俱作「疑」。閩、葛俱上作「仡」，下作「疑」。臧琳曰：「公羊注『仡然，勇壯貌』。鄭所據公羊作『疑然』，乃立定之貌，不取勇壯義。蓋嚴、顏之異，注疏本改同何本，誤也。」

069 疑然立自定之貌　然，徐、葛、閩本、集釋、通解、楊氏俱作「正」，與疏合。張氏云：「注曰『疑，正立自定之貌』。獨監本『正』作『止』。❸鄉射注曰『疑，止也』，諸本皆同。○按，士昏禮注曰『疑，正立自定之貌』。公食大夫注曰『疑，正立也』。傳寫者誤以二『正』爲『止』，並從士昏及公食大夫禮。」

070 云疑讀爲仡然從於趙盾之仡　兩「仡」字，單疏、要義亦俱作「疑」。

071 案宣六年　「宣」下，單疏、要義俱有「公」字。×

賓西階上拜

072 少避　少，釋文作「小」。避，釋文、徐、葛、閩本、通解、敖氏俱作「辟」。張氏曰：「鄉射經曰『主人少退』，注曰『少退，猶少辟也』。經又曰

「賓少退」，注曰『少退，少逡遁也』。按，釋文『少辟』、『少逡遁』皆作『小』，蓋鄭氏以小釋少，改作『小』。從釋文。」○按，避，張本亦作「辟」，至監本始作「避」，而毛本因之。陸氏云：「辟，婢亦反，一音避。」然則「辟」字原有兩音，其音婢亦反者，即辟易之辟也。今竟改作「避」，又仍依通解音曰「辟音避」，舛亂之甚。

薦脯醢

073 **周禮膳牢** 牢，閩本、通解俱作「宰」，是也。 ×

074 **升由下也** 由下，通典作「猶上」。

賓升席自西方

乃設折俎

075 **節折右俎** 右，徐、葛、閩本、集釋、通解、要義、楊氏俱作「在」。

076 **注牲體至在俎** 在，誤作「右」。

077 **奠爵于薦西○弗繚** 惠棟云：「依疏說，則『弗』字衍。」○按，疏云「弗繚即弗紾，一也」，則「弗」字非衍文。大祝注引此經亦有「弗」字，但此注及疏俱未明「弗」字之義。

078 **此是舉肺封者於下記文本謂根本** 「於下記文」四字，單疏本有，今本俱脱，通解亦無。

079 **即弗紾** 三字閩本脱。

080 **無以知也** 「以」下，單疏本有「可」字，通解無。 ×

081 **繚祭以手從肺本循之** 自此至「直絕以祭」二十六字，單疏本無，通解有。

坐挩手

082 **古文挩作説** 按，釋文云：「坐挩，始鋭反，拭也。注帨同。」今注中無「帨」字，疑「説」字本作「帨」，故賈疏以内則之帨釋之。浦鏜改「説」爲「帨」，似有理。後凡言「古文挩作説」放此。

083 案内則事佩之中　事，通解作「士」。 ×

084 有挩　挩，單疏、通解、要義俱作「帨」。下「挩巾」同。○段玉裁云：「據此，知經文『挩手』字本作『帨』，後人改巾從扌耳。」

降席

085 主人拜崇酒　盧文弨改「入」爲「人」。

086 崇克也　克，閩本、要義俱作「充」，下同。監本此句作「克」，下句作「充」。○按，「充」是也。

賓西階上北面坐

087 非專爲飲酒起　酒，徐本、集釋、通解、楊氏俱作「食」，與疏合。

088 故謂不在席盡爵　單疏本無「不」字，通解無「謂」字。

089 云不專爲飲食起者　單疏本無「起」字。

090 賓降洗　單疏本卷九起。 ×

主人降

091 注降立至西面　降立，閩本作「亦從」。

092 主人對賓坐取爵　「賓」下，唐石經衍「上」字。

093 主人阼階東　唐石經脱「阼」字。

094 此鄉人將賓舉之　舉，要義作「興」。

095 是禮之常故也　故，要義作「然」。

096 特未得主人之命　特，單疏、閩本、要義俱作「時」，是也。 ×

主人坐奠爵于序端

097 東西墻謂之序　謂，徐作「爲」。 ×

098 主人坐奠爵于序端　注東西至充

實　單疏本。　×

卒洗

099 是不忠信　是，單疏本作「主人」，通解作「是」。

賓辭

100 可以當亢答之禮　閩本脱「當」字。　×

101 此與初賓謙卑　與，單疏、要義俱作「禮」。

102 竝禮文　「禮」上，單疏、要義俱有「曲」字，是也。　×

介西階上立

103 注不言疑者省文　單疏本不標經文起止。　×

主人實爵介之席前

104 主人來在西階介右　閩本脱「人」字。　×

105 就西階介之東北面拜也　閩本重「北」字。

主人立于西階東

106 主人至荅拜　注不嚌啐下賓　今本祇標經不標注。　×

介西階上立主人實爵

107 以爵獻衆賓　爵，徐、葛、閩本、集釋、通解、楊氏俱作「當」。

108 故西階上立　「故」下，單疏本有「於」字。　×

主人西南面三拜

109 三拜一拜　一，徐本、集釋俱作「壹」。　×

110 云三拜一拜　一，單疏本作「壹」。下「衆賓各得主人一拜」、「一拜不備禮也」、「皆荅一拜」竝同，要義俱作「一」。　×

111 主人三拜蓑者　三，要義作「一」。

主人揖升坐

112 注長者至多矣　按，注云「長其老者」，則「長者」當作「長其」。或注中「其」字乃「者」字之誤。　×

主人拜送

113 知在衆賓右拜送者　知，監本誤作「如」。　×

坐祭

114 云卒爵不拜立飲立授　「授」下，單疏、要義俱有「爵」字。○按此，則注中「授」下亦當有「爵」字。

115 故上衆賓之長也　上，閩本作「此」。

每一人獻

116 則此是三人　「此」字下，單疏本有「三」字，通解無。

進坐

117 云舉觶不受　受，單疏本作「授」，是也。　×

118 決主人獻賓　「決」下，單疏、通解俱有「上」字。　×

119 若親授謙也者　授，單疏、閩本俱作「受」，是也。　×

120 若於人手相接受　接，單疏本作「授」，是也。

121 若手授之　授，閩、監俱作「受」。

設席于堂廉

122 正與燕同　正，單疏、要義俱作「不」。

123 此臣禮避君也　君，單疏、要義俱作「初」。

下「亦是避君之事也」同。

124 故取燕禮西階上少東　上，監本誤作「土」。❹ ×

工四人二瑟

125 爲差次也二瑟　「二」上，單疏本有「云」字，要義無。按，單疏是也。 ×

126 降將如初入之次第　將，閩本作「時」。

127 天子相　「相」下衍「工」字。

128 以經不言故也　也，閩本作「言」。盧文弨云：「『故』下當有『言之』二字。」○按，如盧說，則閩本亦未爲誤，但須於「言」下加「之也」二字耳。

129 以左手於外側擔之　單疏本無「手」字，閩本「手」字擠入，通解有。

樂正先升

130 正長也　通典無「也」字。 ×

131 工入○送授瑟　送，唐石經、徐、閩、葛本、通解、楊氏、敖氏俱作「遂」。

132 其歌知也　「歌」下，單疏本有「可」字，是也。 ×

工歌鹿鳴四牡皇皇者華

133 示我以善道　示，楊氏作「視」。

134 可則傚也　傚，釋文作「詨」，云：「本又作傚，同。」張氏曰：「注曰『可則傚也』。大射、燕禮同。此葢引詩『是則是傚』也，故好事者皆改爲『傚』。按，釋文云『詨，户孝反，本又作傚』。大射云『詨，户教反，亦作傚』。燕禮云『傚，户教反，本又作詨』。是必古文詨、傚通用，宜各從其故。」

135 注三者至光明也　單疏本無「也」字，閩本無「光」字，非也。 ×

卒歌

136 笙工竝爲至經總獻之　經，單疏、閩本、通解、要義俱作「終」。

137 後乃下管新宮　後乃，單疏、通解、要義俱作「乃後」。

138 二南是卿大夫之正　卿，單疏、通解、要義俱作「鄉」，是也。 ×

薦脯醢

139 以其云獻薦脯醢　閩本無「獻」字。

工飲

140 注坐授之　單疏本不標經文起止。 ×

141 衆工則不拜受爵○辯有脯醢　辯，閩本作「辨」，注同。

142 則不祭而已　浦鏜云「而已」二字衍。

大師則爲之洗

143 有長官　長，單疏、要義俱作「常」，是也。 ×

144 實爵獻工　獻，閩本誤作「燕」。 ×

145 與燕畢也　畢，單疏、閩本、要義俱作「異」。

笙入堂下

146 雅頌各得其所　雅，徐本誤作「唯」，嚴、鍾俱不誤。 ×

147 得獻乃始入也　得獻，閩本作「笙」。

148 至今亡其義未聞者　浦鏜云「云」誤「至」。 ×

149 有此三篇之意也　閩本無「也」字。 ×

150 孔論詩　「孔」下，單疏、要義俱有「子」字，是也。 ×

151 以爲孔子後失　閩本無「孔」字。×

152 具序三篇之後則其詩見在　後則，單疏、要義俱作「義明」，閩本作「義則」。

主人獻之於西階上

153 主三人吹笙　主，閩本、要義俱作「注」。

154 笙小者　閩本無「笙」字。

衆笙則不拜受爵

155 二人者不備禮　二，閩本作「三」。

156 是其類也　浦鏜云「類」當「位」字誤。

157 乃間歌魚麗　釋文云：「麗，本或作離，下同。」

158 與之燕樂也　燕，釋文作「宴」。

159 案魚麗序云　案，閩本誤作「樂」。×

160 乃合樂○葛覃　張氏曰：「按，釋文『葛覃，大南反』。五經文字云『詩葛覃，亦作蕈』。九經字樣云『葛覃，經典或作蕈』。今不作蕈，非古也。後燕禮同。」○按，今本釋文仍作「覃」。

161 謂歌樂與衆聲俱作　疏無「與」字，通典無「樂」字。

162 能循其法度　循，徐本作「脩」，與疏合。○按，禮記鄉飲酒義正義引正作「脩」。

163 乃分爲二國　二，重脩監本作「三」，誤。×

164 論堂上堂下　「上」字下，單疏本空一字。

165 云王后國君夫人房中之樂歌也者　「歌」下，閩本衍「知」字。○按，即有「知」字，亦當在「也」字下。

166 故稱后妃也　單疏、閩本、通解俱無「妃」字。

167 云昔大王王季居于岐山之陽者　大，監本誤作「文」，脱「季」字。×

168 天子之風　之，單疏本作「不」。 ×

169 遂合鄉樂者　遂，閩本誤作「爲」。 ×

170 鄉大夫所用也　用，單疏本作「作」，是也。 ×

171 其實饗燕同樂　閩本脱「燕」字。 ×

172 饗或進取　饗，單疏、要義俱作「鄉」，通解作「饗」。

173 證肆夏繁遏渠是頌　肆，監本誤作「四」，下「吕叔玉云肆夏」同。 ×

174 繁遏執兢也　兢，單疏本作「競」。

175 頌之族類也　閩本脱「族」字。 ×

176 亦從而去之　去，單疏、閩本、通解俱作「亡」，是也。 ×

177 而云未聞者　者，閩本誤作「知」。

工告于樂正曰

178 鄉飲酒及鄉射　句首單疏本有「此」字。 ×

主人降席自南方

179 云不從北方由便者　按，「從」注作「由」。疏兩舉注語俱作「從」，殆與「由便」之「由」相避耳。凡疏舉注語，不必悉依原文，未可據以改注。

180 主人席之南上　席之，單疏、通解俱作「之席」，是也。

作相爲司正

181 爲有懈惰　懈，釋文、徐本、集釋俱作「解」。按，此二字諸本錯出，不悉挍。

182 作相爲司正　注作使至其許　單疏

本。×

183 行獻酢之禮畢　單疏本無「畢」字，通解有。按，「畢」字可省，此後人即依通解增入也。×

司正告于主人

184 因即拜賓　因，監本誤作「困」。×

185 其實相拜在賓主拜前　上「拜」字，單疏本作「時」。

186 即揖就席故也　浦鏜以「也」爲衍文，「故」字屬下。

司正實觶

187 云己帥以正　以，單疏本作「而」，與注合。×

188 坐取觶○執觶興洗　「興」下，徐本、集釋、楊氏俱有「盥」字，唐石經「盥」字擠入，通解無。按，張氏據疏去「盥」字，通解用張氏之説，而今本又依通解。然士昏禮疏云「凡洗爵者必先盥」，則「盥」字不去亦可。

189 案鄉射大射禮　浦鏜云：「『鄉射』當作『燕禮』。」○按，鄉射之文全與此同，大射之文全與燕禮同。賈兼言鄉射、大射，而下文祇引大射者，以鄉射文同，故不復著也。燕禮既同大射，言大射自不必更言燕禮矣。

190 以國君禮威儀多故也　威，單疏本作「盛」，是也。×

191 賓北面　單疏本卷十起。×

192 云凡旅酬也者　單疏、要義俱無「也」字，與注合。×

193 謂不及獻酒　浦鏜云「及」字當衍文。

194 故鄭君連引無算爵與旅酬　單疏、通解、要義俱無「與」字。

主人阼階上拜

195 注旅酬同階禮殺　以下三節，單疏本俱不標經文起止。×

主人西階上酬介

196 其酬酌介實觶　介，閩本作「并」。

司正升

197 則以其序别之　其序，徐本作「且字」，與單疏合，是也。集釋作「某字」，通解作「且序」，楊氏、敖氏俱作「其字」，皆非也。

198 則以其字别之者　其，單疏本作「且」，是也。×

司正退

199 在堂上西階西北　「北」下，單疏、通解俱有「面」字。×

衆受酬者

200 今文無衆酬也　也，徐本、集釋、通解俱作「者」，與單疏標目合。○按，「衆」字疑當作「受」。

201 注後將至酬也　也，單疏、監本俱作「者」，是也。×

202 并堂上衆賓　上，單疏、通解、要義俱作「下」。

203 辯卒受者　辯，唐石經作「辨」。

204 注辯辯至階上　單疏本不標經文起止。×

205 引鄉射者　引，監本誤作「升」。

使二人舉觶于賓介

206 亦於洗南西面北上　上，監本誤作「土」。×

逆降

207 注於席末拜　單疏本不標經文起止。×

208 司正升自西階

强有力猶倦焉　「力」下，徐本、集釋、通解、楊氏、敖氏俱有「者」字，與疏合。×

209 至大禮也　也，誤作「曰」。

210 皆有鄉酒禮　鄉，單疏、要義俱作「飲」，是也。×

211 未得安坐飲食也　食，要義作「酒」。

212 喻無算爵以後坐食　盧文弨改「食」爲「飲」。

213 坐以禮謂之殺　浦鏜云「行」誤「以」。

214 一人致爵　一，單疏、通解、要義俱作「二」。×

司正降階前

215 司正降階　注西階至之義　單疏本。×

216 司正升立于席端　席，唐石經、楊氏、敖氏俱作「序」，徐本、集釋、通解俱作「席」。石經考文提要曰：「鄉射禮亦云『升立于序端』。」○按，疏内標目云「司正至席端」，疏云「即升立于席端」，皆誤也。然單疏本已如是，則誤久矣，非始于通解。

217 賓降席北○遵者降席東南面　唐石經、徐本、集釋、通解、楊氏、敖氏俱重「席」字。石經考文提要曰：「鄉射禮『大夫降席，席東南面』。大夫即遵者也，亦疊『席』字。」

218 賓降至南面　「降」下，單疏本有「階」字，疑衍。或是「席」字之誤。

219 仕至大夫也者　「夫」下，單疏本有「者」字。按，有「者」字與注合。×

220 言來者與不來　者，單疏本作「之」。

221 賓取俎○則使人受俎　受，唐石經、集釋俱作「授」。

說屨

222 屨賤不空居堂　空，楊本作「宜」。

223 屨空則不宜陳於側　閩本脫「屨」字。 ×

224 然後升堂也　堂，單疏、閩本、通解、要義俱作「坐」，是也。

乃羞

225 鄉設骨體　釋文曰「鄉，本又作嚮，同。」通典作「享」。 ×

226 無算爵　算，唐石經、徐、監俱作「筭」，下同。案，此二字諸本錯出，後不悉校。

227 使主人舉觶于賓　主，徐、監、葛本、集釋、通解俱作「二」，楊氏作「一」。

無算樂

228 還依尊卑用之　閩本脫「依」字。 ×

賓出奏陔

229 械夏　浦鏜云「祴」誤從木旁。 ×

230 此且語鍾鼓　要義作「此且論鼓」。

賓若有遵者

231 不干主人正禮也　干，徐本作「于」，誤。 ×

232 至不加席　浦鏜云「不」下脫「去」字。

233 注不干至之公　「之」上，單疏本有「謂」字。 ×

234 言不干主人正禮也者　單疏、要義俱無「也」字，然則注文「也」字亦衍文。 ×

235 正禮謂賓主獻酢是也　閩本無「正禮」二字。

236 是一人舉觶　「是」下，單疏、通解、要義俱有「以」字。×

席于賓東

237 爵爲大夫　爵，監本誤作「爲」。×

238 九十已下　四字閩本脱。×

239 以德爲次　次，閩本作「比」。

240 一命齒于鄉里　一，單疏本作「壹」，要義作「一」。○按，相臺岳氏所刻周禮作「壹」。×

241 此是天子貢人鄉飲酒法　此，要義作「彼」。

242 則不齒也　則，單疏、要義俱作「即」。×

243 庶子治之　之，監本誤作「雖」。×

244 一命已上至三命　至，誤作「三」。

245 六十已上齒於堂　「六」上，單疏、通解、要義俱有「與」字。

246 謂子男之卿　卿，監本誤作「鄉」。×

247 公如大夫入○使一人去之　敖氏作「主人去之」。

248 是其當公則非當　兩「當」字，盧文弨俱改「常」。

大夫則如介禮

249 以其鄉大夫賢者　「賢」上，閩本有「貢」字擠入。

250 又上注云　浦鏜云「下」誤「上」。

251 加藻席畫純　閩本脱「加」字。×

252 明日賓服鄉服以拜賜　通解、敖氏俱無上「服」字。朱子曰：「注云『今文曰賓服鄉服』，明古經文無『服』。今有之，衍文也。」

253 不言朝服　不，監本誤作「而」。

主人如賓服以拜辱

254 拜賓復自屈辱也　復，集釋、楊氏俱作「服」。張氏曰：「注曰『拜賓服自屈辱也』。按，釋文『復，扶又反』。近湖北本作『腹』，訛益甚。」○按，張氏以嚴本爲據，楊氏又沿嚴本之誤，徐、鍾俱不誤。

主人釋服

255 古文釋作舍　文，徐本誤作「人」。

256 至鄉樂唯所欲　浦鏜云「所」衍字。

257 故玄端也　「端」下，單疏本有「勞」字，通解無。

乃息司正

258 注息勞至長也　單疏本不標經文起止。

無介

259 勞禮略故也　略故，閩本作「殺」。

薦脯醢

260 羞同也　按，敖氏注云「薦同也」，雖非引鄭注，然竊疑鄭注「羞」字亦「薦」字之誤。

以告于先生君子可也

261 即曲禮博聞强識　即，閩本、要義俱作「則」。

賓介不與

262 禮瀆則變　變，徐本、集釋、通解、楊氏俱作「褻」，與疏合。

263 古文與爲預　預，徐本、集釋俱作「豫」，通解作「預」。

記鄉朝服而謀賓介

264 **先戒而復宿戒**　復，徐本、集釋俱作「又」，與疏合。通解、楊氏俱作「復」。張氏曰：「注曰『先戒而又宿戒』。按，釋文『復』字注曰『而復同』。此『又』必『復』字也。」

265 **鄉人至宿戒**　按，「人」當作「鄉」。

266 **尊綌冪**　冪，宋本釋文作「鼏」。按，當以「冪」爲正。

267 **薦脯五挺**　釋文云：「挺，本亦作脡，同。」

268 **挺猶膱也**　按，今本釋文云：「猶膱，本亦作樴。」宋本云：「猶樴，本亦作膱。」張淳識誤載「樴」字而缺其說，蓋從釋文作從木之「樴」也。

269 **在東**　「在」上，徐本、集釋、通解、楊氏俱有「左」字。

270 **以脯修置者**　按，「修」宜作「脩」，徐本亦誤。

271 **與曲禮脯羞**　盧文弨改「羞」爲「脩」。

272 **雖狗挺有異**　狗，單疏本作「朐」。○按，「朐」是也。

273 **俎由東壁**　壁，唐石經作「辟」，誤。

274 275 **賓俎脊脅肩肺○介俎脊脅胳肺**　「胳」上，唐石經、徐本、集釋、楊氏俱有「肫」字，通解、敖氏無。朱子曰：「印本『胳』上有『肫』字，然釋文無音。疏又云『有臑肫而介不用』，明本無此字也。成都石經亦誤，今據音疏刪去。」敖氏曰：「疏云『或有肫胳兩言者』云云，則是作疏之時或本已有兩言『肫胳』二字者矣。是蓋後人妄增之，而當時無有是正之者，故二本並行。其後石經與印本但以或本爲據，所以皆誤。今從通解刪之。」○按，賈云：「肫胳兩見亦是也。」又前疏云：「下有介俎脊脅肫胳。」仍有「肫」字。則賈氏所據之本雖無「肫」字，亦不以有「肫」爲非。○**進腠**　釋文作「奏」，云：「本又作腠，同。」

276 膞胳也　盧文弨改「膞」爲「膞」。按，「膞」即「肫」字。説文：「肫，面頯也，从肉屯聲。」「膞，切肉也，从肉專聲。」皆非脛骨之義，蓋假借用之。專、屯同音，膞、肫同字，今注疏刊本俱誤作「膞」。周禮醢人「豚拍」，杜子春讀爲「膞」。膞以專爲聲，不得與「肫」通用。

277 以骨爲上　上，徐本、集釋、通解、敖氏俱作「主」。

278 謂前其本也　集釋無「其」字。

279 今文胳作骼　作，集釋作「爲」，與疏標目不合。×

280 蓋以大夫俎　以，單疏本作「爲」。

281 或有介俎肫胳不言者　不，敖氏引作「兩」。

282 此據飲酒主人之禮　主，單疏本作「生」。

以爵拜者不徒作

283 以爵拜者不徒作　注作起至主人　單疏本。×

坐卒爵者

284 以其工無目　閩本無「其」字。

285 故不使立卒爵　單疏本無「故」字，通解有。

將舉於右

286 爲旅酬使　使，單疏、通解、要義、楊氏俱作「始」。

287 以右手與之　與，單疏、閩本、通解、要義、楊氏俱作「舉」，是也。×

衆賓之長

288 餘二人雖爲之洗　閩本脱「人」字。×

樂正與立者

289 以明飲也　「以」下，集釋、敖氏俱有「薦」字。

290 以先飲乃薦　乃，閩本誤作「以」。×

樂作

291 則後樂賢者　監本脱「則」字。閩本「後」下有「於」字。

獻工與笙

292 獻工於笙　於，單疏、要義俱作「與」，是也。×

其笙

293 此記人又言之者　者，閩本誤作「也」。

294 爲拜送爵而言也　單疏本重「送」字，通解不重。按，重者非也。

磬

295 方賓鄉人之賢者　鄉，監本誤作「卿」。×

296 言大夫而特縣者案小胥半爲堵全爲肆　單疏本如是。要義與單疏同，唯「小胥」上有「周禮」二字。今本云：「鄭知此是諸侯之卿大夫者，案春官小胥掌樂縣之法，而云『凡縣鐘磬，半爲堵，全爲肆』。」此乃篇首鄭目録下疏文，通解移置於此，而今本誤從之。

297 鐘磬者縮縣　「縣」下，單疏、要義俱有「之」字。浦鏜云「編」誤「縮」。按，浦云是也。通解亦作「編縣」，無「之」字，並同篇首疏文。

298 半天子之卿大夫　七字單疏、要義俱無，亦通解據篇首疏所移入，而今本誤從之也。浦鏜云：「楊氏復儀禮圖載本節疏，有『磬階間者，在堂下兩階之間，東西節也。縮，從也。上當堂之南霤，南北節也。凡東西爲從。❺南霤則以東西爲從，謂之縮霤』，共四十九字。疑原疏，當從之。」〇按，楊氏儀禮圖此節無疏，未知浦何所據也。此節之疏，今本雖依通解多所竄易，然猶半屬原文。浦未見單疏本，謂自「東縣磬」已上俱非本節疏語，失之矣。

299 與兩階間異也　兩，單疏本作「此」。

既旅士不入

300 所酬獻皆拜送拜受　閩本無「獻」字。單疏、通解、要義俱無「拜送」二字。

徹俎

301 送之　「送」上，徐本、集釋俱有「以」字，通解未刻。

樂正命奏陔

302 詩篇名　詩，監本誤作「請」。

若有諸公

303 統於遵也　遵，閩本、通解俱作「賓」。

主人之贊者

304 以其主人自屬故也　自，單疏、閩本、要義俱作「之」。

無算爵

04—305 注燕乃及之　單疏本不標經文起止。

校記

❶ 南昌府學本刪「張氏曰」以下至末。

❷ 南昌府學本脱「注」字。

❸ 南昌府學本改寫校語，「獨」下增出「毛本正作然」五字。按，前後皆爲張淳儀禮識誤之語，厠置此處殊爲不倫。又上文「通解」，南昌府學本誤作「通考」。

❹ 「土」原誤「上」，據學海堂本改。

❺ 「東西」之下，當據浦鏜十三經正字補「爲横南北」四字，否則文義不通，與下文四十九字之數亦不合。

儀禮注疏校勘記卷五

05—001 鄉射禮第五　單疏本卷十一起。 ×

002 云州鄉之屬名　名，單疏、閩本、要義俱作「者」，此誤。 ×

003 故名鄉射　「名」下，單疏、要義俱有「爲」字，是也。 ×

004 大射卿大夫士射　上「射」字，單疏、要義俱作「判」，通解亦作「射」。卿，陳、閩、要義俱作「鄉」。

鄉射之禮

005 鄉大夫若在焉　鄉，誤作「卿」。

006 不言拜辱　「辱」下，疏有「者」字。 ×

007 彼爲賓也　浦鏜云「賓」當「已」字誤。❶

008 故須就先王而謀賓介　王，陳、閩、要義俱作「生」。○按，單疏亦作「生」，是也。

009 漢時雖無諸侯　要義無「諸」字。

010 其王之子弟　王，誤作「上」。

011 故鄭注禮記云　陳、閩俱無「云」字。 ×

012 但六藝之中射　單疏本無「之」字，通解有。

013 於施化民爲緩　浦鏜改「於施」爲「皆於」。

014 故云與以疑之　單疏本「與」作「乎」，「之」作「也」。

賓禮辭許

015 退還至射事　單疏本不標經文起止。 ×

016 乃張侯之等是也　是，誤作「事」。

乃席賓南面東上

017 樂縣及張侯之事也　單疏「縣」作「懸」，是俗字。

018 云不言於户牗之間者　單疏「牗」作「牖」，下同。

衆賓之席

019 此決鄉飲酒三賓之席　決，誤作「沃」。

020 故各自持　持，陳、閩、要義俱作「特」。

尊於賓席之東

021 則以南面爲上　上，單疏、通解俱作「正」，是也。

縣于洗東北

022 注此縣至無鍾　單疏本不標經文起止。

023 對大射縣鍾磬鎛具有也　鎛，當作「鑮」，後放此。按，凡「鎛」字，諸本或誤或否，參差不一，今不具校。

024 此言射　單疏本無「射」字。

025 亦無鎛　鎛，陳、閩俱作「鐘」。

乃張侯

026 絹寸也　絹，單疏、通解、要義俱作「縜」。盧文弨云：「周禮釋文『縜，于貧反，或九粉反。劉矦犬反，一音古犬反』。是別本有作『絹』字者，故劉音矦犬反。朱子亦云『縜與絹字異音同』。『音同』或是『義同』之譌，毛本於他卷亦作『絹』，似當仍之。」○按，盧引釋文有脱誤，今據元文正之。「縜」乃正字，載在説文，自當從「縜」爲是。集韻：「絹，熒絹切，射侯綱紐。」則「縜」之誤爲「絹」，其來久矣。

027 蓋考驗當時而言　考，陳本、要義俱作

「目」。

028 中人定扼圍九寸也　定，浦鏜改作「之」，盧改作「之足」，非也。

029 上下皆出舌一尋者　皆，閩本誤作「者」。要義無「一」字。

不繫左下綱

030 東方謂之右个注　「注」下，單疏、通解、要義俱有「云」字。

031 倍躬以爲左右舌四丈　單疏、要義俱重「舌」字。○按，重「舌」字是也。

乏參侯道

032 此乏去侯　乏，監本誤作「之」。×

033 恐矢至其身　單疏、要義俱無「其」字，通解有。

羹定

034 猶熟也　熟，徐本、通解俱作「孰」，下同。按，此二字諸本錯出，宜從「孰」，後不具校。

035 云謂狗熟者　熟，單疏、陳本俱作「孰」。×

主人朝服

036 自此至當楣北而各再拜　「而」字，單疏本、陳、閩、監本、要義俱作「面」。「各」字，單疏、要義俱作「荅」。

037 必此戒時玄端者　「必」下，要義有「以」字。

038 鄉朝服而謀賓戒是也　戒，單疏、要義俱作「介」。○按，作「介」與鄉飲酒記合。

賓及衆賓

039 賓及至再拜　注相主至命者　單疏本。×

揖衆賓

040 衆賓即爲卑不論有爵無爵也　單疏本「即」下有「不」字，無下「爵」字。

主人以賓揖

041 故西面侍之　侍，單疏、陳、閩、要義俱作「待」。

主人以賓三揖

042 衆賓亦行　行，閩本誤作「待」。

043 鄉飲酒亦皆不言者　「皆」下，單疏本有「行」者，是也。

044 禮之當然　當，單疏、要義俱作「常」。然，要義作「法」。

045 燕禮君升一等者　一，單疏、要義俱作「二」。

主人阼階上

046 注主人拜賓至此堂　單疏本不標經文起止。

047 主人坐取爵於上篚　通解無「坐」字。

主人坐取爵

048 飲潔敬也　飲，徐、陳、通解俱作「致」。

主人坐奠爵于篚

049 當西序東西　下「西」字，徐本、通解、敖氏俱作「面」。

賓降

050 疑止至之色　以下疏五節，單疏本俱不標經文起止。

051 鄉飲酒注云　陳本無「注」字，單疏本無「云」字，通解有。

052 主人坐取爵實之賓席之前　敖氏曰：「『席之』當作『之席』。」

053 進於賓也　「進」下，徐本有「酒」字，與單疏標

054 注進於至曰獻　於，單疏本作「酒」。目合。通解無。

055 而言進獻之也　進獻，單疏、陳本、通解、要義俱作「獻進」。

056 按周禮王府注云　王，陳本、要義俱作「玉」。×

賓西階上北面拜

057 猶少辟也　少，釋文作「小」。

058 注少退至辟也　至，陳、閩、監本俱作「猶少」。○按，單疏亦作「猶少」，是也。閩本「注」字空缺。❷

賓升席自西方

059 注賓升至下也　至，陳、閩、監本俱作「降由」。按，以上二條，毛欲與監本字位均齊，故減字以就之耳。○按，單疏亦作「降由」。

賓以虛爵降

060 將洗以酢主人　酢，釋文、要義俱作「醋」，說見後。

主人降

061 從賓至東序　以下疏五節，單疏本俱不標經文起止。×

賓西階前

062 對主人自內出南面是也　陳、閩、通解俱無「是」字。×

主人阼階之東南面

063 主人辭洗進也　徐本、敖氏俱無「也」字，與單疏標目合。通解有。×

064 注反位至進也　進也，單疏本作「洗進」。

賓卒洗

065 賓卒至初升　單疏本在此，今本移此疏於「酢報」下，非是。 ×

066 主人拜洗〇東南面酢主人　酢，要義作「醋」，注同。魏氏曰：「賓以虛爵降，注『將洗以醋主人』。賓東南面醋主人，注『醋，報』。經與注以『酢』爲『醋』唯此。」〇按，如魏氏說，則「醋」字經一見，注兩見也。釋文云：「醋主，才各反，報也。劉云與『酢』同音義。」此當爲前注作音，而不言下同，則此節經注釋文仍作「酢」歟？

主人阼階上拜

067 亦齊啐　齊，徐、陳、通解俱作「嚌」。

自席前適阼階上

068 自由至便也　單疏本不標經文起止。 ×

主人坐奠爵于序端

069 主人坐奠爵于序端　單疏本。 ×

賓降

070 以其將自飲　其，誤作「兵」。

賓西階上北面荅拜

071 注以將酌己　以下疏兩節，單疏本俱不標經文起止。 ×

072 賓西階上立〇北面　北，葛、閩、監本俱誤作「不」。 ×

賓西階上拜

073 此射前獻時親酌己　浦鏜改「射」爲「辭」。

主人阼階上拜送

074 主人阼階上拜送　注酬酒不舉　單疏本。 ×

075 主人西南面〇衆賓皆荅一拜　一，徐本、通解、要義俱作「壹」，敖氏作「一」，石經補缺亦誤作「一」。

076 云三拜示徧也者　單疏本「也」下空一字。✕

077 衆賓無問多少　問，陳本誤作「間」。✕

078 以其此禮中含卿大夫法　卿，要義作「鄉」。

079 則亦再拜　「亦」下，要義有「無」字。

主人揖

080 其堂下衆賓無定數　下，要義作「上」，誤。衆，陳、閩俱作「與」。

坐祭立飲

081 此還上三人者　三，陳本誤作「二」。✕

衆賓辯有脯醢

082 不云席也　單疏本脱「云」字。

一人洗

083 亦謂府史以下　史，閩本誤作「吏」。✕

084 升實觶西階上　實，石經補缺、葛、閩俱作「賓」。

舉觶者進

085 注不授賤不敢也　以下疏二節，單疏本俱不標經文起止。✕

大夫若有遵者

086 於旅乃入　乃，陳本、楊氏俱誤作「力」。✕

087 既與人行射禮　「人」上，浦鏜增「鄉」字。

主人降

088 故知迎大夫於門內可知　於，單疏本作「在」。

主人揖讓

089 又不言東上西上　又，閩本誤作「不」。✕

090 降由上　單疏、通解「上」俱作「下」。

升不拜洗

091 謙不以己尊加賢者也　按，「不」下疏有「敢」字。

092 注辭之至重席　單疏本在疏首，與經文起止連標。今本誤在「拜送爵也」下，又複出「釋曰」二字。×

093 下記云　陳、閩俱無「下」字。×

094 大夫再重　大，誤作「入」。×

095 故知大夫再重席　陳、閩俱無「席」字。×

大夫降洗

096 主人酌酢于長賓西階上　單疏本無「酢」字。○按，「酢」字當有。

097 賓尸與凡卑飲酒禮同　卑，單疏本作「平」，是也。

098 示是辯獻長乃酢也　示，單疏本作「亦」。按，「亦」字不誤。×

主人復阼階

099 主人自酌不盥　不，閩本誤作「楹」。×

大夫降

100 若在其北　其北，要義作「北北」。○按，單疏亦誤「北北」。

101 故云不奪人之正禮　「人」上，單疏、要義俱有「主」字，亦非。

主人揖讓

102 席工至其西　注言少至射位　單疏本。×

103 大射亦同此注燕禮注亦然者　浦

鏜云：「大射、燕禮經文同，而皆無此注。豈二『注』字衍，或彼注兩脱耶？俟考。」❸ ×

工四人

104 變於君也　變，重脩監本誤作「雙」。×

105 越瑟下孔　孔，誤作「此」。

106 云工四人二瑟　單疏本無「工」字，要義有。

107 大師少師歌　陳、閩俱脱下「師」字。×

108 以隨其先後而取之故也　浦鏜云「取」疑「次」字誤。

109 鄉飲與大射相對　飲，單疏、通解、要義俱作「射」，是也。

110 但弦居瑟上　弦，通解作「越」。

111 近尾不鼓處而狹　「處」下，單疏、通解、要義俱有「并」字，此誤。×

112 大射於鄉飲酒言後首　於，單疏、通解、要義俱作「與」，是也。×

笙入

113 按上文云　文，閩本誤作「云」。×

乃合樂

114 躬行以成王業　「行」下，徐本有「召南之教」四字，通解無。瞿中溶云：「燕禮注有此四字，此亦宜有。」

115 於鄉飲酒註已説　於，陳、閩俱作「至」。×

116 鄉大夫士行射禮　鄉，單疏、閩本、要義俱作「卿」。

117 則燕禮與大射　陳、閩俱無「則燕禮」三字。

工不興

118 瞽矇禮略也　矇，諸本俱誤作「朦」，疏同。唯徐本不誤。○按，單疏正作「矇」。

119 言備者　備，陳本作「葡」。

120 以工告樂正　正，誤作「王」。×

121 樂正告于賓　張爾岐曰：「監本『樂』字誤細書，混疏文内。」

122 唯有合樂於堂上　有，誤作「付」。

123 非堂上　上，閩本誤作「下」。×

124 在西階東北面　面，陳、閩俱誤作「間」。×

主人取爵于上篚

125 謂之大師也　徐本無「也」字，與疏合。通解有。×

126 自此至反升就席　單疏、要義俱無「就」字。

127 故鄭云君賜大夫樂　陳、閩俱無「君」字。×

賓降

128 注大夫至尊也　至，諸本俱作「不降」。×

129 釋曰云　云，誤作「去」。×

130 鄉飲酒亦云賓降　降，單疏本作「介」，非是。

工不辭洗

131 辟主人授爵也　辟，陳、閩、監、葛俱誤作「辭」。

132 一人笙之長者也　浦鏜據鄉飲酒注改「笙」爲「工」，刪「者」字。○按，此涉「一人拜盡階不升堂受爵」注文而誤，浦鏜是也。

工飲

133 注祭飲至坐飲　單疏本在疏首，與經文起止連標。今本誤在「不拜受爵也」下，又複衍「釋曰」二字。×

134 雖不拜既爵　雖，誤作「誰」。×

135 云祭飲不興受爵　「云」上，單疏本有「鄭」字。按，今本既衍「釋曰」二字，遂删「鄭」字。×

不洗

136 而衆笙不洗者　衆，徐本作「著」，與單疏述注合。通解作「衆」。

137 而衆笙不洗者　衆，單疏本作「著」。

反升就席

138 上賓降時　時，誤作「詩」。

作相爲司正

139 爲有懈倦失禮　懈，釋文、徐、陳、通解俱作「解」。

主人升就席

140 但中間爲射繫　陳、閩、通解俱無「繫」字。

141 主人至主人　注洗觶至楹北　單疏本。×

司正實觶

142 卒觶奠之興　奠，誤作「尊」。×

興少退

143 按上未有擯位　未，陳、閩俱作「不」。×

144 此云擯位者　云，陳、閩、通解俱作「立」。×

145 未旅　未，徐本作「末」，注同。恐誤。

146 禮終恐不得射　「終恐」誤倒。

147 後行旅酬而已　單疏、要義俱無「後」字。要義「旅」下衍「酢」字。

148 以其辯尊卑　辯，陳本作「辨」。

149 故再拜訖即射　盧文弨改「拜」爲「獻」。

三耦俟于堂西

150 司射選弟子之中　選，誤作「遷」。×

151 俟事於此也　「俟」上，單疏本有「使」字。×

司射適堂西

152 右巨指鉤弦　右，諸本俱誤作「南」，唯徐本與此同。

153 司射至作接　射，誤作「社」。×

154 以其同射之弓矢　同，單疏、要義作「司」，是也。

155 司射之弓矢與扑　扑，陳本作「朴」。按，此字當從手，若從木則爲厚朴字矣。諸本有從木者皆誤，後放此。

156 小射正又次之　單疏、通解、要義俱無「又」字。

157 決用正王棘若檡棘　檡，諸本俱作「擇」，似誤。

158 以右巨指鉤弦　巨，誤作「具」。×

159 著左臂　臂，單疏、通解、要義俱作「臂」。按，大射儀注正作「臂」。

160 公就物　公，通解作「矢」，誤。×

161 小射正舉決拾以笥　舉，單疏、陳、閩、通解、要義俱作「奉」。按，大射儀正作「奉」。

司射適阼階上

162 籌楅豐也　楅，監本誤作「福」，後並同。

乃納射器

163 注上堂至北括　單疏本有，今本俱脱。

164 隨其弓在堂上　陳、閩俱無此六字，監本「上」作「下」。

司射不釋弓矢

165 因曰遂　浦鏜云「因」下當脱「事」字。❹

司正爲司馬

166 天子具官　閩本無「天子」二字。

167 俟司正爲司馬　俟，單疏本作「使」，是也。×

168 以其天子鄉大夫卿爲之　單疏本「卿」字在「大夫」上，誤。

169 賓使二人舉觶　使，單疏本作「始」。×

司射猶挾乘矢

170 司射至矢拾　注猶有至更也　單疏本卷十二起。×

三耦皆執弓

171 插也插於帶右　兩「插」字，釋文、陳本、通解、要義俱作「捷」。按，今本釋文亦作「插」，唯宋本作「捷」，見張淳士冠禮識誤。

172 前後皆用前位　用，陳、閩、通解俱作「因」。按，單疏亦作「因」。

173 乃未違俟處　乃，單疏本作「去」。

174 是移本位者也　陳、閩、通解俱無「者」字。×

175 司射先立于所設中之西南○搢三而挾一个　按，个，單疏本標目作「箇」。×

176 云固東面矣　面，誤作「西」。

揖進

177 而又以有虞氏之序爲鄉學　序，徐本、通解俱作「庠」，敖氏作「序」。按，敖引鄭注雖作「序」，然其説云：「序，州黨之學堂，即庠也。鄭氏以爲鄉學，是也。」是敖氏所見本亦作「庠」，偶誤寫作「序」耳。

178 讀如成周宣榭災之榭　榭，徐本、通解、要義、楊氏俱作「謝」，下並同。按，春秋左氏經作「成周宣榭火」，公羊經作「成周宣謝災」。鄭引公羊經，而疏以左氏經釋之，非鄭意也。且説文無「榭」字，左氏、穀梁之作「榭」，未必非後人所改，當從言爲正。

179 物須過兩楹　兩，陳、閩、通解、要義俱作「西」。按，單疏亦誤「西」。

180 據州立序而言　「言」下，陳本、通解俱有「也」字。×

181 通己爲四代也　單疏、要義俱無「也」字，通解有。×

182 宜從榭者　宜，誤作「以」。

183 及成周宣榭及此州立榭　兩「榭」字，單疏本俱从言，下「州榭則有堂有室」同。按，此疏「榭」字凡十有三，今本依通解槩從木。單疏本從言者三，從木者十。要義唯「故云宜從榭也」及「州榭則有堂有室」兩「榭」字从言，餘俱從木。皆不可解，當槩從言，後放此。

184 不得從豫及序　從，陳、閩俱誤作「旋」。×

185 今文作夏后氏之序　氏，誤作「民」。×

186 是以鄭注州長云　陳、閩俱脱「以」字。×

及物揖

187 若然云　陳、閩、通解俱無「云」字。×

執弓不挾

188 按上文司射將射時　將，陳、閩俱誤作「者」。

189 南面揖〇改作一个挾之　作，唐石經、徐本、通解、敖氏、楊氏俱作「取」，是也。

190 設于所設中之西南　「中」上，陳、閩俱有「之」字。

191 云改取一个挾之者　取，陳、閩俱作「作」。按，陳、閩因經文既誤，遂併疏改之。惟毛及監本仍作「取」，尚可以証經誤。

司馬命獲者

192 論三耦爲第一番射法　陳、閩俱無「射」字。法，閩本誤作「注」。

上射升堂

193 知並行併東行者　並，單疏本作「併」，下同。按，當作「並」。

皆當其物

194 皆當至執弓　注不決至不備　單疏本。

195 皆左足履物者　左，陳本誤作「在」。

196 雖不射而袒　陳、閩俱無「雖」字。

出于司射之南

197 於西楹西而北東行過　北，陳本誤作「比」。

司射進

198 獵矢從傍　陸氏曰：「傍，或作旁。」〇按，敖氏作「旁」。

199 左西階之西　左，單疏、陳、閩、通解俱作「在」。〇按，「在」字是。

200 各以左相近　近，單疏、通解俱作「迎」。

201 不得與司射向北　與，單疏本作「云」，陳本誤作「六」。

202 謂從乏傍也　乏，陳、閩俱誤作「之」。×

乃射

203 古文而后作後非也孝經説然后曰后者後也當從后　徐本如是，與單疏標目合。要義節録注云：「古文后作後，非。」通解與今本同。○按，依疏當作「孝經説説然后曰」，各本少一「説」字。

204 注后後至從后　后後，單疏本作「古文」。

205 后者後也　者後，單疏本作「孝經」，恐誤。要義與今本同。

獲者坐而獲

206 此未釋算　未，誤作「失」。

207 謂射著禽獸爲獲　著，單疏本作「諸」，通解、要義俱作「著」。

208 射著正鵠　著，陳、閩俱誤作「者」。×

舉旌以宮

209 注宮爲至相生　單疏本不標經文起止。×

210 配中央　配，誤作「酌」。

上射降三等

211 升與降階　階，單疏本作「皆」，是也。

212 與升射者相左○升堂北面　「北」字誤在「司射」上。×

司射降

213 司馬適堂西　單疏本疏首標目如此。×

214 故周禮司儀　儀，單疏本作「士」。○按，天揖、時揖、土揖乃司儀文，單疏誤作「士」。×

獲者執旌

215 注俟弟至教之　單疏本不標經文起止。 ×

司馬出于左物之南

216 所以承笴齊矢者　徐本無「齊」字，聶氏、通解、楊氏俱有。朱子曰：「注脱『齊』字，據疏文補之。」

217 是其承笴也　承，誤作「乘」。

司馬由司射之南

218 還依三耦所行之處　「處」字未刻。 ×

219 就所委矢之南北面　面，閩本誤作「而」。 ×

弟子自西方

220 歸獲者許諾　陸氏曰：「歸，又作鄉，下皆同。」

221 注增故至相明　單疏本不標經文起止。 ×

222 遂告于大夫○告于大夫曰　「告」上，石經、徐、陳、通解、楊氏、敖氏俱有「以耦」二字。

223 及群士來觀禮者也　來，徐作「未」，誤。 ×

224 則與賓俱來者也　則，陳、閩俱作「射」。

225 十月行正齒位之禮　禮，要義作「事」。

衆賓將與射者皆降

226 鄭總簡來觀禮之義　單疏本「簡」作「解」，「義」作「意」，是也。 ×

227 輒在此位也　閩本無「在」字。

賓主人與大夫

228 三耦卒射　閩本無「三」字，非也。 ×

229 賓主人大夫揖　閩本重「夫」字，誤。 ×

司射乃比衆耦辯

230 衆賓將與射者皆降　陳、閩俱脱「將與」二字。×

遂命三耦拾取矢

231 故上云　監本「云」誤作「去」。×

三耦拾取矢

232 亦東面北上也　面，誤作「南」。

233 以其取矢訖即有射　「矢」下，單疏本有「即」字。「訖」下，陳、閩俱無「即」字，單疏同。

司射作上耦取矢

234 今作取矢　陳、閩俱無「今」字。×

上射東面

235 南踣弓也　踣，釋文作「踣」，似誤。

236 不言毋周　陸氏曰：「毋，亦作無，同。」

237 謂以右手順羽之時　右手，陳、閩俱作「左右」，誤。×

238 以左手向外而西回　「回」下，陳、閩、通解俱有「也」字。重脩監本「回」誤作「面」。×

239 故知不北踣弓也　北，誤作「比」。

240 右手卻在裏取矢　右，誤作「在」。按，監本「右」字亦係剜改。

下射進坐橫弓

241 向上執弓而南踣　弓，陳、閩俱作「手」。

242 與進者相左相揖反位　「揖」下，唐石經有「退」字。○按，錢大昕云：「宋本亦有之。大射云『退者與進者相左，相揖，退，釋弓矢于次，説決拾，襲，反位』。較此文稍詳。此處『退』字亦不可少。」

243 三耦拾取矢○而后反位　后，誤作「後」。

244 因留圭授受於堂西西方　圭，單疏、陳本、通解俱作「主」。

245 謂反向東面位　面，誤作「而」。

衆賓未拾取矢

246 謂此第一番初時　初，陳、閩俱作「射」。

247 唯有三耦射　唯，誤作「誰」。

司射作射如初

248 衆足以知之侯　侯，徐本、通解、楊氏俱作「矣」，陳本作「矦」。按，「矦」即「矣」之譌，今本據此遂誤作「侯」。❺

249 司射至于賓　注猶有至必也　單疏本。

250 司馬命去侯　陳、閩俱無「命」字。

251 獲者以宮商趨之　趨，單疏、陳、閩俱作「趍」，是俗字。

賓許

252 及數算告勝負之事　「數算」誤倒。

釋獲者

253 皆在堂西　在堂，誤作「云當」。

254 故執中者　單疏本無「故」字，監本「故」字擠入。

乃射

255 未知有幾　未，誤作「老」。

又取中之八算

256 見在庠也　單疏、要義俱無「也」字，通解有。

257 故曰序東西　單疏、要義俱作「故言互言之」，通解改作「皆互言之也」。陳、閩、監本「曰」字亦俱作「言」。

大夫袒決遂

258 耦於庭下　徐本、通解、楊氏俱無「下」字。

衆賓繼射

259 於是言至及賓　單疏、陳本俱無「言」字。 ×

260 則司射賓升降　賓，單疏、通解俱作「擯」。

卒射

261 故有餘算也　餘，監本誤作「飲」。 ×

司馬袒決

262 肅慎氏貢楛矢　楛，釋文作「枯」，云「字又作楛」。

司馬乘矢如初

263 前番未釋獲　未，陳、閩、監本、通解俱作「不」。

264 唯此二事　二，陳、閩俱誤作「三」。 ×

265 休武主文　主，誤作「上」。

266 射記數算　記，單疏、陳本俱作「訖」，通解作「記」。

釋獲者

267 就右獲東東面也　上「東」字，單疏本作「更」，通解作「東」。

一純以取

268 注縮從至爲蹙　單疏本不標經文起止。 ×

興自前

269 故東面鄉之　陸氏曰：「鄉，本或作嚮。」

270 注少北至鄉之　以下疏兩節，單疏本俱不標經文起止。 ×

271 故則又算也　又，單疏、通解俱作「右」。○

272 坐兼斂算○十則異之　十，誤作「實」。

司射復位

273 故名算爲獲　名，誤作「明」。

若右勝

274 以中爲雋也　雋，嚴本作「儁」。

275 一一已上　下「一」字，單疏、陳本、通解、要義俱作「二」，此誤。×

276 因純有若干　有，要義作「言」，非也。×

司射適堂西

277 論二爵之事　二，單疏、要義俱作「罰」。

278 彼以承尊　以，誤作「此」。

弟子奉豐

279 酌者不授爵　授，誤作「挍」。×

不勝者皆襲

280 注周襲至執弦　單疏本不標經文起止。×

281 謂以此襲説決拾　謂，陳、閩俱作「請」。

282 三耦及衆射者○勝者先升堂少右　徐本、楊氏、敖氏俱重「升」字，唐石經、通解俱不重。

283 正當西階　當，陳、閩俱誤作「爵」。×

不勝者進北面

284 注右手至執弓　以下疏三節，單疏本俱不標經文起止。×

285 右手執觶可知也　可，陳、閩俱誤作「而」。×

與升飲者相左

286 俟復射者謂俟第三番射也　兩「俟」字，單疏本俱作「待」。通解止載下句，亦作「俟」。○按，上「俟」字當作「俟」。疏標起訖云「俟復射」，下「待」字正解上「俟」字也。

有執爵者

287 即立於序端❻　序，要義作「席」。

288 文出如大射也　如，單疏本作「于」，是也。

若大夫之耦不勝

289 無能對　徐本無「對」字。

290 衆賓繼飲　繼，誤作「既」。

司馬洗爵

291 使服不俟官唱獲　俟，單疏、陳本、通解俱作「士」，是也。閩、監俱誤作「俟」。

獲者負侯

292 已下云　已，單疏、陳、閩、通解俱作「以」。按，此「以」字訓因，不可與「已」字通。

293 明先居中可知　先，陳、閩俱作「此」。

294 東面籩豆　面，誤作「而」。

獲者執爵

295 是以獻焉者　焉，重脩監本誤作「爲」。

296 今還使之設薦俎　還，陳、閩俱誤作「設」。

獲者南面坐

297 亦二手祭酒反注　反，徐本作「及」，通解、楊氏俱作「反」。

298 右祭薦俎　右，誤作「反」。❼

299 興適左个中亦如之　亦，唐石經、徐本、楊氏俱作「皆」，通解、敖氏作「亦」。按，敖云「謂適左个，又適侯中，皆如適右个而祭之儀也」，則敖所見本亦作「皆」，刻集説者誤改爲「亦」耳。

左个之西北三步

300 若就乏　乏，諸本俱作「之」，唯單疏本同此。

301 此約獻釋獲者司射乏位　乏，單疏、通解俱作「之」。

司馬受爵

302 此近乏者　單疏、通解此下俱更有「乏者」二字，要義無。

司射適階西

303 此薦脯醢　薦，誤作「獻」。

司射去扑

304 云不言射者　「射」下，單疏本有「位」字。按，單疏非也。

司射先反位

305 云鄉不言先三耦　先，誤作「三」。 ×

306 第三番無位者　三，單疏、陳本、要義俱作「二」，是也。

307 故位事不同也　位，誤作「知」。 ×

三耦及衆賓

308 注以猶至爲與　單疏本作「以猶與也」。

卒北面

309 亦於三耦爲之位也　於，誤作「與」。 ×

賓堂西

310 尊賓也　尊，閩誤作「是」。 ×

311 注將袒至賓也　賓，誤作「實」。 ×

312 興反位而后耦揖　后，作「後」。

司射猶挾一个以進

313 云鄉言還當上耦西面　上，誤作

「射」。 ×

司馬升

314 遥號命之可也　命，徐、陳、通解、楊氏俱作「令」。

315 注東面至在堂　面，誤作「西」。 ×

316 是以下文特云　特，陳、閩俱誤作「將」。 ×

司射遂適階間

317 以卿大夫士同五節　同，單疏、陳本、要義俱作「用」，是也。

318 先知審故也　故，單疏、要義俱作「政」，通解作「故」。

319 上射揖司射退○樂正東面命大師曰　「命」字誤在「東」上。

320 云比天子之射節也者　比，陳本作「此」，與注合。 ×

大師不興

321 次番射時　番，誤作「審」。

322 釋獲者○司射命設豐設豐實觶如初　通解「設豐」二字不重出。按，大射「設豐」不重，通解因彼而誤。敖氏注大射云：「當更有『設豐』二字，如鄉射之文。」

323 釋獲至如初　注側持至射也　單疏本「至」誤作「猶」。 ×

324 故言猶以連之也　猶，諸本俱作「有」。○按，單疏亦作「猶」，是也。

司馬命弟子

325 掩束之　掩，諸本俱作「奄」。

樂正命弟子

326 合樂訖　合，誤作「令」。

327 又將射時　又，陳、閩俱作「人」，非也。×

328 弟子相工如初入　如，陳、閩俱誤作「知」。×

主人阼階上

329 少逡遁也　少，釋文作「小」。

主人進受觶

330 注旅酬至殺也　單疏本不標經文起止。×

賓揖就席

331 㱕所酬　㱕，徐、陳、通解、楊氏俱作「鄉」。

332 賓觶進東南面　單疏本無「東」字。

333 而亦進西南面可知也　單疏本無「南」字。

司正升自西階

334 此言某酬某子者　此，葛本誤作「化」。×

衆受酬者

335 主人之奠者　奠，徐本、通解、要義、楊氏、敖氏俱作「贊」。

336 卒受者　卷十三起。×

337 司正當監旅酬訖　當，陳、閩、通解俱作「掌」，監本、要義俱作「當」。

338 舉觶者退○賓與大夫反奠于其所　「夫」下，石經、徐本、要義、楊氏、敖氏俱有「坐」字，通解無。

若無大夫

339 若無大夫則唯賓　注長一至之爲　單疏本。×

司正升自西階

340 至此盛禮已成　已，徐本、通解俱作「以」。

341 此禮記聘義文　文，陳本誤作「又」。×

342 齊莊正齊而不敢懈惰　九字單疏、要義俱無，通解有。

反命于主人

343 順賓意也　賓，重脩監本誤作「濱」。×

344 知弟子是賓黨者　「是」字未刻。×

345 降自西階階前命之　單疏、陳、閩「階」字俱不重。×

賓取俎

346 注授賓至禮之　單疏本不標經文起止。×

主人取俎

347 以東授主人侍者　按，「者」字當重。×

348 歸入於内也　入，陳、閩俱作「人」。

衆賓皆降立

349 從降亦爲將燕　單疏本不標經文起止。×

350 亦知賓主人大夫將燕　知，單疏、要義俱作「如」。

主人以賓揖讓

351 彼謂升席時　時，誤作「者」。

352 但對文上曰衣　文，重脩監本誤作「丈」。×

353 則尊者説屨在户内　屨，誤作「履」。

354 其餘説屨於户外　其，單疏、陳本、要義俱作「自」，下同。

355 則亦尊者一人　亦，陳本誤作「一」。×

356 此乃鄉飲酒臣禮　浦鏜改「乃」爲「及」。

357 賓主人行敵禮　敵，陳本作「敬」。

無算爵

358 故誤有也　「有」字未刻。 ×

359 拜既爵者　要義無「者」字。 ×

360 以上獻酬時　上，單疏、要義俱作「正」。

而錯

361 迭飲於坐而已　按，宋本釋文出「迭於」二字，疑誤。今本釋文作「迭飲」。

362 注錯者至殺也　單疏本不標經文起止。 ×

363 禮殺也者　浦鏜云脱「又」字。

辯卒受者興

364 衆賓之末　之，誤作「至」。末，徐、葛俱作「未」，似誤。下兩「末」字，徐亦俱作「未」，葛本「其末」仍作「末」。

365 不以已尊於人也　於，徐、葛、陳、閩、通解、楊氏俱作「孤」，與單疏合，是也。

366 不以己尊於人也者　於，單疏、陳、閩、要義俱作「孤」，是也。

367 衆賓已上辯　已，陳、閩俱誤作「也」。 ×

368 必知復位者　復，誤作「後」。

長受酬

369 古文曰酬者不拜　「曰」下，徐本、通解俱有「受」字。 ×

受酬者

370 雖受尊者之酬　雖，徐本、楊氏俱作「進」，通解作「雖」。

辯旅

371 故鄭徧言主人之贊者　徧，陳、閩皆作「偏」。按，作「偏」爲是，然單疏本亦作「偏」。

無算樂

372 任賓主所好也　任，要義作「在」。

賓與

373 鄭註鍾詩云　詩，單疏本作「師」，是也。下同。

374 亦從而亡　陳本「亡」字缺。

375 陔下　下，單疏本作「夏」，是也。

主人釋服

376 即朝服之下　下，一本改作「衣」。

使人速

377 還司正爲賓也　賓，單疏本作「擯」。

以告于鄉先生

378 謂鄉中致仕者　單疏本作「謂老人教學者」。按，鄉飲酒禮注作「鄉中致仕」。

記　大夫與

379 若然　若，陳、閩俱誤作「者」。

享于堂東北

380 祖陽氣之所發也　祖，徐作「俎」，誤。

381 尊綌冪　冪，釋文宋本作「鼏」。

382 從禮子質也　子，誤作「于」。

383 則黼可　黼，單疏、要義俱作「黻」，與周禮冪人注合。

384 或與王同　或，閩本誤作「武」。

385 列未命之前　列，陳、閩、通解、要義俱作「則」。

蒲筵

386 唯此一種　單疏、要義俱無「此」字。

387 然共言之　共，單疏本作「其」。

388 取相承藉之義耳　「取相」誤倒。

西序之席

389 衆賓之序　序，單疏、通解、要義俱作「席」。

390 獻用爵　通解句首有「凡」字。

薦脯

391 膱猶脡也　膱，陳本作「職」。○按，釋文曰：「膱音職。」若以鄉飲記音義正之，此「膱」乃「樴」之誤。

392 謂腊之　腊，誤作「脂」。　×

393 鄭注周禮醢人云　單疏本脱「禮」字。

394 襍以梁麴　梁，陳、閩俱作「粱」。

395 横祭半膱横上　膱，誤作「脯」。横上，浦鏜改作「于上」。

俎由東壁

396 上云亨于堂　亨，誤作「享」。

397 實俎由在　由在，單疏、陳、閩、通解俱作「曰載」，是也。監本作「由載」。

賓俎

398 謂前其本　前，陳、閩、監、葛俱誤作「首」。　×

399 按禮記少儀云　禮記，陳、閩俱誤倒。　×

400 謂前其本者　前，陳、閩俱誤作「首」。　×

401 賓主已用肩臂　「用」字未刻。　×

凡舉爵

402 謂獻至有薦　單疏本不標經文起止。　×

將舉者

403 後舉之者也　後，誤作「使」。　×

三笙一和

404 孫氏巢高大　「氏」下，單疏、要義俱有「注云」二字，此誤脱。×

獻工與笙

405 注奠爵至與笙　爵，閩本誤作「尊」。×

立者

406 注賓黨　單疏本有，今本俱脱。×

司射之弓矢

407 釋弓矢去扑　去，誤作「云」。×

司射既袒決遂而升

408 著並行也　浦鏜云：「也，疏作事。」按，疏不作「事」，浦鏜非。×

凡侯

409 則經獸侯是也　徐本、通解、楊氏俱無此句。按，此乃疏文誤入。

410 皆謂采其地　地，誤作「也」。

411 射熊虎豹　熊，閩、監俱誤作「燕」。×

412 不忘上不相犯　下「不」字，徐本、通典、聶氏、通解俱作「下」。朱子曰：「疏解忘爲苟，然則乃『妄』字也。」○按，疏云「不苟相從，輒當犯顔而諫」，正是不忘相犯之意，似非「妄」字。又按，禮記射義疏引作「上下相犯」。

413 志在君臣相養　徐本「養」下有「也」字，與射義疏引亦合。×

414 又非私相燕勞　勞，誤作「射」。

415 由是云焉者　「由」上，單疏本有「云」字，是也。×

416 於此鄉記也　浦鏜云「鄉」下疑脱「射」字。

417 則此以蜃灰塗之　以，誤作「亦」。×

418 象其正鵠之處耳者　其，單疏本作「於」，是也。「之」字空缺。

419 則參分其侯　參，諸本俱作「三」。

420 不忘上下相犯者　下，陳、閩俱作「不」，誤也。

421 三者皆猛獸　三，誤作「二」。

422 各以其色明畫　陳、閩俱無「明」字。

凡畫者

423 此燕侯也　燕，陳本、通解俱作「獸」。按，單疏亦作「獸」。

424 云丹淺於赤者　云，誤作「雲」。　×

425 射自楹間　間，誤作「問」。

426 中央東西之節也者　單疏、要義俱無「之」字。按，注有「之」字。凡疏疊注語，間有增損，不必悉依原文。

427 而弗忘孝也　而弗，誤作「面不」。

命負侯者

428 其位　單疏本「位」下有「者」字。　×

429 凡適堂西○送西取弓矢　送，唐石經、徐、葛、陳、閩、通解、楊氏、敖氏俱作「遂」。

旌各以其物

430 射於謝於序　陳、閩俱無「於序」二字。

無物

431 糅者雜也　徐本、敖氏俱無「者」字，通解、楊氏俱有。

432 杠橦也　杠，誤从手。

433 韜爲翿　韜，閩、監俱作「縚」。

434 得建物　物，閩本誤作「此」。　×

435 故知七尺曰仞也　陳、閩俱無「故知七尺」四字。

436 小爾雅　小，陳本誤作「少」。

凡挾矢

437 吳王闔閭　闔，閩本誤作「闓」。

司射在司馬之北

438 司射在司馬之北　釋曰　單疏本。

始射

439 據第二番射時　二，陳、閩、通解俱作「一」。

楅長如笴

440 司馬左右撫矢　司馬左右，誤作「左右司馬」。

441 於背上通身著當　著，誤作「音」。

442 楅髤橫而奉之　奉，釋文、唐石經、徐本俱作「拳」，通解、楊氏、敖氏俱作「奉」。朱子曰：「拳當作奉，字之誤也。陸氏音拳，亦非是。」石經考文提要云：「拳訓曲，言制楅之法，漆而橫曲之，其蛇交之處著地，龍首尾拳曲向上，更設韋當於其背，與上『蛇交韋當』文義相屬，非設楅時兩手奉之也。釋文明注拳音權，通解但云『拳當作奉』，而注仍作『拳』，不改字。」○按，朱子曰「拳當作奉」，則未嘗改經也。今本通解經文竟作「奉」，却於疏末綴「楅橫而拳之」五字，疑非朱子原文。

鹿中髤

443 注前足至負也　單疏本不標經文起止。

444 不堪受負　單疏本句首複出「猛獸」二字。

445 大夫與士射袒纁襦　纁，唐石經、徐本、通解、楊氏、敖氏俱作「薰」。按，宋本釋文亦作「薰」。前有司請射，疏亦引作「薰」。據士冠禮「纁裳」注云

「今文纁皆作熏」，則此「薰」字當爲「熏」。

司射釋弓矢

446 惟此二事　此，徐本作「比」，似誤。×

禮射不主皮

447 不待中爲儁也　儁，徐本、要義俱作「備」。

○按，「備」蓋「儁」字之誤。

448 則不復升射也　要義脱「升」字。×

449 凡祭取餘獲陳於澤　凡，要義作「已」，與單疏述注合。「取」上，要義有「則」字。按，「凡祭」當從要義作「已祭」。○按，「凡」字是也。射義「天子將祭，必先習射於澤」，下文又云「射中者得與於祭，不中者不得與於祭」，是射澤必在祭之先。況禽待祭後而班，則委積日久，「已」字非也。段玉裁云：「單疏本述注作『已』，亦誤字。」❽

450 嚮之取也　嚮，釋文作「鄉」。

451 勇力之取　「取」下，徐本、通解、要義俱有「也」字。×

452 下言鄉射者　下，單疏、通解俱作「不」，是也。

453 賓射中兼之　射，陳、閩俱作「燕」。

454 禮射二番不勝　二，陳、閩、監本、要義俱誤作「三」。×

455 仍待後番復升射也　後，單疏本作「三」，通解、要義作「後」。按，後番，即三番也。如諸本，則在三番後矣，恐非。

456 每禽擇取三十餘　擇，閩本誤作「釋」。×

457 凡祭　凡，單疏、要義俱作「已」。段玉裁云：「此『已』字乃賈誤解。」

458 云非所於行禮者云　單疏本無「行」字，重下「云」字。要義悉與今本同。

459 天子大射張皮侯也　「也」上，單疏、要義俱有「一」字。

460 試弓習武之射　武，陳、閩俱誤作「正」。　×

461 獲者之俎折脊脅肺臑　敖氏刪「臑」字，其正誤曰：「今本『肺』下有『臑』字，繼公謂『臑』在『肺』下，非其次，且與『折』文不合，蓋傳寫者因注首言臑而衍也。大射注引此無『臑』字，今據以刪之。」周學健云：「臑在折中，不應又出『臑』字。但賈疏自作有『臑』字解，故仍其舊，而加圈別之。」〇按，此與鄉飲酒介俎「肫」字同意，皆以用體無常，故立文不定。且此文變例「臑」在「肺」下，其意尤明。故鄉飲酒「肫」字尚可刪，而此經「臑」字不可去。又大射注云「卿折俎用脊脅臑折肺」，與此正同，明無衍字。

462 則折之不得正體　正，陳、閩、監本俱作「整」。

東方

463 侯以鄉堂爲面也　堂，誤作「黨」。

464 侯以鄉至面也　單疏、陳、閩、監本俱標全句。　×

465 以其經直云左右个　左，閩本作「右」。　×

釋獲者之俎

466 侑俎豕亦切肺一　俎豕，單疏本作「豕俎」，誤倒。

古者於旅也語

467 禮成樂備　諸本俱作「種成樂億」，唯徐本同此。

既旅

468 從正禮也　從，徐本作「後」，通解作「從」。

469 注士入齒於鄉人　單疏本不標經文起止。　×

大夫後出

470 不干其賓主之禮　干，誤作「于」，疏同。×

主人送于門外

471 大夫乃出送拜之　「送拜」誤倒。

472 不干賓主之禮　干，亦誤作「于」。×

中十尺

473 考工記曰　工，誤作「功」。

474 謂侯中也　單疏、要義俱無「也」字。×

475 云用布五丈　丈，誤作「尺」。

476 純三尺尺八寸　兩「尺」字，單疏、要義俱作「只」。按，咫與只古字通。只八寸，鄭康成荅趙商語，見天官内宰及聘禮疏。

477 云則以繒長半幅　云，單疏、陳本、要義俱作「亡」。繒，要義作「緇」。按，作「緇」與士喪禮原文合。

478 幅有二種　幅，陳、閩俱誤作「而」。×

479 必沽而小　沽，誤作「治」。

侯道五十弓

480 宜用射器也　用射，徐作「於躬」，聶氏、通解、楊氏俱作「於射」。

481 正二寸者　諸本俱無「者」字，唯監本同此。×

482 弓之下制　下，誤作「古」。

483 云正二寸者　陳、閩亦俱無「者」字，單疏、監本有。×

倍中以爲躬

484 身謂中上中下　謂，誤作「爲」。中下，陳、閩俱作「下中」。

倍躬以爲左右舌

485 倍躬以爲左右舌　注謂上至之舌

單疏本。 ×

下舌半上舌

486 半其出于躬者也　躬，徐本作「射」，似誤。

487 用布二十五丈二尺　用，徐本作「田」，誤。 ×

488 半者至六丈　單疏本不標經文起止。 ×

箭籌八十

489 箭篠也　篠，誤從「竹」。

490 籌八十者　籌，徐本、楊氏俱作「筭」。

491 其時衆賓從賓　上「賓」字，徐本、通典、通解俱作「寡」。

492 以十耦爲云　云，單疏、要義俱作「文」，陳、閩俱作「正」。

長尺有握

493 刊本一作膚　徐本、通典、楊氏俱無「作」字，與單疏標目及述注合。通典作「刊本一云膚」，敖氏作「刊一本膚」。按，疏云「引之者，證握、膚爲一」，攷鄭注無引證之語。○按，疏云引之者，自釋其引公羊傳、投壺之意也。❾

494 注握本至作膚　作，單疏本作「一」。 ×

495 云刊本一作膚者　單疏、要義俱無「作」字。 ×

楚扑

496 刊其可持處　可，通典作「所」。

君射

497 此以下雜記也　葛本誤重「也」字。 ×

498 君國中射○以翿旌獲　翿，誤作「𠟍」。疏同。 ×

499 今文皮樹爲繁豎　徐本無「爲」字，「豎」作 ×

「竪」。通解兩見，二十一卷有「爲」字，二十卷無「爲」字，「竪」俱從豆。

500 古文無以　文，鍾本誤作「今」。

501 以翿旌獲　注中國至無以　單疏如此。中國，陳、閩、監本俱作「國中」。

502 不在國中　單疏、聶氏、要義俱無「中」字。

503 干舞也　干，陳、閩俱誤作「下」。

於郊

504 如驢　通典作「大於驢」。

505 岐蹄　岐，陳本、通解作「岐」，徐、閩、監本作「岐」。按，釋文宋本亦作「岐」，是俗字。

506 公入鶩　按，宜從馬，各本俱誤。

507 在虞庠小學　陳、閩俱無「小學」二字。

508 禮記云　「禮」字未刻。

509 岐蹄　岐，單疏、陳本、要義俱作「岐」。下同。

510 於竟則虎中龍旜　「中」下，通典有「以」字。

511 畫龍於旜　畫，葛本誤作「書」。

512 於竟則虎中龍旜　注於竟至爲旜　單疏本。

513 亦若翿旌也　翿，亦誤作「翿」。

大夫兕中

514 其數雖同旐依命數不同　單疏本「其」作「刃」，「旐」作「旒」。按，刃即仞字。前云「旌各以其物」，疏言大夫五仞、士三仞不同，故云各也。此經專據大夫爲文，故仞數同，而公侯伯之大夫與子男之大夫命數不同，故其旒異。

515 士鹿中翿旌以獲　七字唐石經、徐本、通典、通解、楊氏、敖氏俱有，今本並脱。

516 謂小國之州長也用翿爲旌以獲無物也古文無以獲　二十一字今本俱脱，徐本、通解俱有。通典引「謂小」至「無物」十五字。盧文弨云「疏無可考」。○按，單疏本此節無疏。

唯君有射于國中

517 是其一耦　耦，單疏、陳本、要義俱作「隅」。

518 此鄉射亦不在國中　此，閩本誤作「比」。中，單疏、要義俱作「射」。

519 故記於此見之也　「記」下，單疏、要義俱有「人」字。「此」下，陳、閩俱衍「比」字。✕

君在

05—520 不袒纁襦　纁，徐、陳、閩、監、通解俱從衣，要義從糸。按，要義載疏亦從衣，則從糸者誤也。

校記

❶「浦鏜云賓當已字誤」，學海堂本、南昌府學本同。按，據浦鏜十三經正字，「賓」當作「也」。

❷南昌府學本刪「○按單疏亦作」以下至末十五字。

❸此條校語學海堂本作：「許宗彦云，燕禮注，注字衍。」

❹南昌府學本脱「下」字。

❺南昌府學本刪「今本據此遂誤作侯」八字。

❻「序」原誤「席」，據學海堂本、南昌府學本改。

❼學海堂本出文「又祭薦俎」，校語云：「又當爲右。」南昌府學本出文「右祭薦俎」，校語云：「右當從毛本作又。」按，今覈毛本儀禮注疏原文作「又祭薦俎」，則原校「反」字當爲「又」之誤。此處當以作「右」爲是，南昌府學本云當從毛本作「又」，非也。

❽學海堂本刪「凡字是也」四字及末「單疏本述注作已亦誤字」十字，「段玉裁云」四字上移至「○按」之後，末又增「許宗彦云，苟非已祭，何稱餘乎？當作已」

十五字。南昌府學本圈後按語與學海堂本同，又删前文「按凡祭當從要義作已祭」十字。

❾「按疏云引之者證握膚爲一」以下至末，學海堂本、南昌府學本皆作：「許宗彥云：『此猶云刊本四寸耳，與下經文刊本尺義同。禮作扶，鄭用公羊膚字，故疏述公羊，而曰引之者證握膚爲一也。』」

儀禮注疏校勘記卷六

06—001 燕禮第六　單疏本卷十四起。

002 於五禮屬嘉禮　單疏本無下「禮」字。

003 卿大夫有聘而來　「有」上，要義、單疏並有「又」字，是也。

004 燕樂以盡其勸　勸，單疏、陳本、要義俱作「歡」。

燕禮

005 戒與者　徐本無「戒」字，集釋、通解、楊氏俱有。

006 小臣師一人　一，陳、閩俱誤作「下」。

007 在東堂下　在東，陳、閩俱誤倒。

008 戒與者　戒，要義作「云」。按，疏云：「留群臣，謂群臣留在國不行者也。」朱子曰：「留群臣，謂群臣朝畢將退，君欲與之燕，故使小臣留之。疏説非是。」如朱子説，則「留」字即釋「戒」字。如賈氏説，則「留群臣」正釋「與者」。疑賈氏所見注亦無「戒」字，此疏「戒」字當從要義作「云」。

009 鄭不言語群臣無事燕者　語，單疏本作「與」。按，「與」是。

010 君有命戒射者　戒，誤作「教」。

011 故云君有命　云，誤作「言」。

膳宰具官饌于寢東

012 寢路寢　路，徐本作「露」。張氏曰：「注曰『寢露寢』。按，疏『露』作『路』，後記之注亦作『路』，從疏。」○按，後注「路堵父」，國語作「露」，則露、路古多通用。

013 脯醢也者　「者」上，單疏、要義俱有「知」字。

014 燕朝服於寢正處在路寢　朱子曰：「『於寢』下，疑脱『既朝服則宜於』六字。」

樂人縣

015 縣鐘磬也　鐘，徐、葛、集解、通解俱作「鍾」。❶後「賓執脯以賜鍾人於門内霤」，周學健云：「鍾鼓之鍾，古皆作鍾。三禮無『鐘』字，俗本或作『鐘』，皆後人所改也。」○按，後凡「鍾」字放此，不悉校。磬，徐本作「罄」，後同。

016 宮縣者　宮，徐本、集釋、楊氏俱作「言」，與單疏合。

017 未知樂人竟是何官　竟，單疏、要義俱作「意」。

018 按周禮春官大司樂云　司，誤作「師」。

019 諸侯無大司樂　司，亦誤作「師」。

020 故鄭下注公　公，單疏、要義俱作「云」。按，「云」字是。

021 云宮縣者　宮，單疏本作「言」。

022 更整理樂縣之法　更，誤作「按」。

設洗篚于阼階東

023 云膳筐者　筐，單疏、陳、閩俱作「篚」，是也。

024 此不言南肆　「不」下，單疏本有「可」字。

025 司宮尊于東楹之西○左玄酒南上　南，聶氏作「東」。

026 冪用綌若錫　冪，徐本、楊氏作「鼏」，通解、敖氏作「幂」。

027 以治王宮之政令　令，誤作「今」。×

028 又按酒正云　又，閩本誤作「文」。×

029 酒正月盡言於小宰　酒，誤作「言」。×

030 爲卿大夫也者　「夫」下，單疏、要義俱有「士」字。

031 故知方尊爲此人也　人，陳作「入」。

032 交與東楹北也　與，單疏本作「於」。按，「於」字是也。×

033 鄭注禮殺也　「注」下，單疏本有「云」字，是也。×

034 皆有酒　「酒」下，單疏本有「醴」字，是也。×

035 以其士大夫已上得正禄　上，陳、閩俱誤作「有」。×

036 諸府八人禄　諸，單疏、聶氏、要義俱作「謂」，是也。×

037 胥六人徒五人　兩「人」下，聶氏並有「禄」字。

038 司宮筵賓于户西　筵，唐石經作「之」，誤。

039 然具言之　具，單疏本作「其」。按，作「其」與周禮序官注合。

040 禮得申　申，陳、閩俱誤作「中」。×

射人告具

041 亦是不定之義　「亦」上，要義有「以」字。

042 小臣設公席于阼階上西鄉　陸氏曰：「鄉，本又作嚮，下及注同。」

043 諸侯酢席　酢，徐、陳、集釋、楊氏俱作「胙」，嚴、閩、監本、通解、敖氏俱作「昨」。

小臣納卿大夫

044 故下經君爾之始就庭位　爾之始，單疏本作「始爾之」，通解與今本同。

045 即就定位　就，閩本誤作「位」。　×

046 大史俟於所設中之西　俟，陳、閩俱誤作「候」。　×

047 故知以公命者也　公命，陳、閩俱倒。　×

048 從而入不須引　上三字，單疏、要義俱無。引，陳、閩俱誤作「次」。

049 上上四人　上上，單疏、陳、閩、要義俱作「上士」，是也。　×

050 小臣正贊祖　祖，單疏本作「袒」。

公降立于阼階之東南

051 云大夫由北面少前者　由，單疏、要義俱作「猶」，與注合。

052 射人請賓　人，誤作「入」。

053 下云爲擯者　下，單疏、要義俱作「不」。

054 其次爲小射正　單疏、要義俱無「小」字。

055 以因燕而射　以，單疏、要義俱作「或」。

056 不辨射人面位者　面，陳、閩俱誤作「而」。　×

公曰命某爲賓

057 既以宰夫爲主人　單疏、要義俱無「既以」二字，通解有。

058 明賓亦是大夫　亦是大夫，陳、閩俱作「亦當用大夫也」。

射人命賓

059 東面南顧　面，監本誤作「西」。×

乃命執冪者

060 注以公至之也　「之」上，單疏本有「略」字。

061 以君命命之　陳、閩俱無「之」字。×

062 又且東面階　且，陳、閩俱作「是」。

063 又大射工人士與梓人　「射」下，單疏本有「云」字，通解無。

064 膳時請者　膳，單疏本作「臨」。按，「臨」字是。×

射人納賓

065 自此至賓以虛爵降　此，閩本誤作「比」。×

066 賓升自西階○賓右北面　右，誤作「又」。

067 大宰之屬　張氏曰：「巾箱、杭本『大』作『人』，從監、嚴本。」

068 按下文獻夫夫　上「夫」字，單疏、陳、閩俱作「大」。按，「大」字是。×

069 各異其實同也　各，單疏、要義俱作「名」。按，「名」字是。×

主人降洗

070 與賓同由西階升降　升，陳、閩俱誤作「是」。❷ ×

071 當洗南北面　面，陳、閩俱作「而」，非也。×

072 當辭賓降故也　辭，誤作「從」。×

073 主人北面盥○奠觚于篚　于，誤作「與」。×

執冪者舉冪

074 注君物至賓也　單疏本不標經文起止。×

075 而酌膳尊　酌，監本誤作「的」。×

膳宰薦脯醢

076 既與鄉飲酒同用物　物，陳、閩、監本俱誤作「拘」。

077 則於此賓之牲體數同　於，單疏、陳、閩、監本俱作「與」。

賓坐

078 旨美也　集釋無「也」字。×

079 按前例　「例」上，單疏本有「體」字，通解無。×

賓西階上北面坐

080 故鄭明之　故，誤作「拜」。×

主人降

081 今文從此以下　此，徐本作「北」，誤。×

082 嫌易之也者　者，誤作「對」。

083 觚亦稱爵　亦，誤作「言」。

賓坐奠觚

084 以經言主人北面拜受爵　經，誤作「既」。×

主人坐祭

085 主人坐祭不卒酒　注辟正至臣也　單疏本如此。卒，經作「啐」。×

086 未知正有啐不　「正」下，單疏、要義俱有「主」字，是也。×

087 席末坐啐酒　末，誤作「未」。×

不拜酒

088 拜酒主人爲告旨　「拜酒主人」四字，陳本雙行夾書，閩本無「拜酒」二字。

089 但告旨者　陳、閩俱無「但告旨」三字。

090 **附考**　集釋此節之下有經文「不殺」二字、鄭注「無俎故也」四字。盧文弨云：「各本皆無，則此不倫。」

遂卒爵

091 崇克也　克，徐、葛、集釋、通解、楊氏俱作「充」，不誤。

092 不以酒惡謝賓　徐本、集釋俱無「惡」字，似誤。

射人升賓

093 以得君命　以，單疏本作「亦」，是也。✕

094 主人盥○升賓之　賓，唐石經、徐、陳、集釋、通解、要義、楊氏、敖氏俱作「實」。

095 象觚至東面　「觚」下複衍「觚」字。✕

096 自此不盡奠于膳篚　不，單疏、陳、閩、要義俱作「下」。✕

097 不得北面又取　又取，單疏、通解俱作「取又」，「又」字屬下句。

公拜受爵

098 燕主歡故也　主，單疏、要義俱作「上」。

099 今於公士薦脯醢　於，要義作「以」。

100 主人盥洗升○拜賓賓降筵北面答拜　賓，唐石經、敖氏俱不重，徐本、集釋、通解、要義、楊氏俱重。石經考文提要云：「大射禮當此節曰『西階上坐奠爵，拜，賓西階上北面答拜』。不疊『賓』字，例同。」○按，疏無「降筵」二字，凌廷堪據大射禮，以「賓降筵」三字爲「西階上」三字之誤。❸

101 則比無升筵之事　比，單疏、陳、閩、要義俱作「此」。

102 盞誤　誤，陳、閩俱誤作「設」。×

103 師曠季調侍　季，單疏本作「李」，是也。×

104 舉爵於君也　君也，陳本誤倒。×

105 義騰與媵決　單疏、要義俱作「義勝於媵送」。通解作「義勝於送」，無「媵」字。陳本「騰」作「勝」，餘同今本。

主人酌膳

106 拜其酌也　也，徐、陳、集釋、通解、楊氏俱作「己」。

受爵于筵前

107 主人酌膳釋曰　單疏本。○按，此疏當在上節，今附此節，非也。

108 自此至薦東　自此，陳、閩俱誤作「此自」。×

109 若然　若，陳、閩俱誤作「者」。×

主人降復位

110 其體彌卑　體，徐、陳、集釋、通解、楊氏俱作「禮」。按，大射疏引此亦作「禮」。

111 記所謂一張一弛者　一弛，釋文作「壹弛」。×

112 云賓不立于序内　「云賓不」三字，陳、閩俱誤作「自此盡」。×

小臣自阼階下

113 亦非最長　單疏本無「亦」字。×

媵爵者立于洗南

114 西階上北面相待　面，誤作「西」。段玉裁校本「西」上有「向」字。

115 若君命皆致○升賓之　賓，唐石經、徐、陳、集釋、通解、楊氏、敖氏俱作「實」。

116 云序進往來由尊北　單疏本重「進」字，要義不重。

117 西向而陳　而，要義作「南」。

118 由尊北又楹北　又，陳、閩俱作「及」。

119 住君所　住，單疏、通解、要義俱作「往」。按，「往」字是。 ×

120 亦又還而反　又，單疏、通解、要義俱作「右」。按，「右」字是。 ×

121 按鄉射皆云　「按」下，一本增「鄉飲」二字。周學健云：「既有『皆』字，則當兼鄉飲明矣。」浦鏜改「皆」爲「記」。○按，下云「是鄉飲酒一人舉觶」云云，則「鄉射」上固當有「鄉飲酒」三字，浦鏜非。

公坐

122 則不得升成拜　「得」下，單疏、要義俱有「言」字，是也。 ×

123 鄭注不言成拜者　「注」下，要義有「云」字。 ×

124 此篇未無算爵　未，單疏、陳、閩、通解、要義俱作「末」。

易觶洗

125 公坐至觶洗　注君尊至文也　單疏本。張爾岐監本正誤云：「『篚易』二字之間誤用圈隔。」○按，楊氏有圈，今本由是而誤。 ×

126 所以受酬　酬，單疏、陳、閩、要義俱作「酢」。按，「酢」字是。 ×

127 故云易有故之辭也　辭，陳、閩誤作「觶」。 ×

公有命

128 是以不言成拜　以，徐本、集釋、通解、楊氏俱作「亦」。

129 謂若酬時　若，監本誤作「苦」。　×

130 賓升不拜　單疏本無「升」字，通解、要義俱有。○按，公食大夫禮有「升」字。

公荅再拜

131 注拜於至侍臣　單疏本不標經文起止。　×

132 賓請旅于諸臣　諸，要義作「群」。

射人作大夫長

133 遣射人作大夫者　單疏本無「射」字，要義有。

134 大夫徧　要義無「大夫」二字。

賓大夫之右

135 賓左右者　左，諸本俱作「在」。

136 注賓左至之位　左，陳、閩、監本亦俱作「在」。　×

137 賓有西階上酬卿　有，單疏、陳本作「在」。

主人洗升

138 君作主人　作，單疏、通解、要義俱作「酢」，是也。

139 故使二大夫媵爵于公　二大夫，陳、閩俱作「二人」。

140 司宮兼卷重席　單疏本卷十五起。　×

141 有蒲筵萑席兩重席　重，單疏、通解、要義俱作「種」，下並同。

142 三重再重　下「重」字，陳本作「種」，非也。

143 決卿飲酒鄉射　卿，陳、閩、通解、要義俱作「鄉」。

144 彼尊尊於主人　上「尊」字，單疏、陳本、要義俱作「遵」。

145 乃薦脯醢○右祭脯醢　脯，唐石經作「醢」，誤。

射人乃升卿

146 上公得置孤卿一人　公，誤作「命」。要義作「國」，亦誤。

147 彼是殷法用之　用，單疏、要義俱作「同」。

148 故同稱云　云，單疏、通解、要義俱作「公」，是也。

席于阼階西

149 初無加席者　要義無「初」字。

150 云親寵苟敬私昵之坐者　云，誤作「謂」。要義「云」下有「亦爲阼階西位近君君則屈」十一字。

151 此孤一席於阼階之西　一，單疏、通解、要義俱作「亦」。按，「亦」是也。

152 小臣又請媵爵者二大夫媵爵如初　唐石經「大夫」下重出「大夫」二字。按，疏讀「二大夫媵爵如初」爲句，則亦無「大夫」二字。大射亦無。前經「小臣請媵爵者，公命長小臣作下大夫二人媵爵，媵爵者阼階下」云云，此經不言「公命」，不言「小臣作」，俱省文也。

153 論一人致爵于公之事　論，重修監本誤作「諭」。×

請致者

154 自優暇也古文云阼階下北面再拜

「古文」以下十字，今本並脱，徐本、集釋、通解俱有。

155 非賓也　賓，單疏本作「實」，是也。×

156 言君者　君，單疏、通解俱作「若」。按，「若」字是。×

157 似言皆數　數，單疏本作「致」。按，「致」字是。×

公又行一爵

158 已爲賓舉旅　已，要義作「以」。

主人洗升

159 不酢爵君　「不」下，要義有「酬」字。爵，單疏、要義俱作「辟」，通解作「爵」。

辯獻大夫

160 亦獻而後布席也　後，徐、葛、陳、閩、監本、集釋、通解俱作「后」。

161 故言遂也　言，要義作「云」。×

162 卒○大夫皆就席　「皆」下，唐石經、徐本、集釋、楊氏、敖氏俱有「升」字，通解無。石經考文提要云：「前主人洗升節，疏述經起訖云『自此盡皆升就席』，明有『升』字。」○按，大射亦有「升」字。

席工于西階上

163 瞽矇歌諷誦詩者也　矇，嚴、鍾、葛本俱从目，徐本亦誤从月。

小臣納工

164 按周禮樂師職云　師，誤作「司」。×

165 按禮輕　按，徐本、集釋、通解、楊氏俱作「燕」，與疏合。

166 周禮序官文　官，誤作「管」。監本作「晉」，尤誤。×

167 得相參之意　意，要義作「禮」。

工歌鹿鳴

168 及四方之賓宴　張氏曰：「注曰『鹿鳴，君與臣下及四方之賓宴』。又曰『宴歡在于飲酒成其意』。監本『宴』並作『宴』。」

169 可則效也　效，釋文、徐本、集釋、通解、要義俱作「傚」。陸氏曰：「傚，本又作詨，同。」

170 此采其更是勞苦　是，徐本作「自」。集釋、通解、要義俱作「是」。

卒歌

171 此工歌　此，單疏、要義俱作「云」，是也。

使人相祭

172 又承受爵薦脯醢之下　又，單疏本作「文」，是也。

衆工不拜受爵

173 猶因也　因，葛本誤作「不」。

公又舉奠觶

174 此燕尚飲酒　尚，陳、閩俱誤作「也」。

175 笙奏之前　前，陳、閩俱作「間」。

卒

176 舉旅酬行於西階之上　酬行，要義倒。

177 或從卿　卿，監本誤作「鄉」。

笙入

178 白華　白，誤作「曰」。

179 後世衰微　衰，監本誤作「哀」。

180 宜正考父　宜，徐、陳、集釋、通解、要義俱作「且」。

181 唯有一磬縣而已　而，陳本誤作

「面」。　×

乃間歌魚麗

182 此采其物多酒者　者，徐、葛、陳、閩、集釋、通解、要義俱作「旨」，是也。　×

183 184 遂歌鄉樂○葛覃　覃，宋本釋文作「蕈」。○

采蘩　蘩，陳、閩、監本俱作「繁」。

185 能修其法度也　盧文弨改「修」爲「循」。金曰追云：「修，鄉飲作『循』，詩序亦作『循』。」○按，鄉飲注之「循」，徐本作「修」。此注之「修」，諸本無作「循」者。

186 於時文王　時，誤作「是」。

187 德化被于西土　西，徐、陳、集釋、通解、要義俱作「南」。鍾本「西土」作「南山」。

188 夫婦之道者　集釋無「者」字。

189 然則諸侯之相與燕　徐本、集釋、要義俱無「之」字，通解有。

190 注周南至未聞○釋曰云遂歌鄉樂者　單疏本如是。下文「明同也」下直接「自周南以下」句，今本誤。　×

191 鄉飲酒不言鄉樂者　單疏、要義俱無上「鄉」字。

192 大師告樂正曰　「告」下，唐石經、徐本、集釋、要義、楊氏、敖氏俱有「于」字，通解無。

193 教大師以六律爲之音者也　大師，徐本、集釋、通解、楊氏俱作「六詩」，是也，與單疏述注合。陳、葛俱誤作「六師」，疏同。

194 下大夫二人　下，陳、閩俱誤作「不」。　×

195 對小師已下二百人爲上士也　周學健依春官大師、小師職文，改「二百」爲「三百」，改「上士」爲「上工」。

196 教大師以六律爲之音者也者 大師，單疏本作「六詩」。

197 大簇 簇，陳本作「蔟」。按，「蔟」字是。

198 證大師知樂節 大，陳、閩俱誤作「六」。 ×

* 歌笙奏之 「之」下脱「人」字。 ×

樂正由楹内

199 西面北上坐時 「時」上，陳、閩俱有「二」字。

200 故知大樂正升堂 單疏、要義俱無「知」字。

射人自阼階下

201 乃行旅酬故立司正之後乃行旅酬 今本脱「故立」以下十字，單疏、通解、要義俱有。

202 皆成其獻 陳、閩俱脱「成」字。 ×

司正洗角觶

203 不主意於賓也 徐本、集釋、楊氏俱無「也」字，與單疏標目合。通解有。 ×

204 注洗奠至賓也 洗，誤作「先」。賓也，單疏本作「於賓」。 ×

205 前解立意爲賓 立，單疏、陳、閩、要義俱作「主」。

司正降自西階

206 自嚴正慎其位也 徐本、集釋、楊氏俱無「也」字，嚴、鍾併無「慎」字，通解有。○按，無「也」字與單疏標目合。 ×

207 注右還至位也 「位」上，單疏本有「其」字，無「也」字。 ×

208 先西面也者 陳、閩俱無「也」字，非也。 ×

賓反入

209 凡燕坐　坐，陳本、通解俱作「座」，非也。×

210 相親之心也　徐本、集釋、楊氏俱無「也」字，與單疏標目合。通解有。×

211 注凡燕至心也　心字，單疏本作「之心」。❹ ×

212 則君脱屨之在堂上席側　浦鏜云「之」字當衍文。按，或「之」字下有脱字。

羞庶羞

213 謂臛肝膋狗胾醢也　胾，誤作「膋」。×

214 取狗肝以幪之以其膋　以幪，單疏、要義俱作「一蒙」。○按，内則作「幪」，單疏非也，「一」字不誤。

215 上大夫二十豆　二，陳、閩俱誤作「干」。×

216 雉免鶉鴽　「雉」上，單疏、要義俱有「有」字。按，「有」字是。×

司正升受命

217 乃反坐也　乃，陳、閩、監本俱誤作「及」。×

218 主人洗升○主人拜受觶　受，唐石經、徐本、集釋、通解、要義、楊氏、敖氏俱作「送」。

219 主人至送觶　單疏本作「送」字，與石經合。×

乃薦

220 掌群士爵禄廢置之事　陳、閩俱脱「士」字。×

221 皆明射人　明，單疏本作「名」，是也。×

222 當官雖多　官，陳、閩俱作「宫」。

223 依齒也　依，陳本誤作「衣」，閩本誤作「表」。×

主人就旅食之尊

224 在西榑之南　榑，單疏、要義俱作「鎛」。○按，作「鎛」與大射儀合。

225 亦北面以陳　北，閩本誤作「此」。×

226 府吏胥徒之輩　吏，單疏、陳、閩、通解俱作「史」。按「史」是也。×

若射

227 如其告弓矢既具　具，監本誤作「見」。×

228 至退中與算也　中，徐作「巾」，誤。×

229 鄉射記曰　曰，集釋作「云」。按，戴氏以「云」字爲衍文。

230 是以特言之也　之，單疏本作「此」。

231 故曰大射初　曰，單疏本作「故」，誤。通解直云「故大射初」，無「曰」字。

232 故云亦也　單疏本作「故亦之也」，是也。×

233 於境則虎中龍旜　境，單疏、陳本、通解俱作「竟」，下同。

** 射於飲酒決　「射」下脱「主」字。

賓降洗

234 豆當爲斗　陳、閩俱脱「當」字。×

賓坐祭卒爵

235 賓坐祭至反位　注反位至象觚　單疏本如此。觚，閩本誤作「觶」。×

236 大夫立卒爵不拜賓之　賓，唐石經、徐、陳、集釋、通解、楊氏、敖氏俱作「實」。

237 旅酬及之　酬，單疏、陳本、通解俱作「則」。

主人洗

238 立于東縣之北　立，誤作「令」　×

239 鑮人　陸氏曰：「本又作鎛，下同。」○按，諸本「鑮」、「鎛」雜出，後不悉校。

240 凡獻皆薦也　薦，誤作「爵」。

241 卒主人至之禮　注庶子至薦也　單疏本如此。今本依通解分段，故經「卒」下以圈隔之。　×

242 掌事寔同　寔，要義作「是」。

243 則宜北統於堂上矣　上，陳、閩俱誤作「人」。　×

244 下又知大樂正在東縣北者　陳、閩俱無「下」字。　×

245 堂前笴　「前」下，單疏本有「三」字。　×

246 工內相　單疏本無此三字。

247 內小臣奄人　「內」上，單疏、要義俱有「云」字。　×

248 按天官小臣序官云內小臣奄　陳、閩、通解俱無「小臣序官云」五字。

249 王所求爲於北宮　北，閩本誤作「此」。　×

250 別於外內臣也者　於，陳、閩、監本俱誤作「與」。　×

受賜爵者

251 但先君受爵　顧廣圻云：「受，當作虛。宋單疏本已誤。」

252 然後受虛爵　受，單疏本作「授」，是也。×

253 以其將旅酬　單疏、通解俱無「酬」字。

唯受爵於公者

254 注乃猶而也　單疏本不標經文起止。×

255 乃是緩辭　「乃是」誤倒。

士不拜受爵

256 今乃設賓不言賓　設，陳、閩俱作「没」，要義作「設」。周學健云：「謂經没其文而不見也。大射儀卿大夫皆降節，疏亦有『没賓』之語，可証。」

257 彼釋此言也　陳、閩俱無「言」字。

258 宵則庶子○閽人爲大燭於門外　唐石經無「大」字。按，大射亦無「大」字。

259 執之曰燭　曰，誤作「云」。×

260 席設之而已　席，單疏、要義作「廣」，是也。

奏陔

261 注陔夏至奏之　案，陔夏，疑作「陔陔」。

262 戒之使不失禮　戒，誤作「介」。×

曰寡君有不腆之酒

263 入告賓　入，陳、閩俱誤作「不」。×

對曰

264 謂獨受恩厚也　受，徐本作「有」，集釋、通解俱作「受」。

265 謙不敢當也　敢，誤作「告」。×

君貺寡君多矣

266 拜主君用燕之命者　用，單疏本作

「賜」。

記燕朝服於寢

267 皆記經不具者　具，陳、閩俱作「言」。

268 複下曰爲　曰，誤作「白」。

269 其牲狗也　今本竝脱，唐石經、徐本、集釋、楊氏、敖氏俱有。

270 狗取擇人也明非其人不與爲禮也　今本竝脱，徐本、集釋、楊氏俱有。按，此節經注通解無。

亨于門外東方

271 不得言臣所掌　言臣，陳本誤倒。×

若與四方之賓燕

272 此戒賓在辭　在，單疏、要義俱作「再」。按，「再」字是。×

273 不入之也　入，單疏、要義俱作「如」。

賓爲苟敬

274 主國君饗時　饗，徐本作「鄉」，釋文、集釋、通解、楊氏俱作「饗」。陸氏曰：「或作鄉，非。」○按，疏亦作「鄉」，然以聘禮記「賓爲苟敬」注考之，作「饗」爲是。彼注與此注文異義同，彼言饗食，此專言饗者。春秋僖二十五年左氏傳曰：「晉侯朝王，王饗醴，命之宥。」是饗有進醴之事，與燕同類，故對言之。且饗食與燕其事相連，若聘後禮賓自爲一事，何容相較乎？又聘禮注云「今文饗皆作鄉」，則鄉、饗古通用。此注即作鄉，亦當讀爲饗，不當讀爲鄉也。

275 今燕又且獻焉　且，徐本、集釋、通解、楊氏俱作「宜」。

276 云主國君饗時　按，疏以禮賓之時釋鄉時，則讀鄉爲鄉矣。此句及下文而云「饗時也」，兩「饗」字皆當作「鄉」。然單疏、要義俱作「饗」，則其誤已久。❺

277 前有饗食　饗，誤作「獻」。

278 無以引證　引證，單疏、要義俱作「可言」。

279 此謂在阼西北面　此，要義作「正」。

280 如獻諸公之位也　陳本、要義俱無「獻」。

281 賓實主國所宜敬也者賓實主國所宜敬　單疏、要義俱如是。毛及監本俱脱下七字，陳、閩、通解俱脱上九字。

無膳尊

282 鄉大夫來聘　鄉，陳、閩、通解、要義俱作「卿」，單疏亦作「卿」，與郊特牲注合。

283 故鄭引彼經以証出　出，單疏、要義作「此」，通解亦作「出」。○按，「此」是也。

284 獻主之後　主，單疏、陳、閩、通解、要義俱作「士」。

與卿燕

285 君但以大夫爲賓者　但，徐本、集釋、通解、楊氏俱作「恒」，與單疏述注合。陳本誤作「亘」。

286 爲賓之儀　儀，單疏、要義俱作「義」。

287 云君但以大夫爲賓者　但，單疏本作「恒」，要義誤「桓」。

若以樂納賓

288 所謂金奏也　謂，葛本誤作「爲」。

289 自此盡若舞則勺　勺，監本誤作「匀」。

290 揖讓而入門　讓，閩本誤作「謂」。

291 云卿大夫有王事之勞　大，閩本誤作「六」。

若舞則勺

292 告成大武之樂歌也　武，誤作「舞」，疏同。

293 循養晦昧之紂　養，陳、閩俱誤作「美」。 ✕

294 言成王代時　單疏本作「言武王伐紂」。○按，單疏是也。 ✕

295 謂秉于舞　于，單疏、陳本俱作「干」，此誤。 ✕

296 惟公與賓有俎　惟，徐本作「唯」，單疏、通解俱作「惟」。按，諸本惟、唯錯出，不悉校。

凡栗階

297 猶聚足連步也　「也」上，單疏、要義俱有「一」字，通解無。

298 此即聚足也　「也」上，單疏、要義亦有「一」字。○按，當有「一」字。下文「此即聚足也」，單疏本「足」下亦有「一」字。❻

299 凡薦與羞者　通解無「與」字。

300 小膳宰　「宰」下，徐本、集釋、通解俱有「者」字。○按，有「者」字與疏引注合。 ✕

301 小膳宰者欲見直言君　閩本「欲」字擠入。 ✕

302 羞賓者亦士也　「羞」上，單疏本有「爲」字。 ✕

有内羞

303 酏食糝餈　餈，單疏本作「食」，不誤。 ✕

304 擣粉熬大豆爲餌　「豆」下，單疏本有「爲之」二字，通解誤作「爲餌」。按，周禮注無「爲之」二字。

305 餈之粘者以粉之耳　粘者，單疏、通解作「黏著」，與周禮注合。陳本作「粘著」。

既發

306 俟復發也　俟，徐本作「侯」，誤。×

上射退于物一笴

307 荅對　徐本、集釋俱有此注，通解無，今本並脱。

君在

308 注不纁襦厭於君　單疏本不標經文起止。×

若與四方之賓燕

309 謂公卿者酌之　卿，諸本俱作「鄉」，唯嚴、鍾、楊氏與此同。酌，徐本、集釋、通解、楊、敖俱作「酬」。按，此本雖作「卿」，而仍載「許亮反」之音，明係「鄉」字，偶失校耳。❼

有房中之樂

310 絃歌周南召南之詩　絃，徐本作「弦」，與單疏標目合。

311 注絃歌至君子　絃，單疏本作「弦」。按，諸本「弦」、「絃」錯出，不悉校。

312 明四方之賓而有之　浦鏜云「明」下疑脱「爲」字。

06—313 明彼本無鐘磬也　彼，單疏、要義俱作「依」，閩、監俱誤作「衣」。

校記

❶「集解」，學海堂本、南昌府學本同。案，當作「集釋」。

❷「陳」原誤「除」，據學海堂本改。

❸學海堂本、南昌府學本皆無「凌廷堪據」以下至末二十一字。

❹「心字」，學海堂本同。按，據上條校記，當作「心也」。

❺「則其誤已久」，學海堂本、南昌府學本皆作：「許宗彦云：『疏又曰，饗禮亡，無以引證。則此饗字不誤。』」又前句「兩饗字皆當作鄉」之「皆」，學海堂本、南昌府學本作「似」。

❻南昌府學本删「○按當有一字」以下至末二十一字。

❼南昌府學本删「按此本雖作卿」以下至末二十二字。

儀禮注疏校勘記卷七

07—001 大射儀第七　陳、閩、監、葛俱無「儀」字，與單疏合。釋文、唐石經、徐本俱有「儀」字。單疏本卷十六起。

002 射義於五禮　浦鏜校改「義」爲「儀」。○按，單疏亦作「義」。

大射之儀

003 發而不失正鵠者　單疏、要義俱無「而」字。按，射義有「而」字。

004 其唯賢者乎　唯，誤作「維」。

005 鄭意下云　下，單疏、陳本、要義俱作「不」。

006 故以政教言之也　教，誤作「戒」。×

宰戒百官

007 宰於天子冢宰　冢，徐本作「家」，誤。×

射人戒諸公卿大夫射

008 凡其戒命　命，閩、監俱作「令」，與疏合。按，周禮原文亦作「令」。

009 致齋三日若然　三，誤作「二」。

010 王自澤宮而還　宮，誤作「官」。

前射三日

011 冢宰之屬　之，通解作「官」。

012 皆前有射人戒　皆，單疏、要義俱作「此」，是也。×

013 按大宰云　按，誤作「接」。×

司馬命量人

014 掌量道巷塗數者　塗，釋文作「涂」。按，涂、塗古今字。

015 **正視遠近** 正，陳、閩、監、葛、通解、楊氏俱作「止」，徐本、聶氏俱作「正」。按，周禮射人注云：「貍，善搏者也，行則止而擬焉，其發必獲。」近，誤作「所」。

016 **大侯熊侯** 「大侯」下，通解有「者」字。

017 **皆以布爲之而以皮爲鵠** 單疏、要義俱無「爲之而」三字，通解有。

018 **以求爲侯者** 「爲」下，單疏、要義俱有「諸」字，是也。×

019 **云容謂之乏** 單疏、要義俱無「云」字。

020 **則此貍步六尺明矣** 自此至「以非之也」五十一字，要義祇少「鄭云此故先故注彼亦也」十字，餘與今本同。陳、閩、通解俱作：「則此貍步六尺明矣者，先鄭注射人貍步，謂一舉足爲步，於今爲半步。後鄭注引鄉射、考工爲證者，所以明步爲六尺，而非三尺也。」

021 **亦得用三侯** 自此至「此其所以別也」八十二字，單疏本作：「三侯與天子同，不得與天子同其大射時所用物，宜與畿内諸侯同用熊，又與天子熊侯同，故云大侯也。」陳、閩、監本、通解、楊氏俱與今本同。×

022 **司裘卿大夫下** 卿，閩本誤作「鄉」。×

遂命量人巾車

023 **一丈五寸少半寸** 徐本「寸」下有「也」字，通解無。×

024 **此經云西十北十** 單疏無「此經」兩字。×

025 **侯之廣狹取度於侯道** 九字單疏本無，通解有。×

026 **有革鞔** 鞔，陳、閩、監本俱作「鞔」。

027 **故鄉射記云**　鄉，誤作「夏」。×

028 **欲證射以鵠爲主也**　證，誤作「正」。×

029 **并正云亦鳥名**　正，陳、閩、監本俱作「下」。按，當作「并下云正亦鳥名」。

030 **雖欲解經見鵠之義**　雖，單疏本作「鄭」。按，「鄭」字是。×

031 **一寸分爲三分得一分**　三，誤作「二」。×

032 **則是三分寸之一**　單疏本此句下更有「三分寸之一」五字。×

033 **無正文**　文，陳、閩俱誤作「立」。×

034 **云以豻侯計之者**　計，誤作「記」。×

035 **通躬與舌四尺**　「與舌」二字，單疏本作「自」，通解與今本同。

036 **張法糝鵠鵠下畔**　鵠，單疏、通解俱不重。❶

037 **即三分一寸也**　一寸，單疏本作「寸一」。

038 **故知糝侯下綱**　侯，誤作「者」。×

樂人宿縣

039 **姑洗**　姑，釋文、徐本俱作「沽」。

040 **考神納賓者**　納，陳、閩、監本俱作「内」。

041 **大吕中吕已東**　中，要義作「仲」。

042 **謂諸侯之卿大夫**　「謂」下，單疏、要義俱有「諸侯之卿大夫士也」八字。○按，有此八字與周禮注合。

043 **亦是全之爲肆**　亦，單疏、要義俱作「且」。通解「亦是」作「是亦」。

044 半天子之士　半，誤作「北」。

045 以言鐘形如鐘而復大　上「鐘」字，單疏、要義俱作「鏄」。

建鼓在阼階西

046 應鼙應之　徐本無「應鼙」二字，通解、楊、敖俱有。

047 故用先伐鼓　伐，單疏、通解俱作「代」，是。

西階之西

048 言成功曰頌　曰，徐本作「日」。

049 解先擊朔鼙之義　義，單疏、要義俱作「意」。

050 故先擊朔鼙應之也　「鼙」下，單疏、要義俱有「應鼙」二字。按，此與上節注文互誤也。

051 笙庸以間　庸，要義作「鏞」，誤。

052 鐘磬西方　西，重脩監本誤作「面」。

簜在建鼓之間

053 今大予樂官有焉　予，閩本、要義俱作「子」。周學健云：「大予，漢樂官名，或本作子者誤。」

054 小笙謂之和　笙，陳、閩、監本俱作「者」。○按，作「小者」是也。

鼗倚於頌磬西紘

055 猗與那與　誤作「猗於那于」。猗，陳、閩俱誤作「倚」。

056 猗歎辭　猗，陳本誤作「徛」，閩本誤作「倚」。

057 而作濩樂　濩，單疏、要義俱作「護」。

058 故於賓至揺之　於，單疏本作「至」，通解作「於」。

059 冕而朱紘　紘，重脩監本誤作「紘」。×

060 則鼗鼓將命　鼗鼓，單疏、要義俱作「以鼗」，是也。

061 厥明○冪用錫若絺　陸氏曰：「絺，劉作絡，音郤。」盧文弨疑「絡」爲「綌」誤，詳釋文校勘記。

062 爲冪蓋卷辟綴於篠　冪，宋本釋文作「鼏」。

063 自此至東陳　自此，單疏、要義俱作「此以下」。

064 但又有詳略耳　又，通解、要義俱作「文」，是也。×

065 説者以爲若井鹿盧之形　「盧」下，單疏、要義俱有「者鹿盧」三字，此誤。

066 即葬下棺椑間重鹿盧之輩　椑，單疏、陳、閩、通解、要義俱作「碑」。輩，陳、閩、通解俱作「類」，要義作「輩」。○按，當作「碑」。

067 其形兩頭大而中央小　九字單疏、要義俱無，通解有。

068 豐者承尊之器　「豐」字，諸本皆同。以下文考之，當作「豊」，然疏此説甚謬。按，説文有「豐」無「豊」。豐，豆之豐滿者也，从豆，象形。鄭以爲諧聲者，蓋其字从二丰，既象豐滿之形，復諧丰聲，非别有「豊」字也。賈以豐爲豐年，豊爲承尊之器，殊非鄭意。至穀豆多有之説，尤屬傅會。古謂豆爲菽，至六國後始言豆。禮記投壺篇「賓小豆焉」，此七十子後學者所記也。

069 是以豐年之字　豐，誤作「豊」。

070 豊下著豆　豊，誤作「豐」。

071 不用本字之曲　曲，單疏、陳、閩、聶氏、要義俱作「豊」。×

072 以豊爲聲也　陳、閩俱脱「以」字。×

073 各亦差寬　亦，單疏、通解、要義俱作「宜」，是也。×

074 其高尺　其，單疏、通解、要義俱作「共」，是也。×

075 比常豆而差短　常，陳、閩、通解俱作「於」。差短，單疏、要義俱作「下」，通解與今本同。

076 亦謂之坫　坫，單疏、要義俱从土，下並同。按，單疏是也。

077 面嚮也　也，陳、閩俱作「尊」。

078 故皆尊鼻嚮君　鼻，閩作「卑」。

尊士旅食

079 遥繼鐏而言　言，誤作「云」。×

又尊于大侯之乏東北

080 鬱鬯又在五齊之上　鬱鬯，單疏、要義俱倒，通解與今本同。

小臣設公席于阼階上

081 於周禮三公亦無職　於，誤作「與」。×

羹定

082 烹肉熟也　烹，釋文作「亨」。

083 射人告具于公○大夫在干侯之東北　夫，釋文、唐石經、徐本、通解、楊、敖俱作「史」。石經考文提要云：「釋文大史音泰，足以證『夫』字之誤。」

084 大夫在干侯東北　夫，徐本、通解、楊氏俱作「史」，是也，與單疏標目合。

085 故入庭深也　徐本、通解、楊氏俱無「故」字，與疏合。×

086 注大夫至大命　夫，單疏本作「史」。×

087 云大夫在于侯東北　夫，單疏本亦作「史」。于，陳、閩俱作「干」，是也。×

088 小有小臣正　上「小」字，單疏本作「下」，是也。×

公降立于阼階之東南

089 注詔告至衍耳　單疏本不標經文起止。×

090 以其大夫與公卿而有異　而，單疏、陳、閩、通解俱作「面」。

擯者反命

091 公揖至膳者　注請士至無冪　單疏本。×

092 論卿大夫庭位　庭，單疏本作「定」，是也。

乃命執冪者

093 以其執冪者　執，誤作「之」。×

擯者納賓

094 自此盡賓荅拜再　拜再，單疏本倒。

095 論主人迎賓拜至　迎，誤作「延」。按，下注有「延賓」之語，此疏作「延」，亦非無因。

奏肆夏

096 執競也　競，單疏本作「倞」，與周禮釋文合。

* 武王有明明於周　監本作「明昭」。

097 位賢用能　位，單疏本作「任」。按，「任」字是。

098 則如當燕　當，單疏、要義俱作「常」。按，「常」字是。

099 故諸侯亦得用者　者，單疏、要義俱作「若」，屬下句，是也。

100 若賓醉而出　醉，誤作「奏」。

101 主人卒洗賓揖乃升　唐石經、徐本、通解、敖氏俱無「乃」字。

102 賓每先升揖之　揖之，徐本、通解俱作「尊也」。

筵前獻賓

103 注賓既至復位　以下二節，單疏本俱不標經文起止。

104 奏肆夏至升堂飲酒　「至」上，單疏、要義俱有「乃」字，通解無。

105 賔以虛爵降　單疏本卷十七起。

106 主人辭洗〇以酢主人于西階上　酢，釋文作「醋」，云「本亦作酢」。

107 注賓南至受者　單疏本不標經文起止。

108 云賓南面　自此至「鄉所受者」十七字，單疏本無。

主人坐祭

109 未薦者臣也　未，誤作「木」。

遂卒爵興

110 辟正君也　君，徐本作「主」。

主人盥

111 觚有象骨飾也　「飾」下，徐本、通解俱有「者」字。

主人降自西階

112 注人君左右房　以下二節，單疏本俱不標經文起止。×

主人坐祭

113 注辭者至酬也　單疏本不標經文起止。×

114 是正主酬賓之節也　主，誤作「王」。重脩監本誤同。×

主人降

115 注賓不至彌尊　單疏本不標經文起止。×

小臣自阼階下

116 使二人媵爵之事　人，單疏、要義俱作「大夫」。

117 以其作下大夫　作下，單疏、要義俱倒。

媵爵者立于洗南

118 交於西楹北　於，閩本誤作「與」。×

若命皆致

119 注既酌至君舉　單疏本不標經文起止。×

120 亦於罇西東面酌訖　罇，閩本、通解俱作「鐏」。×

121 媵爵者皆退反位　者皆，石經補缺誤作「爵者」。

122 注反門右北面位　單疏本不標經文起止。×

123 乃是門右北面位　乃，單疏、通解俱作「仍」。按，「仍」字是也。×

124 公坐○賓升成拜　按，顧炎武、張爾岐俱云「拜」唐石經誤作「敗」，然石經實作「拜」。

公坐奠觶

125 下不就拜禮也　就，徐本、通解俱作「輒」。「禮」下，徐本、通解俱有「殺」字。

126 後不爲再拜　後，單疏、要義俱作「復」。❷

＊＊ 故云發端言降拜　「云」誤「以」。❸

公坐奠觶荅拜

127 賓進以臣道也　也，徐本、通解俱作「就」，陳、閩、監、葛俱無。

賓告于擯者

128 賓欲以次序勸諸臣酒　賓，誤作「實」。×

賓以旅大夫于西階上

129 先孤卿後大夫　「卿後大夫」四字，今本脱，徐本、通解俱有。

130 賓大夫之右　自此至「設於賓左東上」，今本合爲一節，脱注六節、疏四節，今分節補録。×

131 賓在右相飲之位　徐本、通解俱有。按，釋文有「相飲」二字。×

132 注賓在右相飲之位　以下二節，單疏本俱不標經文起止。×

133 釋曰賓位在左而在大夫之右者是相飲之位非賓主之位也　單疏、通解俱有。×

賓坐祭

134 酬而禮殺　徐本、通解俱有。×

若膳觶也

135 言更觶尊卿尊卿則賓禮殺　徐本、通解俱有。×

136 注言更至禮殺　釋曰上注云不相襲者於卿尊更自敵以下言易此賓於卿是自敵以下當言易今言更者尊卿尊則卑賓禮殺也　單疏、通解俱有。通解「於卿尊更」作「於尊者言更」，「尊則卑賓」「尊」下有「卿」字。

大夫辯受酬

137 卒猶已也今文辯作徧　徐本、通解俱有。×

138 大夫至復位　釋曰言復位者亦如上復門右北面位即中庭北面位也　單疏、通解俱有。通解「中庭」作「庭中」。

139 主人洗酬　酬，唐石經、徐本、通解、敖氏俱作「觚」。

140 酬賓而後獻卿飲酒禮成於酬　徐本、通解俱有。×

141 主人至階上　注酬賓至於酬　釋曰自此盡無加席論獻公卿之事　單疏本有。×

司宮兼卷重席

142 言兼卷則每卿異席重席蒲筵緇布純席卿言東上統於君席自房來　徐本、通解俱有。按，釋文有「布純」二字。×

143 司宮至東上　注言兼至房來　單疏本如是。今本作「司宮兼卷重席」。×

144 謂唯賓及公席布之　「之」下，單疏本有「也」字。以下四條，通解悉與今本同。×

145 其餘樹之於位後　「後」下，單疏本有「耳者以」三字。

146 則此云　則，單疏本作「若然」。

147 不謂至是始卷之　單疏本無「至是」二字。

乃薦脯醢

148 主人俎脊脅臂肺　單疏、通解、要義俱無「脊」字。〇按，鄉射記有「脊」字。

149 折脊脅肺臑　單疏、通解、要義俱無「折」字。〇按，無者非也。

150 故公卿等皆無俎也　「卿」字空。×

卿坐左執爵

151 不嚌啐　啐，陳、閩、監、葛俱誤作「肺」。×

152 亦自貶於君　徐本、通解俱作「事在射臣之意」，與單疏標目合。

153 注陳酒至之意　六字今本脱。單疏本有，不標經文起止。×

154 君在不嚌不啐者　君在不嚌，單疏、通解俱作「不在射亦」。陳本「君」字空，「不嚌」作「不亦」。

155 自然不嚌也　然，誤作「祭」。×

小臣又請媵爵者

156 注命長至優暇　六字今本脱，單疏本有。×

公又行一爵

157 注於是至尊卑　六字今本脱。單疏本有，不標經文起止。×

158 燕禮爲卿舉旅　「燕」上，單疏、通解俱有「按」字。×

主人洗觚升

159 其義乃足　單疏、要義俱無「其義」二字，通解有。

160 亦是賤不備禮也　陳、閩俱無「也」字。×

161 辯獻大夫[4]〇大夫皆升就席　大，誤作「乃」。×

162 上總言辯獻大夫　單疏、通解「辯」字俱在「夫」字下。

163 大夫乃一時薦之　單疏、通解俱無「大夫」二字。

僕人正

164 僕人正至上工　注徒空至貴賤　單疏本。×

165 故云僕人正爲長　單疏、要義俱無「云」字，通解有。

166 吏則府史之類也　單疏、要義俱無「也」字，通解有。×

167 以爲大師少師　少，單疏本作「小」。

相者皆左何瑟

168 略於此樂也　徐本、楊氏俱無「也」字，通解有。×

後者徒相入

169 是列官尊卑也　官，誤作「言」。×

170 亦據升堂與坐先後之位　亦據，陳、閩、通解俱作「既然則」。與坐先後之位，單疏本作「坐之先後」，通解作「與坐之位」。

171 坐授瑟乃降　授，石經補缺誤作「受」。

小樂正

172 注不統至於此　釋曰　八字單疏本有，今本脱。陳本於注後作圈隔之，不標「疏」字，改「釋曰」爲「疏曰」。×

173 猶統于階西　西，單疏、陳、閩、通解俱作「而」，屬下句。

174 恐工位移近于西　陳、閩、監本、通解俱無「于」字。×

乃歌鹿鳴

175 可則傚也　傚，釋文作「詨」，云「亦作傚」。

176 主人洗升實爵獻工　實，石經補缺誤作「賓」。

主人西階上

177 辟正主也　辟，陳本作「別」。

178 注輒薦之變於大夫　八字單疏本有，今本脱。×

主人受爵降

179 大師至于後　注鼓北至六寸　單疏本。×

180 書或爲鞠　鞠，誤从韋，下并同。×

181 後鄭謂鞠者　後鄭，單疏、要義俱作「玄」，通解作「後鄭」。×

182 其窮隆二十板　窮，單疏、要義俱作「穹」。板，要義作「版」。

乃管新宮

183 其篇亡　亡，徐本作「工」，誤。×

184 注管謂至之中　單疏本不標經文起止。×

185 故與由庚由儀之等同云　單疏、要義俱無「由儀」二字，「云」俱作「亡」。

186 上文簜　文，單疏、陳本、要義俱作「云」。×

187 北辟射位　北，單疏本作「此」。

卒管

188 於是時　於，誤作「云」。×

189 注不言至其南　陳、閩俱脱「注」字。×

190 當如鄉射　鄉，陳、閩俱誤作「鄭」。×

司正適洗

191 注奠觶至多也　單疏本不標經文起止。

192 還與二鄉同也　與，誤作「於」。

193 司正降自西階○南面坐奠觶　奠，石經補缺、敖氏俱誤作「取」。

194 奠于中庭故也　也，徐本、通解、楊氏俱作「處」。

195 興右還○南面坐取觶洗　六字石經補缺脱。

196 如是得從觶西往來也　從，通解作「於」。

197 司射適次袒決遂　袒，唐石經作「祖」，誤。

198 帳幃席爲之　帳，徐本、通解、楊、敖俱作「張」。按，「張」是也。

199 所以遂弦也　所，聶氏作「裏」。

200 弣弓杷也　杷，釋文、楊氏俱作「把」。

201 大射正舍　「舍」上，陳、閩、監本俱有「射」字。

202 遂告曰　曰，石經補缺誤作「于」。

203 御猶侍也　猶，陳、閩、監、葛、通解俱作「由」。

射器皆入

204 司射矢亦止西堂下　按，疏所據本「矢」上似有「弓」字，故賈氏辨其誤。然述注仍無「弓」字，未詳。

205 工人士○射正莅之　莅，陳、閩、監、葛俱作「蒞」。按，莅、蒞、涖、蒞諸本錯出，後不悉挍。

206 一從一横曰午　按，釋文「一」作「壹」。

207 冬官雖士　士，單疏、要義作「亾」，是也。

卒畫

208 知工人士　單疏本無「士」字。

太史侯于所設中之西

209 欲見太史位之所在此也　單疏本重「在」字，是也。　×

210 司射西面誓之曰○射者非其侯　「其」下，徐本有字未刻。

211 卑者與尊者射　單疏無「與」字，要義有。射，要義作「爲耦」。

遂比三耦

212 例同三耦一侯而已　三，誤作「一」。

三耦侯于次北

213 爲三耦雖未知與誰爲耦　上「爲」字，單疏本無，通解有。　×

司射入于次

214 搢扱也　扱，釋文作「捷」，云「本又作扱」。

215 自此至東面　此，閩本誤作「比」。

卒射

216 注不南至背卿　單疏本不標經文起止。　×

217 按鄉射誘射卒　單疏、通解俱重「射」字。

218 故司射不待尊之　待，單疏、通解俱作「特」。❺

219 其餘少卿　少，單疏、陳本、通解俱作「小」。❻

220 遂取扑　盧文弨云：「唐石經初並作朴，後改從扌。」

221 注扑所至之西　單疏本不標經文起止。　×

司馬師命負侯者

222 欲令射者　通解無「欲」字。

223 深志與侯中也　與，徐本、通解、楊氏俱作「於」。×

224 掌以旌居乏待獲　旌，陳、閩、監、葛俱誤作「族」。×

負侯者

225 作使也　使，誤作「始」。×

上耦出次

226 注上射至間也　單疏本不標經文起止。×

227 亦上射在北居左　左，單疏、通解俱作「右」。周學健云：「次北西面時，上射居右，既揖而進，上射乃之左。」

228 皆當其物〇還視侯中　視，通解誤作「俟」。

229 則視參中　視，誤作「射」。

230 則視干中　干，誤作「于」。此二字易溷，後凡可以意會者，不悉校。

231 注視侯至十尺　單疏本不標經文起止。×

232 釋曰弓二寸以爲侯中參侯七十弓故侯中十四尺干侯五十弓故侯中十尺　單疏本有，今本並脱。×

233 司馬正適次〇命去侯　侯，石經補缺、閩、監、葛本俱誤作「俟」。按，提要云「監本沿唐石經之誤」，今石經已缺，後人所補不足憑，俟得舊本攷之。

234 簫弓末　末，徐本、楊氏俱誤作「未」。下同。×

負侯皆許諾

235 注宫爲至爲磬　宫爲，單疏本作「爲宫」，誤。×

授獲者

236 相代而獲者　代，誤作「待」。

237 司射進與司馬正交于階前　于，陳、閩、

監、葛俱誤作「與」。✕

舉旌以宮

238 等言獲也　等，徐本、楊氏俱作「再」，通解作「等」。

獲而未釋獲

239 鄭注鄉射云　陳、閩、監本俱脱「射」字。✕

240 241 上射降二等　二，唐石經、徐本、通解、楊、敖俱作「三」，是也。石經考文提要云：「疏明釋『三等』及下文『中等』之義。」○上射于左　于，陳、閩、監、葛俱誤作「與」。

242 上射於左也　於，陳、閩、監本俱誤作「與」。✕

三耦卒射

243 三耦至反位　單疏本。✕

244 倚于階西　按，疏述經文「階」上有「西」字，似衍文。✕

司馬正袒決遂

245 論取矢設楅之事　單疏本無「之事」二字。✕

246 皆於隱處　單疏、要義俱無「於」字，通解有。

247 升自西階○揖弓命取矢　揖，楊氏作「挾」。注同。

248 揖推之　之，誤作「也」。✕

司馬正降自西階

249 注此出至降之　六字今本脱。單疏本有，不標經文起止。✕

250 小臣師設楅司馬正東面　面，通解誤作「南」。✕

251 鄉射記曰　浦鏜云「禮」誤「記」。

252 乃設楅于中庭　楅，誤作「幅」。疏同。×

253 若矢不備　「若」上，唐石經、徐本、通解、楊、敖俱有「卒」字。

司射適西階西

254 注倚扑至聞也　也，單疏本作「之」。按，諸本注皆作「也」。×

255 以告三耦卒射　單疏本「告」下有「以」字，「耦」下有「射」字，「卒射」作「射卒」。通解與今本同。

256 欲公卿聞之故也　脱「故」字。×

257 公許○即位而後告　後，唐石經、徐、陳、閩、葛、通解、楊、敖俱作「后」。

258 司射東面于大夫之西北耦　北，釋文、唐石經、徐本俱作「比」，通解、楊、敖俱作「北」。○按，後「三耦既拾取矢」節，單疏本引此經作「比」，與釋文及石經合。作「北」者乃形近之誤。❼

259 司射至爲上　注爲上至之上　單疏本如此。按，「遂比衆耦」下有注，而疏合兩節爲起止，未詳其故。×

260 居群士之上也者　單疏、要義俱無「也」字。按，注無「也」字。×

261 一耦出西面揖　「西」下，通解有字未刻。×

262 一上射出　徐本重「一」字，通解不重。

上射東面

263 右手從裏取之　右，誤作「有」。×

264 并矢於弣　弣，誤作「跗」。

265 以其下射若又還周　又，單疏、陳、閩、通解俱作「右」，是也。

下射進

266 向下取矢便也　「便」上，單疏、要義俱有「亦」字。

267 既拾取矢梱之　梱，唐石經、徐、陳俱作「梱」。注同。

268 退者與進者○相揖還退　唐石經、徐本、通解、楊、敖俱無「還」字。

269 司射作揖如初　揖，唐石經、徐、陳、通解、楊氏、敖氏俱作「射」。

司射猶挾一个

270 守故之辭　浦鏜云「有」誤「守」。❽ ×

271 衆以知之矣　以，誤作「已」。徐本、通解「以」上俱有「足」字。

司射西面命曰

272 其邪制躬舌之角者　躬，誤作「射」。×

273 維當爲絹絹綱耳　朱子曰：「綱耳即籠綱，以布爲之。梓人謂之『縜』，而此謂之『絹』，字雖異而音則同。」敖氏曰：「『絹』字恐是『縜』字之誤。」○按，敖説是也。釋文於周禮「縜」字不云與「絹」同，於此「絹」字復不云與「縜」同，而音則無異。又此疏引周禮處，單疏本皆作「縜」，至述注則仍作「絹」，似「縜」與「絹」爲二物者。皆足以滋後人之疑，不可不辨。「綱」上，通解有「爲」字。

274 爲矢至侯不著而還復　爲，徐本、通解、楊、敖俱作「謂」。

275 公則釋獲　則，誤作「而」。×

276 注不言可知　注，閩本作「主」。按，陳本「注」字缺左傍，閩遂誤爲「主」。×

277 其邪制躬舌之角者爲維者　其，誤作「共」。×

278 絹寸焉　絹，單疏、要義俱作「縜」。下「云絹」、「爲絹」、「著絹」並同。陳本唯「著絹」作

「絹」，餘同單疏。

279 絹綱耳者　絹，陳、閩俱誤作「治」。 ×

唯公所中

280 注值中至釋獲　值，誤作「植」。

釋獲者

281 注傳告至所命　至所命，單疏本作「服不」，不標經文起止。

282 又取中之八算改實八算于中　實，通解誤作「釋」。單疏本卷十八起。 ×

283 并授弓拂弓　并，誤作「並」。 ×

284 按下又云　又，單疏、要義俱作「文」，是也。 ×

諸公卿

285 至其三耦之南　單疏、通解俱無「其」字。

公將射

286 君尊若爲始者　單疏本作「君尊若始焉者」。按，單疏是也。

司射去扑

287 告當射也　也，通解作「之」。 ×

遂搢扑反位

288 小射至東堂　注授弓至去塵　單疏本。 ×

289 取公之決拾於東坫上　公，誤作「弓」。 ×

290 大射正執弓以袂以授公　公，亦誤作「弓」。 ×

司馬升

291 注還右至右還　單疏本不標經文起止。 ×

公就物

292 司舍親立司正　舍，單疏、要義俱作「射」。親，諸本俱作「請」。〇按，作「請」是也。

293 則司射人與大射正爲一人　上「人」字，單疏、要義俱作「又」。

294 小臣正贊袒　袒，重脩監本誤作「祖」。

295 乃云公袒朱襦　袒，誤作「襦」。

296 乃決拾　決，單疏、通解、要義俱作「設」，與注合。

大射正執弓

297 按考工記弓人云　弓，誤作「工」。×

下曰留

298 留不至也　至，陳、閩俱誤作「主」。×

公既發

299 注公下至尊也　下，誤作「不」。×

小射正

300 注階西至降位　單疏本不標經文起止。×

公即席

301 公即至復筵　單疏本。×

卒射

302 司射不言告者　徐本、通解俱無「言」字。

反位

303 司馬至如初　五字單疏本有，今本脱。×

賓諸公卿大夫之矢

304 注異束至殊之也　以下兩節，單疏本俱不標經文起止。×

賓之矢

305 則納射器之有司　射，陳、閩、監、葛俱誤作「財」。×

司馬釋弓反位

306 當作司馬命　作，單疏、陳本、通解俱作「依」，此誤。×

307 不失其故　故，單疏、通解俱作「次」，是也。×

308 爲大節耳　單疏、通解俱無「大」字，此誤。×

309 司射適階西○北面視算　視，釋文作「眡」，云「本亦作視」。

310 司射至去扑　單疏本。×

每委異之

311 易枝數　枝，徐本、通解俱作「校」。陳、閩、監、葛俱誤作「效」。

東面坐

312 少比於故　比，徐、陳、通解俱作「北」。

313 司射復位○北面告于公　陳、閩、監、葛俱脱「告」字。×

314 若左右鈞○實八算于中　實，石經補缺誤作「賓」。

司宮士奉豐

315 注弟子至略之　以下五節，單疏本俱不標經文起止。×

316 大夫已上　大，誤作「太」。×

317 司射袒執弓　「袒」上，唐石經、徐本、楊、敖俱有「遂」字。

不勝者皆襲

318 却欲與勝者　單疏、通解俱無「却」字，陳本作「欲」，閩、監俱作「郤」。○按，單疏是也。

三耦及衆射者

319 雖不飲罰爵　單疏、要義俱無「罰」字，通解有。

320 若不教中　教，單疏、要義、通解俱作「數」，不誤。

321 小射正○勝者先升升堂少右　升，通解不重。

不勝者進

322 明知來飲時　來，單疏、通解俱作「未」，不誤。

不勝者先降

323 此二人少右　二，誤作「三」。　×

324 與升飲者相左○退俟于序端　俟，誤作「次」。

若賓諸公聊大夫

325 以大夫在堂上　「以」下，單疏本有「其」字。

326 僕人師洗升賓觶　賓，唐石經、徐本、通解、楊、敖俱作「實」。

327 注雖尊至夫也　單疏本不標經文起止。　×

若飲公

328 侍投則擁矢　侍，誤作「射」。　×

329 又詩云　又，陳、閩俱誤作「文」。　×

330 兕觥司爵　司，單疏、要義俱作「角」，否則與毛傳不合。

331 非謂四升曰角者也　四，陳、閩俱誤作「凹」。　×

332 故云角觶謂賓酌如兕自飲君即下文賓降洗象觶亦從獻酬之爵不敢用罰爵也　單疏、要義俱如是，通解略有刪潤，與此稍異。今本作「故云角爵也」，無「觶謂」以下二十九字，非也。

公降一等

333 注賓復至夾爵　以下二節，單疏本俱不標經文起止。×

賓坐

334 故云也　也，單疏本作「象」。按，「象」字是。

若諸公卿大夫之耦

335 以尊爲耦　「尊」下，徐本、楊氏俱有「與卑」二字，通解無。

司宮尊侯

336 但聖人射決　射決，單疏、要義俱作「設法」。

337 二升曰觥　觥，單疏、陳、閩、監本、通解俱作「觚」，是也。

司馬正洗散

338 皆以事名之　名，誤作「明」。

司馬正西面拜送爵

339 卒爵禮祭諸侯訖　單疏本無「諸」字，是也。

340 亦兼獻其徒　單疏本無「其」字。

341 故下司馬正　「司」上，單疏、通解俱有「注云」二字，是也。×

卒錯

342 由侯内　由，重脩監本誤作「出」。×

343 決祭右个　決，單疏、通解俱作「次」，此誤。×

獲者左執爵❾

344 如於北面人焉　北，誤作「此」。×

345 故抗而射女　射，陳、閩、監、葛俱誤作「設」。×

346 彊飲彊食　彊，徐本俱作「强」。

347 祭肺皆不奠爵　單疏、要義俱無「皆」字。

348 今祭俎不奠　「奠」下，要義有「爵」字。

349 是以知祝辭有之　之，單疏本作「異」。

適左个

350 俎與薦　薦，誤作「俎」。

351 注先祭至三祭　先祭，單疏本作「鄉射」，不標經文起止。

卒祭

352 北鄉受獻之位也　北，徐本、楊、敖俱作「此」，與單疏標目合。鍾本、通解俱作「北」。

353 注北鄉至卒爵　北，單疏本作「此」。

司馬師受虛爵

354 舉尊而言也　也，要義作「之」。

355 已獻大侯服不獲者　已，單疏、要義俱作「以」，通解作「已」。

356 明知是糝侯豻侯之獲者可知　單疏、要義俱作「明此經獲者是糝侯豻侯可知」，是也。通解作「明此是糝侯豻侯之獲者可知」。

357 交獻先言隸僕人　交，要義作「受」。

358 隸僕而得獻　而，單疏、要義俱作「尚」，是也。

359 卒司馬受虛爵　「馬」下，唐石經、徐本、通解、楊、敖俱有「師」字。

獲者皆執其薦

360 注隸僕至而南　單疏本不標經文起止。

361 明繼服不而南可知　繼，誤作「計」。

362 司射適階西　適，誤作「釋」。

363 辨中　辨，徐本、通解、楊、敖俱作「辟」。

364 歸功於此侯　單疏、通解俱無「此」字。

薦脯醢

365 注俎與至爲異　以下三節，單疏本不標經文起止。　×

司射倚扑于階西

366 注不升至可知○釋曰　「不升」下七字，單疏本無，以此節疏與上節疏合爲一節。　×

367 諸射于公升　按，「諸」當作「請」，單疏本不誤。　×

反搢扑適次

368 云鄊言拾者　鄊，閩本作「鄉」。

369 謂第一番射時　單疏本無「番」字。

370 在庭拾取矢　在，單疏本作「至」，是也。　×

司射先反位

371 乃出反次外西面位　位，楊氏作「立」。

372 三耦未有次外位　徐本無「外」字。通解有，與疏合。

373 此言反位者　此，單疏本作「凡」，此誤。　×

374 是今禮反於舊位　今，陳、閩俱誤作「命」。　×

375 三耦次外位　單疏本無「位」字。

376 是以次之　次，單疏、通解俱作「決」。

377 三耦拾取矢　三，誤作「二」。

三耦既拾取矢

378 皆進當楅　楅，重脩監本誤作「福」。　×

379 司射東面于大夫西北耦　北，閩本作

「比」。按，前經諸本或作「比」，此疏則各本皆作「北」，疑賈氏所據之經獨爲「北」耳。閩本作「比」，殆因形似偶誤，非有意也。○按，單疏亦作「比」，是也。前經有作「北」者，乃形近之誤。⑩

380 **擯升階復位還筵**　擯，單疏、通解、要義俱作「賓」。○按，作「賓」與上文經合。

若士與大夫爲耦

381 **注說矢至謙也**　以下五節，單疏本俱不標經文起止。×

382 **非大夫**　非，陳、閩俱誤作「升」。×

大夫進坐

383 **說矢束**　矢，誤作「次」。×

384 **待大夫及位**　「待」下，單疏、通解俱有「下」字。及，單疏、陳本、通解俱作「反」。皆是也。

385 **衆射者繼拾取矢**　繼，誤作「既」。

司射與司馬

386 **君子之於事**　「事」下，徐本、通解、楊氏俱有「也」字。

387 **請若天子騶虞九節**　請，單疏、通解俱作「謂」，是也。×

388 **一獲用樂行之者**　一獲，單疏、通解俱作「云復」，是也。

389 **證射用應而爲難之意**　「應」下，單疏本有「樂」字。

390 **樂正曰諾○北面眂上射**　眂，唐石經、徐本、通解、楊、敖俱作「視」。按，釋文于前「視算」作「眂」，注云「本亦作視」，于此無釋，則亦作「視」也。眂當從目，今從耳，非也。

391 **不得不和**　「不得」上，徐本、通解、楊氏俱有

「五聲」二字，是也。

392 按今禮記投壺篇　今，閩本誤作「令」。×

393 是投壺存者　「是」下，單疏、通解、要義俱有「其」字。

上射揖

394 其詩有射諸侯首不朝者之言　諸，徐本作「詩」，誤。×

395 有樂以時會君事之志也　「之」字，徐本未刻。×

396 知者以其射義上文云　者，閩本誤作「也」。×

397 文云故詩曰　文，單疏、要義俱作「又」，是也。×

398 是正世人也　也，閩本誤作「與」。×

399 大師不興○公樂作而后就物　后，誤作「後」。

400 辟不敏也　葛本無「也」字。×

401 意所擬度也　擬，釋文、徐本俱从人，與單疏述注合。

402 證志是意所擬度也　擬，單疏本作「儗」。

司射命設豐

403 注側持至射也　以下二節，單疏本俱不標經文起止。×

404 而鏃向上　四字，單疏本作「尚鏃」，通解與今本同。○按，單疏是也。

405 此言面兼弦弣　「面」下，單疏本有「鏃不言」三字。

司射命釋獲者

406 今既退中於算　於，單疏、通解俱作「與」，與經合。

大夫降復位

407 故知升西階下　升，單疏本作「非」，是也。

408 故在門東北面也　「面」下，單疏本有「位」字，與注合。

409 司正升賓○皆説屨　屨，誤作「履」。

羞庶羞

410 或有炮鼈膾鯉　炮，嚴本作「缹」，釋文、徐本俱作「炮」。釋文云：「炮，或作𤆵、缹。」

411 注羞進至鶉鴽　羞，誤作「差」。

412 膋腸閒脂　脂，誤作「腊」。

413 知有炮鼈膾鯉者　炮，單疏、要義俱作「缹」。

414 炮鼈膾鯉　炮，單疏、陳、閩、監本、要義俱作「缹」。○按，作「缹」與詩合。

415 使其諸友恩舊者待之　待，單疏、要義俱作「侍」。○按，作「侍」與毛詩六月箋合。

大夫祭薦

416 以其二十豆　以，誤作「引」。

417 於盛成禮者也　單疏、通解俱無「者」字。陳、閩俱有「者」無「也」。

司正升受命

418 彼直云安　直，陳、閩俱誤作「知」。

419 未盡慇懃　慇懃，單疏、通解俱作「殷勤」。下同。

420 此將獻主　主，單疏、通解俱作「士」，是也。

主人洗酌

421 及祝史等之事　及，陳、閩俱誤作「乃」。×

422 對上獻大夫用觚　用，單疏、要義俱作「已上」，通解「已上」之下仍有「用」字。

士坐祭立飲

423 謂衆士也　通解脱「士」字。×

424 注其他至受爵　以下四節，單疏本俱不標經文起止。×

425 上云長　單疏本無「上」字，「云」下有「其他謂衆士也者」七字。通解與今本同，非也。×

乃薦司正

426 又不言司士與執冪者以射人是小射正非一人互見執事執事者皆同獻不言其數不言執冪者二人文不具　自「以射」至「冪者」二十九字，單疏本有，今本脱。

辯獻士

427 今此更言士得獻訖　更，陳、閩俱誤作「連」。×

主人就士旅食之尊

428 乃者緩辭　緩，陳、閩俱誤作「受」。×

429 於賤略之也　徐本、通解俱無「也」字，與疏標起訖合。×

賓降洗升

430 無再拜　按，「拜」字疑衍。

431 禮將終　禮，誤作「旅」。×

432 賓坐祭○公荅拜反位　「反」上，唐石經、徐本、通解、要義、敖氏俱有「賓」字。石經考文提要云：「上云賓升成拜，升與反位相承。」

433 注反位至爲觶　單疏本不標經文起止。×

434 公坐○如初受酬之禮　酬，誤作「成」。

有執爵者

435 士有執膳散爵者　單疏、通解俱無「散」字。○按，下文無「散」字。

436 有執爵者　「執」下，單疏、通解俱有「散」字。○按，下文有「散」字。

437 故知是有盥升　是，單疏、通解俱作「士」，與注合。　×

司正命執爵者

438 注欲令惠均　以下三節，單疏本俱不標經文起止。　×

439 云欲令惠均者　六字單疏本無。　×

440 并堂下之士也　「士」下，單疏本有「故云欲令惠均」六字。

大夫卒受者

441 士立堂下　徐本無「士」字，通解有。　×

442 與上坐者異　「異」下，徐本、通解俱有「也」字，與單疏標目合。　×

443 注與酬至者異　者異，單疏、陳本俱作「異也」。　×

大夫立卒爵

444 皆及焉　及，重脩監本誤作「反」。　×

445 階得旅酬　單疏、要義俱作「皆得旅酬者」，是也。　×

446 得獻之可知　單疏、要義俱無「獻」字。

士旅酌

447 故以次自酌　次，陳、閩俱誤作「決」。　×

448 以相酬　酬，陳、閩俱作「酌」，誤。　×

若命曰

449 注獻庶至無事　以下四節，單疏本俱不標經文起止。×

司射命射唯欲

450 非直懈怠　非直，單疏本倒。

卿大夫皆降

451 不專於賓也　也，單疏本作「已」。

452 復不言若賓　復，誤作「若」。×

453 若長　此下二十五字，單疏本唯有「從群臣禮在上」六字。通解與今本同。

壹發

454 而和者亦多　亦，徐本、通解、楊氏俱作「益」，與疏合。

455 尚歡樂也　歡，陳本作「勸」。

456 士云第二番　士云，單疏、通解俱作「上文」，陳、閩俱作「上云」。

457 唯公得中三侯　得，誤作「侯」。×

主人洗升

458 則陪其工後　陪，閩、葛俱誤作「倍」。×

459 后夫人之官也　后，誤作「後」。×

460 不見少樂正從之　少，單疏、陳本、通解俱作「小」。

461 按上文樂正及位　浦鏜云「反」誤「及」。

462 以其雖同獻於阼階上　阼，誤作「階」。×

463 時事不聯也　時事，誤作「是時」。×

無算爵

464 論爵與恣意無數之事　「與」下，單疏本有「樂」字。

受賜爵者

465 今爵並行　爵，誤作「即」。×

466 注酬之至者來　以下六節，單疏本俱不標經文起止。×

467 嫌得即飲不代　代，誤作「伐」　×

468 故必卒爵　單疏、要義俱作「故著嫌不卒爵」，通解與今本同。

執膳爵者

469 云燕之歡在飲酒者　云，誤作「曰」。×

470 諸安燕之歡　單疏「諸」作「謂」，是也。×

471 成之意也　之，陳、閩、通解俱作「其」。

唯受于公者拜

472 鄭傳乃爲而者　傳，單疏、陳本、通解俱作「轉」。按，「轉」字是。×

473 乃是緩之辭　單疏、要義俱無「之」字，是也。×

474 故爲而也　而，陳、閩、通解俱作「之」。

475 士不拜受爵○北面東上　石經補缺誤作「北北面上」。

公命小臣正辭

476 今直升不成拜者　今，誤作「及」。×

士終旅於上

477 注卿大夫至卒之　單疏、陳本俱無「夫」字。×

宵則庶子執燭於阼階上

478 候賓出　候，徐、陳、通解俱作「俟」。

賓所執脯

479 **此爲君法**　陳、閩俱作「此謂君臣法」。○按，上句云「彼是臣禮」，故云「此爲君法」。陳本、閩本並誤衍「臣」字。

公不送

480 **臣禮是也**　浦鏜云「是臣」誤「臣禮」。○按，或當作「是臣也」，無「禮」字。

公入驁

481 **云以鐘鼓奏之**　「之」下，單疏本有「者」字，是也。×

482 **故云以鐘鼓奏之者**　單疏本無「者」字，是也。×

483 **頌之族類也**　族，陳、閩俱誤作「旅」。×

484 **鄭云**　「鄭」下，單疏、通解、要義俱有「注」字，是也。×

07—485 **故言入者**　要義無「者」字。×

校記

❶ 學海堂本、南昌府學本末俱增「按上鵠字當作侯」七字。

❷ 南昌府學本言毛本作「後」爲是。

❸ 學海堂本如此。南昌府學本出文「故云發端言降拜」，校語：「毛本『以』作『云』。○按，毛本是也。」按，南昌府學本與學海堂本相左，今檢核毛本儀禮注疏原文作「以」，則學海堂本所校爲是，南昌府學本非也。

❹ 「夫」原誤「大」，據學海堂本改。

❺ 南昌府學本言毛本作「待」爲非。

❻ 南昌府學本言毛本作「少」爲非。

❼ 「按後三耦」以下至末，學海堂本、南昌府學本皆作：「許宗彦云：『比誤也。下云耦大夫與大夫，有與大夫三字，則句首不必有比字可知。又司射居大夫之

西北，不正向大夫者，大夫尊也。』」

❽學海堂本無此條。案，文選樓後印本剜改删去此條。

❾「左」，學海堂庚申補刊本、南昌府學本皆誤作「右」。

❿「按單疏」以下至末，學海堂本、南昌府學本皆作：「按，此義見前第十八葉『司射東面于大夫之西北耦』條下許宗彦説。」

儀禮注疏校勘記卷八

08—001 聘禮第八　單疏本卷十九起。×

002 歲相問也　單疏本無「也」字，通解有。

003 又於殷朝者及時相聘也　時，單疏、要義俱作「而」。○按，周禮大行人注是「而」字。×

004 聘義所云　云，要義作「謂」，通解作「云」。×

005 及竟張旜　及，單疏、陳本、通解、要義俱作「入」。

006 瑑圭璋八寸　瑑，誤從「土」。

007 公食大夫俎實云　夫，閩本誤作「俎」。×

聘禮

008 爲久無事明聘　明，單疏本作「須」。○按，「須」是也。

009 正朝當與二朝面位同　當，閩本誤作「階」。×

遂命使者

010 使者自其謀内　其，單疏、要義俱作「在」。

011 審知所聘之國遠近　近，陳、閩俱誤作「道」。×

宰命司馬戒衆介

012 諸侯謂司徒爲宰　張氏曰：「注曰『諸侯謂司徒爲宰』，又曰『宰夫，宰之屬也』。按，釋文云『大宰音泰，下放此』。自『宰命司馬』而下，皆不見『大』字。古者天子有大宰，諸侯則以司徒兼爲之。疑注『司徒爲宰』之句合稱『大宰』。又燕禮注曰『宰夫，大宰之屬』。大射注曰『宰夫，冢宰之屬』。公食大夫注曰『甸人，冢宰之屬』，又曰『司宮，大宰之屬』。彼不兼『大』則兼『冢』，此不應獨稱『宰之屬』。故又疑注『宰之屬也』之句亦有『大』字。增二『大』，從釋文。」○按，集釋此注有「大」字，下注無。

013 是以左氏杜泄云　泄，閩本誤作「世」。×

014 季孫爲司徒　季孫，單疏、要義俱作「吾子」，通解、楊氏俱作「季孫」。

015 司徒掌十二教令　令，陳、閩、監、要義俱作「今」。

宰書幣

016 宰即上命司馬兼官者也　馬，要義作「徒」。

管人布幕于寢門外

017 云管人　管，單疏、要義俱作「館」。○按，作「館」是也。

018 爲帷宮　宮，陳、閩、監本、要義俱作「官」。○按，周禮掌舍作「宮」。

019 云布幕以承幣者　單疏、要義俱無「布」字。○按，注文有「布」字。

官陳幣

020 馬言則者　則，徐本作「用」，誤。×

使者北面

021 使者須親幣　親，單疏、陳、閩本、通解俱作「視」，是也。

宰入告具于君

022 注入告至而告　單疏本不標經文起止。×

宰執書告備具于君

023 注史展至北面　單疏本不標經文起止。×

024 云展幣畢　「云」下，單疏、要義俱有「史」

字。○按，有「史」字與注合。

厥明

025 父在釋幣於祖廟可知　父，陳、閩俱誤作「公」。×

有司筵几于室中

026 故特牲少牢　牢，誤作「年」。×

釋幣

027 則無卷二丈　無，單疏、要義俱作「每」。按，「每」字不誤。×

028 象天三覆地二載也　單疏、要義俱無「載」字。

029 鄭玄荅云　玄，單疏、要義俱作「志」，通解、楊氏俱作「玄」。

030 兩五尋　兩五，陳、閩俱誤倒。×

主人立于户東

031 注少頃至於神　單疏本不標經文起止。×

又釋幣于行

032 此謂平治道路之神　治，單疏、要義俱作「地」。

033 喻無險難也　金曰追云：「諭，今誤喻。」按，「喻」者，「諭」之或作字。

034 案彼文　文，單疏、要義俱作「云」。×

035 今時民春秋祭神　神，要義作「祀」，與注合。

036 古之遺禮乎者　遺，單疏、要義俱作「餘」，與注不合。

037 此祭行神　祭，單疏本作「禮」，通解作「祭」。

038 行至廟門外之西　至，單疏、要義俱作

「在」。○按，「在」字與月令孟冬注合。

使者載旜

039 所以表識其事者也　單疏本無「也」字。×

040 凡諸侯三門　「凡」下，單疏、要義俱有「平」字。○按，「平」字誤。

賈人西面坐啓櫝

041 在官知物賈者　賈，楊氏作「價」。○按，「賈」正字，「價」俗字。

042 書以木爲中幹　書，單疏、通解、要義、楊氏俱作「者」，是也。×

043 下謂云絇組尺　謂，單疏、陳、閩、通解、要義、楊氏俱作「記」。按，「記」是也。

044 鄭亦謂之繅　謂，單疏、要義俱作「爲」，通解作「謂」。

使者受書

045 既言受命　既，單疏、陳、閩俱作「即」，是也。×

046 宰自公左受玉奠至　奠至，單疏本作「鄭云」，是也。×

047 適宰者之右而受　宰，單疏本作「牽」，是也。×

既述命

048 重失誤　失誤，楊倒。×

受享

049 取其半珪也　珪，諸本俱作「圭」。

050 天地配合之象也　配，釋文作「妃」，云「本亦作配」。集釋作「妃」。

051 瑑圭璋璧琮以覜聘　覜，葛本、集釋俱作「頫」。

052 不陳璧琮　琮，閩本誤作「亦」。×

053 則此束幣　幣，單疏、要義俱作「帛」，是也。

054 但未知圭用何色耳　圭，單疏、要義俱作「正」，是也。

055 知半圭曰璋者　單疏、要義俱無「圭」字，是也。×

056 璋邸射以祀山川　射，重脩監本誤作「財」。×

057 謂之束帛加璧致厚　之，單疏、陳、閩俱作「以」，是也。×

058 往德義出於此　此，單疏本作「彼」，是也。×

059 從見朝置享用玉之意也　從，單疏本作「欲」，是也。×

遂行舍於郊

060 凡爲君使　「使」下，楊氏有「者」字。

061 乃即道也　也，單疏、要義俱作「者」。○按，依下文述注，則此處當作「也者」。

062 乃遂朝君受命　乃，單疏、陳本、通解、要義俱作「及」。

063 於此脱舍衣服　「脱」上，單疏本有「所」字，疑衍文。

064 直經過　經，單疏、要義俱作「徑」。按，「徑」是。

若過邦

065 故與諸侯相聘同　同，要義作「問」。

下大夫取以入告

066 若因許道受幣　單疏本無「因」、「道」二字，通解有。

饙之以其禮

067 禾以秣馬　秣，徐作「抹」，誤。×

068 主國使卿歸饔餼五牢　主，重脩監本誤作「王」。×

069 牛羊右手牽之　單疏、要義俱無「手」字。○按，曲禮云：「效馬效羊者右牽之。」此涉彼文而誤脱也。下文注疏並作「牛羊右手牽之」。

070 餼藏石牛　藏，單疏、要義俱作「臧」。

071 稾者受也　單疏、要義俱無「者」字。

072 當爲介者皆少牢　單疏、要義俱無「者」字。×

073 皆大牢米八筐　八，誤作「入」。×

074 而依者致饔餼者　上「者」字，單疏本作「君」，是也。

075 大夫餼無賓禮芻禾　單疏本「無」字在「禮」下。

076 使者牽牛以致之　者，單疏、陳本俱作「老」。×

077 致之帛用束　單疏本「帛」在「束」下。

078 明上介無也　明，陳、閩俱誤作「用」。×

079 士帥沒其竟　帥，誤作「師」。

080 誓于其竟○司馬執筴　筴，徐本、敖氏俱作「策」。釋文作「筴」，云「音策」。集釋、通解、楊氏亦俱是「筴」。

081 使於衆介之前　使，徐本、集釋、通解、楊氏、敖氏俱作「史」。

082 乃更却本而言之　言，陳、閩俱誤作「才」。×

083 復對之也故云　也故，單疏本倒。

084 未入竟壹肆　壹，釋文、集釋俱作「一」。

085 事在下文　文，單疏、要義俱作「云」，屬下是也。×

介皆與

086 注入門至作預　預，諸本俱作「豫」。×

087 布幣受玉之禮　受，單疏、通解、要義、楊氏俱作「授」。

088 云入門左之位者　「云」上，要義有「注」字，非。×

089 介皆入門右　浦鏜云「左」誤「右」。○按，浦云是也。

習享

090 皆列於地　「列」下，單疏、通解、要義俱有「之」字。

習夫人之聘享

091 及大夫聘享訖　大夫，陳本、要義俱作「夫人」。按，要義是也。

及竟

092 又問卿時云　卿，閩本作「鄉」。

093 大夫扛五刃　扛，單疏、通解俱作「杠」。

乃謁關人

094 以譏異服　釋文作「幾」，云「本亦作譏」。集釋亦作「幾」。

095 亦或然也　亦，要義作「理」。

096 云關譏異服識異言者　單疏、要義俱無「服識異者」四字。

097 譏幾異服異言　譏，單疏、要義俱作「幾」，陳、閩俱無。○按，今王制注作「譏譏異服識異言」。

098 凡四方之賓客　要義無「之」字。○按，周禮有。

關人問從者幾人

099 當共委積之具　陸氏曰：「共，本或作供，同。後放此。」

100 當一旅之人百人也　旅，陳、閩俱誤作「放」，監本誤作「族」。「之」下，陳、閩俱無「人」字。

101 且爲有司　爲，單疏、要義俱作「謂」。按，各本注俱作「爲」。

以介對

102 是以貴之貴之者　「貴之」二字，單疏、陳、閩俱不重。

103 彼見貴之　彼，單疏本作「欲」。

君使士請事❶

104 乃道以入竟　按，單疏本「道」作「導」，是也。

入竟

105 乃斂斂之者　斂，單疏、陳、閩俱不重。

布幕

106 亦大聘時　亦大，單疏本作「下文」，是也。×

107 坐授上介　授，誤作「受」。×

退圭

108 而并言璋者　并，陳、閩俱誤作「升」。×

馬則幕南北面

109 當前幕上　上，楊作「南」。

展夫人之聘享

110 所謂禮器文禮器云　陳、閩俱無「禮器文」三字。單疏本「文」下有「案」字，是也。

111 至于賈人南面告上介東面告賓　單疏本重出「上介」二字。

有司展群幣以告

112 不見其付賓介私覿之幣　其，單疏、陳、閩、要義俱作「有」。按，「有」是。

113 文案下文　上「文」字，單疏、監本、要義俱作「又」。按，「又」是。　×

及郊

114 子男十里也　集釋無「也」字。　×

115 亦畿方千里　亦，陳本誤作「赤」。　×

116 王畿方千里城面五百里　單疏、要義「王」字俱在「城」上。

117 若公五百里　單疏、要義俱無「五」字，通解有。

118 鄭以自驗知之　自，單疏、要義俱作「目」，是也。

及館

119 不于賓館者　賓，監本作「官」，誤。　×

120 二十里有宿　二，單疏、通解、要義、楊氏俱作「三」，此誤。　×

121 有候館若此據候館　若，單疏、要義俱作「者」，是也。此據，單疏、通解、要義俱作「據此」。

122 云展幣不于賓館者　「云」上，要義有「注」字，衍文。　×

123 則事煩不疾者　者，單疏、要義俱作「若」，屬下是也。　×

124 諸侯自相朝無過如朝　按，宋本已誤「如朝」，當作「無過再勞」。

上介出請入告

125 其有來者與皆出請入告　徐本、集釋、楊氏俱無「與」字，與疏合。嚴本「與」作「者」。張氏曰：「注曰『其有來者者』。巾箱、杭本同，監本無一『者』字。按，釋文云『者與，音餘』。蓋傳寫者誤以『與』字作『者』爾。監本以其重複，遂去其一，尤非也。從釋文。」朱子曰：「此非疑詞，不當音餘，疑本『介』字。」

126 士請事　要義作「出請士」。

賓北面聽命

127 少退　單疏本「少」上有「云」字，非也。

128 賓降階西面　浦鏜云誤衍「面」字。

129 堂上北面受幣　單疏本無「堂」字，通解有。

授老幣

130 若趙魏藏氏老之類也　藏，單疏、通解、要義俱作「臧」，是也。

賓用束錦儐勞者

131 故賓者主人　者，單疏、要義俱作「若」。按，「若」是。

勞者再拜稽首受

132 平敵相拜法　拜，單疏、通解、要義俱作「於」。

賓再拜稽首送幣

133 賓楹間北面受幣　受，單疏、通解俱作「授」，此誤。

134 大夫西面受　朱子曰「西面」當作「南面」。

135 當云授送拜皆北面　送拜，通解倒。

136 夫人使下大夫勞以二竹簋方　簋，唐石經、徐本、聶氏、集釋、敖氏俱作「簋」，注同。釋文作「簠」，云：「本或作簋。外圓内方曰簠，内圓外方曰簋。」通解、楊氏載經注，要義載經，俱作「簠」。張氏曰：「釋文明著内外方圓之制，蓋辨或本之誤也。鄭氏注曰『以竹爲之，狀如簋而方』。若取鄭注，易『簋』以『簠』字讀之，簠義甚明，鄭氏固作『簠』字解矣。今諸本猶從或本，惑之甚也。從釋文。」○按，冬官玉人注疏及覲禮疏引此經竝作「簋」，地官舍人注云「方曰簠，圓曰簋」，疏謂皆據外而言，審此則釋文之誤顯然，張氏從之非也。説文曰：「簋，黍稷方器也。簠，黍稷圜器也。」此許君之義，與鄭不同。

137 夫人至有蓋　單疏本卷二十起。　×

138 注竹簋至方耳　單疏本。　簋，今本俱誤作「簠」。按，此疏諸「簠」字，單疏、聶氏、通解、要義、楊氏俱作「簋」字。

139 自此盡以賓人　人，單疏、陳本、要義俱作「入」。

140 寒具見籩人先鄭云　見，單疏、要義俱作「若」，通解作「見」。

141 案十有二寸　要義無「寸」字，非也。

142 其實棗蒸栗擇　蒸，敖作「烝」。

賓受棗

143 注受授至之也　單疏本不標經文起止。　×

144 既授棗　授，單疏本作「受」，是也。　×

145 而不兩手共授栗　單疏本無「而兩手」三字。

146 則是游暇一手　單疏本無「則是」二字。

147 即兩手共授栗　單疏本無「兩手」二字。

儐之如初

148 請導之以入　導，徐本、通解、楊氏、敖氏俱作「道」。

149 知前有束錦　知，單疏本作「如」，是也。　×

150 賓亦不賓　下「賓」字，單疏、通解俱作「儐」，是也。

至于朝

151 賓之請儐問之事　上「之」字，單疏、要義俱作「又」。按，「又」字是。

152 不敢稽賓者　單疏、要義俱無「者」字。×

153 不臣人之臣　不，陳本誤作「下」。×

154 明下文廟　文，單疏、要義俱作「云」。×

155 受聘享以尊之　單疏、要義俱無「以」字。

賓曰儐問

156 欲沐浴齋戒　齋，釋文作「齊」，云「本亦作齋」。徐本、集釋亦俱作「齊」，通解、楊氏俱作「齋」。按，通解曰：「齋，側皆反。」蓋本「齊」字，故特音之。若作「齋」，則不必音矣。

大夫帥至于館

157 如諸公之義　義，單疏、要義俱作「儀」，此誤。×

158 略之也　也，單疏、要義俱作「耳」。×

159 猶儐尊王使　儐，陳、閩俱作「賓」。

160 王國皆有禮　王，單疏、要義俱作「主」，是也。

161 饔餼還圭　圭，閩本誤作「主」。×

賓迎再拜

162 急歸大禮也　急，陳、閩俱誤作「意」。×

163 其君致飧無幣　君，單疏、陳、閩、通解、要義俱作「臣」。

宰夫朝服設飧

164 不備是同　同，陳、閩俱誤作「是」。×

飪一牢在西

165 與飧陳同　飧，誤作「其」。×

166 此云羞鼎　羞，陳、閩、監本俱誤作「着」。×

167 門外米禾皆二十車　二，誤作「一」。唐石經「二十」作「廿」。

168 牢十車　徐本無「牢」字，與疏不合。

169 車米視生牢　按，單疏本「視」誤「死」。×

170 車秉有五藪　按，單疏本「藪」作「籔」，不誤。

171 子男飧三牢饔餼五牢　餼，監本作「飧」，誤。×

薪芻倍禾

172 凡此之陳　此之，楊作「上所」。

衆介皆少牢

173 粱大夫當食　當，單疏本作「常」，是也。×

厥明

174 非彼掌訝也　陳本無「彼」字。

175 凡舉皆是以承君命　單疏、要義俱作「凡舉事皆以承君命」。

賓皮弁聘

176 俟辦也　張氏曰：「監、杭本作『辨』。」○按，作「辨」是也。說見士相見禮。

177 在廟視朝聘之賓　視，單疏、要義俱作「待」。

乃陳幣❷

178 就有其事也　浦鏜云誤衍「其」字。

卿爲上擯

179 擯爲主國之君　爲，徐本、集釋、通解俱作「謂」，與疏合。

180 亦相去三丈六尺　三，誤作「二」。

181 則卿受之　卿，徐、陳、集釋俱作「鄉」。○按，禮記聘義引作「鄉」。

182 反面傳面上　下「面」字，徐、葛、集釋、通解俱作「而」。○按，聘義引作「而」。

183 此二丈六尺者　二，徐本、集釋、通解、楊氏俱作「三」。

184 與君之介　君，單疏、通解、要義俱作「賓」，是也。

185 得分辨諸侯尊卑以待之　辨，單疏、要義俱作「辨」，通解作「別」。下同。

186 無大國下朝小國之禮　「大國」下，陳本複衍「大國」二字。×

187 若然待其臣　待，陳、閩俱誤作「持」。×

188 據此文與待君等　文，閩本誤作「又」。×

189 大夫問行　問，誤作「聞」。

190 唯傳命不傳辭其異矣　其，單疏、通解俱作「有」。按，「有」字是。×

191 云西北東南面　面，單疏、陳本、通解俱作「者」。

192 擯東南向邪陳也　南，陳本誤作「面」。×

193 亦謂使介相紹繼以傳命即擯介相傳賓主之命也　「傳命」下，單疏、要義俱復有「傳命」二字，「賓」誤作「擯」。

194 若春秋受贄於朝　秋，單疏、要義俱作「夏」，是也。

195 故齊僕云　齊，陳本誤作「齋」。×

196 爲車送迎之節　迎，單疏、通解、要義俱作「逆」。按，周禮作「逆」。

197 則鄉受之　鄉，陳、閩俱作「卿」。按，注中「卿」字亦或作「鄉」，釋文無音，當從「卿」爲正。

198 其交擯則周也　周，單疏本作「同」。按，「同」是也。×

199 云門容二轍參个者　轍，單疏、陳、閩、通解、要義俱作「徹」，下同，唯「轍廣」之轍仍從車，楊氏竝作「徹」。盧文弨云：「老子道經云『善行無徹迹』。説文無『轍』字。」○按，述注則從古作「徹」，自下語則從俗作「轍」，亦古人不苟處。

200 則皋庫推亦同　推，單疏、要義俱作「雉」，是也。

公皮弁迎賓于大門内

201 公不至皆裼　單疏本不標經文起止。×

202 云降于待其君也者　「云」下，要義有「公不出大門」五字。

203 是降以待其君也　以，單疏、要義俱作「於」。

賓入門左

204 注内賓至相君　内，單疏本作「由」。

205 隨賓入門左　「左」下，單疏本有「相」字。○按，「相」字不當有。

206 客辟不答拜　客，釋文、唐石經、陳、徐、閩、葛、通解、楊、敖俱作「賔」。石經考文提要云：「下『賔三退負序』，疏引此亦曰『賔辟』。」

207 注不敢當其禮　單疏本不標經文起止。×

公揖入

208 賓入不中門　入，楊作「立」。

209 卑不踰尊者之迹　卑，監本誤作「畢」。×

210 右社稷　社，陳、閩俱誤作「暮」。×

211 若饗食向禰廟　禰，閩、監俱誤作「彌」。×

212 竝而鴈行者　「竝」下，單疏本有「前」字，是也。×

213 示不相沿也　沿，重脩監本誤作「公」。×

214 此經謂聘客　客，監本誤作「君」。×

215 中棖與闑之周　周，單疏、通解、要義俱作「間」。按，「間」字是。×

216 云中門門之正也者　中門，單疏、通解、要義俱倒。

及廟門

217 公迎賓大門內　「賓」下，徐本、集釋俱有「于」字，與疏合。通解無。

218 在主君先立　在，單疏、監本、要義俱作「住」。

219 已上仍有五等　等，單疏本作「階」。按，「階」是。

220 乃賓來大門外陳介之時　乃，單疏、陳、閩、通解、要義俱作「及」。按，「及」是。

221 宰夫受公几　受，單疏、陳、閩、通解、要義俱作「授」。

賓立接西塾

222 此與君交禮　「此」字下，單疏、要義俱有「將」字。

223 云介在幣南　「云」下，單疏、要義俱有「於此」二字，與注合。

224 在士前也　在，誤作「有」。×

凡筵既設

225 司宮乃于依前設之　陸氏曰：「依，本又作宸。」○按，宋本釋文「宸」作「衣」。

226 故下文聘遭喪　文，單疏、要義俱作「云」。×

227 就尸柩於飱宮　飱，單疏、要義俱作「殯」。按，作「殯」與下注合。

228 知在宸前者　在，誤作「此」。×

229 牗户之間謂之宸　按「牗」當作「牖」，單疏本不誤。×

230 至此事益至言益信矣故正問之而言請命　「事益」至「矣故」八字，陳、閩俱無。○下「益」字，單疏本作「則」。

231 是以事至言信矣　以，單疏、陳本俱作「其」。

232 更有加莞席紛純　席，單疏、通解、要義俱作「筵」。按，「筵」字與周禮合。

賈人東面坐啓櫝

233 賈人鄉入陳幣　鄉，釋文作「嚮」。張氏曰：「釋文云『嚮，許亮反，下同』。前釋『南鄉』，云『下以意求之』。以二音攷之，對鄉之鄉從鄉，曩嚮之嚮加日。此曩嚮之嚮也，宜加日。後鄉公、鄉將、鄉時、鄉以皆同。從釋文。」

234 言者彼賈人未有事　「言」上，單疏本有「不」字，是也。×

賓襲執圭

235 君又盡飾而裼　君，單疏、通解、要義、楊氏俱作「若」。

236 則掩執玉之敬　執，單疏、要義俱作「蔽」。按，「蔽」字是。通解、楊氏俱兼有「蔽執」二字。

237 云服之襲也　「襲」下，陳、閩俱誤衍「美」字。×

238 云是故尸襲者　單疏、要義俱無「云」字。✕

擯者入告

239 摠而言之皆是贊　是，誤作「氏」。✕

240 故左氏傳文　文，單疏、要義俱作「云」，是也。✕

介皆入門左

241 其實皆入　實，陳誤作「寶」。✕

三揖

242 賓既入門至碑曲揖賓既曲北面賓又揖主君揖主君二者　陳、閩、通解俱作：「賓既入門，至將曲之時，既曲北面之時，主君二者。」朱子曰：「疏説蓋印本差誤，今以文義考之，更定如此。」○按，一本與毛本略同，但改「碑曲」爲「將曲」，「賓又揖主君」爲「賓又向主君揖」，「揖主君二者」删「揖」字。

243 亦主君東面向堂塗北行當碑　陳、閩俱無「亦」字。

244 非謂賓入門時主君更向内霤相近而揖若然何得云君行一臣行二也　陳本無「賓入」至「得云」十九字，閩本作「非謂即君行一臣行二也」。

公升二等

245 此文出齊語晏子辭　文，陳、閩俱誤作「云」。✕

公左還

246 言左還北鄉者　還，誤作「遷」。✕

賓三退

247 客三辟受幣　受，單疏、陳本、要義俱作「授」。○按，周禮作「授」。

248 三辟退負序也者　單疏、要義俱無「辟」

字，與周禮注合。

公側襲

249 言獨見其尊賓也　獨，要義作「側」。

250 云公序坫之間可知也者　單疏、要義俱無「知」字。按，疏云「無正文，故云可也」，則無「知」字明矣。各本注俱有「知」字，誤也。

擯者退

251 反其等位無事　敖無「等」字。

252 賓降　賓，閩、葛俱誤作「質」。　×

253 公側授宰玉　授，誤作「受」。

裼降立

254 麛裘青豻褎　陸氏曰：「褎，本又作褏。」

255 凡襢裼者左　張氏曰：「監本以『襢』爲『禮』。」

256 亦於中庭　於，楊作「如」。

257 古文裼皆作賜　浦鏜云「賜」疑「緆」字之誤。

258 則以素錦爲衣　要義無「爲」字。○按，玉藻注有「爲」字。

259 袒而有衣曰裼　袒，誤作「裼」。　×

260 襯身禪衫　襯，單疏、要義俱作「儭」。禪，單疏、要義俱作「襌」。通解作「褌」，敖氏作「單」。

261 若夏以絺綌　「夏」下，單疏、通解、要義俱有「則」字，是也。　×

262 復有上服皮弁服祭之等　服祭，單疏、通解、要義俱誤倒。　×

263 言見裼衣者　裼，監本誤作「褶」。　×

264 謂袒衿前上服　袒，誤作「裼」。×

265 襲者掩之　掩，單疏、要義俱作「奄」，非。

266 執玉龜襲　玉龜，單疏、要義俱倒，與玉藻不合。

267 是禮尚相變也　「尚」下，單疏、要義俱有「有」字。

268 引論語素衣麑裘　麑，單疏、要義俱作「麛」。○按，作「麛」是正字，下文並同。此作「麑」，依今本論語改。

269 鄭一并引二文者　單疏、要義俱無「一」字，是。

270 若在國視朝　朝，單疏、陳、閩、要義俱作「朔」，是。×

271 鄭兼言君臣視朔之服　言，單疏、要義俱作「見」。

272 案雜記云　案，單疏、要義俱作「依」。

273 表之爲其褻者　單疏、要義俱無「其」字。

274 言凶皆袒左是也　言，單疏、要義俱作「吉」，此誤。×

275 擯者出請　單疏本卷二十一起。×

庭實

276 下云皮右首　首，誤作「手」。

277 兩手相鄉也　鄉，閩本誤作「卿」。

278 臣於臣　下「臣」字，單疏、要義、通解俱作「君」，是也。×

279 彼所執以爲贄　要義無「彼」字。

280 故得用虎豹皮也　單疏本無「皮」字。

公再拜受幣

281 注自西至而出　西，陳、閩俱作「由」，與注合。×

282 故云亦也　云，閩、監俱誤作「示」。×

283 公側授宰幣　授，誤作「受」。

284 以不可生服　以，陳、閩俱作「亦」。

若有言

285 若有所問也　張氏曰監本無「有」字。

286 請即乞師之類是也　要義無「即」字。

287 事在僖公二十六年也　單疏、要義俱無「公」字。

288 服注云無庭實也　也，要義作「者」。

賓奉束錦以請覿

289 案尚書有三帛三生　下「三」字，單疏、陳、閩、要義俱作「二」，此誤。×

擯者入告

290 云大禮者　陳、閩俱無「者」字。×

291 即下文先行禮賓也　單疏本無「先」字，通解有。

宰夫徹几改筵

292 緇布純　純，重修監本誤作「紳」。×

293 加萑席尋　萑，陳本注作「莞」，疏作「萑」。閩本注、疏俱作「莞」。

294 使不蒙如世　世，單疏、要義俱作「也」。

295 諸侯雕几　雕，單疏、通解、要義俱作「彫」。

宰夫內拂几三

296 不欲塵坋尊者　陸氏曰：「坋，或作被。」

297 知几自東箱來者　閩本無「者」字。×

公東南鄉

298 宰夫奉几兩端故公中攝之　單疏本無上八字，直作「云中攝之者」。通解、楊氏俱同今本。

299 復擬賓用兩手　單疏、楊氏俱無「復」字，通解有。

300 在公手外取之故也❸　在，陳、閩俱作「自」。

北面設几

301 几賓左几　上「几」字，集釋、通解俱作「凡」。張氏曰：「疏上『几』作『凡』，從疏。」

302 注不降至左几　單疏本不標經文起止。✕

303 云凡賓左几者　云凡，❹單疏本誤倒。陳本、楊氏「凡」俱作「几」。按，張氏曰「疏上『几』作『凡』」，則張氏所據本「凡」字亦在「云」下。

宰夫實觶以醴

304 不訝授也　授，楊氏作「受」。

305 今又從下升　又，陳本作「亦」。

306 禮尊于東箱　禮，單疏、要義俱作「醴」。○按，作「醴」與記文合。下句「瓦泰一有豐」，「泰」作「大」，是也。

307 是以下文公側受醴　文，單疏、要義俱作「云」。✕

308 賓不降壹拜　壹，楊氏作「一」。注同。

309 賓壹拜者　者，監本誤作「首」。✕

310 注賓壹至爲貴　單疏本不標經文起止。✕

宰夫薦籩豆脯醢

311 注事未至夫也　夫也，單疏本作「宰夫」。按，各本注俱有「也」字。✕

312 以其閒有宰夫相　「有」下，單疏本有「事」字。

313 在中庭矣　「在」上，陳、閩、通解、楊氏俱有「則」字。

賓祭脯醢

314 注庭實乘馬　單疏本不標經文起止。×

315 降筵北面○尚擸　擸，聶氏從木。按，説文無「欇」字，手部：擸，理持也。又擖，刮也。士冠禮「面葉」，注云「古文葉爲擖」。然則今文作「葉」，古文作「擖」，或作「擸」。擸、擖雖皆説文所有，宜以擸爲正。凡字之从巤者，俗皆从葛，如臈、蠟、獵之類，故又爲擖。後人以柶从木，并欇字亦从木，非也。少儀曰：「執箕膺擖。」擖，箕舌也，字亦當作擸。弟子職作「㨖」，㨖即葉耳，其字亦從手。

316 坐啐醴　醴，監本誤作「酒」。×

公用束帛

317 賓用束錦儐勞者　儐，陳、閩、監本俱作「擯」。

318 獨於此言用尊於下者儐勞者及歸饔餼皆是賓敬君之使者自尊之可知　自「尊於」至「者自」二十字，陳、閩俱無。

建柶

319 糟醴不啐　張爾岐曰「啐」字誤。周學健云：「當作『卒』。上言啐醴，則非不啐明矣。不卒爵，故建柶而奠之。他篇疏文引此者亦誤。」○按，單疏本士冠疏引此作「卒」，集釋此節釋辭已缺，尚存「不卒觶」三字，戴震云：「似集釋所見本亦作『卒』。」

公壹拜

320 賓見公一拜止　陳、閩、通解俱無「止」字。

賓執左馬以出

321 云效馬者　陳、閩俱脱「者」字。×

上介受賓幣

322 據上士而言也　也，要義作「之」。×

賓覿

323 居馬間扣馬也　按，疏「居」作「在」。❺

324 故云在馬間扣馬也　云，陳、閩俱誤作「利」。×

325 擯者坐取幣出○西面于東塾南　塾，閩本誤作「熟」。×

326 注將還至北面　單疏本不標經文起止。×

牽馬右之

327 今此入設　今，陳、閩俱誤作「入」。×

賓奉幣

328 入可從介　介，陳本作「也」。×

329 注以客至從介　單疏本不標經文起止。×

公揖讓如初

330 注公再至之也　「再」下，單疏本有「拜」字。×

331 禮不拜至　不，陳、閩俱作「右」。按，記文作「至」。

振幣

332 注不言至之也　單疏本不標經文起止。×

士受馬者

333 四匹在庭　匹，陳、閩俱誤作「四」。×

334 士受馬從東方來　單疏、要義「馬」下俱有「者」字，陳、閩「從」下俱有「者」字。

335 還遶其後　遶，閩本誤作「遠」。×

336 使受馬者授訖　受，單疏、要義俱作「授」。

拜也

337 而賓由拜　由，楊、敖俱有「猶」。浦鏜云「由」古通「猶」。

338 注君乃至敬也　以下二節，單疏本俱不標經文起止。×

339 經上文拜送　文，單疏本作「云」。×

擯者曰

340 故上注每云　每，陳、閩俱誤作「云」。×

賓降出

341 藏之内府　藏，重修監本誤作「臧」。×

公降立

342 但有以少爲貴　少，陳、閩俱誤作「作」。×

擯者入告

343 注上介用皮變於賓　以下三節，單疏本俱不標經文起止。×

擯者執上幣

344 衆執幣者　「衆執」二字楊倒。×

345 對前擯出請上介　擯出，單疏本作「賓此」，陳、閩「出」俱作「者」。

346 隨立門中而俟者　隨，單疏本誤「臨」。門中，陳、閩俱倒，下「立于門中可知」同。

347 闑東明不得竝出也　朱子曰「闑東」下當有脱字。

委皮南面

348 委皮當門者　當，陳、閩俱誤作「南」。

349 以皮入右首　入，陳、閩俱誤作「亦」。×

執幣者

350 當上取歸賓幣之文　「上取」二字，陳、閩俱倒。

351 下取歸士介幣之文　陳、閩俱無「取」字。

介禮辭

352 嫌擯者一一授之　一一，徐本作「二二」。張云：「注曰『嫌擯者一一授之』。監、杭本以『一一』爲『二二』，從巾箱、嚴本。」

353 及賓私覿之馬　賓，陳本誤作「擯」。　×

354 此獨云皆者　云，陳本作「言」。　×

上介奉幣

355 皮先者　「皮先」二字，陳、閩、通解俱倒。疏同。　×

356 亦皆東不奠於地　陳、閩本誤作「秉」。　×

357 故下二人坐舉皮　二人，要義作「云」。○按，當作「故下云二人坐舉皮」。

358 明不授也　授，誤作「受」。　×

公再拜

359 拜中庭也　「拜」下，敖有「於」字。

介出

360 不側受　受，徐本、集釋俱作「授」，是也，與單疏標目合。

361 注不側受介禮輕　受，單疏、陳本俱作「授」。　×

362 側授宰幣　授，誤作「受」。　×

有司二人

363 擯者又納士介　注納者出道入也　單疏本。　×

士介入門右

364 注中不至禮見　單疏本不標經文起止。　×

365 終不敢以客禮見也　終，陳本誤作「然」。×

擯者辭

366 一請受而聽之也　楊無「受」字。

367 不敢以言通於主君　「君」下，徐本、集釋俱有「也」字，通解無。×

368 注禮請至夫也　「夫」上，單疏本有「大」字。×

公答再拜

369 注擯者至告之　單疏本不標經文起止。×

宰夫受幣于中庭

370 宰夫受于士　夫，誤作「大」。×

371 注使宰至之差　單疏本不標經文起止。×

及大門内

372 亦約常朝入門　陳本「朝」字缺，閩本「常朝」誤作「當初」。×

373 自是其常　常，陳本誤作「當」。×

賓對

374 拜其無恙　「恙」字，陳本缺，疏同。×

375 注拜其至亦辟　單疏本不標經文起止。×

376 公問大夫　問，誤作「門」。

377 勞以道路之勤　閩本誤以音爲注，以注爲音，葛本遂脱字注。×

賓請有事於大夫

378 不言問聘　盧文弨云此「聘」字疑衍。

賓即館

379 少休息也　少，徐本、通解俱作「小」，與單疏標目合。

380 注少休息也　少，單疏本作「小」，下同。×

卿大夫勞賓

381 注以己至辭之　單疏本不標經文起止。×

君使卿韋弁

382 自此盡無儐　儐，陳、閩俱作「擯」。

383 晋郤至衣靺韋之跗注　註，通解、要義俱作「注」。×

384 今時五伯緹衣　浦鏜云「伍」誤「五」。❻

385 取相近耳　「耳」下，單疏本有「者」字。×

386 鄭志解此跗注　志，通解作「注」。

387 此爲賓館於大夫士之廟　爲賓，陳、閩俱作「賓而」。

388 皆掌割烹之事　按，單疏「烹」作「亨」，與周禮合。

上介請事

389 實皮弁迎大夫　實，單疏、陳本俱作「賓」。

有司入陳

390 曾子問孔子文　文，單疏、要義俱作「云」。×

391 若今縣官宮也　浦鏜云「舍」誤「宮」。

392 則有在大夫廟　有，陳、閩俱作「自」。

饔

393 上言總饔餼五牢　言總，單疏本倒。按，單疏是也。×

394 列之以鼎故也　之，陳、閩俱作「子」。也，陳、閩俱作「出」。

飪一牢

395 三牲膗　膗，諸本俱作「臛」。釋文、集釋作「膗」。

396 唯燖者有膚　陸氏曰：「燖，一本作爓，音潛。」膚，嚴本作「獻」。

397 引陰陽也　朱子曰「引」疑當作「別」。周學健云：「『別』字固直截，或以繩著碑引之而定方位，則『引』字亦可解。敖氏集說改『別』。」

398 凡碑引物者　引，嚴本作「別」。按，上「引」字可作「別」，此「引」字不可作「別」，嚴本誤也。

399 注陪鼎至用木　單疏本不標經文起止。×

400 故陪鼎猶當内廉　「廉」下，單疏、要義俱有「也」字，通解無。×

401 而辟堂塗堂塗之内也　堂塗，陳、閩俱不重。

402 縱豕以四解　「縱」上，陳、閩俱有「故」字。

403 以比豚解故也　比，單疏、要義俱作「其」。按，「其」字是。

404 案設飧直云　「飧」下，單疏、要義俱有「時」字。按，單疏是。

405 既曲北面揖　單疏、要義俱無「曲」字，通解有。

406 比識日景　比，單疏、陳本、要義俱作「此」。

407 陰陽進退可知也　單疏本無「也」字。×

408 腥是葬用木之驗也　單疏、要義俱無「腥」字，是也。

腥二牢

409 有腥者所以優賓也　腥，徐本作「腊」。張曰：「注曰『有腊者，所以優賓』。按，疏『腊』作『腥』，經曰『無鮮魚鮮腊』。今注作『有腊』，傳寫

誤也。從疏。」○按，張引注無「也」字，與徐本不合。❼

堂上八豆

410 變於親食賓也　於，監本誤作「乎」。

411 謂其東上醓醢　「其」下，單疏本有「南」字。

412 饋食之豆葵菹蠃醢　蠃，陳、監俱誤作「嬴」。

413 異於下大夫之豆數　豆數，單疏本倒，與彼注合。

414 案朝事八豆菁菹鹿臡下　菹，重脩監本誤作「沮」。

415 仍有茆菹麕臡　「有」字閩本擠入，陳本無「茆」字。

416 云東上　「上」下，單疏本有「者」字。

417 此經菹醢不自相當　醢，單疏本作「菹」。○按，「菹」字不當有，單疏非也。

八簋繼之

418 云八簋者　云，閩本誤作「示」。

兩簠繼之

419 注凡饌至相變　單疏本不標經文起止。

八壺設于西序

420 若三者各二壺　者，閩本誤作「一」。

421 醓醢百罋　醓，單疏、通解俱作「醯」。

西夾六豆

422 先設韭菹　先，重脩監本誤作「元」。

423 西北上　單疏本卷二十二起。

424 饌于至北上　單疏如此。按，上「饌于東方亦如之」句下有注，此合兩節經文爲起止。

425 則於東壁下南陳　壁，單疏、陳本、通解俱作「壁」，是也。下同。

426 次北有麋臡　麋，單疏、通解俱作「鹿」，是也。

427 是以鄭云亦韭菹　云，誤作「玄」。

醓醢百罋

428 陪鼎當内廉東西北上　西，單疏、要義俱作「面」。按，上文是「面」字。

429 醓是釀肉爲之　醓，閩本誤作「醢」。

430 與此醢是穀物爲陽違者　陳本「醢」誤作「醓」，「違」誤作「遠」。❽

431 又以籩豆醓醢等爲陰　醓，閩本作「醢」。

432 是肉物　物，陳、閩俱誤作「食」。

餼二牢

433 豕束之　張曰：「注曰『豕束之』。按，疏云『豕束縛其足，亦北首』。經云『牛以西羊豕，豕以西牛羊豕』。則豕在羊西，言東非也，『束』字誤作『東』爾。從疏。」○按，嚴、徐、鍾本俱作「東」。

434 亦居其左者　者，陳、閩俱作「也」。

435 當外左胖也　外，單疏、通解、要義、楊氏俱作「升」。

米百筥

436 每行皆一種　每，單疏、陳本、通解、要義俱作「當」。

437 亦相變者　陳、閩俱無「者」字。

438 在鼎中夾　夾，單疏、通解俱作「央」，是也。

439 門外米三十車　三十，唐石經作「卅」。下同。

440 秉有五籔　五，徐、陳、閩、葛俱作「伍」。

441 故米禾皆三十車　單疏、要義俱無「禾皆」二字，通解有。按，疏云：「米三十車，并下禾三十車。」通解删作一句，故其文如此。今本多遵通解，而不顧上下文義，大率類此。

442 并下禾三十車　禾三，陳本作「米二」，閩本「禾」亦作「米」。○按，「米」字誤。

443 得爲十六斗爲數　數，單疏、陳本、要義皆作「籔」。○按，「籔」是也。

444 量名有爲籔者　有，陳、閩俱作「亦」。

禾三十車

445 注秅數至百秉　單疏本不標經文起止。×

446 十筥曰稯　稯，陳、閩俱誤作「稷」。下同。×

薪芻倍禾

447 古之用財　財，誤作「材」。

448 鄭言此者　言，陳、閩俱作「信」。

449 以其内向爲正故也　内向，單疏、要義俱倒，是也。

揖入

450 云使者止執幣者　陳、閩俱無「者」字。×

451 此賓與使者敵　敵，陳本、通解俱作「幣」。朱子曰「幣」疑當作「敵」。

452 謂卿舍于大夫也　卿，誤作「鄉」。×

至于階讓

453 不可以不下主人也　人，陳本誤作「古」。×

454 云讓不言三　云，陳、閩俱誤作「三」。×

455 周禮則舉其大率　則，單疏、要義俱作「統心」，通解無，監本作「删」。

大夫東面致命

456 注大夫至禮也　單疏本不標經文起止。×

457 又引拜餼二牢　引，單疏、陳本、通解俱作「别」字。二，誤作「三」。

受幣堂中西北面

458 中央之西　央，嚴本作「夫」。張曰：「杭本以『夫』爲『失』，監本作『央』。」「西」下，嚴、鍾俱有「也」字。×

大夫降出

459 欲儐之　儐，徐本、集釋俱作「擯」。

大夫禮辭許

460 又下始云　始，陳本誤作「如」。×

賓降堂

461 注止不至餘尊　以下二節，單疏本俱不標經文起止。×

受幣于楹間

462 體敵之義　「體」上，單疏、要義俱有「是」字。

463 凡敵體授受之義　要義無「受」字。

464 授由其右受由其左　受，陳本、要義俱作「授」。要義無上四字。

賓再拜稽首送幣

465 注出廟至受之　單疏本不標經文起止。×

賓送于外門外

466 令訝治之　單疏、要義俱重「訝」字。○按，周禮秋官掌客「訝」字重。

467 故朝服受　故，單疏、要義俱作「彼」。

上介饔餼三牢

468 無鮮魚鮮腊也　集釋無「也」字。×

469 後無所容故也　後，單疏、陳、閩俱作

「厚」。

470 西夾亦如之

明此賓客介也　客，集釋作「容」。盧文弨云：「疏兩『客』字同，亦當作『容』。」❾

471 是上介有不與賓同者　單疏本無「不」字，通解有。○按，「不」字當有。

士介四人

472 自此至無儐　儐，陳本作「擯」。×

473 此不入門陳於門外者　陳、閩俱無「陳於門外」四字。

474 明當門北上　明，誤作「朝」。×

宰夫朝服

475 士介西面拜迎　士，徐本、通解俱作「上」。❿

476 此就大牢之中　牢，陳、閩俱誤作「宰」。×

477 且有芻薪米禾　且，單疏本作「具」，通解作「且」。按，當作「具」。

478 則無芻薪米禾矣　矣，陳、閩俱作「也」。×

士介朝服

479 知此亦在右受也　在，陳本誤作「有」。單疏「右」誤「後」。×

480 無儐　儐，唐石經、徐、陳、閩、葛、集釋、通解、楊、敖俱作「擯」，與單疏述注合。李氏曰：「『擯』當作『儐』，下經、記『無擯』及注『不擯賓』同。」按，篇中言「無儐」者，舊本俱作「擯」，今本俱作「儐」，殆因李説而改。

481 言無儐者　儐，單疏、陳本俱作「擯」。

482 皆有儐　儐，陳本作「擯」。

483 又歸禮於上介　又，陳本誤作「右」。×

賓朝服問卿

484 問主國卿之事　卿，閩本誤作「賓」。

485 曾使向己國者　使，陳本誤作「受」。向，閩本作「至」。陳、閩俱無「者」字。

卿受于祖廟

486 非別子者　者，陳、閩俱作「也」。

487 而受於祖廟　「廟」下，單疏、通解、要義、楊氏俱有「者」字。

488 諸侯受於太祖廟　單疏、要義俱無「太」字。通解、楊氏俱有，是也。

489 則受於王父廟　則，單疏、通解、要義、楊氏俱作「故」，是也。

490 下大夫擯　夫，唐石經作「大」，誤。

491 注無事至見之　事，單疏本作「士」，是也。

492 賓又設介　賓，陳、閩俱誤作「者」。

493 無士擯者　士，陳本作「上」。

擯者出請事

494 墻皆閤門　閤，單疏、要義俱作「閣」，通解作「閤」。按，「閤」是也。

495 此卿既入　陳、閩俱無「此」字。

擯者請命

496 不几筵　几，徐本作「凡」，誤。

497 注亦從至君也　以下三節，單疏本俱不標經文起止。

賓奉束帛入

498 古文曰三讓　三，徐本作「二」，誤。通解、集釋俱作「三」。

499 賓降出〇無儐　儐，唐石經、徐、陳、閩、葛、集釋、通解、楊、敖俱作「擯」。注同。

500 注不儐賓辟君也　儐，單疏、陳、閩俱作「擯」。下同。

入門右

501 注大夫至迎之　以下二節，單疏本俱不標經文起止。×

502 明迎之可知　「明」下，單疏本空一字。×

賓遂左

503 主人固辭於客　固，徐、陳、通解俱作「興」。

504 賓遂左就門右西階復正也　陳本「遂」作「迎」。閩本作「賓遂就門左，由西階復正也」。

庭實設

505 而並行北面　面，單疏、陳、監、通解俱作「出」，是也。

506 至碑又揖再揖而已　「碑」下，單疏本空一字。×

大夫對

507 注受幣至面授　單疏本不標經文起止。×

508 卿與客並　卿，單疏、要義、通解俱作「鄉」。此本誤。

509 禮敵者竝受　授，誤作「受」。×

510 皆是相尊敬之法　敬，陳本誤作「敵」。×

511 擯使者於楹間　擯，單疏、要義俱作「儐」。×

512 見以前云　見，單疏、要義俱作「是」，是也。×

513 皆非敵法　法，陳本誤作「決」，閩本無。×

514 故就文解之　單疏、陳本、要義俱無

「故」字。

擯者出請事

515　君尊衆介　「尊」下，單疏本有「於」字。按，各本注俱無「於」字。

皮二人贊

516　案經文幣如覿　文，單疏本作「云」。×

庭實設

517　注大夫至入設　以下二節，單疏本俱不標經文起止。×

介升

518　亦於楹間南面而受　於，誤作「如」。×

賓者出請

519　論士介私面於鄰國卿之事　論，陳本誤作「歸」。×

下大夫嘗使至者

520　聘君使上介以幣問之事　幣，誤作「聘」。

521　或特行至彼國者　特，陳本誤作「時」。×

上介朝服

522　注上介至禮也　單疏本不標經文起止。×

君使大夫

523　亦是易以相尊敬故也　陳本無「敬」字，閩本無「故」字。

夕

524　聘日致饔　日，陳本誤作「曰」。×

525　云君使之云夫人者　夫，重脩監本誤作「大」。×

堂上籩豆六

526　又於醓東設脯　陳、閩俱無「又於醓」三字。按，單疏亦無此三字。

527 云韭菹其南醓醢屈　浦鏜云「醢」誤「醓」。×

528 下文上介四豆四籩　四豆，誤作「西豆」。×

壺設于東序

529 明稻黍亦有清故也　明，陳本誤作「白」。×

賓如受饔之禮

530 注四壺無稻酒　以下二節，單疏本俱不標經文起止。×

531 故四壺也　「故」上，單疏本空一字。×

大夫餼賓太牢

532 論主國大夫餼賓　論，陳、閩俱誤作「謂」。×

上介亦如之

533 上文八筐無稻　筐，陳、閩俱誤作「筥」。×

公於賓

534 爲之牢禮之陳數　「陳數」二字，要義倒。

535 則飧二牢　二，陳、閩俱作「三」。

賓介皆明日拜于朝

536 注饗食至之也　單疏本不標經文起止。×

537 公食介雖從人　人，陳、閩俱作「入」。按，單疏俱作「入」。

538 知從饗者　知，誤作「如」。×

539 若不親食○無儐　儐，敖氏作「擯」。

540 注君不至宜往　宜往，單疏本作「作宥」，是也。×

541 大夫於賓○上介若食若饗　下「若」字，誤

作「苦」。×

542 其若有之　若，陳本作「君」。

543 傳無譏文　文，陳、閩誤云「云」。[11] ×

544 君使卿皮弁　單疏本卷二十三起。×

545 三年大聘　三，陳、閩俱誤作「二」。×

546 似將德於己　於，單疏本作「與」。

賓皮弁襲

547 云不純爲主也者　「云」下，要義有「將去」二字。

大夫升自西階

548 賓在下嫌楹外也　在，陳本誤作「佐」。×

549 故今還在楹内也　内，陳本作「外」。按，當作「内」。

賓自碑内聽命

550 面位不同　「位」下，單疏本有「受」字，通解無。

大夫降中庭

551 賈人至上啓櫝者　至，單疏本作「是」。

上介出請

552 注唯升堂至改也　單疏本不標經文起止。×

賓裼

553 今之縳也　縳，釋文作「繐」，云：「劉音須，一本作縳，息絹反。案，説文：白鮮色也，居椽反。聲類以爲今正『絹』字。」戴震曰：「周禮内司服注『素沙者，今之白縳也』。釋文『劉音絹，聲類以爲今作絹字』。此獨作『繐』，『繐』乃『繻』之俗體。『繻』因有須音，然與周禮音義剌謬。以聲類證之，音絹是也，須乃絹之訛。以周禮證之，作『縳』是也，釋文訛而爲『繐』。」○按，注宜作「縳」，不宜作「繻」，此説是也。劉于此注亦作「縳」，而音絹耳。釋文誤讀劉音，遂誤改注字。監本作「縛」，亦誤。

554 相厚之至也　徐、陳、通解、敖氏俱無「也」字，集釋、楊氏俱有。按，疏有「也」字。

555 今之白縳也　縳，單疏、陳、閩、通解、楊氏俱作「縛」。魏氏曰温本作「縞」。○按，要義鈔本亦誤作「縛」。

556 禮玉束帛乘皮皆如還玉禮　下五字，徐本、通解俱在下節之首，與單疏標目合。集釋、楊氏俱與今本同。

557 禮玉束帛乘皮　注禮禮至作醴　單疏本。　×

558 來禮此主君亦以物禮彼君　「此主君」三字，要義重出。○按，單疏本亦重此三字。

賓辟

559 不敢受國君見己於此館也　「受」下，徐本、集釋、通解、楊氏俱有「主」字。

560 凡君有事於諸臣之家　「諸」下，徐本、通解俱有「侯」字。張曰：「疏無『侯』字，從疏。」

561 造廟門乃下也　下，陳本誤作「入」。　×

上介聽命

562 注聽命至之者　者，單疏、陳、閩俱作「老」，與注同。　×

563 介西命向公可知　命，單疏、陳、閩、通解俱作「面」。向，單疏本亦作「面」。

564 告于寡君之老者　寡，閩、監俱誤作「賓」。　×

聘享

565 及常聘彼國之下大夫　浦鏜云「嘗」誤「常」。

公辭

566 遂行 「行」下，徐本有「之」字，與單疏標目合。×

567 注辭其至遂行 遂行，單疏本作「行之」。×

賓三拜乘禽於朝

568 乃拜乘禽 乘，陳本、通解俱誤作「承」。×

569 明己受賜 張曰：「監本『己』作『已』，從諸本。」○按，刻本「己」、「已」二字不甚有別，大抵皆作「己」，張所説恐亦未能審諦。

570 是禮以細小 以，要義作「之」。

遂行舍于郊

571 其視也 其，單疏、要義俱作「具」。○按，曲禮注云「展軨具視也」，單疏不誤。

受于舍門外

572 明去而宜有巳也 張曰：「注曰『明去而宜有巳也』。按，疏云『賓去禮宜有已』。『巳』當爲『已』，從疏。」○按，嚴、徐、鍾本亦俱作「巳」。古者「辰巳」之巳與「已然」之已同字，可無辨也。

573 注不入至同節 單疏本不標經文起止。×

574 去有贈之 「之」下，要義有「者」字。×

使者歸

575 使請反命於君也 「請」字，陳缺右畔，監本直作「言」。×

576 嫌有罪惡 嫌，徐本作「言」，誤。×

577 使之將兵 釋文無「兵」字，云：「一本作『使之將兵』，『將』則後加字。」○按，當云：「『兵』則後加字。」据公羊本文無「兵」字，陸説是。

578 逐而不納 逐，要義作「遂」，云「一本遂作逐」。監本作「遂」。張曰：「鄭伯于高克不召使歸而已，非逐也。遂者，謂遂其將兵之事，而終不召也。於義爲得，從監本。」○按，何休云「隨後逐之」，則當作「逐」明矣，張說殊迂。

579 使者至反命　注郊近至得入　單疏本。 ×

580 使之將兵　單疏本無「兵」字，與釋文合。

朝服載旜

581 正其故行服　「正其」二字，陳本倒。 ×

襛乃入

582 掌侯襛禱祝之祝號　上「祝」字，單疏、陳本俱作「祠」，閩本作「祀」。○按，作「祠」與周禮小祝合。

乃入陳幣于朝

583 乃入陳至皆否　注皆否至從者　單疏本。 ×

584 於卿大夫所得爲私幣　單疏、要義俱無「得」字。

585 夕幣七也　朱子曰：「主國禮賜無有夕幣，疏於上介公幣云『無郊贈及無禮賓幣，又闕一饗幣，故賓八、上介五』。則此『夕』字當是『饗』字之誤，而其次亦當在再饗之前。」

586 又云上介公幣　「幣」下，要義有「陳」字。

束帛各加其庭實

587 注不加至多也　單疏本不標經文起止。 ×

公南鄉

588 宰告於君　宰，誤作「幸」。 ×

卿進使者

589 變於彼國致命時也　「於」下，單疏本有「賓」字，通解無。

反命曰

590 某國名也　名，集釋、敖氏俱作「君」字。按，「君」字是。

591 謂再拜受也　「謂再拜」三字，陳、閩、監、葛、通解俱脱。

592 明彼君敬君己不辱命　「君己」二字，閩、監、葛本、集釋俱倒。

593 云某君　單疏、要義俱無「云」字。

594 但受聘享於太祖廟　於，單疏、陳本、通解、要義俱作「在」。

595 不出親廟　出，單疏、陳、閩、通解、要義俱作「在」。「廟」下，單疏、要義俱有「四」字，通解無。

宰自公左受玉

596 因東藏之便　藏，重脩監本誤作「臧」。

受上介璋

597 若本非君命猶夫人之命然　要義無「猶夫人之命」五字。

598 夫人既無外事　夫，要義作「婦」。

599 此鄭君依記上文　文，陳、閩俱誤作「云」。

執賄幣以告曰

600 是上介受賓　受，單疏、陳、閩俱作「授」。

禮玉

601 士介後取皮也　後，徐本、集釋俱作「從」，與單疏述注合。通解作「後」。○按，通解於疏仍作「從」，則注中「後」字偶誤耳。今本遽從之，謬矣。

602 言宰受之　受，陳、閩、監本俱誤「授」。

603 士隨自後者　「後」下，單疏本無「者」字，而有「隨宰在後」四字。

604 士介後取皮也者　後，單疏本作「從」，下同。通解亦作「從」。

執禮幣

605 注禮幣至於贈　單疏本不標經文起止。 ×

君其有賜乎

606 謙不必當君所須此物　陳、閩「謙」俱誤作「議」，無「物」字。 ×

607 云獻不拜者　單疏、要義俱無「獻」字。按，「獻」字當有。

君勞之

608 注士介至賤也　單疏本不標經文起止。 ×

609 鄭此旅荅士介共一拜者　此，單疏、要義俱作「知」，是也。

610 君勞士介　士，陳、閩、通解、要義俱作「上」，是也。 ×

君使宰賜使者幣

611 不敢自私服也　敖氏曰「服」字恐誤。○按，「服」字敖改作「之」。

賜介

612 士介之幣　士，陳本作「上」。

使者拜其辱

613 注再拜上介三拜士介　單疏本不標經文起止。 ×

釋幣于門

614 以其廟學設洗　「廟」下，單疏、要義俱有「在」字，通解無。

615 云如之者　云，單疏、要義俱作「不」。按，「不」字是。

616 于見其文略　見，單疏、要義俱作「行」，是也。

617 告所先見也者　「所」下，單疏本有「以」字，要義無。按，各本注俱無「以」字。

觴酒陳

618 以其三時次弟　三，監本誤作「主」。×

席于阼

619 知與正祭異也　正，陳本誤作「鄭」。按，「鄭」或是「奠」字之誤。

620 此告祭　告，單疏本作「吉」，是也。

621 無尸　「尸」下，單疏本空一字。⑫

三獻

622 皆大夫之貴臣　「臣」下，陳、閩俱有「爲獻」二字。按，前注無「爲獻」字，此涉下文而誤衍也。

623 故知此亦貴臣爲獻也　陳、閩俱無「故」字。

一人舉爵

624 大夫士家祭三獻　三，閩本誤作「二」。×

獻從者

625 則告祭非常　告，閩本作「吉」。

行酬乃出

626 注室老亦與　單疏本不標經文起止。×

聘遭喪

627 聘遭喪入竟則遂也　注遭喪至則反　單疏本。×

628 乃謁關人入告君　謁，陳、閩俱誤作「請」。「關人」二字，單疏、要義俱重出。

不郊勞

629 亦如天子之踰年即位也　如，單疏、陳本、要義俱作「知」。

630 公羊傳云　云，單疏、要義俱作「文」。×

不筵几

631 但聘則爲兩君相好　則，單疏、要義俱作「亦」。

主人畢歸禮

632 賓所飲食　所，集釋作「於」。

633 雖饔食亦有生致法　饔，要義作「饗」。按，「饗」字是。

634 賓雖饔餼之受　雖，單疏、要義俱作「唯」，與下文合。

635 何頓云饔餼之受　頓，要義作「須」。

遭夫人世子之喪

636 是以使夫人受聘禮　夫人，單疏、陳、閩、要義俱作「大夫」，是也。×

遭喪

637 不必純凶接純吉也　必，徐、陳、閩、葛、集釋、通解、楊、敖俱作「以」，與疏合。

638 君喪不言使大夫受　使，誤作「死」。按，疏無「言」字。

639 素純布衣也者　單疏本無「也」字。×

640 云不以純凶接純吉也者　單疏本無「也」字。×

641 爲夫人世子六升衰裳　自此句「子」字起，至下「略爲一節耳」句止，共二百九十三字，單疏本誤錯喪服傳疏。

642 直去衰易冠而已　去，誤作「云」，重脩監本亦誤。×

643 而純以緆純素曰長衣　陳本「以」作「衣」，「緆純」二字倒。×

644 云君喪不使天夫受　天，閩、監俱作「大」，陳本誤作「火」。×

645 以吉禮受之於廟　以，陳本誤作「衣」。×

聘君若薨于後

646 云接於主國君者　單疏、要義俱無「君」字。○按疏標起訖，則注文當有「君」字。

647 謂謁關人告君　單疏、要義俱重出「關人」二字。

648 是接於主君矣　君，單疏、要義俱作「國」，通解作「君」。

赴者未至

649 注未至至作計　計，單疏、陳、閩俱作「訃」。

受禮

650 亦饗餼之禮　禮，陳、閩俱誤作「也」。

唯稍受之

651 卿行旅從　卿，監本誤作「鄉」。

子即位不哭

652 以其記不得稱世子　記，單疏、監本、要義俱作「既」。按，「既」字是也。

653 但臣子一例　例，單疏、要義俱作「列」。

辯復命

654 故知無勞也　「故知」二字，閩本倒。

與介入北鄉哭

655 故云與介入北鄉哭也　云，要義作「言」。

若有私喪

656 謂其父母　「母」下，嚴本、集釋、楊、敖俱有「也」字。

657 凶服于君之吉使　于，徐、陳、監本、集釋、敖氏俱作「干」，嚴、鍾、閩本、通解、楊氏俱作「于」。

658 以喪喻疾者　喻，陳本誤作「踰」。

歸

659 解經歸使衆介先衰而從之意　歸，單疏、要義俱作「竝」。

660 猶不以凶服于君之吉使　于，陳本、要義俱作「干」，下同。閩、監俱作「于」，下同。

661 亦云其它如奔喪之禮　「奔喪」二字，陳、閩俱誤倒。×

662 明此亦出公門　此，陳、閩俱作「之」。

663 賓入竟而死　單疏本卷二十四起。×

664 謂始死至殯　始，陳本作「如」。

665 賓介死之事　「賓」上，單疏、要義俱有「論」字。

666 直云至殯所當用明不殯於館取其至殯爲節　自「至殯」至「取其」十二字，陳、閩俱無。單疏、要義俱無「爲」字，通解有「爲」字。

介攝其命

667 以是今死　「今」下，要義有「賓」字。

君弔

668 雖有臣子親姻　姻，徐本作「因」，與單疏述注合。集釋、通解、楊氏俱作「姻」。

669 雖有臣子親姻　姻，單疏、要義俱作「因」。×

670 不爲主人　「不」上，單疏、要義俱有「猶」字，與注合。

主人歸禮幣

671 不必如致飧饔之禮　要義無「如」字。

672 束紡皮帛之類　類，要義作「贈」。

介受賓禮

673 當陳之以反也　「反」下，單疏、要義俱有

「命」字，與注合。

674 以其賓喪　其，單疏、陳、閩、要義俱作「有」。

歸介復命

675 外朝應在臯門外[13]　應，陳、閩、通解、要義俱作「當」。

676 士介死爲之棺斂之　「爲」上，要義有「則」字。

677 不具他衣物也　物，通解作「服」。

678 注不具至服也　單疏本不標經文起止。×

679 他衣物亦具之　物，要義作「服」。○按，當作「衣物」。

680 不具他衣物也　單疏、要義俱無「衣」字。

681 若賓死未將命　未，唐石經作「來」，誤。

682 請俟間之後也　請，徐本、集釋、通解、楊、敖俱作「謂」。

683 以已至朝　張氏曰：「監本『已』作『己』，從監本。」

684 則知上介國外死　單疏、要義俱無「介」字，監本「介」字擠入。按，上猶言上文也。

685 小聘曰問不享　陸氏曰：「享，本又作饗。」

686 面猶覿也　浦鏜云下脱「今文禮作醴」五字。集釋依正誤。盧文弨云：「此下敖有『今文禮作醴』五字。案，下記『不禮』注『古文禮作醴』，敖乃移於此，而改『古文』爲『今文』。今挍集釋者亦依敖氏而增此五字，非是。」○按，敖氏聘禮正誤「不醴」一條在「醴不拜至」之後，明係記中之「不禮」，非此經之「不禮」也，不知挍者何以皆誤認？

687 此對大聘時升堂受　單疏、要義俱無「時」字。

記久無事

688 盟必因會　盟，陳本誤作「明」。×

若有故

689 方板也　板，釋文、集釋、通解、楊氏俱作「版」。陸氏云：「版音板。」

690 及時事相告請者　單疏、要義俱無「事」字。按，各本注俱有「事」字。

691 云名書文　「文」下，陳、閩俱有「也」字。×

692 言此者　陳、閩俱脱「言」字。×

693 云策簡方板也者　「也者」二字，閩本誤倒。×

694 皆謂據一片而言　「皆」上，陳、閩、要義俱有「簡」字。要義無「皆」字。陳、閩俱無「謂」字。監本「皆謂」誤作「謂謂」。單疏作「簡謂據一片而言」。

695 南史執簡以往　「史」下，單疏、要義俱有「氏」字，是也。

696 皆尺二寸　按，春秋序疏云：「鄭玄注論語，序以鉤命決云『春秋二尺四寸書之，孝經一尺二寸書之』，故知六經之策皆稱長二尺四寸。」然則此云「尺二寸」，乃傳寫之誤，當作「二尺四寸」。下云「孝經謙半之」，乃一尺二寸也。又云「論語八寸策者，三分居一，又謙焉」，謂論語八寸，居六經三分之一，比孝經更少四寸，故云「又謙焉」。

697 古文篆書一簡八字　「八」下，單疏、要義俱有「分」字。

主人使人

698 賓出而讀之不於内者　徐本、集釋、楊氏俱重出「讀之」二字，通解不重。

699 主國君也　徐本、集釋、通解、要義、楊氏俱無「主」字，敖氏有。

700 使公治問　治，閩本誤作「治」。

客將歸

701 爲此書報上有故之事　「爲此」二字，閩本誤倒。

明日

702 昨日爲書報之　「昨」上，單疏、要義俱有「爲」字，通解、楊氏俱無。

既受行出

703 注資行至行齎　下「行」字，陳、閩俱作「作」。按，當作「作」。

704 未知所之遠近　「遠」上，陳、閩俱有「以」字。

705 使者既受行日　唐石經無「既」字。按，疏有「既」字。

706 少退別於其處　徐本、集釋、通解、楊氏俱無「於」字。張氏曰：「注曰『少退別其處』。按，釋文『別于』之注云『別處同』，別處謂此也，無『其』字。從釋文。」○按，張引注亦無「於」字，又據釋文去「其」字，與疏合。惟前經「使者北面」節疏引此注無「於」字而有「其」字。

707 皆同位北面東上　陳、閩俱無「同」字。

708 使者北面　單疏本無「使者」二字。○按，無「使者」二字非也。

出祖

709 軷涉山川　張氏曰：「釋文釋經『釋軷』之注云『注跋涉，音同』。此『軷』蓋『跋』字也。從釋文。」

710 伏牲其上　「伏」上，徐本、集釋、通解、楊氏俱有「或」字，與疏合。上，陳、閩、葛本俱誤作「土」。

711 **謂平適道路之神** 適，單疏、要義俱作「敵」。通解作「適」，是也。

712 **證軷即道路之神也** 即，單疏、陳、閩、要義俱作「祭」，是也。×

713 **鄭注云行在廟門外之西** 單疏、要義俱無「云」字、「在」字。○按，月令注有「在」字。

714 **命牷物** 命，單疏本作「用」。○按，作「用」與周禮秋官犬人合。

715 **故知有伏牲其上** 伏，陳本誤作「犬」。×

716 **掌駁王路以祀** 浦鏜云「玉」誤「王」。按，浦説是也。×

717 **駁下祝** 祝，閩本誤作「祀」。×

718 **故使者自祭祀軷而去** 祀，單疏本作「犯」，是也。×

719 **於是餞之也者** 單疏本無「也」字，與注合。×

720 **云遂行舍于郊也者** 單疏本無「也」字。按，注作「矣」。×

721 **云其牲犬羊可者** 「其」下，單疏本有「有」字。按，各本注俱無「有」字。

722 **所以朝天子○朱白蒼** 雜記疏：「『三采六等，以朱白蒼畫之再行也』者，案，聘禮記云『朝天子，圭與繅皆九寸，繅三采六等，朱白蒼、朱白蒼』是也。既重云『朱白蒼』，是一采爲二等，相間而爲六等也。」朱子曰：「記只有『朱白蒼』三字，而雜記疏所引乃重有之，不知何時傳寫之誤失此三字。」蒼，唐石經、嚴本、集釋、敖氏俱作「倉」，與單疏標目合。通解、楊氏俱作「蒼」。

723 **象天圓地方也** 圓，徐本、通解、楊氏俱作「圜」。

724 以韋衣木板　板，陳本作「版」。

725 三公之圭也　三，嚴本、集釋、通解、楊氏、敖氏俱作「上」。

726 所以至白倉　單疏本「倉」與石經合，下同。×

727 子執穀璧男執蒲璧　兩「璧」字，要義俱作「圭」。按，「圭」非。

728 瑞亦皆節信　皆，單疏、通解、要義俱作「是」。

729 上剡象天圜　圜，閩本誤作「闤」。×

730 剡上左右各半寸　半寸，單疏、通解、要義俱作「寸半」，是也。

731 皆蒙水草之文　蒙，單疏、通解、要義俱作「象」。按，「象」是。×

732 皆是襍采也　采，通解作「色」。×

733 然後以韋衣包之　單疏、通解俱無「包」字。

734 子男則三采　三，單疏本作「二」。按，「二」字是。×

問諸侯

735 但一采爲一帀　單疏本作「子男即一采爲一帀」。○按，單疏是也。

736 繅皆二采一就以覜聘　覜，陳、閩、通解俱作「覛」。陳本下同。

737 繅藉伍采伍就　兩「伍」字，單疏本俱作「五」，與周禮合。

738 而言降於天子也　也，單疏、要義俱作「者」。×

739 諸侯遣臣自相問　單疏、要義俱無「相」字。

740 天子圭與繅亦八寸　與，誤作「於」。×

皆玄纁繫

741 無事則以繫玉　玉，重脩監本誤作「王」。

742 上以玄　「玄」下，聶有「爲天」二字。

743 鄭注論語云成章曰絢　云，單疏、要義俱作「文」。按，「文成章」三字當連讀。

744 此組繫亦名綦藉　綦，單疏、陳、閩、要義俱作「繅」，是也。

745 故舉降以解纁　舉，單疏本作「本」。

問大夫之幣

746 問大夫至皮馬　注肆猶至爲隸　單疏如此。「隸」字誤，今本作「肂」。×

辭無常

747 注受命不受辭　以下兩節，單疏本俱不標經文起止。×

辭多則史

748 故辭多爲文史　爲，要義作「則」。

749 辭曰非禮也敢對曰非禮也敢　下句末，唐石經、徐本俱有「辭」字，與單疏標目合。集釋、通解、楊、敖俱無「辭」字。要義載經亦無「辭」字。張氏曰：「經曰『辭曰，非禮也，敢。對曰，非禮也，敢辭』。按，注云『辭，不受。對，荅問也。二者皆卒曰敢，言不敢』。又按，疏云『辭謂賓辭主人，荅謂賓荅主人，介則在旁曰，非禮也，敢』。以注及疏文義攷之，下羨一『辭』字審矣。又嘗疑注『辭不受也』之句上更有一『辭』字，傳寫者誤以注文作經文，今減經以還注。」石經考文提要云：「細繹經文，賓辭主人既稱『辭』，則『敢』下可省文。賓對主人亦辭，既稱『對』，則『敢』下當有『辭』字。若省『辭』字，是爲『非禮也敢』對矣。監本以經『辭』字混入注首，而疏中仍作『非禮也敢辭』，即一本中可證。今從唐石經、宋本儀禮鄭注。」○按，張説是也。注以辭爲不受，對爲荅，爲截然兩事，二者皆曰「不敢」，一則不敢不辭，一則不敢不對。疏引易注，其義甚明，故朱子、敖氏皆從張説。疏中「非禮也敢辭」句，單疏本無「辭」字。今本於經、注既依通解，而疏中反增一「辭」字，適滋後人之惑。然單疏標經文起止仍有「辭」字，蓋自唐石經之後誤讀已久，校疏者不知而誤改耳。

750 辭辭不受也　「辭」字，徐本不重，要義、敖氏載注亦不重，集釋、通解、楊氏俱同今本。按，經末「辭」字即因注首「辭」字而誤衍，在經宜删，在注不必重，唯魏氏、敖氏得之。張氏引注無「也」字。

751 辭曰至敢辭　注辭不至不敢　單疏如此。「辭不」，今本俱無「不」字。×

752 非禮也敢辭　單疏、張氏、通解、要義俱無「辭」字。

753 瑣瑣斯其所取災　「瑣瑣」上，要義有「旅」字。

754 爻互體艮　要義無「體」字。按，王應麟輯周易鄭注亦有「體」字。

卿館於大夫

755 室有東西廂曰廟　廂，重修監本誤作「廟」。×

756 注云夾室前堂　注，重修監本誤作「記」。×

757 注曰但有大室　曰，單疏、通解、要義俱作「云」。×

管人爲客

758 管人　管，通解作「館」。

飧不致

759 君不以束帛致命者　按，「君」疑「云」

字之誤。

760 草次飧具輕者　飧，單疏、要義俱作「餼」。

賓不拜

761 以不致命　命，敖氏作「也」。

卿大夫訝大夫

762 如今使者護客　者，要義作「之」。×

763 主人使大夫迎士訝者　陳、閩、通解、楊氏俱無「迎士者」三字。

764 主人使士迎　迎，閩本作「迓」，陳本、通解俱作「訝」。

765 及饗食皆迎之　「食」下，單疏、通解、要義、楊氏俱有「燕」字。

766 故鄭君無所指定　指，單疏、要義俱作「止」，通解作「指」。

賓即館

767 如今官府門外更衣處　官，單疏、通解俱作「宫」，要義、楊氏俱作「官」。要義無「門外」二字。○按，此本不誤，否則與周禮注不合。

又見之以其摯

768 及大宗伯文也　文，陳、閩俱作「云」。×

769 賓既將公事復見訝以其摯　訝，唐石經、徐本、集釋、要義、敖氏俱作「之」，通解、楊氏俱作「訝」。石經考文提要曰：「監本作『見訝』，此因儀禮經傳通解之誤。通解引此記與上文『又見之以其摯』不相屬，故改爲『訝』，傳寫者不知其意而沿之。」

770 此竝行君聘享主國君　聘，單疏、要義俱作「物」。

771 向有報訝者　單疏、要義俱無「向」字。

凡四器者

772 云言國獨此以爲寶者　「言」下，單疏本有「四」字，要義無。按，各本注俱無「四」字。又「此以」，注作「以此」。

773 是以玉稱寶　以，單疏、要義俱作「其」。

宗人授次

774 云諸侯及卿大夫之所使者　單疏、要義俱無「所」字。按，注有「所」字。

775 使其臣聘侯大聘小聘　侯，單疏、通解、要義、楊氏俱作「使」。

776 止於次中　止，要義作「至」。次，陳、閩、通解俱作「其」。

777 賓乃出次　次，陳、閩、通解俱作「也」。

上介執圭如重

778 此謂當時將聘於主君廟門外　單疏本無「時」字。

賓入門皇

779 鞠躬如也　躬，釋文作「窮」，云「劉音弓，本亦作躬」。集釋亦作「窮」。張氏曰：「尔疋云『鞠、究，窮也』。『鞠窮』葢複語，自論語作『鞠躬』，學者遂不復致思于其間，安知非鞠窮若踧踖之謂者乎？如是則劉音亦誤矣，從釋文。」盧文弨云：「廣雅，匔匔，謹敬也。上邱六、下邱弓反，與此『鞠窮』字異音義同。」○按，説文：「𥧔，曲脊也。」匔，即「𥧔」之俗體，説文無「匔」，古盖通用「窮」字。左傳宣十二年「有山鞠窮乎」，此借常語爲物名也。二字本雙聲，今讀左傳者音「鞠」爲芎，則與「窮」同音。史記魯世家「匔匔如畏然」，徐廣訓與廣雅同，殆以二字音本相同，故衹重言匔歟？又按群經音辨云：「鞠窮，容謹也，音弓。鄭康成説『孔子之執圭鞠窮如也』，今本作『躬』。」此説當即本之釋文，其曰「今本作躬」，則賈氏時儀禮經注已俱作「躬」矣。

780 下如授　授，陳本作「受」。

781 今當亦然　單疏、要義俱無「當」字，通解有。

782 故引之爲證　「爲」上，要義有「以」字。

783 孔子之執圭者　「孔」上，單疏、要義俱有「引」字。

授如争承

784 争争鬭之争　五字徐本、集釋俱無，與疏合。瞿中溶云：「今本因通解經下引釋文而誤。」×

785 授如至後退　單疏本標起訖「后」作「後」，非也。×

786 謂就東楹受玉於主君時　受，陳、閩俱作「授」。玉，誤作「至」。

787 如與人争接取物　接，單疏本作「承」，通解作「接」。

下階

788 至此云舉足　徐本、集釋俱無「至」字，通解有。按，疏有「至」字，無「云」字。

789 則志趨卷豚而行也　豚，徐本作「遯」，與單疏述注合。釋文作「豚」，張氏從之。

790 云發氣舍息者　「息」下，要義有「也」字。×

791 則志趨卷豚而行也者　豚，單疏本作「遯」，要義作「豚」。

及門

792 容色復故　容，陳本作「客」。

793 此謂聘畢　畢，單疏、要義俱作「訖」。

794 執圭入門鞠躬焉　魏氏曰温本作「鞠窮焉」。○按，以「躬」爲「窮」，與釋文合。考「鞠躬」字經、注凡三見，釋文於前注作音不云「下同」，蓋偶遺之，實皆作「窮」耳。

795 亦謂方聘執圭入廟門時　方，單疏、要義俱作「將」。

及享

796 發氣舍氣也　徐本無上「氣」字，與單疏標目合。

797 注發氣至容色　氣，單疏本作「舍」。×

798 私覿愉愉焉　愉愉，釋文作「俞俞」。

出如舒鴈

799 鵝也　徐本無「也」字，與單疏標目合。釋文有「也」字，張氏從之。×

800 注威儀至鵝也　鵝也，單疏、陳本俱作「鴈鵝」。×

801 又舒緩於愉愉也　舒，陳本作「紓」。

凡庭實

802 土物有宜　土，徐、陳俱作「上」，誤。×

803 注隨入至作干　干，誤作「于」。×

804 則以皮爲主而用皮也　主，誤作「三」。×

805 四足而毛謂之獸　謂，陳本作「爲」，非也。×

806 則馬畜亦是四足之類　馬，閩本誤作「焉」。×

賓之幣

807 知東藏之内府者　者，陳、閩俱誤作「也」。×

808 其貨獻珍異　貨，陳本作「貢」。

多貨則傷于德

809 傷敗其爲德　徐本、集釋俱無「敗」字，與疏不合。通解、楊氏俱有。

810 謂玉　「玉」下，單疏、要義俱有「也」字。×

811 對金玉是自然之物也　要義無「是」字。

812 云君子於玉比德焉者　焉，誤作「也」。×

813 聘義文　文，陳、閩俱作「云」。×

814 各用一而已也　一，陳、閩俱誤作「以」。×

幣美則没禮

815 愛之　愛，陳、閩、監、葛俱誤作「受」。×

816 忠信而無禮可傳乎　可傳，魏作「何傳」。按，檀弓注原文作「何傳」，釋文云：「傳，直專反。本亦作傳，音附。」

817 云受之　受，單疏、要義俱作「愛」，與注合。下同。

818 此亦微改文　改，單疏本作「取彼」。

賄在聘于賄

819 釋經賄是主國禮賓也　賄，陳、閩俱誤作「則」。×

820 禮用玉帛乘皮　單疏本作「禮玉束帛乘皮」，要義作「禮用束帛乘皮」。

凡執玉

821 凡執玉無藉者襲　注藉謂至藉玉　單疏本。×

822 據尺絢組繅藉而言　單疏本「尺」字在「組」字下。

禮不拜至

823 此賓昨日初至之時　昨，誤作「胙」。×

824 醴尊于東廂　廂，唐石經、徐、陳、集釋俱作「箱」。○按，上經「宰夫實觶以醴」，疏引作「箱」，是正字，「廂」是俗字。

薦脯五膱

825 注臘脯至貌焉　單疏本不標經文起止。

主人之庭實

826 經云賓執左馬以出　云，閩本誤作「去」。

既覿

827 皆云君命致之　云，要義作「以」。

828 臣統於君故也　單疏本無「也」字。

賓東面

829 注送獻至禮輕　單疏本不標經文起止。

擯者東面

830 請擯者　請，單疏、陳本俱作「謂」。按，「謂」字是。

831 於賓北坐舉幣　單疏本無「坐」字，陳、閩、通解「坐」上俱有「東面」二字。

832 擯者與賓敵　「敵」下，單疏本有「並受」二字，通解、楊氏俱無。

833 故亦自後右也　單疏本「亦」作「云」，「右」下有「客」字。

834 賓固辭公荅再拜　再，唐石經作「再」，誤。

835 注拜受至衍字　單疏、陳本俱作「注固亦衍字」。以下兩節，單疏本俱不標經文起止。

若兄弟之國

836 云若昏姻甥舅有親者　陳、閩、監本俱重「者」字。

若君不見

837 君有疾　疾，陳、閩俱誤作「宮」，葛本作「病」。

838 自下聽命自西階升受　階，唐石經作

「門」，誤。

839 注此儀至處耳　單疏本不標經文起止。

840 自左南面受圭　左，閩本作「下」。

841 賓降自碑内東面　陳、閩俱脱「内」字。

不禮

842 辟正主也古文禮作醴　下五字，諸本俱脱，嚴本、集釋、通解、敖氏俱有。敖氏「古」誤作「今」。

幣之所及

843 即注云所不及者　注，閩、監俱誤作「往」。

844 是下大夫未嘗使者也　陳本無「下」字，閩本擠入。

845 是以禮加於己　是，陳誤作「若」，閩誤作「君」。

賜饔

846 則士介不祭也　「也」下，單疏本有「者」字。

847 後云士介四人　後，陳、監俱作「故」。

僕爲祝

848 大夫之臣攝官也者　夫，閩本誤作「大」。

849 使祝祝策矣　使，閩本誤作「便」。

850 諸侯亦使人攝　亦，單疏本作「不」，要義作「亦」。按，疏上引祝佗云云明諸侯亦攝，下又引覲禮云云明諸侯不攝，此句若作「亦」則爲結上，若作「不」則爲起下。玩下用「是以」二字接之，則此句當是起下，作「不」爲是。[14]

851 是以覲禮云　覲，閩、監俱誤作「觀」。

852 歸乃埋之於祧西階之東　埋，閩本誤作「理」。

853 **聘日致饔**　日，唐石經作「自」，誤。×

854 **急歸大禮**　此注今本俱脱，徐本、集釋、通解、楊氏俱有。浦鏜云：「四字脱，從周禮外饔、司儀、掌客諸疏挍。」○按，前「賓迎再拜」節亦引此注。又按，此經通解三見，一在歸饔餼章，一在問卿章，一在夫人歸禮章。前一條有注，後兩條無注，挍者止據後兩條，遂逸其注。

既致饔

855 **乘謂乘行之禽也**　謂，嚴本、集釋、敖氏俱作「禽」，與疏合。

856 **饔食燕饗無日數**　下「饗」字，要義作「獻」。○按，作「獻」與下文注與疏並合。

857 **主稍所給賓客者**　主，單疏、要義俱作「王」。○按，周禮槀人注正作「王」。

858 **乘禽日伍雙**　伍，單疏、要義俱作「五」。○按，聘義作「五」。

859 **云鴈鶩之屬者案爾雅二足而羽**　十三字，盧文弨移置下文「則一雙也」下，删一「羽」字。按，疏意欲以「二足」釋「雙」字之義，故引尒疋而截出之，不必如盧所改。單疏、要義俱同今本。

凡獻

860 **其受之止上介受以入告之**　止，徐本、集釋、楊、敖俱作「也」，通解作「止」。下「之」字，敖在「以」字上。

861 **其餘士舉從入可知**　士，陳、閩俱誤作「可」。×

862 **擯者立于閾外以相拜**　外，監本誤作「中」。×

禽羞俶獻比

863 **比放也**　比，監本誤作「此」。×

864 注比放至時賜　時，誤作「始」。×

各以其爵朝服

865 此句似非其次宜在凡致禮下絶爛在此　今本俱脱「似非其次」「絶爛在此」八字，徐本、集釋、敖氏俱有，與單疏標目合。通解與今本同。

866 注此句至禮下　禮下，單疏本作「在此」。

867 士無饔○無儐　儐，唐石經、徐、陳、閩、葛、集釋、通解、楊、敖俱作「擯」。李氏曰當爲「儐」。

868 宰夫退去士介不儐之　儐，陳、閩俱誤作「賓」。×

大夫不敢辭

869 此句亦非其次宜在明日問大夫之下　今本俱脱「亦非其次」四字，徐本、集釋俱有。通解作「此宜在明日問大夫下」。

凡致禮

870 案上經賓一食一饗　兩「一」字，單疏、要義俱作「壹」。

871 亦實於罋筐者　單疏、要義俱無「筐」字，魏氏曰温本「罋」下有「筐」字。○按，下文兩言「豆實實於罋」，則無「筐」是也，注内「筐」字恐係衍文。經不言篋實，不必有「筐」字。

872 案致饔餼　饔，陳本誤作「饗」。×

873 明此之豆實　「此」下，單疏、要義俱有「饗」字。○按，單疏是也。

874 亦實于罋可知也　于，閩本誤作「下」。×

875 晉侯享之以加籩⑮　浦鏜云「有」誤「以」。

876 得貺不過三獻　得貺，要義作「云云」，小字旁書。

877 今臣有加　臣，要義作「豆」。○按，單疏此處板損，當亦作「豆」。

無饔者

878 士介無饗禮　饗，陳、閩、監、葛、楊氏俱誤作「享」。

879 故鄭以無饗禮解之　「以」下，要義有「士介」二字。

凡餼大夫

880 器寡而大略　「略」下，聶氏有「也」字，疏同。

881 衆介米八筐　八，聶氏作「六」。○按，「六」字與上經合。

既將公事

882 嘗使於彼國　國，陳、閩俱作「同」，誤。

凡賓拜於朝

883 則知唯米禀芻薪不拜也　「不」上，單疏、通解、要義俱有「等」字。

燕則上介爲賓

884 注介大夫也⑯　介，誤作「亦」。

885 以其饗食在廟爲賓　陳、閩俱脱「以」字。

886 以阼階西近主爲位　階，陳本作「間」。

887 對户牖南面爲大敬　陳本無「牖」字，閩本「牖」字擠入。

888 曰子以君命在寡君　「曰」上，集釋、通解俱有「辭」字。

889 又拜送　此節經注，唐石經、徐本、集釋俱在「君貺寡君」節下，敖同今本。

890 自拜聘享至此亦非其次宜承上君館之下　徐本、集釋俱如是。今本脱九字，通解祇有下七字。

891 賓於館○主人不拜　主，誤作「王」。

892 所以謝之　「之」下，徐本、集釋、通解、要義、敖氏俱有「也」字，楊氏無。×

893 注不至致敬也　單疏本不標經文起止。×

894 若賓敬主宜致　賓敬，陳本作「不拜」。

大夫來使

895 此無罪享之　享，單疏、陳本俱作「饗」，是也。

過則餼之

896 生致其牢禮也　生，徐、陳、通解、楊氏俱作「腥」，集釋作「生」。

897 主君不親饗食所以愧厲之也　單疏、要義俱無「不親」以下十字，要義有「云云」二字。按，既無下十字，則「主君」下必加「云云」二字，文義方足，當從要義。

898 云不言罪將執之者　要義無「云」字。按，上既有「云云」二字，故此句之首不加「云」字。凡疏例述注，亦有無「云」字者。「罪」字下，單疏、要義俱有「者罪」二字。

899 上言罪　言，單疏、要義俱作「云」。×

其介爲介

900 則是從賓爲介之外　單疏本作「則是從賓爲介得介則饗」，通解、楊氏俱同今本。

有大客後至

901 卑不與尊齊禮　「尊」下，徐本、集釋、通解俱有「者」字，楊氏無。

902 而無君朝之事　而，單疏、要義俱作「則」。

十斗曰斛

903 今八籔爲逾　八，徐、陳、集釋、通解、敖氏俱作「文」。

904 **四秉曰筥** **若今萊陽之間** 陽，通解、楊、敖俱作「易」。釋文宋本亦作「易」，今本作「易」。按，萊、易二地名，故云「之間」。或誤作「易」，遂誤作「陽」。

905 **十筥曰稯** **古文稯作緵** 緵，閩本作「稯」，與單疏同誤。釋文、通解俱作「緵」。

08—906 **注一車至作稯** 六字今本脱，單疏本有。單疏本不標經文起止。按，「稯」當作「緵」。 ×

校記

❶「君使士請事」五字原脱，據學海堂本、南昌府學本補。

❷「乃陳幣」三字原脱，據學海堂本、南昌府學本補。

❸「在」原誤「有」，學海堂本同，據南昌府學本改。

❹「凡」原誤「几」，據學海堂本、南昌府學本改。

❺此條校語學海堂本、南昌府學本皆作：「按疏引注『故云』下『居』作『在』，而誤爲『居』，乃疏文『居』誤爲『在』也。」案，上述校語文義不足，疑有文字訛誤。

❻此條校語學海堂本、南昌府學本皆作「五百、五伯通用」。

❼南昌府學本刪「○按」以下至末十二字。

❽「與此醢是穀物爲陽違者」，學海堂本同。按，出文作「醢」，與校語「陳本『醢』誤『醢』」不相應，據毛本儀禮注疏，「醢」當作「醢」。南昌府學本出文「醢」雖改作「醢」，然校語云「毛本、陳本『醢』誤作『醢』」，則踵訛沿謬，失之愈甚矣。

❾學海堂本、南昌府學本末俱增「許宗彦云『客』不誤，明以此介爲賓客耳」十五字。

❿學海堂本、南昌府學本末俱增「許宗彦云當作『士』」七字。

⓫上「云」字，似當爲「作」字。

⓬此條校語南昌府學本作：「補案，『尸』下誤空一字。」

⓭「朝」原誤「門」，據學海堂本、南昌府學本改。

⓮「按疏上引」以下至末，學海堂本、南昌府學本皆作：「許宗彥云：『疏意始終謂諸侯亦攝，雖引覲禮，而後申之以大小祝俱不行。是其意謂覲禮釋幣之祝亦是使人攝之者。』」

⓯「加」原誤「豆」，據學海堂本、南昌府學本改。

⓰此條爲注文校記，出文誤衍「注」字，當删。

儀禮注疏校勘記卷九

09—001 公食大夫禮第九　徐本題下脱「儀禮」二字，喪服、士喪禮亦然。單疏本卷二十五起。×

002 主國君以禮食小聘大夫之禮　主，誤作「王」。集釋「禮」下有「也」字。×

003 此篇小聘大夫者　「篇」下，單疏、通解、楊氏俱有「據」字。

上介出請入告

004 問所以爲來事　嚴本、集釋、要義俱無「爲」字，與單疏標目合。張氏曰：「注曰『問所以來事』。按，釋文云『以爲，于僞反』。今本于『以』字下脱一『爲』字，從釋文。」盧文弨云：「疏云『賓使上介出請大夫所爲來之事』，無『以』字。釋文或本是『所爲』，誤作『以爲』也。」

005 注問所以爲來事　單疏本無「爲」字。×

三辭

006 謂聘曰致饔　曰，陳本作「日」。×

賓朝服

007 入于次者俟辨　辨，單疏、陳本、通解、要義俱作「辦」。下同。

008 甸人陳鼎七○鼏若束若編　鼏，聶氏作「冪」。注同。

009 案聘禮致飱與饔餼　饔，誤作「甕」。×

010 與聘禮腥一牢鼎七同也　一，監本誤作「二」。×

011 案少宰羮定　宰，單疏本作「牢」。按，「牢」字是。

012 甸人築坅坎　坅，單疏本、陳本並作「坅」。按，坅，五錦反。宜從陳本。

013 詩云白茅包之　云，陳本作「曰」。包，單疏、要義俱作「苞」。○按，「苞」是也。

設洗如饗

014 故鄉前如之　鄉，誤作「饗」。

015 公於賓一食再饗　一，單疏、要義俱作「壹」。按，聘禮作「壹」。

宰夫設筵

016 而左几　几，閩、葛俱誤作「凡」。×

凡宰夫之具

017 言謂酒漿仍在堂　浦鏜云「言」疑「嫌」字誤。

及廟門

018 問鄉云　鄉，單疏、陳、監、通解、要義俱作「卿」，是也。

019 燕禮於食饗　禮，單疏、通解、要義俱作「輕」。按，「輕」字是。

大夫立于東夾南

020 明東於堂者　陳、閩俱無「者」字。×

小臣東堂下

021 與夾室相當　室，誤作「宰」。×

022 宰尊官在小臣之下者　「在」上，陳、閩、通解俱有「反」字。

内官之士

023 及大夫二牲　浦鏜云「七」誤「二」。

公堂楫北鄉

024 賓不敢候成拜也　候，單疏、通解、要義俱作「俟」。○按，作「俟」與後注文合。

025 解經至再拜者賓降矣　矣，單疏、陳、閩、要義俱作「也」。○按，「者」字衍文。

賓西階東北面荅拜

026 賓西至荅拜　按，此疏雖止標本節經文起止，實併下兩節釋之。一本分「云公降」以下屬下「拜也」節。

027 賓栗階升　唐石經無「賓」字。集釋按云：「此承上『賓西階東北面荅拜』，不必更言『賓』，當從石經去之。」○按，上有公降一等，擯者釋辭，則此「賓」字不宜刪。燕禮「公有命」節疏引亦有「賓」字，石經非也。

028 栗實栗也　實，嚴本、通解俱作「寔」，與單疏述注合。

029 不拾級而下曰辵　辵，鍾本誤作「走」。

030 云栗實栗也者　實，單疏、通解、要義俱作「寔」。

031 032 士舉鼎去鼏於外次　鼏，唐石經、嚴本俱作「冪」，釋文作「鼏」。○入陳鼎于碑南南面西上　「南」字，唐石經、嚴本、集釋、通解、敖氏俱不重，徐本、楊氏俱重。敖氏曰「碑」下脱一「南」字。

033 論鼎入已載之事　浦鏜云「匕」誤「已」。

034 云去鼏於外次入者　鼏，單疏本作「冪」。

035 爲序入也　爲，單疏、通解俱作「謂」，是也。

036 士喪士虞皆入乃去冪者　士喪士虞，陳本作「士喪禮」，「禮」字下空一字。閩本作「士喪禮云」。

雍人以俎人

037 皆合執二俎以相從入　單疏、監本、通解俱無「入」字。

038 士虞亦云匕俎從　匕，誤作「七」。

039 或云士禮又異於大夫　云，單疏、監本俱作「可」。

040 舉鼎者兼執俎也　舉，陳、閩俱誤作「與」。 ×

041 大夫長盥洗東南○南面匕　瞿中溶云：「石本原刻『南面』下有『西上』二字，後磨改刪去。」

載者西面

042 左人也　嚴本、集釋、楊、敖俱無「也」字。 ×

魚腊飪

043 以饗禮用體薦則腥矣　「體薦」二字，單疏、要義俱重出。

載體進奏

044 則此亦用右胖肩臑臂肫骼脊脅可知　骼，閩本作「胳」。

魚七

045 乾魚近腴　近，陳、閩、葛本、通解、楊氏俱誤作「進」，釋文爲「近」字作音。

046 云縮俎者於人爲橫　閩本俱無下四字。 ×

047 進脊在北鄉賓　北，閩本誤作「此」。 ×

腸胃七

048 腸胃各七　胃，閩本誤作「略」。 ×

049 故腸胃各七　七，單疏、陳本、通解俱作「二」。 ×

050 既夕盛陳奠　陳、單疏、通解俱作「葬」。按，「葬」是。

倫膚七

051 謂精理滑脃者　脃，徐、陳、閩、監、葛本、集釋、通解俱作「脆」，釋文、嚴本俱作「脃」。按，說文：「脃，从肉从絶省。」作「脆」非也。

052 釋曰倫膚　倫，誤作「論」。

053 一止三鼎而已　一，單疏、陳、閩、通解、要義俱作「亦」。按，「亦」字是。

054 大夫既匕　匕，閩本誤作「七」。　×

卒盥

055 揖讓皆一　一，徐本、集釋、通解、楊氏俱作「壹」。

宰夫自東房授醯醬

056 以醯和醬者　以，誤作「已」。　×

賓辭

057 側其故處　「處」下，釋文有「也」字。　×

公立于序内

058 是示親監饌故也　示，單疏本作「亦」，通解作「示」。

宰夫自東房

059 謂爲虀　按，單疏本「爲」作「之」。

060 即今之蔓菁也　菁，陳、閩俱作「青」。

士設俎于豆南

061 不言綪錯　張氏曰：「釋文云『不綪』，中無『言』字，從釋文。」○按，疏有「言」字。

062 俎尊也　嚴本、楊氏俱無「也」字，與單疏標目合。集釋、通解俱有。　×

063 注亞次至尊也　尊也，單疏本作「俎尊」。　×

064 俎尊故也　俎，單疏本作「但」。

膚以爲特

065 直豕與腸胃東也　也，通解作「北」。

066 宰夫設鉶四于豆西　鉶，釋文作「鈃」。

067 注鉶菜至之器　陳、閩、監本俱作「注鉶菜和羹之器」。按，毛本亦因欲均齊字數而改。

068 牛藿　藿，閩本誤作「藿」。

宰夫右執觶

069 是優賓也　單疏、要義俱無「也」字，通解、楊氏俱有。

070 引燕禮者　「禮」下，要義有「記」字。

071 不同之而引燕禮記者　按，「同」字疑誤，或是「引」字。

072 此必傳寫者之誤　傳，通解、要義俱作「轉」，張淳作「傳」。單疏、張淳、要義俱無「之」字。

宰夫東面坐

073 注會簋至之西　單疏本不標經文起止。

074 簋蓋有六　蓋，要義作「會」。

075 謂之卻合　「卻合」二字，要義倒，下同。

贊者東面坐

076 辯抰于三豆　抰，閩本誤作「按」。

三牲之肺不離

077 刌之也　刌，徐本、集釋、通解俱作「刌」，下竝同。

078 壹猶稍也古文壹作一　「古」上，今本有「一」圈，不知何故。通解亦無。按，此節經注據士冠疏，則經當云「一以授賓」，注當云「古文一作壹」。今本與賈說不合，當由後人妄改。然諸本皆然，其誤久矣。

079 刲離之　單疏本無「離」字，通解有。

080 舉肺不切也　單疏本無「也」字，通解有。

081 絶末而祭之　末，單疏、通解俱作「末」。

祭飲酒于上豆之間

082 以在正饌之内　在正，單疏本倒。 ×

083 賓受兼一祭之　一，單疏、通解俱作「壹」。

084 是亦祭之也　監本無「也」字。 ×

公與賓

085 位序内階西　階西，各本誤倒。❶ ×

086 公與賓皆復初位　注位序内階西　單疏本。 ×

士羞庶羞

087 右執豆　右，誤作「石」。 ×

088 有司徹云　「有」上，單疏本有「或」字，通解無。

089 襍以粱麴及鹽　及，誤作「乃」。 ×

090 漬以美酒　漬，單疏、監本俱作「清」。按，周禮醢人注作「漬」，單疏非也。 ○ ×

先者反之

091 釋曰反之者　此段疏五十五字，今本俱誤作注。通解載此疏於下節注下。

先者一人升

092 注篚西至往來也　單疏本不標經文起止。今本俱無「往」字。 ×

093 以其黍稷西之北有稻　之，單疏、閩本、通解俱作「近」。按，「近」字是。

094 是稻與庶羞俱是加　「稻」下，單疏本有「粱」字，通解無。

095 俱在黍稷正饌之西　俱，單疏、監本俱作「而」。

096 是下不與正豆併也　浦鏜云誤衍「下」字。

097 下文賓左擁簠粱　簠，單疏、通解俱作「簋」。按，簠盛黍稷，簋盛稻粱。下經「簠」字，舊本俱作「簋」。

旁四列

098 胾爲切肉　爲，單疏、通解俱作「謂」。

膷

099 古文膷作香　膷，閩本誤作「腳」。×

炙南醢

100 綪之以次也　綪，閩、葛俱誤作「醩」。×

101 內則謂鮨爲膾　張氏曰：「注曰『肉則謂鮨爲膾』。按，監本『肉』作『內』，從監本。」膾，徐、陳俱作「會」，張淳、通解、楊、敖俱作「膾」。

102 然則膾用鮨　膾，徐本作「鱠」，誤。集釋上句作「鱠」，此句作「膾」。

103 注先設醢綪之以次也　單疏本不標經文起止。×

104 綪之以次　單疏本無「以」字，通解有。×

105 大凡醢配胾是其正　凡，單疏、通解俱作「汎」。×

衆人騰羞者

106 授先者一人　「一人」二字，監本誤作經，在下節首。

贊者負東房

107 復告庶羞具者　復，徐本作「隨」，集釋、通解、楊、敖俱作「復」。

108 自此盡兼一祭之　一，單疏本作「壹」。

贊升賓

109 注以公至升席　單疏本作「注以公命命賓升席」。×

賓坐席末

110 祭稻粱不以豆祭　以，嚴本、楊氏俱作「於」，與單疏述注合。陳本重「以」字。

111 祭加宜於加　「加宜」二字，徐本倒。陳本無「宜」字。集釋、通解、楊氏俱同今本。

112 注即就至於加　單疏本不標經文起止。×

113 釋曰云　「云」上，要義有「注」字。×

114 祭稻粱不以豆祭　以，單疏、要義俱作「於」。×

115 而云此加者　「云此」二字，單疏、要義俱倒。

贊者北面坐

116 壹壹受之　集釋「壹壹」作「一一」，下「兼一」作「兼壹」。

117 決上三牲之脯祭之　盧文弨改「脯」爲「肺」。

118 賓北面自間坐左擁簠粱　左，監本誤作「右」，「擁」誤作「擯」。簠，唐石經、嚴本、集釋、通解、敖氏俱作「簋」，與前「先者一人升」節單疏所引合。徐本、楊氏俱與今本同。石經考文提要曰：「曲禮『執食興辭』注引公食禮正作『左擁簋粱』。」

公辭賓西面坐奠于階西

119 侍食　侍，監本誤作「待」。×

120 注奠而至之事　以下二節，單疏本俱不標經文起止。×

賓三飯以湆醬

121 以殽擩醬　殽，徐、陳、通解、楊氏俱作「肴」，下同。按，殽者，相雜錯也，俗借爲肴饌字。閩、葛於此作「殽」，於下「不言其殽」又作「肴」，可見其無定也。後不悉挍。

122 釋曰每飯歠湆　「曰」下，單疏、要義俱有

「云」字。×

123 主人延客有載　客，陳、閩俱作「之」。有，單疏、通解、要義俱作「食」。○按，作「有」與曲禮異。

124 其禮食　禮，監本誤作「體」。×

125 彼大夫士與客燕食　單疏、要義俱無「彼」字，通解有。按，「彼」字當有。

126 贊爾黍　爾，監本誤作「而」。×

127 注云皆食黍也　浦鏜云脱一「食」字。

128 故下宰夫進醬　醬，單疏本作「漿」。○按，「漿」是也。

129 賓捝手　捝，唐石經初从木，後改。

宰夫設其豐于稻西

130 云酒在東者　「東」下，單疏、要義俱有「漿在西」三字，通解無。按，無者非。

131 賓坐祭　賓，徐本作「實」，誤。×

公受宰夫束帛以侑

132 復發幣以勸之　幣，閩本誤作「獘」。×

133 按大射禮　大，閩本作「上」。按，「射」亦當作「聘」。

134 公凡受於序端　盧文弨改作「公受几於序端」。按，「公凡受」三字當作一逗，言公凡有所受，必於序端也。觀疏下文自明。

賓降筵北面

135 北面於西階上　嚴本、敖氏俱無「西」字，徐本、集釋、通解、楊氏俱有。張氏曰：「疏云『西階上』。從疏。」

136 以待主君之命　主，閩本作「上」。×

賓降辭幣

137 粟階升聽命　粟，陳、閩、通解俱作「東」。○按，「東」字非也。鄭於彼注云：「粟階，趨君命尚疾，不連步。」

退西楹西

138 退西楹西東面立○注俟主至將降　單疏本。×

139 三逡巡也　巡，單疏本作「遁」。○按，聘禮注作「遁」。×

上介受賓幣

140 注從者至梧受　單疏本不標經文起止。×

141 賓入門左沒霤　沒，徐作「汲」，誤。×

升賓再拜稽首

142 注賓揖介入復位　以下兩節，單疏本不標經文起止。×

賓降

143 將復食　食，誤作「入」。

賓升

144 已食會飯三漱漿也　八字閩本夾行細書。

145 注卒已至稻粱　單疏本「已」字下有「也」字。×

146 以其簠盛稻粱　簠，陳、閩、通解俱作「簋」，誤。×

147 以其稻粱無會　要義無「以其稻粱」四字。×

不以醬湆

148 互相成也　成，徐、陳俱作「後」，誤。×

149 後言湆　「湆」下，嚴本、楊氏俱有「者湆」二字，與單疏述注合。

150 鄭意以黍稷是其正　「黍」上，單疏、要義俱有「庶羞」二字。

151 云後言湆或時後用者　「湆」下，單疏本有「者湆」二字。要義刪，存「云後言湆者」五字。

捝手興

152 注示親至侑幣　單疏本不標經文起止。×

153 云不以出者非所當得又以已得侑幣者　下十一字，今本俱脱，單疏本有，通解亦脱。

東面再拜稽首

154 更入門左没霤　單疏本無「更」字，通解有。

155 介逆出　逆，徐作「迎」，誤。×

有司卷三牲之俎

156 尊之至也　嚴本無「也」字。×

157 他時有所釋故　他，釋文作「它」，云「本又作他」。

158 注卷猶正釋故　正，陳、監俱作「至」，閩本作「止」。×

159 無所俎是一　一，陳、閩俱誤作「以」。×

160 云他時有所釋故者　他，單疏、要義俱作「它」，與釋文合。

上大夫

161 明日　單疏本卷二十六起。×

162 茆菹麋臡　麋，單疏本作「麇」，通解、要義俱作「麇」。○按，周禮注作「麇」，單疏是也。

163 仍有茆菹鹿臡在　鹿，單疏本作「麇」，陳、閩、監本、通解、要義俱作「麇」。下同。

164 一俎在特干俎東　干，陳、閩俱作「于」。

魚腸胃倫膚

165 云此以命數爲差也者　以，陳、閩俱誤作「一」。 ✕

166 惟有上下二文者　文，陳本誤作「大」，閩本誤作「九」。 ✕

167 公侯伯大夫也　「伯」下，要義有「之」字。

庶羞西東

168 古文毋爲無　爲，鍾本作「作」。

上大夫庶羞二十

169 青州人呼曰鴾母　州，閩本誤作「川」。 ✕

若不親食

170 使大夫致禮於賓館之事　監本誤重「大」字。 ✕

171 豆實實于甕○簋實實于筐　筐，徐、陳、閩、葛、楊氏俱作「篚」，唐石經、集釋、通解、敖氏俱作「筐」。按，注及疏内「筐」字各本皆同，則經文亦當作「筐」。

172 以食饌同列耳者　同，閩本誤作「司」。 ✕

173 宰夫自東房薦豆六　房，閩本誤作「方」。 ✕

174 故甕數如豆　陳、閩俱無「甕」字。

庶羞陳于碑内

175 於兔無矣　兔，單疏、陳、閩、通解、要義俱作「此」。按，「此」是也。

庭實陳于碑外

176 宜近内　宜，徐本作「且」，集釋、通解、楊氏俱作「宜」。

177 參分庭一陳之　單疏、監本、要義俱無「一」字。

178 擬於賓入内　於，單疏、通解、要義俱作「與」。

179 無儐　儐，唐石經、徐本、集釋、敖氏俱作「擯」，通解、楊氏俱作「儐」。説見聘禮。

明日賓朝服

180 亦謂食侑幣　「食」下，敖氏有「與」字。

181 注賜亦謂食侑幣　單疏本不標經文起止。×

182 拜食與侑幣　拜，誤作「賓」。

大夫相食

183 皆記異於君者　者，單疏、陳、監俱作「法」。

賓執粱與湆

184 上公食大夫降階下　「大夫」二字，單疏、陳、閩、通解俱重出。

受侑幣

185 又案左氏傳哀十七年　「哀」下，陳、閩俱有「公」字。

186 平敵相施　施，單疏、陳本、通解、要義俱作「於」。

其他

187 釋曰云其他　此段疏八十六字，今本俱誤作注。

188 賓受于堂無儐　儐，唐石經、集釋、敖氏俱從手，徐本、通解、楊氏俱从人。

記 亨于門外東方

189 主婦視膳爨於西堂下者　膳，單疏、陳本、通解俱作「饎」，閩、監俱誤作「饍」，要義作「膳」。○按，特牲饋食作「饎」不作「膳」，單疏是也。

司宮具几

190 掌宮廟者也　掌，誤作「宰」。宮，閩本、通解俱誤作「官」。×

191 今文萑皆爲莞　爲，釋文作「作」，與疏異。

192 云必以長筵者　按，注無「以」字。×

193 實在户牖之間　實，單疏、通解俱作「賓」。

194 故謂長筵也　浦鏜云「必」誤「謂」。

195 宰夫筵出自東房　房，誤作「方」。

196 司宫具几筵　具，監本誤作「其」。×

賓之乘車

197 侯伯立當前疾　按，大行人「疾」字，詩疏引作「侯」，是唐初人所見本作「侯」也。此疏亦作「疾」，未知賈氏原本如是，抑後人誤改歟？

198 199 鉶芼　鉶，釋文作「鈃」。○牛藿　周學健云石經「牛」字作「半」。○按，石經「半」字今已刓缺，蓋初作「半」，而後改爲「牛」也。藿，徐、陳、閩、葛、通解俱作「霍」，集釋作「藿」。徐本注仍作「藿」。

200 今文苦爲芐　芐，徐、葛俱作「苄」，誤。

簠有蓋幂

201 幂巾也　巾，誤作「中」。×

202 今文或作幕　幕，徐本作「鼏」，陳、監俱誤作「幂」，陳本疏亦作「幕」。釋文作「幕」，云「音莫」。×

凡炙無醬

203 已有鹹和　「和」下，釋文、集釋俱有「也」字，與疏異。×

204 卿擯由下　擯，監本誤作「賓」。×

上大夫庶羞

205 此記人復記之者　上「記」字，閩本誤作

「計」。×

09—206 以之食庶羞可也　以之，單疏本作「所以」。

校記

❶「階西各本誤倒」，「階西」原作「西階」，據學海堂庚申補刊本乙正。按，今核各本俱作「階西」爲是，此條校語疑有誤。

儀禮注疏校勘記卷十

覲禮第十

10—001 覲禮第十　單疏本與上同卷。

002 覲禮於五禮屬賓　「賓」下，集釋有「禮」字。

003 據此彼而言　陳、閩俱無「彼」字，要義有。盧文弨改「彼」爲「注」。

004 是以周禮太宰職云　要義無「職」字。

005 案周禮大行人云　要義無「云」字。

006 覲禮○迎于帷門之外　帷，石經補缺誤作「惟」。

007 小行人職曰　張氏曰：「注曰『小行人職日』。按，監本『日』作『曰』，從監本。」○按，嚴、徐、鍾本俱作「曰」。

008 則逆勞于畿　逆，徐本作「迎」。

009 璧無束帛者　束，重脩監本誤作「東」。

010 約近郊勞是大行人　約，閩本誤作「納」。

011 天子使世子郊迎者　要義無「者」字。

012 案王人職云　王，唯陳本作「玉」，不誤。

013 主國夫人　主，陳、閩俱作「王」。

014 是諸侯所執以致享　致，陳、閩俱誤作「執」。

015 市有館　「有」下，要義有「郊」字，非。

016 司儀諸侯之臣　侯，陳本作「公」。

017 相爲國客　客，陳、閩俱誤作「各」。×

018 今子草舍　子，陳、閩俱誤作「予」。×

019 以爲帷宮受勞之事也　「爲帷」二字，單疏、要義俱倒。

使者不荅拜

020 侯氏東階上西面聽之　面，誤作「向」。×

021 使者左還而立侯氏還璧　璧，誤作「壁」。×

022 以其東面致命而左還　命，誤作「面」。×

023 見侯氏將有還玉之事於己　侯，誤作「將」。×

侯氏乃止使者

024 上介出止使者　出，誤作「正」。×

025 則已布席也　張氏曰：「注曰『上介出止使者，則己布席也』。按，杭本『己』作『已』，從杭本。」○按，嚴、徐、鍾本、集釋俱作「已」。

026 遂從入廟之事　廟，單疏、陳、閩、要義俱作「朝」。

027 經不云上介出止使者　要義無「出」字。

使者降

028 其餘三馬　三，徐、陳、閩、葛、通解、楊氏俱作「二」，集釋作「三」。○按，疏作「三」。×

029 注騑馬至至朝　下「至」字，陳、閩俱作「於」，非也。×

030 案聘禮禮賓時　案，閩本誤作「然」。×

031 明三馬亦侯氏之士　三，陳、閩、監本、要義俱作「主」，誤。×

天子賜舍

032 今文賜作錫　「作」上，嚴本、集釋俱有「皆」字。

033 館亦宮室之事　宮，誤作「官」。×

034 但司空亡正文　單疏本、陳、閩、監本、要義、楊氏「亡」下俱有「無」字。

035 曰伯父　唐石經無「曰」字。

儐之束帛乘馬

036 無禮猶儐之者　儐，徐、陳、閩、葛俱作「擯」，誤。陳、閩疏同。

天子使大夫戒曰

037 卿爲訝者也　陸氏曰：「卿，或作鄉，非。」張氏曰：「監、巾箱、杭本皆作『鄉』，從釋文、嚴本。」

038 今文帥作率　今，嚴本作「古」。

諸侯前朝

039 受舍于朝　于，重脩監本誤作「子」。×

040 次以帷　帷，徐、陳、閩本俱作「惟」，誤。葛本亦作「帷」。

041 天子七廟　七，陳、閩俱作「太」。○按，「太」字非。

042 若然先公木主　若，陳、閩俱誤作「者」。×

043 后稷生非王　王，重脩監本誤作「土」。×

044 無大門外之外次　上「外」字，誤作「次」。×

045 掌王次舍之灋　要義無「王」字。○按，周禮作「掌王次之灋」，疏云「次者，次則舍也」。單疏本已誤衍「舍」字。

046 位於廟門外而序入　門，重脩監本誤作「曰」。×

047 **主則擇之** 擇，陳本誤作「澤」。 ×

048 **寡人若朝于薛** 于，監本誤作「子」。 ×

049 **侯氏裨冕** 裨，閩、監俱誤从示，注、疏竝同。

050 **上公袞** 袞，監本誤作「衮」。 ×

051 **孤絺** 陸氏曰：「絺，劉本作希。」○按，司服註讀「希」爲「絺」，以「希」爲字之誤。

052 **今文冕皆作絻** 注末嚴本有此六字，與單疏標目合。今本俱脱，徐本亦脱。按，「作」單疏標目作「爲」。

053 **注將覲至之東** 之東，單疏本作「爲絻」。 ×

054 **云裨之爲言埤者** 單疏本無「爲」字，要義有。按，各本註亦皆有。 ×

055 **其餘爲裨者** 裨，單疏本作「埤」，要義亦作「裨」。

056 **袞冕以下皆爲裨故云其餘爲埤** 要義「裨」作「埤」，「埤」作「裨」。按，註云「大裘爲上，其余爲裨」，以「裨」對「上」，則似當作「埤」。疏内除「云裨」之外，凡「裨」字疑皆當作「埤」。

057 **諸侯直有降龍而已** 直，陳本作「宜」。

058 **諸侯畫交龍** 侯，監本誤作「有」。 ×

059 **則此等及孤卿大夫絺冕玄冕者** 單疏本無「等」字，要義有。

060 **知祧則祝藏其幣** 祧，要義作「既」，與注合。

061 **卷幣實于篚** 篚，單疏、要義俱作「笲」。○按，聘禮作「笲」。

062 **此亦與彼同** 與，陳、閩俱作「無」。○

按，「無」字誤。×

乘墨車

063 以韋衣木　木，葛本誤作「本」。×

064 以朱白蒼爲六色　單疏本、聘禮疏引此句「蒼」作「倉」。

065 今文玉爲璧　璧，嚴本、通解俱作「圭」。

066 卿乘夏縵　夏，閩本誤作「丁」。×

067 封玉路金路象路之等　封，要義作「對」。

068 故以此弧弓張縿之兩幅　陳、閩俱無「此」字。縿，陳本誤作「驂」，閩空。

069 云弓衣曰韣者　韣，誤從韋。❶

070 云瑞王　王，陳、閩俱作「玉」。按，單疏亦作「玉」。

071 云纅　「云」上，要義有「后」字。

072 至爲六色　爲，要義作「於」。

天子設斧依于户牖之間

073 有繡斧文　繡，徐、陳、閩、葛俱作「屏」。集釋、通解、楊、敖俱作「繡」，與疏合。

074 置於依地　地，要義作「也」。

075 畫爲斧文　文，陳、閩俱誤作「又」。×

076 象古者白黑斧文　陳、閩俱脱「古」字。

077 以此方繡次爲之　此，單疏本作「比」。

078 今左右及立兩設之　按，單疏、要義「兩」作「而」，是也。

079 依前南鄉　鄉，誤作「饗」。×

080 紛如授　授，單疏、陳本俱作「綬」。○按，周禮注作「綏」，單疏是也。

081 削蒲弱展之　浦鏜云「蒻」誤「弱」。○按，蒻、弱古字通。考工記輪人曰：「故竑其幅廣以爲之弱。」注云：「弱，菑也。今人謂蒲本在水中者爲弱。」

082 桃枝簟　浦鏜云「席」誤「簟」。

083 孔傳曰　曰，單疏本作「云」。×

天子袞冕

084 故言總禫衣　言總，要義倒。

085 爲九章者　者，陳、閩俱作「首」，是也。

086 天子當宁而立　陳、閩俱脱「立」字。×

087 在朝在廟　朝，陳、閩俱誤作「廟」。×

嗇夫承命

088 上擯以告天子　「告」下，嚴本、集釋俱有「于」字，與疏合。

089 云未擯承命於侯氏　浦鏜云「末」誤「未」。×

090 行西陳介　行，單疏、陳本、要義俱作「門」。

091 若時會殷同　同，陳、閩俱作「門」。

092 天子曰非他　石經補缺脱「曰」字。

093 侯氏入門右坐奠圭　圭，閩、監、葛本俱作「主」。

094 入門右　「門」下，嚴本、集釋、通典、楊、敖俱有「而」字，通解無。

095 不敢由賓客位也　張氏曰：「監本『客』作『之』，從監本。」

096 卑者見尊　張氏曰：「釋文『見侯』注云『卑見

同』，『卑見』謂此也，中無『者』字。」

097 侯氏坐取圭○乃出　出，通解作「退」。

098 四享　單疏本卷二十七起。×

099 皆三享　三，徐本作「一」，誤。×

100 金也　金，徐、陳俱作「今」，誤。×

101 此地物　集釋無「地」字。

102 惟所有　「惟」下，集釋有「國」字。

103 所以誤作四者　陳、閩俱脱「者」字。×

104 欲證三享爲正文　正文，陳、閩俱作「文也」。

105 與此因覲致之與　下「與」字，單疏本作「同」。按，今本似誤讀上「與」字爲平聲，屬上句，故下句亦作「與」。

106 因祭即致享物　陳、閩俱脱「因祭」二字。

107 則小人行云　陳、閩俱無「云」字。×

108 各降其瑞一寸可知　寸，陳、閩俱作「等」。按，降一寸即降一等也，小行人疏云「上公九寸，降一等至八寸」是也。此疏上下言「降一寸」者屢矣，何獨於此而作「等」乎？

109 亦用璧琮者　用，陳、閩俱誤作「琮」。×

奉束帛

110 不敢斥王之乘　之，通典作「所」。

擯者曰

111 云亦言王欲親受之者　親，監本誤作「統」。×

侯氏升致命

112 授王人於外也　王，閩、葛、通解俱作「玉」。

113 至于享　至，徐、陳、閩、葛、集釋、通解俱作

「主」，楊氏作「至」。張氏曰：「按，疏云『今至于三亨』云云，詳其義，『主』字當作『至』。」

114 助玉受此四者　玉，陳本作「王」。

115 璧琮不授還爲輕財　單疏、要義俱無「授」字，陳、閩「授」俱作「受」。

116 而凡伯不賓　陳、閩俱無「而」字，「不」俱作「弗」。

117 服注云　陳、閩俱無「服」字。　×

乃右肉袒于廟門之東

118 无咎　无，通解作「無」，與單疏標目合。

119 注右肉至无咎　无，單疏本作「無」。　×

120 葬其子於羸博之間　羸，單疏、陳本、要義俱作「嬴」，是也。

121 无咎者　无，要義作「無」，下竝同。　×

122 ䷣　陳本、要義俱誤作「䷶」，閩、監俱誤作「䷰」。❷　×

123 无咎　无，單疏本作「無」，下同。　×

124 擯者謁諸天子〇歸寧乃拜　拜，唐石經、嚴本、通典、集釋、通解、楊、敖俱作「邦」，徐本誤同今本。

125 乃猶女也　女，葛本作「汝」。

侯氏再拜稽首

126 侯氏至降出　注王辭至勞也　單疏如此，今本「遂入門左」上有一圈，蓋因通解分節而誤。　×

127 士以帷　帷，閩本誤作「惟」。　×

天子賜侯氏以車服

128 革路云以封四衞木路云以封蕃國　陳、閩俱脫「以封四衞木路云」七字。

路先設

129 次車而東也　東，誤作「東」。

130 又何與之　與，嚴本、集釋、楊、敖俱作「予」。

131 多少由恩也　恩，誤作「思」。×

132 云几君乘車曰路者　几，單疏、閩、監俱作「凡」。按「乘」上注有「所」字。

133 君之居　居，陳、閩俱誤作「車」。×

134 宵濟　濟，監本誤作「齊」。×

135 齊侯使公子無虧　齊，閩本誤作「濟」。×

諸公奉篋服

136 以其言諸　其，誤作「共」。×

137 乘驛而見宣子　驛，單疏本作「馹」。○按，「馹」是「驛」非，説詳左傳注疏挍勘記。

138 夫謀而鮮過　鮮，誤作「解」。×

139 太史乃居其右　乃，誤作「又」。

升成拜

140 亦如此故鄭云此辭之類也　陳、閩俱無「故鄭云此」四字。

同姓大國

141 據此禮云伯父　云，誤作「曰」。「據」字，敖在「伯父」下，屬下句。

142 同姓大邦而言若也　若，要義作「者」。按，「若也」疑當作「若然」。❸

143 亦以此爲尊是也　也，要義作「此」。

饗禮乃歸

144 略言饗禮　饗，楊氏作「享」，下竝同。

145 上公三享　享，徐、陳、閩、葛、集釋、通解、敖氏俱作「饗」。

146 欲解經變食燕而言饗禮　饗，單疏、要義俱作「之」，是也。下同。

147 見王無故親享之　享，單疏、陳、閩、要義俱作「饗」。

148 至諸侯之國　國，陳、閩俱作「禮」。

149 諸侯與之饗食禮皆有幣　禮，單疏、陳、閩、要義俱作「燕」。

150 賓主之間　「主之」二字，陳、閩俱誤倒。✕

諸侯覲於天子

151 宮謂壝土爲埒　張氏曰：「注曰『官謂壝土爲埒』。諸本『官』皆作『宮』，從諸本。」○按，嚴、徐、鍾本俱作「宮」。

152 從上曰湙　浦鏜云：「按，秋官司儀職疏引此作『從上向下爲深』，義尤悉。」○按，通典巡守篇引此亦有「向卜」二字。

153 所謂神明也　神明，監本、集釋、楊氏俱作「明神」，與疏合。

154 則命爲壇　「命」字，徐本未刻，陳、閩、監本俱作「會」。爲，徐本作「焉」，集釋、通解、楊氏俱同毛本。

155 詔王儀　「詔」字，徐本未刻，嚴本「詔」。✕

156 故并言之　「之」下，陳、閩俱有「也」字。✕

157 殷見四方四方四時分來　「四方」二字，陳、閩俱不重出。

158 若如注　「注」上，單疏、要義俱有「此」字，是也。

159 亦謂帥已朝者諸侯而言也　謂，陳本誤作「未」。✕

160 冬禮月於四瀆於北郊　上「於」字，單疏、陳、閩俱作「與」，是也。

161 故職方氏令諸侯供待之事　供待，陳、閩俱作「共待」。

162 故名明　明，陳、閩俱誤作「則」。×

163 此樂解得名方明神之義也　樂，要義作「鄭」。

164 北面詔明神　詔，閩本誤作「謂」。×

165 司盟司慎不敬者盟司察盟者　要義作「司慎司不敬者，司盟司察盟者」。單疏本與今本同，唯「盟者」作「明者」。

166 及諸侯之盟祭也者　陳、閩俱無「及」字。

167 亦如此與　陳、閩俱無「與」字。×

方明者木也

168 而不以者　「以」下，通典有「此」字。

169 今於四方還依宗伯　四，誤作「西」。×

170 則上下之神　神，陳、閩俱誤作「禮」。×

171 謂天皇大帝在北極者也　北，閩本誤作「此」。×

172 謂蒼精之帝　謂，誤作「爲」。×

173 迎拜以爲明神　拜，閩本作「帝」。

174 故知非天帝人帝之等　陳、閩俱無「帝人帝」三字。

175 北面詔盥神　盥，單疏本作「盟」。○按，「盟」字亦非，周禮作「明」，鄭注云：「明神，神之明察者。」

176 覲禮加方明於壇上　覲，陳、閩俱誤作「親」。×

177 若然四方禮神　禮，陳、閩俱誤作「壇」。×

上介皆奉其君之旂

178 尚左皆建旂　徐本無「皆」字，陳、閩、葛本、集釋、通解俱作「者」，與疏合。楊氏作「皆」。

179 上揖庶姓　上，徐、陳、集釋、通解俱作「土」，閩、葛俱誤作「士」，閩本疏同。

180 以其覲禮廟門設儐　儐，單疏、要義俱作「擯」，下同。陳本此作「儐」，下作「儐」。❹

181 此與諸侯對面相見　面，誤作「門」。

四傳擯

182 王受玉撫王　撫王，徐、閩、監、葛、集釋、通解俱作「撫玉」。陳本「受玉」、「撫玉」俱作「王」，尤誤。

183 皆如覲禮　皆，閩、葛俱誤作「者」。×

184 子男俠門而俱東上　上，閩本誤作「士」。×

185 王官之伯帥之耳　張氏曰：「注曰『王官之伯帥之耳』。吉觀國所挍監本改『王』爲『曰』，未知孰據。篇末之注有『是王官之伯會諸侯而盟』，從諸本。」官，通解作「宮」。

186 古文傳作傳　傳，重脩監本誤刻作「傳」。

187 王既至作傳　王，誤作「上」。傳，單疏、要義俱作「傳」，與釋文不合。

188 案此上經　「此」下，要義有「文」字。×

189 天子乘龍載大旆　旆，唐石經、集釋、楊、敖俱作「旂」，注同，與疏合。張氏曰：「『載大旆』，諸本『旆』作『旂』，從諸本。」

190 王建大常　大，誤作「太」，下同。按，大讀如字，大常猶大旂也。今人讀他蓋切，非是。釋文無音。

191 繅藉尺有二寸　藉，徐、閩、葛本俱從竹。按，藉、籍諸本錯出，不悉挍。

192 由此二者言之　由，閩、葛俱誤作「曰」。×

193 不協而盟　協，閩本誤作「僞」。×

194 既盟則藏之　盧文弨云：「藏，戴校集釋依本文改『貳』，但疏云『司監之官覆寫一通自藏，擬後覆驗』，則注疏本自作『藏』。然『藏』即是『貳』，兩者俱可通，而『藏』字義較顯。」。○按，前「諸侯覲於天子」節疏引此句作「貳」。

195 則是大常　大，亦誤作「太」。×

196 故桓二年臧哀伯云　臧，閩本誤作「藏」。×

197 五等諸侯　侯，陳、閩俱誤作「儀」。×

198 長尋曰旐　旐，監本誤作「辰」。

199 是以此文亦略不言星　此九字陳、閩俱脱。×

200 杼上終葵首　杼，誤作「抒」。

201 當亦飾之以玉　當，陳、閩俱誤作「常」。×

202 以其朝必有拜　陳、閩俱重「朝」字。

203 是教天下尊敬其所尊者　下，陳、閩俱作「子」。

204 此覲禮加方明於壇上　加，陳、閩俱誤作「如」。×

205 則有盟事　盟，陳、閩俱作「明」。

206 乃更加方明於壇　加，陳、閩亦俱誤作「如」。×

207 王帥諸侯朝日而已　自此句「朝」字起，至下文「而朝諸侯」句止，凡二十六字，陳、閩俱脱。

208 及下文禮日之等　及，閩本誤作「反」。×

209 文當在宮方三百步之上　文，陳、閩俱誤作「受」。

210 會不協而盟故也　會，陳、閩俱作「爲」。按，陳、閩是。

211 言北面詔明神　明，陳、閩俱作「盟」。

212 則明神有象也　自此句起，至下文「詔明神」句止，凡二十二字，陳、閩俱脱。

213 案春官詛祝職云　詛祝，陳、閩俱誤作「祀」。

214 掌盟詛類造攻説禬禜之祝號　禜，閩本誤作「禜」。

215 盟詛主要誓　主，陳本誤作「土」，閩本誤作「士」。

禮日于南門外

216 此謂會同以夏冬秋者也　按，冬秋，疏作「秋冬」。

217 客祀也　客，嚴本、集釋、通解俱作「容」，與單疏述注合。通典作「祭」，誤。

218 既所禮各於門外　陳、閩俱脱「門」字。

219 客祀也者　客，單疏、要義俱作「容」。

220 上經云拜日　經，單疏、要義俱作「春」。

221 此經三時皆言禮　言，誤作「有」。

222 則有祀日與四瀆　與，閩本作「月」。

223 鄭據經三時　時，陳、閩俱作「等」。

224 故同爲明神也　明，單疏本作「盟」。

225 引詩者日明　日，單疏本作「曰」。

226 宋仲幾不受功　功，陳、閩俱誤作「攻」。

227 即云云　單疏本「云」字不重。

228 諸文無以月爲盟神之事　盟，陳、閩俱作「明」。按，盟誓必以明神爲信，故稱明神爲盟神。篇内「盟」、「明」二字諸本錯出，義既兩通，今悉挍之，以備参攷。

祭天燔柴

229 其盟揭其著明者　揭，徐、陳、通解俱作「愒」，與單疏述注合。集釋、楊氏从手。按，釋文音苦葢反，是讀爲「忨歲愒日」之愒，明係「愒」字。今本釋文亦誤作「揭」，唯宋本不誤。或曰「愒」當作「楬」，職金注曰「今人之書有所表識謂之楬櫫」。下「其」字，疏作「於」。

230 其神主山川也　主，誤作「上」。

231 月者太陰之精　者，通解作「乃」。

232 是王官之伯　王，通解作「五」。

233 各隨方向祭之　要義無「向」字。浦鏜改「向」爲「而」。○按，單疏誤作「西」。

234 此山丘陵云升者　山，陳、閩俱誤作「出」。

235 故兼言之　自此句起，至下文「以月爲神主」句止，凡十七字，監本脱。

236 故不言也　監本脱「也」字。

237 云其盟揭於著明者　揭，單疏本作「愒」。按，「於」注作「其」。

238 是樂爲下神之後　後，陳、閩俱作「神」。

239 三王之郊　三，閩本、要義俱作「二」。

240 云迎長日之至者　日之至，閩本誤作「至之日」。

241 鄭注云大猶徧　注，要義作「彼」，陳本作「披」。

242 燔祭既是日　祭，要義作「柴」。

243 案祀典歲二月東巡守　按，段玉裁校本作「堯典」。

244 注爲考績燔燎柴　「燎」字未刻。 ×

245 諸侯以山川爲主　單疏本無「川」字。

246 案襄十一年左傳云　一，閩本作「八」。○按，「八」字誤。 ×

247 又王官之伯　官，誤作「宮」。 ×

248 **記**几俟于東箱　記，徐本、要義俱作「設」。按，此下三句爲記文無疑，石經補缺亦作「記」。徐本作「設」者，殆因注而誤也。嚴本與徐本同，而張氏不加論辨，豈宋時諸本俱誤作「設」歟？俟，石經補缺、徐、陳、閩、葛俱作「侯」，亦誤。集釋、通解俱作「俟」。

249 宰夫筵出自東房　自，陳、閩俱作「日」，非也。 ×

250 几筵亦在東房　几，誤作「凡」，下同。 ×

251 其几且俟于東箱　俟，陳、閩亦俱誤作「侯」。 ×

252 案上文覲在文王廟中　「王」字未刻。 ×

253 明堂有五室四堂　五，陳、閩俱誤作「王」。 ×

254 據東都乃有明堂　陳、閩俱無「明」字，非。 ×

255 文王廟爲明堂制者　制，誤作「注」。

256 左旁與己同曰偏偏駕不入王門　左，監本、集釋、通解、楊氏俱作「在」，與疏標目合。

257 駕之與王同　王，重脩監本作「主」。 ×

258 謂之偏駕　集釋、楊氏俱重「偏」字。按，重「偏」字則當讀「謂之偏」爲句，而以「偏駕」二字屬下句。以疏攷之，此句宜作「謂之偏」，下句却無「偏駕」二字。

259 不入王門　入，重脩監本誤作「人」。

260 注在旁至館與　在，陳、閩俱作「左」。按下云「是據諸侯在旁與王同爲偏」，則作「在」爲是。

261 云左旁與己同曰偏者　左，單疏、監本、要義俱作「在」。

262 依周禮巾車　巾，誤作「中」。

263 掌王五輅　輅，單疏、要義俱作「路」，下竝同。按，陳、閩唯「四輅者諸侯乘之爲偏」句作「路」。○按，作「路」是正字，周禮本作「路」。

264 玉輅以祀　玉，誤作「王」。

265 乘墨車以朝是也者　車，單疏本作「路」，似誤。要義亦作「車」。

266 乘墨車而至門外　至，閩本作「舍」。

奠圭于繅上

267 謂釋於地也古文繅作璪　注末五字，諸本俱脱，嚴本有。

268 此解侯氏入門在　在，單疏本作「右」。

269 乃釋於地　乃，單疏本作「力」，似誤。

270 謂以韋衣木版　單疏本無「以」字。

271 非謂絢組尺爲繫者　絢，誤作「約」。

10—272 彼所以繫玉使固者也　單疏本無「使」字。

校記

❶「韝誤從韋」，學海堂本、南昌府學本同。按，「韝」從

韋不誤，核諸毛本儀禮注疏，「韋」似當作「革」。

❷ 此條校語疑有誤。毛本作「䷣」非也，陳本、要義作「䷲」爲是。

❸ 學海堂本、南昌府學本出文皆作「同姓大邦而言若也據文」，校語云：「『若』，要義作『者』。許宗彦云『若也據文』乃『若據他文』之訛。」

❹ 「陳本此作儐下作儐」，學海堂庚申補刊本、南昌府學本上「儐」字作「擯」。按，皆非也，據陳本儀禮注疏，下「儐」字當作「擯」。

儀禮注疏校勘記卷十一

11—001 **喪服第十一子夏傳** 釋文作「喪服經傳第十一」，單疏作「喪服第十一」，皆無「子夏傳」三字。瞿中溶云：「石本原刻作『喪服經傳第十一』，後磨改。」○按，隋書經籍志馬融等注喪服，其題皆曰「喪服經傳」，則此四字乃舊題也。疏云：「傳曰者，不知何人所作，人皆云孔子弟子卜商字子夏所爲。師師相傳，蓋不虛也。」若題中本有「子夏傳」三字，則賈氏何必云爾？此蓋唐石經誤改，而後人習焉不察也。又案，單疏本卷二十八起。

002 **鄭目録云** 「鄭」上，單疏、要義俱有「案」字。禮記疏引鄭目録俱有「案」字。儀禮惟此篇有之，正與禮記同例。今本删去，蓋誤認「鄭目録」云云爲注也。

003 **若全存居於彼焉己亡之耳** 按，下文又引此二句無「居」字，「己」下有「棄」字。

004 **大數未聞** 大，要義作「本」。按，「大」字不誤。

005 **且以七章明之** 七，陳、閩俱誤作「士」。×

006 **昔者先王未有宫室** 王，閩、監、通解俱誤作「生」。×

007 **又曰後聖有作** 曰，單疏、通解、要義俱作「云」。×

008 **葬之中野** 中，陳、閩俱作「於」。

009 **將由夫脩飭之君子與** 飭，單疏、要義俱作「飾」。○按，作「飾」與禮記三年問合。

010 **人道之至大者也** 大，單疏、陳本、要義俱作「文」。○按，單疏是也。❶

011 **又曰冠而弊之**　曰，要義作「云」。弊，單疏、陳本、要義俱作「敝」。按，郊特牲作「敝」。

012 **則唐虞已上**　陳、閩俱無「則」字。○按，無「則」字非也。

013 **白布冠而已**　「白」上，陳、閩俱有「則」字。○按，此句不當有「則」字。

014 **須明喪服二字**　明，閩本誤作「用」。

015 **是士以上爲義稱**　「爲」上，聶氏有「各」字，是也。

016 **雖不與同**　陳、閩俱無「與」字。

017 **生人制服**　「制」上，陳、閩俱有「爲」字。

018 **哀有淺深**　「淺深」二字，要義倒。

019 **斬有正義不同**　正，陳、閩、要義俱作「二」，通解作「斬有二，有正有義」，無「不同」二字。

020 **惟有正服四升**　服，單疏、聶氏、要義俱作「之」，通解作「服」。

021 **以配父**　「父」上，陳、閩俱有「其」字。

022 **爲夫之昆弟之長子殤**　長子，陳、閩、通解俱倒。

023 **故同義服也**　故，陳、閩俱作「皆」。

024 **小功亦有降有正有義**　「降」下，要義有「亦」字。

025 **緦麻亦有降有正有義**　「降」下，單疏本有「亦」字，通解、要義俱無。

026 **要不得以此升數爲敘者**　敘，陳、閩俱作「殺」。

027 **又明作傳之意**　意，陳、閩俱作「義」。

028 傳曰者　通解無「曰」字。按，單疏本因題中無「傳」字，故舉篇中「傳曰」二字釋之。黄氏删「曰」字，蓋未達賈氏之意。

029 語勢相連　連，單疏、要義俱作「遵」。

030 以證己意　意，單疏、通解、要義、楊氏俱作「義」。

031 六術精麤　陳、閩、通解、楊氏俱無「六術」二字。

032 北海郡高密縣人　海，陳、閩俱誤作「淄」。　×

033 漢僕射鄭崇八世孫也　崇，陳、閩俱誤作「宗」。　×

034 若傳義難明者　陳、閩俱無「義」字。

035 又在傳下注者　者，單疏本作「皆」，屬下句。

036 出注述者意耳　「述」下，陳、閩俱有「之」字。

喪服

037 者者　上「者」字，鍾本誤作「屨」。

038 明孝子有忠實之心故爲制此服焉　下六字今本脱，徐本、通典、聶氏、集釋、通解俱有，與本疏及疏序合。惟楊氏無。

039 以一苴目此三事　「以一」二字，陳、閩俱倒。

040 謂苴麻爲首經要經　「苴麻」二字，陳、閩俱倒。

041 冠既加飾　飾，陳、閩俱誤作「餘」。　×

042 濡韌中用　韌，單疏、通解、要義俱作「刃」。

043 已下諸章　章，閩本誤作「草」。　×

044 是以衰設人功之疏　浦鏜云「没」誤「設」，從下疏挍。○按，段玉裁校本作「説」。

045 絰又言麻之形體　絰，陳、閩俱誤作「經」。×

046 又見絰去麻之狀貌　「麻之」二字，要義倒。×

047 然此一絰　一，陳、閩俱誤作「以」。×

048 屨乃服中之賤者　通解無「者」字。

049 鄭君一解　君，陳、閩俱作「止」，是也。

050 裳廣四寸　裳，單疏、通解、要義俱作「衰」，是也。

051 非正當心而已　正，通解作「止」。按，篇中「止」字多誤作「正」。盧文弨謂唐人書「止」多作「正」，不必改。未知何據，俟考。

052 知一絰而兼二者　「二」下，要義有「文」字。

053 要首二絰俱解　陳、閩「俱」誤作「但」。×

054 亦首要並陳　「首要」二字，要義倒。

055 結項中　結，陳、閩俱作「頍」。○按，士冠禮注作「結」不作「頍」，疏同。

056 凶時有二絰　二，閩本誤作「一」。×

057 以彼頍項　彼，陳、閩俱作「後」。

058 天子朱裏終裨　裨，陳、閩俱作「辟」。按，玉藻作「辟」。

059 下末三尺用緇　尺，單疏、要義俱作「赤」。

060 革帶以佩玉佩及事佩之等　「玉」下，要義無「佩」字。

061 苴絰大搹　搹，單疏、要義俱作「鬲」，下同。

062 而無頍項　頍，閩本誤作「頗」。×

063 故此經具陳於上　經，陳、閩俱作「經」。

064 案此經凶服　陳、閩俱無「案」字，「凶」俱作「喪」。

065 傳曰斬者何　此傳三節，徐本、釋文、集釋、要義俱合爲一節，注總在傳後，與疏合。通解、楊氏俱與今本同。

066 左本在下　本，誤作「右」。

067 盈手曰搹　按，篇題疏云：「在傳下注，皆須題云『玄謂』以別傳。若在傳上注者，不須題『玄』義可知。」若然，傳下之注，注首本有「玄謂」二字。士喪禮「衆婦人户外北面」，疏引喪服記「傳曰：『小功以下爲兄弟。』玄謂於此發兄弟傳者」云云，尤可爲証。今本俱無，蓋後人所删也。又疑鄭氏原本傳注連寫，故題「玄謂」以示識別，與周禮同例，亦猶毛詩之「箋云」也。但詩箋必在傳後，故傳首不加「傳」字，此則有於傳上作注者，故傳首復加「傳曰」以別之。凡傳與注皆連寫，故傳下之注必揔在傳末，不得分一傳爲數節。

068 扼也　扼，釋文、要義俱作「扼」，下同。

069 070 絞帶者○冠繩纓　繩，徐本作「纓」，誤。○

外畢　畢，通典作「縪」。按，既夕記作「縪」。

071 居倚廬寢苫枕塊　釋文云：「塊，本又作凷。」

072 壘墼爲之　壘，集釋作「纍」。

073 不塗塈　塗，釋文作「涂」。

074 牡麻者枲麻也　陳、閩俱無「者」字。○

按，下傳有「者」字。

075 但經連言苴絰　絰，陳、閩俱作「經」，誤。×

076 經中有此二言　經，閩本誤作「絰」。×

077 則各從其人大小爲搤　各，誤作「名」。

078 以其首絰圍九寸　絰，閩本誤作「經」。

079 去一寸得四寸餘二寸　二，陳、閩俱誤作「一」。

080 總去一十一分　去，陳、閩俱誤作「云」。

081 與百二十五分破寸相當　二，閩本誤作「一」。

082 是以子夏作傳　作，陳、閩俱誤作「則」。

083 但斬衰之絰圍九寸者　寸，陳、閩俱誤作「十」。

084 爲母杖桐者　「杖桐」二字，陳、閩俱誤倒。

085 又案變除　「除」下，聶氏有「云」字。案，隋志有喪服變除一卷，葛洪撰。

086 削之使方者　「使」下，聶氏有「下」字。

087 鄭云如要經者　云，單疏、要義皆作「知」。聶氏「鄭云」作「必知」。

088 以其吉時五十以後乃杖　上「以」字，單疏本作「已」，要義作「以」。

089 何亦得仗　單疏、要義俱無「何」字。

090 爲之喪主　陳、閩俱無「之」字。

091 云輔病也者　單疏、要義俱無「云」字、「者」字。

092 此七者答有義意　浦鏜云「答」當「各」字之誤。

093 即此問杖者何是也　陳、閩俱無「此」字。

094 皆據彼決此　決此，陳、閩俱作「所決」。

095 禮有大宗小宗　「禮」下，陳、閩俱衍「後」字。

096 俱爲舊君　爲，閩本作「是」。

097 大夫爲舊君　「爲」字，陳、閩俱誤在「大」字上。

098 言其以道去君　道，誤作「雖」。

099 故舉何大夫之問也　舉，陳、閩俱誤作「與」。

100 云曷爲者　云，單疏本作「言」。

101 故舉曷爲之問也　故，陳、閩俱誤作「者」。

102 緦者其免也　陳、閩俱無「緦」字。○按，陳、閩非也。問服有「緦」字。❷

103 不踊不杖　踊，陳、閩俱誤作「痛」。

104 此亦謂童子婦人　「此」字下，陳、閩俱有「盖」字。

105 笄爲成人成人正杖也　「成人」二字，陳、閩俱不重出。○按，喪服小記重「成人」二字，陳、閩非也。

106 王肅以爲絞帶如要絰焉　焉，單疏、通解、要義俱作「馬」，屬下句。

107 則要絰五分去一爲帶　絰，閩本誤作「經」。

108 其鍛治之功麤治之　治，單疏、通解、要義俱作「沽」。○按，作「沽」與大功章注合。

109 菅菲也者　「者」上，單疏、要義俱有「外納居倚廬」五字，通解亦無。按，今本分節既與疏異，不得不刪易疏文。

110 云外納者　單疏、要義俱無此四字，通解無「云」字。×

111 云居倚廬者　單疏、通解、要義、楊氏俱無「云」字、「者」字。×

112 孝子所居在門外東壁　單疏、要義俱重「居」字，通解、楊氏俱不重。

113 自未葬倚於隱者爲廬　倚，單疏、陳本、通解、要義俱作「以」，通解「以」下有「前」字。○按，喪大記作「以」，無「前」字。

114 案周禮官正云　官，要義作「宫」，是也。×

115 此云衰三升枕塊　云，單疏本作「之」，要義作「云」。

116 必三日許食者　許，監本誤作「詐」。×

117 雖食猶節之　猶，通解作「由」。

118 水漿不入於口者七日　「者」字，單疏本在「七日」下。

119 云食疏食水飲者　陳、閩、通解俱無上「食」字。

120 當以足爲度　足，閩本誤作「是」。×

121 婦人除要帶　要，單疏、陳本、要義俱作「於」。

122 止舍外寢之中　止，誤作「上」。×

123 中月而禫而飲醴酒　陳、閩俱重「禫」字。○按，閒傳重「禫」字。

124 鄭五服之内　浦鏜云「鄭」下當脱「以」字。

125 升數至多　升，陳、閩俱誤作「外」。×

126 卿大夫自然皆爵也　卿，陳、閩俱誤作「通」。×

127 垂下爲纓著之冠也者　陳、閩俱無「著之冠也」四字。

128 兩廂各至耳　廂，單疏、通解俱作「相」。

129 今此注而云　而，陳、閩俱誤作「面」。 ×

130 從吉法也　吉，陳、閩俱作「古」。

131 小功以下左縫者　單疏、通解、要義俱無「縫」字。按，各本注俱有「縫」字。

132 大功以上唯唯　「唯」字，陳、閩俱不重。

133 小功以下額額然　額額，單疏、聶氏、通解、要義俱作「額額」，下同。

134 弔賓從外大門　大，單疏、聶氏、通解、要義俱作「入」。

135 落項前後　項，單疏、通解、要義俱作「頂」。○按，「項」字誤，「頂」字是也。

136 喪冠厭伏　「伏」下，陳、閩俱有「者」字。 ×

137 檀弓云古者冠縮縫　「檀」上，陳、閩俱有「禮」字。

138 則辟積無殺橫縫　殺，通解作「數」。

139 一銖爲十纍　纍，陳、閩、監俱作「絫」，下同。通解作「參」，下同。○按「絫」、「累」古今字，「參」者「絫」之誤。

140 升四銖八纍　升，單疏、通解俱作「并」。

141 屋下壘墼爲之　墼，誤作「塹」，下同。 ×

142 復平生時食　單疏、通解、要義俱重「食」字。

143 以其古者名飯爲食　陳、閩俱重「食」字。

144 亦見上下俱合故也　單疏本「亦」作「欲」，「合」作「含」。通解俱同今本。

145 父　單疏本卷二十九起。 ×

146 已外亦有嫌疑　有，單疏本作「皆」。×

147 二者無嫌疑　二，閩本誤作「三」。×

傳曰爲父

148 釋曰傳曰　單疏本此節與上節疏合爲一，無「釋曰」二字。

149 問比例　比，陳本誤作「此」。×

150 以父母恩愛等　以，要義作「於」。

151 比竝不例　不，陳、閩俱作「此」。例，要義作「同」。

諸侯爲天子

152 不兼餘君君中最尊上　「君」字，陳、閩俱不重。

傳曰天子

153 傳曰天子至尊也　釋曰　單疏本。×

傳曰君

154 注天子至曰君　單疏本不標經文起止。×

155 卿大夫有地者　陳、閩俱作「有地者卿大夫」。

156 大都任疆地　疆，單疏、要義俱作「畺」，後同。通解作「疆」。○按，周禮載師作「畺」。

157 故僕隸等爲其長　長，陳、閩、通解俱作「喪」，要義無。

父爲長子

158 若言大子　大，陳、閩俱作「天」。

159 則大子下及大夫之子　上「大」字，要義作「天」。

160 不言適子通上下　適，陳、閩俱作「世」。

傳曰何以三年也

161 故發何以之傳也　傳，陳、閩俱作「問」。

162 長子非極尊　「極尊」二字，單疏、要義俱倒。

163 以其父祖適適相承爲上　爲，陳、閩、通解俱作「於」。

164 己又是適　「己」上，陳、閩俱有「爲」字。

165 是有此二事　二，閩本誤作「三」。

166 即是爲祖後　即，陳、閩俱作「只」。

167 爲父後者之弟也者　要義無上「者」字，與注不合。

168 官師中下之士　士，誤作「下」。○按，祭法注作「官師中士下士」。

169 祖禰共廟不言禰　廟，陳、閩俱誤作「言」。

爲人後者

170 此出後大宗　「出後」二字，陳、閩、通解俱倒。

傳曰何以三年也

171 如親子可知也　單疏、通解、楊氏俱無「也」字。

妻爲夫

172 妻爲夫傳曰夫至尊也　釋曰　單疏本。

173 妻者齊也　要義無「者」字。

174 妾謂君　謂，唐石經、徐、陳、閩、葛、集釋、通解、要義、楊、敖俱作「爲」。

175 妾爲君傳曰君至尊也　單疏本。

176 與臣無異　無，單疏本作「爲」，通解作

「無」。

女子子在室爲父

177 子女也　「子女」二字，通典倒。

178 別於男子也　於，嚴本作「然」。張氏曰：「監本『然』作『於』，從監本。」

179 闕已許嫁　闕，徐本作「謂」，通典、集釋、通解俱作「闕」。張氏曰：「監、巾箱、杭本『謂』作『闕』。疏云『闕，通也，通已許嫁』。從諸本及疏。」

180 各單稱子　各，誤作「名」。 ×

181 今於女子別加一字　「女子」二字，陳、閩俱倒。

182 故雙言二字　字，單疏、陳本、要義俱作「子」。按，「子」字是。

183 通已許嫁　陳、閩俱脱「通」字。 ×

184 乃嫁與夫家也　與，單疏、通解俱作「於」，是也。 ×

布緦箭笄髽衰三年

185 篠也　「篠」下，徐本、集釋、楊氏俱有「竹」字。釋文、通典、通解、敖氏俱無。按，嚴本有「竹」字，與釋文不合，而張氏無説，蓋偶遺之耳。○按，段玉裁云「篠」上仍當有「箭」字。

186 則髽亦用麻也　徐本、集釋、楊氏俱無「也」字，通解有。 ×

187 蓋以麻自項而前　蓋以麻，徐本、集釋、楊氏俱作「以麻者」，通解與今本同。

188 深衣則衰無帶下　衰，集釋作「裳」。

189 今更言女子子　「子」字，陳、閩俱不重。按，「子」字當重。 ×

190 云箭笄篠也者　「篠」下，單疏、要義俱有

「竹」字。

191 用布爲免　爲，要義作「而」。

192 亦引小記括髮　記，誤作「説」。 ×

193 云凡服上曰衰　上，重脩監本誤作「此」。 ×

194 以其男子殊衣裳　衣，陳、閩俱誤作「及」。 ×

195 如今曲裾也　裾，誤作「裙」。 ×

傳曰緦六升

196 大夫士與妻用象　與，浦鏜改作「之」。

197 若然緦不言吉　然，陳、閩俱誤作「言」。 ×

198 故小記無折笄之法當記文　周學健云：「十一字蓋緣下文『故小記』三字而誤衍。」

199 入所不見　入，要義作「人」，通解作「入」。 ×

子嫁反在父之室

200 故須言三年也　陳、閩俱無「故須」二字。

201 鄭知遭喪後被出者　陳、閩俱無「遭」字。

202 則小祥亦如之者　單疏本無「則」字。按，依注當有「則」字，上文述注作「則小祥亦如之」。 ×

203 云既除喪而出則已者　陳、閩脱「云」字。 ×

204 仍爲父母不降知者　知，要義作「之」。

205 反爲君不降　反，閩本誤作「及」。 ×

206 猶曰不二天　曰，要義作「云」。 ×

公士大夫之衆臣

207 云士卿士也者　閩本脱下「士」字。 ×

208 天子諸侯下公卿大夫　「公」上，閩本有「有」字。

209 典命大國立孤一人　國，閩本誤作「夫」。×

210 211 傳曰公卿大夫室老士貴臣　「臣」下，通典有「也」字。○君謂有地者也　通典作「君有菜地者皆曰君也」。按，通典八十七卷五服成服篇及八十八卷斬縗三年篇兩引皆同。

212 孤卿大夫有采邑者　采，單疏、通解俱作「菜」，下同。要義作「采」。

213 使守后之宮門者也　后，陳、閩俱誤作「居」。×

214 不嫌相逼通也　陳、閩、通解俱無「通」字。

215 但其君已死矣　已，單疏本作「以」，要義作「已」。

216 未爵命得有嗣君者　爵，陳、閩俱誤作「得」。×

217 兼畿外諸侯公卿大夫也　外，陳、閩俱作「内」。公，單疏、陳本、要義俱作「下」。案，以下文考之，「外」字當從陳、閩作「内」。以前節疏考之，「下公」二字宜兼有之。

218 疏衰裳齊三年者　唐石經每章皆跳行，單疏本卷三十起。

219 以輕於斬　陳、閩俱作「輕於斬衰章」。

220 麤衰者　陳、閩俱脱「麤」字。

221 爲君三升半麤衰　陳、閩俱無「衰」字。

222 皆爲哀有深淺　哀，陳、閩俱誤作「衰」。×

223 云冠布纓者案斬衰　下七字，陳、閩俱脱。

224 疏取用草之義　陳、閩俱無「疏」字。

225 若然注云疏　五字陳、閩俱脱。

226 直釋經疏衰而已不釋疏屨之疏　經，單疏、通解俱作「經」，陳、閩俱脱「疏衰而已不釋」六字。

227 以其爲母稍輕　稍，誤作「稱」。

傳曰齊者何

228 此枲對上章苴　此，陳、閩俱作「以」。

229 屨蒯席　屨，陳、閩、通解、要義俱作「履」。○按，玉藻作「履」，單疏不誤。

230 始見人功沽麤之義　始，陳、閩俱作「姑」。

父卒則爲母

231 女子十有五而笄　「五」下，閩本有「年」字，依内則增也。

232 若前遭父服未闋　服，要義作「喪」，通解「喪服」二字並有。

233 女年二十三而嫁　年，通解作「是」。而，要義作「將」，通解作「而」。○按，單疏亦作「將」，通解是。

234 又服問注云　云，單疏、要義俱作「曰」，通解作「云」。

235 爲母乃申三年之驗三也　「三」上，單疏、要義俱有「是」字，通解無。

236 全不得思此義　要義無「思」字。

237 妄解則文説義多塗　通解無「義」字。按，此八字當四字爲一句，「妄解則文」者，謂妄解經文「則」字之義也。黄氏刪「義」字，則七字作一句讀，恐非。

傳曰繼母何以如母

238 即是牉合之義　牉，單疏、通解、要義俱作「片」，下節疏同。魏氏曰：「片合，下經云『牉合』，普半反。」

239 傳曰慈母者何也○如母死則喪之三年　如，閩、葛、通解俱作「慈」。按，傳文兩言「如母」，疏俱屬下讀，於文義未順。宜俱屬上讀，謂生養死喪，皆如母也。如此則通解以「如」爲「慈」之誤不辨自明。

240 此主謂大夫士之妾妾子之無母父命爲母子者其使養之不命爲母子則亦服庶母慈己之服可也　徐本、通典、集釋、通解、要義、敖氏俱如此，與疏合。今本脱二十字，衍一「也」字。楊氏與今本同。○通典、通解、敖氏「己」下俱有「者」字。

241 父在爲母大功　浦鏜云：「爲母，疏作『爲其母』，下句同。」

242 則不得立後而養他子　單疏、要義俱無「子」字，通解、敖氏有。

243 未有所識　識，陳、閩俱誤作「藏」。×

244 一非骨肉之屬　肉，單疏、陳本、要義俱作「血」，通解、敖氏俱作「肉」。

245 亦可命己庶子爲後　己，陳、閩俱作「也」。×

246 故知主謂大夫士之妾　謂，閩本作「爲」。

247 云其使養之　養，陳、閩俱誤作「義」。×

248 是庶母爲慈母服小功　陳、閩俱脱「爲慈母」三字。×

249 士父在已伸矣　士，閩本誤作「上」。×

母爲長子

250 不得過於子爲己　己，陳、閩俱誤作

「子」。

251 然者　陳、閩、通解俱作「而母爲長子不問夫之在否皆三年者」。按，此蓋黄氏臆改。

疏衰裳齊

252 此章疏衰已下　陳、閩俱無「下」字。

253 故須重列七服者也　七，陳、閩俱作「十」。

254 爲妻報以禫杖　妻，陳、閩俱作「夫」。○按，「夫」字非也。

255 故齊斬有異也　單疏、楊氏俱無「也」字。

傳曰問者曰

256 斬衰有三　徐本、集釋、通解、要義「斬」上俱有「見」字，「三」俱作「二」，並與單疏合。

257 正服大功衰八升　八，陳、閩俱作「七」。

258 與既葬衰升數同　「與」上，單疏、通解、要義俱有「皆」字。

259 緦麻十五升抽其半七升半　陳、閩俱無「七升半」三字。

260 見斬衰有三　三，單疏、要義俱作「二」。

261 素純曰長衣　曰，閩本誤作「白」。

262 若今褒矣　褒，閩本誤作「衣」。

263 又爲袪　袪，陳、閩俱作「袂」。○按，陳本非也。檀弓上注作「袪」。

264 士中衣用布　「用」上，單疏、陳、閩、通解、要義俱有「不」字。按，「不」字疑衍文。

265 若從經古文者注内疊出今文　陳、閩俱無下七字，閩本「從」作「然」。

傳曰何以期也屈也

266 故父雖爲妻期而除　陳、閩俱無「而除」二字。

妻傳曰

267 以其出嫁天夫　天，陳、閩俱誤作「夫」。×

268 爲夫斬　夫，陳、閩俱誤作「天」。×

269 傳意以妻擬母　擬，誤作「疑」。×

270 怪妻義合亦期　怪妻，陳、閩、通解俱作「妻惟」。

271 故發此之傳也　「此」下，陳、閩俱有「何以」二字。通解有「何以」二字，無「此」字。

272 云妻至親也者　單疏、要義俱無「者」字。×

273 父在子爲妻以杖即位可知也　知，單疏、要義俱作「是」。○按，單疏作「是」是也。喪服小記作「父在庶子爲妻」，此脱「庶」字。

出妻之子爲母

274 出妻之子爲母　釋曰　單疏本。×

275 此謂母犯七出去　去，要義作「出」。

276 子從而爲服者也　陳、閩俱無「爲」字。通解「爲」下有「之」字。

277 子無出母之義　陳、閩、通解俱無「子」字。

傳曰出妻之子爲母朞

278 傳曰至親也　「親」上，單疏本有「私」字。×

279 傳意似言出妻　似，陳、閩俱作「是」。

280 不合爲出母服意　陳、閩俱無「爲」字。

281 已有傳云正體於上　於，陳、閩俱作「與」。

282 況有服可得祭乎　服，單疏、要義俱作「故」，通解作「服」。按，「故」字是。

283 父卒繼母嫁從爲之服報　釋曰父卒繼母嫁　單疏本。 ×

284 暫時與父牉合　「時」下，單疏、要義俱有「之」字，通解無。牉，單疏、要義、通解俱作「片」。

285 無降殺之差　差，陳、閩、通解俱作「義」。

286 從而爲報　報，陳本、通解、要義俱作「服」。

傳曰何以期也

287 嘗謂母子　謂，徐、陳、閩、葛、通典、集釋、通解、楊氏俱作「爲」。 ×

不杖麻屨者

288 彼亦是異於上　彼，陳、閩俱作「從」。

289 不衰四升冠七升　七，陳、閩俱作「十」。

290 與十三年齊衰同者　陳、閩俱無「齊」字。 ×

291 爲母既虞　虞，陳、閩俱誤作「虛」。 ×

傳曰何以期也

292 祖爲孫止大功　爲，誤作「與」。止，陳、閩俱作「正」。

傳曰世父叔父

293 世父爲小宗典宗事者也　徐本、集釋、要義俱無「也」字，通解有。 ×

294 爲姑在室　「姑」下，徐本、集釋俱有「姊妹」二字，與疏合。盧文弨校疏云：「『姊妹』二字衍，宋本注中已誤。金曰追云『鄭於下昆弟節注云爲姊妹亦如之，疏云義同於上章姑在室也，則此之誤衍明矣』。」〇按，本疏據大功章爲姑嫁大功，明未嫁在此，不言姊嫁，則「姊妹」二字定屬衍文。但昆弟節注通典亦有「姑」字，恐傳本不一，不必與賈氏同耳。❸

295 傳曰至服也　「至」下，單疏本有「名」字。×

296 故加期也　陳、閩俱無「加」字。

297 以世叔父與二尊爲體　要義無「父」字。

298 與世叔父爲一體也　陳、閩俱無「父」字。

299 故云夫妻一體也　云，單疏、要義俱作「以」。

300 是夫婦牉合　牉，單疏、要義俱作「半」，下同。

301 四體謂二手二足　陳、閩俱無「體」字，非也。×

302 不成爲人之子之法也　單疏本重「人」字，要義不重。陳、閩、通解、敖氏「人」下俱無「之」字。

302 如爲齊衰齊衰三月章　「齊衰」二字，陳、閩俱不重。

大夫之適子爲妻

304 大夫之適子爲妻　釋曰　單疏本。×

傳曰何以期也

305 女子子嫁者以出降　「嫁」上，通典有「許」字。

306 發比例而問者　比，單疏本作「此」。×

307 以五十始爵　五，閩本誤作「王」。×

308 大夫之子即小功章云　小，閩本誤作「大」。×

昆弟

309 爲姊妹在室　「爲」下，通典有「姑」字。

310 弟第也　第，單疏、要義俱作「弟」，下同。通解此作「弟」，下作「第」。按，説文無「第」字，古者兄弟之弟與次弟之弟同字，後人不達六書之恉，妄爲分别，遂改此文。

爲衆子

311 女子在室　徐本、集釋、敖氏俱重「子」字，通解、楊氏俱不重。盧文弨云「在室」二字疏無。

312 注兼云女子之義　按，「之」疑「子」字之誤。

313 但上注鄭云　注鄭，陳、閩俱倒。×

314 喪服本文是士　本，單疏、要義俱作「平」。

315 故知不服　陳、閩俱無「知」字。

316 擇曰剪髮爲鬌　擇，陳、閩俱誤作「釋」。曰，要義作「日」，下「其曰」同。鬌，單疏、要義俱作「髻」，與内則合。

昆弟之子

317 昆弟之子　注檀弓至進之　單疏本。×

318 是以檀弓爲證　按，要義此下有「滕伯文爲孟虎齊衰」云八字。今疏無此説，唯通解於經傳後附載檀弓一條，要義蓋本諸此。當附注篇末，或别記於上方，抄本誤與疏文相連耳。

319 傳曰何以期也不敢降其適也○孫婦亦如之　之，石經補缺誤作「適」。

320 則皆爲庶孫耳者　單疏、要義俱無「皆」字。按，各本注俱有「皆」字。

321 故期不得斬也　陳、閩、通解俱無「期」字。

爲人後者爲其父母報

322 爲人後者爲其父母報　釋曰　單疏

本。

323 反來爲父母在者　反，閩本誤作「反」。❹按，「在」下疑脱「此」字。

324 325 傳曰何以期也〇特重於大宗者　特，唐石經、徐、陳、通典、集釋、通解、要義、楊氏、敖氏俱作「持」，與單疏述傳合。〇適人不得後大宗人，唐石經、徐、陳、閩、葛、通典、集釋、通解、要義、楊氏、敖氏俱作「子」。

326 感神靈而生　張氏曰：「監本『感』作『咸』，從監本。」

327 繫之以姓而弗別　繫，徐本、通解、要義俱作「繼」，通典、集釋、敖氏俱作「繫」。

328 云不貳斬也者　單疏、通解、要義俱無「也」字。

329 特重於大宗者　特，單疏、陳本、要義俱作「持」。

330 無兄弟相宗之法　無，陳、閩俱誤作「先」。

331 非直親兄弟又從父昆弟　「直」下，陳、閩、通解俱有「有」字，下同。

332 爲繼曾祖小宗　曾，閩本誤作「高」。

333 不服來事　服，單疏、通解、要義俱作「復」。

334 明宗子尊統領族人　單疏、要義俱無「族人」二字，通解有。

335 宗婦燕族人於房　要義無「宗」字。按，「宗」字當有。

336 遂廣申尊祖宗子之事也　「祖」下，陳、閩、通解俱有「以及」二字。

337 則知尊禰者　禰，陳、閩、監本俱誤作

「稱」。×

※※ 文王之世子　「之」字衍。

338 閑之六藝　之，單疏、閩、通解、要義俱作「知」。

339 謂論大宗立後之意也　「謂論」二字，要義倒。按，「論謂」疑當作「論爲」。

340 注都邑至然也　「至」下，單疏本有「道」字。×

341 故周禮載師有家邑小都大都　有，陳、閩俱誤作「者」。×

342 亦云邑曰築　要義作「亦曰邑邑曰築」。

343 三公爲上公九命卿爲牧爲侯伯七命大夫爲子男五命　單疏、要義俱作「八命爲上公九命爲牧八命爲侯伯七命爲子男五命」。

344 王者禘其祖之所自出　禘，陳、閩俱誤作「帝」。×

345 是后稷感東方青帝靈威仰所生　仰，陳、閩俱誤作「卿」。×

346 契感北方黑帝汁光紀所生　光，陳、閩俱誤作「無」。×

347 帝嚳後世妃姜嫄　嫄，單疏本作「原」。

348 屨青帝大人跡而生后稷　屨，陳、閩俱作「履」。

349 下猶近也者　單疏、通解、要義俱無「也」字。×

350 又上祭別祖於大祖而不易　於，單疏、陳本、要義俱作「子」。按，當云「又上祭別子爲太祖而不易」。

351 若宗子與族人　與，陳、閩俱誤作「於」。×

352 謂殷家不繫之以正姓　陳、閩俱無「殷」字。

353 下婚姻通也　陳、閩俱無「下」字。

女子子適人者

354 女子子至父後者　單疏本。×

355 傳曰爲父何以期也○婦人不能二尊也　二，唐石經、徐本、通典、集釋、通解、要義、楊氏、敖氏俱作「貳」。按，疏作「二」，恐亦是後人所改。

356 其爲父後服重者　服，徐本、要義俱作「持」，通典、集釋俱作「持」，通解作「服」。

357 各如其親之服　通典「服」下有「服之」二字。

358 與母同在不杖麻履　履，單疏、要義俱作「屨」。

359 更問不貳斬之意也　之，陳、閩俱誤作「者」。×

360 小宗宗內兄弟　內，閩本誤作「日」。×

361 遂爲之期　單疏、要義俱無「爲」字，通解有。

362 何須歸宗子　「子」下，陳、閩俱衍「夏」字。×

363 言是乃小宗也者　「也者」二字，單疏本倒。×

364 繼父同居者　單疏本卷三十一起。×

365 亦有嫁者　亦，單疏、通解、要義俱作「而」。

366 傳曰何以期也○異居則服齊衰三月

「月」下，唐石經有「也」字。

367 爲之築宮廟於家門之外　家門之外，通典作「家之門外」。

368 天不可二　天，徐、陳、閩、葛、通典、集釋、通解、楊氏、敖氏俱作「夫」。

369 此以恩服爾　此，誤作「比」。 ×

370 假令前三者皆具　皆具，單疏、要義俱作「仍是具」，通解與今本同。

371 其後或繼父有子　單疏、通解、要義俱無「其」字。

372 知此父死爲之齊衰三月　知，單疏、通解、要義俱作「如」。

373 可以託六尺之孤　單疏「託」誤「記」。 ×

爲夫之君

374 爲夫之君傳曰至從服也　釋曰　單疏本。 ×

375 皆稟命於君之夫人　人，閩本誤作「夫」。 ×

376 亦由君來　來，誤作「求」。 ×

377 不直言夫之君而言爲者以夫之君而言爲者　下八字今本脱，單疏、要義俱有。 ×

378 以夫之君從服輕　夫，陳、閩俱誤作「服」。 ×

379 問此例者　此，單疏、陳本、要義俱作「比」。

姑姊妹女子子適人無主者

380 姑姊至姊妹報　釋曰　單疏本。釋，閩、監、毛本俱誤作「傳」。 ×

381 女子子問在上不言報者　問，陳、閩、通解、要義俱作「間」。

傳曰無主者

382 傳曰至主故也　故，單疏、陳本俱作「者」。　×

383 仍依出降之服而不服加　不服，要義作「不復」。加，閩本誤作「如」。❺

384 而云適人者　去，要義作「言」，通解作「云」。　×

385 若言嫁乃嫁於大夫　「乃」上，單疏、要義俱有「之嫁之」三字，通解無。

爲君之父母妻長子祖父母

386 爲君之父母妻長子祖父母　釋曰　單疏本。　×

傳曰何以期也

387 則其父若有廢疾不立　「若」下，徐本、通典、集釋、通解、楊氏、敖氏俱有「祖」字。

388 父爲君之孫　「孫」上，通典有「子」字。

389 必以今君受國於曾祖　以，要義作「於」。

390 不取受國於祖者若今君受國於祖　下八字今本俱脱，單疏、要義俱有。要義無上六字。按，通解、楊氏此處俱經删潤，尚存下七字。

傳曰何以期也妾之事女君

391 故云無服者　「者」上，單疏本有「必無服」三字。

婦爲舅姑

392 使如事舅姑在下　「姑」下，通解有「故婦事舅姑」五字，單疏本有「故舅姑」三字，「婦事」二字空。

傳曰何以期也

393 傳曰至從服也　釋曰　單疏本。×

394 與子胖合　胖，單疏、陳本、通解俱作「判」。

傳曰何以期也

395 傳曰何以期也報之也　釋曰　單疏本。×

396 上世叔之下　「叔」下，要義有「父」字。

公妾大夫之妾

397 公妾大夫之妾爲其子　釋曰　單疏本。×

女子子爲祖父母

398 女子子爲祖父母　釋曰　單疏本。×

傳曰何以期也

399 知經似在室者　似，重脩監本誤作「以」。×

400 猶鄭注論語云　「猶」下，單疏本有「如」字。×

401 大夫之子　徐本、集釋俱經傳合爲一節，注揔在傳後，與單疏標目合。通解、楊氏俱同今本。

402 ○姑姊妹女子子無主者　「女子子」下，通典有「適人」二字。

403 凡六命夫　命，通典作「大」。按，經、傳皆以「大夫」與「命婦」對言，此「命」字當依通典作「大」。

404 大夫之子至於室矣　釋曰　單疏本。×　此兩節之疏，單疏本以釋經及傳者在前揔爲一段，釋注者在後揔爲一段。

405 爲此六命夫六命婦服期不降之事

命夫，單疏、通解俱作「大夫」，與通典合。

406 **注命者至命婦**　命婦，單疏本作「夫爵也」。　此一段單疏本在下節疏「故以貴言之也」下。

×

407 **一命受爵**　一，單疏本作「壹」。按，周禮作「壹」。

408 **君命其夫者**　「君」上，單疏、要義俱有「云」字。

×

409 **經云命夫命婦**　按，經不云「命夫」，此「命夫」亦當作「大夫」。

410 **但是大夫妻**　「大夫」二字，單疏、要義俱重出。

411 **皆是命婦也**　「是」下，單疏、要義俱有「命夫」二字。按，疏内惟此「命夫」不誤。蓋此乃作疏者解説之詞，非述經注也。

412 **凡六命夫六命婦者**　命夫，單疏本亦作「大夫」。

413 **六命夫謂世父一也**　按，上句述注既作「大夫」，則此句「命」字亦當作「大」。

414 **傳曰大夫者○女子子適人者**　張氏曰：「經曰『女女子適人者爲其父母期』。按，前章云『女子子適人者爲其父母』，此經下『女』字當作『子』，從前章。」○按，唐石經正作「女子子」，張氏不引以爲証，蓋不見唐石經故也。嚴、徐、鍾本亦皆作「女子子」。

415 **傳唯據女子子**　「唯據」二字，徐本、通典、集釋、通解、楊氏俱作「以爲主謂」。

416 **既已出降大功**　已，徐本、通典、集釋、通解俱作「以」，與疏合。徐本、集釋俱無「大功」二字，與單疏述注合，通典、通解俱有。通典「大」上有「在」字。按，以下句考之，則此句當依通典。

417 婦貴於室　婦，徐本、通典、集釋、通解俱作「妻」。

418 傳曰至室矣釋曰　單疏本無「至室矣釋曰」五字。此一段單疏本接上節疏「還服期也」下。×

419 故傳據其父爲大夫爲本　單疏本無「其」字。

420 此中無士與主妻　主，單疏本作「士」。

421 注無主至爵也釋曰　單疏本無此八字。此一段單疏本接上節疏「女子子六也」下。×

422 謂姑姊妹女子子也者　單疏本無「者」字。×

423 故知唯據此四人而言也云其有祭主者如衆人者自爲之大功矣　下十六字今本脱，單疏本有。通解有「其有祭主者自爲大功矣」十字。

424 既以出降大功　單疏本無「大功」二字。

425 此亦六命婦中有二母　二，陳、閩俱誤作「三」。×

大夫爲祖父母適孫爲士者

426 大夫全爲士者　釋曰　單疏本。×

傳曰何以期也

427 不敢降其祖與適　通典無「敢」字，與疏合。

428 大夫以尊降其旁親　以，閩本誤作「尊」。×

傳曰何以期也妾不得體君

429 有以尊降其父母者與　「以」字下，要義有「其」字，似衍。×

430 傳曰何以期也　「也」下，單疏、通解、要

義俱有「問者」二字。×

431 然則女君體君　句末單疏、通解、要義俱有「者」字。×

432 豈女君降其父母　「豈」下，單疏、要義俱有「可」字。

疏衰裳齊牡麻絰無受者

433 日月又少　「日月」二字，要義倒。×

434 又有舊君中兼天子諸侯　「舊君」二字，單疏本重出，通解不重出。

435 小記者　「小」上，單疏本有「云」字。×

寄公爲所寓

436 不可重言寄　「寄」下，單疏本有「公爲所寄」四字。×

傳曰寄公者何也

437 又更服之　更，徐本、通典、集釋、敖氏俱作「反」。○按，疏云「至葬更服」。

438 尊是諸侯　尊，單疏本作「等」。

439 黜爵削地盡　「削地」二字，單疏、要義俱重出。

丈夫婦人爲宗子

440 注婦人至宗也　「宗」上，單疏本有「大」字。×

441 442 傳曰何以服齊衰三月也　通解無「服」字。

○宗子之母在　子，石經補缺誤作「祖」字。

443 八十齊衰之事不與　衰，單疏、要義俱作「喪」，通解作「衰」。○按，王制是「喪」字，通解非也。

444 未年七十　未，誤作「末」。×

爲舊君

445 爲舊君君之母妻　釋曰　單疏本。×

傳曰爲舊君者

446 傳曰至君也　「君」上，單疏本有「小」字。✕

447 但今義已斷　但，單疏、要義、楊氏俱作「且」。

448 君之母妻　「君」上，單疏本有「云」字。✕

449 恩深於民故也　民，單疏本作「人」。按，賈疏應諱「民」字。

450 亦致仕之中有二也　「仕」下，單疏、要義俱有「是致仕」三字。

庶人爲國君

451 庶人或有在官者　通典作「庶人或有自在官者」，下有「謂工匠之屬也」六字。❻

452 天子畿内之民　畿，釋文作「圻」，云「本又作畿」。

傳曰何以服齊衰三月也妻言與民同也

453 傳曰至去也　「去」上，單疏本有「未」字。✕

454 怪其重　重，閩本誤作「妻」。✕

455 鄭欲解傳曰　曰，單疏、要義俱作「云」。✕

456 大夫越竟逆女非禮　女，要義作「婦」。○按，公羊傳是「女」字，要義非也。❼

457 故去可以無服也　也，陳本、通解俱作「矣」。

繼父不同居者

458 繼父已於期章釋訖　訖，單疏本作「了」，楊氏誤作「子」，通解作「訖」。

傳曰何以齊衰三月也

459 則曾祖大功　「大」上，徐本、通典、集釋、通解、楊氏俱有「宜」字。

460 高祖曾祖　通典作「曾祖高祖」。盧文弨云：

「通典先曾後高，與下言『曾孫玄孫』語相貫。」

461 法正言至殺也　「至」下，單疏本有「恩」字。×

462 曾祖宜小功也者　單疏、通解、要義俱無「者」字。×

463 其中含有高曾二祖而言之也　「高曾」二字，單疏、要義俱倒，通解與今本同。按「曾高」正與通典所引注合。

464 此尊尊者也　「此尊」二字，單疏、通解、要義俱倒。

傳曰何以服齊衰三月也大夫不敢降其宗也

465 傳曰至其宗也釋曰　單疏本。×

舊君

466 其妻長子爲舊國君言國　陳、閩俱無「言國」二字。×

467 庶人本繼上地　上，監本作「土」。○按，單疏亦作「土」。

468 本爲君歸其宗廟爲服　歸，單疏、要義俱作「埽」，下節疏並同。

469 傳曰大夫爲舊君○歸其宗廟　歸，唐石經、徐本、通典、集釋、通解、楊氏、敖氏俱作「埽」。○嚴杰云：「檀弓『穆公問於子思』節疏引亦作『埽』。」

470 謂三諫不從　謂，徐、陳、通解、楊氏俱作「爲」，通典、集釋俱作「謂」。

471 并言寄公　「并」上，單疏本有「故」字。

472 可以不服而服之　陳、閩俱無「而服」二字。

473 是以舊君　「以」下，單疏、通解俱有「此」字。

曾祖父母爲士者

474 曾祖父母爲士者如衆人○傳曰至其祖也　釋曰　單疏本。×

女子子嫁者未嫁者

475 女子子至未嫁　釋曰　單疏本。×

傳曰嫁者

476 此者不降　此者，徐、陳、通典、集釋、通解、楊氏俱作「此著」，與單疏述注合。嚴本作「止者」，恐誤。

477 又女子子爲祖父　又，陳、閩俱作「及」。「父」下，通解有「母」字，單疏本同。

478 傳亦不敢言降其祖父母傳不言不敢降其祖　次句末單疏本有「者」字。按此二句疑有誤，當云「傳亦不言不敢降其祖」，諸本衍九字。單疏本「者」字亦衍。通解衹有「傳不言不敢降」六字。又按，前「女子子」傳明言「不敢降其祖也」，此疏云云，亦不可解。

479 云此者不降　者，單疏、通解俱作「著」。

大功布衰裳

480 故於此略之　此，閩本誤作「比」。×

481 欲見殤不成人故前略後具　單疏本重「故」字。

482 殤女不縟　女，單疏本作「文」。

483 未可言布體與大功　大，單疏本作「人」，通解作「大」。

子女子子之長殤中殤

484 可殤者　殤，戴挍集釋改作「傷」。按，疏云「可哀殤者」，亦當爲「可哀傷者」。

485 子女子子之長殤中殤　注殤者至殤也　單疏本。×

486 欲使大功下爲有服故也　爲，單疏、陳本、通解俱作「殤」。

487 則大功下殤無服矣　矣，單疏本作「故」，通解作「矣」。

488 489 490 491 492 傳曰何以大功也未成人也何以無受也　瞿中溶云：「石本原刻『也何』作『何也』。」○其文縟　文，石經補缺誤作「未」。○故殤之經不樛垂　瞿中溶云：「石本原刻作『摎』，从手傍。」○爲無服之殤　「爲」上，唐石經、徐本、聶氏、集釋、要義、楊氏、敖氏俱有「皆」字。○則父名之　通解脱「則」字。

493 但此殤次成人　此，閩本作「比」。

494 有所識盼　盼，單疏、要義俱作「眄」，陳、閩、監本、通解俱作「盻」。按，玉篇云：「眄，俗作眄。説文：眄，目偏合也。」今俗以「眄」、「盻」、「盼」混爲一字，❽故遂誤爲「盻」。「盼」宜作「眄」。

495 至小祥及以輕服受之　及，單疏、要義俱作「又」，是也。

496 不絞帶之垂　「垂」下，單疏、要義俱有「者」字，通解無。

497 皆服未成服之麻麻帶　「麻帶」上，單疏、要義俱有「麻絰」二字。

498 蓋未成人也　單疏、要義俱作「蓋不成也」，閩本作「盖未成人也」。

499 及云女子子者　及，單疏本作「又」。通解無「及」字，亦無「又」字。

叔父之長殤中殤

500 自此盡大夫庶子　自此盡，通解、楊氏俱作「自叔父至」。

501 殤降一等　「殤降」二字，楊氏倒，要義無

「殤」字。

502 在大功　單疏、要義、楊氏俱無「大」字，通解有。

其長殤

503 其長殤至纓絰　注經有至無纓也　單疏本。×

504 則知成人大功已下經有纓明矣　下，單疏、陳本、通解俱作「上」。

505 通屈一條繩爲武　爲武，單疏本作「屈之武」，聶氏作「屬之於武」，通解作「爲武」。按，單疏本「屈」字蓋「屬」字之誤。通解作「爲武」與前注合。

506 垂下爲纓　單疏本無「纓」字，似脱。聶氏、通解俱有。

大功布衰裳九月者

507 凡天子諸侯卿大夫既虞　自此以下五十四字，徐本、集釋俱在下節注末，與單疏合。通解、楊氏俱與今本同。盧文弨云：「金曰追亦謂脱誤在此，文弨細審，當以在此者爲是，宋本不可從。」○按，此亦可爲傳注連寫之証，鄭於經下注云「受猶承也」，即載傳而釋之曰「此受之下也」，經注與傳注一氣相承。以下或釋經，或釋傳，皆發明受服之義。此注之變例，不必與他節同也。

508 非内喪也古文依此禮也　今本脱下六字。徐本、集釋俱有，與單疏合。通解、楊氏俱無。戴校集釋云「古文」下當有譌脱。

509 注受猶至喪也　單疏本無此五字。×

510 於此其言　其，單疏、通解俱作「具」。

511 云凡天子諸侯卿大夫既虞　自此至末共一百五十四字，單疏本在下節疏後。

512 經正言三月者　單疏本無「言」字，通解、楊氏俱有。

傳曰大功布九升

513 傳曰至十一升　注此受之至禮也　單疏本如此，無「注此受至麻同」六字。今本「受」下俱脱「之」字，「禮也」俱誤作「麻同」。　✕

514 明受盡於此義服大功　要義無「於」字。　✕

515 以其小功至葬　小，要義、楊氏俱作「大」，敖氏作「小」。按，單疏亦誤「大」。　✕

516 因故衰無受服之法　受，陳、閩俱作「之」。

517 不言受麻葛　「麻」下，單疏、要義、楊氏俱有「以」字。

518 故引之爲證耳　單疏本此下接上節疏一百五十四字。　✕

傳曰何以大功也

519 以其本朞　單疏本無「其」字。

520 故於此從薄爲之大功也　單疏、通解、楊氏俱無「從」字、「也」字。

從父昆弟

521 昆弟親爲之朞　昆，要義作「兄」。

522 又與己父爲一體　又與，陳、閩俱誤作「人而」。　✕

爲人後者爲其昆弟

523 故次之　次，陳、閩、監本、通解俱作「抑」。

傳曰何以大功也

524 傳曰至昆弟也　釋曰　單疏本。　✕

525 於昆弟降一等者　昆，單疏、要義俱作「兄」，通解作「昆」。

526 夫之祖父母　案，單疏本自三十二卷至三十七卷並缺，要義三十二卷是上節「適婦」傳曰「何以大功也」起。

527 故爲之大功也　「故」下，通解、要義俱有「妻」字。

傳曰何以大功也從服也

528 道猶行也言婦人棄姓無常秩嫁於父行則爲母行嫁於子行則爲婦行　下二十四字今本脱，徐本、通典、集釋、通解俱有，楊氏無。浦鏜云爾疋疏亦有。

529 是嫂亦可謂之母乎嫂猶叟也　上八字今本脱，徐本、通典、集釋、通解俱有，與疏合。通典「乎」下更有「言不可」三字。按，若無「言不可」三字，則空述傳文，殊覺無謂。注意言嫂者雖是尊嚴之稱，然竟謂之母則不可也，不過比之以老人耳。賈疏曰：「云『嫂者尊嚴之稱，是嫂亦可謂之母乎』者，此因弟妻名爲婦，以致斯問，言不可也。」此首尾述注，而中間釋其義。疏家每有此例，非杜氏取賈氏疏羼入鄭注也，宜補入。叟，釋文作「傁」。

530 叟老人稱也　「人」下，集釋有「之」字。

531 婦爲夫之諸祖父母服　服，陳本、要義俱作「報」。

532 則此夫所服朞不服報　不服報，要義作「不報限」。

533 以致斯問　問，閩本誤作「間」。 ×

534 引大傳云　「云」上，要義有「者」字。

535 姬姜之類　之，陳、閩俱作「子」。

536 大夫爲世父母〇子昆弟昆弟之子　「昆弟」二字，通典不重。

傳曰何以大功也尊不同也

537 此八者　八，陳、閩俱誤作「公」。 ×

公之庶昆弟

538 今繼兄而言弟　「弟」上，要義、通解、楊氏俱有「昆」字。

539 傳曰何以大功也○不得過大功也　瞿中溶云石本原刻無「過」字。

540 則庶亦厭而爲昆弟大功　「庶」下，要義有「子」字。

541 不得如舊讀也　陳、閩俱脱「讀」字。

542 欲見適中非一　一，誤作「二」。✕

爲夫之昆弟之婦人子適人者

543 婦人者　「人」下，徐、陳、通典、通解、要義、楊、敖俱有「子」字，集釋無。要義無「者」字。

大夫之妾

544 妾爲君之長子亦三等　等，徐、陳、通典、集釋、通解、楊氏俱作「年」。

545 指爲此也者　爲，要義作「謂」，下同，與注不合。✕

546 女子子嫁者未嫁者　瞿中溶云石本原刻無「女」字。❾

547 548 傳曰嫁者○妾爲君之黨服　「爲」下，通典有「女」字，前經及本傳兩注並同。按，喪服小記「妾從女君而出，則不爲女君之子服」，注云「妾爲女君之黨服，得與女君同」，亦有「女」字。○按，有「女」字非是，經云「君之庶子、女子子」，則是君之黨，而非女君之黨也。○下言爲世父母叔父母姑姊妹者謂妾自服其私親也　按，自「大夫之妾」至此，凡經傳共八十五字，讀者異説紛然，惟徐乾學、程瑤田説最確，而程説近始刊行，爲説尤詳。其言曰：「『大夫之妾爲君之庶子、女子子嫁者、未嫁者』，此一經也。『爲世父母、叔父母、姑姊妹』，此統於『大夫之妾』下，又一經也。傳曰『嫁者，其嫁於大夫者也。未嫁者，成人而未嫁者也。何以大功也？妾爲君之黨服，得與女君同。下言爲世父母、叔父母、姑姊妹者，謂妾自服其私親也』。此二經合爲一傳。鄭以前舊讀了然不誤，核之全經服例，無纖豪乖異。而鄭君無事自擾，致有逆降旁親之說，爲南北朝之口實，鄭實不得辭其咎。鄭以少一『其』字，而謂之不辭。賈公彦謂傳末二語乃鄭君置之，尤爲誤中之誤。」⑩

549 當言其以見之　見，徐本、通典、集釋、敖氏俱作「明」，下同。張氏曰：「注曰『當言其以明之』。又曰『足以明之矣』。按，釋文『見恩』注云『下以見同』。下無『以見』字，必是誤作『以明』也。從釋文。」○按，疏述注亦作見。

550 爛在下爾　通典「爾」作「耳」。×

551 今此不言其　陳、閩俱無「其」字。×

552 足以明之　陳、閩俱無「以」字。×

553 妾爲君之黨服　妾，閩本誤作「故」。×

傳曰何以大功也尊同也

554 不得祖公子者　張氏曰：「注曰『不得祖公子』。又曰『不得祀別子』。按，釋文云『不復，扶又反』。復謂此二句，『得』字誤也。『不得』者，禁止之辭也。公子禰先君，公孫祖諸侯，于禮爲僭，禁之可也。其曰『不得禰』、『不得祖』，宜也。若公子之子孫有封爲國君者，則後世不祖公子，人情然也，何用禁爲？『不復』云者，蓋既祖此，則不再祖彼爲爾。經于上『禰先君』、『祖諸侯』皆云『不得』，于下止言『不祖』，義可見矣。今改二句之『得』爲『復』，從釋文。」○按，張說當矣，但疏以「則世世祖是人，不得祖公子者」兩句爲疊傳，則「得」字、「者」字宜俱屬衍文，下句「得」字乃當作「復」爾。釋文不云「下同」，明注中止一「復」字。

555 不云夫人世子　夫人，閩本誤作「大夫」。×

556 云此自卑別於尊者也者謂適既立廟　自「者謂」至下「於尊者也」二十二字，陳、閩俱脱。

557 以其初升爲君　初，閩本作「祖」。×

558 又是父之一體　「父」下，陳、閩俱有「子」字。

559 以其與諸侯爲兄弟者　其，閩本作「昔」。

560 斬爲貴重　斬，通解、要義俱作「漸」。按，「漸」字是。

561 云卿大夫以下　云，陳、閩俱作「六」。

562 竝得祭其祖禰　此句下，通解、要義俱有「既不祖禰」四字。

563 不得祖公子者　按，「得」字亦疑衍。

564 此謂祭祖禰但不得禰祖先君也此謂鄭疊傳文也　按，上二句及末句「謂」字疑俱衍。

565 不得祀別子也者　按，此「得」字亦當作「復」，後人既改注，併改疏。

566 此解始封君得立五廟者　「五廟」二字，要義重出。

567 大祖一廟　要義無「一廟」二字。

568 則如其親謂自禰已上　「如其親」三字，要義重出。

569 云因國君以大祖尊降其親　要義無「大祖」二字，與注合。

570 而傳汎説降與公子之義　汎，閩本誤作「此」。

緦衰裳牡麻絰

571 案下傳云　案下，要義、通解、楊氏俱作「以其」。

572 傳曰緦衰者何以小功之緦也　段玉裁云：「之縷，唐石經已譌『之緦』。」程瑤田曰：「據注亦當依段改正。按，檀弓下云『請繐衰而環絰』，注『繐衰，小功之縷，而四升半之衰』，疏以爲約喪服傳文，則此『繐』字當爲『縷』字之誤。以疏考之，似賈氏時已譌矣。」⑪

573 而成布四升半　「布」下，徐本有「尊」字。

574 以服至尊也　徐本無「尊」字。張氏曰：「注曰『治其縷如小功，而成布尊四升半』。又曰『以服至也』。按，疏上句多一『尊』字，下句少一『尊』字。後記『繐衰』之注云『不敢以兄弟之服服至尊也』，與疏下句之義合。並從疏。」

575 故云注亦云　上「云」字，疑當作「此」。

傳曰何以繐衰也

576 何意服四升半而七月乃除　而，要義作「布」。

577 鄭云時聘者　「云」上，通解、要義俱有「注」字。　×

578 其士與卿大夫聘時作介者　「其」下，要義有「有」字，通解無。

579 小功布衰裳澡麻帶絰五月者　要義卷三十三起。　×

580 爲殤降在外小功　聶氏、通解、要義俱無「外」字。

581 自士以來　士，聶氏、要義俱作「上」。

582 且上文多直見一經包二　包，要義作「苞」，是也。通解作「包」。

583 入不言布帶與冠　入，通解、要義、敖氏俱作「又」。

584 吉屨無絇也　吉，陳、閩、通解俱作「言」。

585 乃絞垂　垂，陳、閩俱誤作「重」。　×

586 經注專據斬衰下殤小功重者而言

斬衰，陳、閩、監本俱作「齊斬」，通解作「齊衰斬」。

叔父之下殤

587 入人皆是成人期　入，陳、閩、通解、楊氏俱作「八」。

588 長殤下殤大功　下，通解、楊氏俱作「中」。

589 云爲人後者爲其昆弟　「弟」下，要義有「之長殤」三字。按，經云「爲人後者爲其昆弟」，李氏以爲「昆弟」下少「之長殤」三字，蓋据疏知之也。

590 今長殤小功　「長殤」下，通解、要義俱有「中殤」二字。

傳曰問者曰

591 此主謂丈夫之爲殤者服也　丈，徐本、通典、集釋俱作「大」，通解、楊、敖作「丈」。張氏曰：「疏作『丈』，從疏。」

592 在婦人爲服之親下　服，通解、要義俱作「夫」。

593 以此求之也者　「以此」二字，閩本擠刻，陳本脱「此」字。

昆弟之子女子子

594 中從上　上，要義作「下」，通解、楊氏俱作「上」。

大夫公之昆弟

595 此無服　通典「無」下有「母」字，通解「無」作「庶」。張氏曰：「注曰『公之昆弟不言庶者，此無服，無所見也』。按，疏云『若爲母則兼云庶，以其適母適庶之子皆同服。妾子爲母見厭不申，今此經不爲母服，爲昆弟以下長殤並同，故不言庶也』。考疏之義，『無』蓋『庶』字也，從疏。」○按，須如通典作「此無母服」，乃與疏合。張氏改「無」爲「庶」，雖云「從疏」，實非疏意。

596 **釋曰云大夫公之昆弟**　此段疏共六十五字，陳誤附上節疏末，無「釋曰」二字。×

597 **同等期不降**　期，通解、要義俱作「則」。

598 **而有兄弟殤者**　弟，陳本、通解、要義俱作「姊」，是也。

599 **是以冠成人而有兄姊殤也**　以，要義作「已」，通典作「以」。⑫

600 **則四十然後爲士**　士，要義作「仕」，通解作「士」。

601 **爲昆弟已下並同長殤**　下四字，張氏識誤引作「長殤並同」。

大夫之妾

602 **與此異**　異，重脩監本誤作「具」。×

603 **小功布衰裳牡麻絰即葛五月**　「月」下，唐石經、徐、陳、聶氏、集釋、通解、要義、楊、敖俱有「者」字。石經考文提要云：「五服提綱凡十見，俱有『者』字。」

604 **因改衰以就葛絰帶**　改，徐、陳、聶氏、集釋、通解、要義、楊、敖俱作「故」。案，前後疏内多言『故衰』，並據此注也。

605 **但以日月爲足**　足，聶氏作「促」。

從祖祖父母

606 **祖之兄弟**　此句下，要義有「故次之是以鄭言祖父之昆弟之親者云」十六字，通解、楊氏俱無。按，上云「從尊向卑」，此云「故次之」，謂次在前也。其曰「是以鄭言」云云，乃承上起下之辭。注内「祖父」二字平讀，從祖祖父母是祖之昆弟之親，從祖父母是父之昆弟之親。注一語包經兩句，故賈氏下文別釋「從祖父母」以明之。聶氏引此疏云：「從祖祖父母是曾祖之子，故知是祖父之昆弟之親也。」此删節疏文而失其意。

607 從祖父母者　要義重「祖」字，似誤。聶氏不重。×

608 是從祖祖父之子　「父」下，聶氏、要義俱有「母」字。

從祖昆弟

609 此是從祖父之子　「父」下，聶氏有「母」字，通解、楊氏俱無。要義「父」下有「祖」字，似誤。

610 以上三者　以，聶氏、要義俱作「此」，通解、楊氏俱作「以」。

爲外祖父母

611 不過緦麻　通解、要義、楊氏俱無「麻」字。

612 故言爲也　要義無「也」字，此句下有「猶若衆子恩愛與長子同退入期故特言爲衆子」十九字。⑬

613 傳曰娣姒婦者弟長也　釋文云：「弟，大計反，本亦作娣。」敖氏亦作「娣」。按，傳意似以弟訓娣，以長訓姒。敖氏謂此句釋娣婦之爲長婦也，下有脱文。此説誤甚，娣婦爲長婦，未之前聞。

614 以弟爲聲　陳、閩俱無「以」字，聶氏作「弟似爲聲」。按，當作「弟以爲聲」，「似」字即「以」字之誤。

615 則據二婦互稱　互稱，聶氏作「立名」，要義作「立稱」。

616 弟是其年幼也　閩本脱「弟」字。×

617 稱之曰娣　稱，要義作「謂」，通解作「稱」。

大夫大夫之子

618 姑姊妹女子本期　通解、要義俱重「子」字。

619 大夫之妾爲庶子適人者　「爲」下，唐石經初刻及通典俱有「君之」二字，通典「庶子」下有「女子子」三字。按，大功章云「大夫之妾爲君之庶子」，又殤小功章云「大夫之妾爲庶子之長殤」，注云「君之庶子」。此經注云「君之庶子，女子子也」。二經皆蒙大功章文省去「君之」二字，注特補之。通典以注入經，故於注不載首八字。

傳曰何以小功也君母在

620 若君母不在則不加　加，陳本、要義俱作「如」。

傳曰君子子者

621 此之謂也其可者賤於諸母謂傅姆之屬也　下十三字今本脱，徐本、通典、集釋俱有，與疏合。○按，釋文出「傅姆」二字。

622 且大夫公子不繼世　且，閩本誤作「耳」。 ×

623 則君子以士禮爲庶母緦也　聶氏、要義俱重「子」字。

624 是其本爲庶母緦麻也　陳、閩俱脱「爲」字。 ×

625 云可者　此句下魏有「彼注云可者」五字。 ×

626 子師敬示以善道者　敬，陳本、要義俱作「教」。按，内則注作「教」。

627 至其次爲慈母　要義「至」作「云」，此句下有「彼注云慈母」五字。

628 其爲保母者　「其」下，要義有「次」字。

629 則内則所云　「云」下，要義有「之謂也云」四字。

630 傅云以慈己加者　傅，陳、閩、要義俱作「傳」。者，要義作「若」。

631 別有食子者　食，陳、閩俱作「養」。

632 子大出見公宮　大，重脩監本誤作「夫」。×

633 故因論士之養子法彼注云　法彼注，陳、閩俱誤作「已具故」。×

634 賤不敢使人也　人，閩本誤作「入」。×

緦麻三月者

635 況緦服輕明亦澡麻可知　明，要義作「服」，通解作「明」。

636 於此緦麻　於，通解、要義俱作「與」。

傳曰緦者

637 不錫者不治其縷　聶氏無上「不」字。

638 衰在內也　衰，陳本、聶氏、通解、要義俱作「哀」。下兩言「在內」，一言「在外」，三「衰」字俱放此。

639 謂諸侯朝服緇布衣　要義無上五字，通解無「朝服」二字。緇，陳、閩俱誤作「之」。×

640 何得反絲乎　反，閩本誤作「及」。×

641 引雜記緦冠繰纓者　引，閩本誤作「用」。×

族曾祖父母

642 族祖父者　通典「父」下有「母」字，又此句上有「祖父之從父昆弟父昆弟之親」十二字。按，通典與疏合，惟重出「父昆弟」三字，當爲衍文。

643 高祖皆有小功之差　「祖」下，要義有「曾祖」二字。

庶孫之婦

644 注庶孫至下也　至，誤作「之」。×

645 庶孫者　「庶孫」二字，要義倒，似誤。×

從祖姑姊妹適人者

646 不見中殤　「殤」下，徐本、通典、集釋俱有「者」字，通解、楊、敖俱無。×

647 云不見中殤　「殤」下，要義有「者」字，與徐本注合，通解無。×

從父昆弟姪之下殤

648 中從下　句首徐本、通典、集釋、敖氏俱有「明」字，通解無。

649 長殤在小功　「長」下，通解、要義、楊氏俱有「中」字。

傳曰何以緦也傳曰與尊者爲一體

650 庶子爲母三年　「年」下，徐本、集釋俱有「也」字，與疏合。通解、楊、敖俱無。×

651 惟其親重而服輕　惟，要義作「惟」。

652 因是以服緦也者　陳、閩俱無「緦」字、「者」字。

653 庶子爲母大功者　要義重「子」字，通解不重。閩本無「大功者」三字。

654 大功章云　要義無「大功」二字，似誤。此與上條楊氏俱同今本。×

655 向來經傳所云者　者，要義作「言」。×

傳曰何以緦也以名服也

656 以其母名　其，陳本、通解、要義俱作「有」。

貴臣貴妾

657 此謂公士大夫之君也　此節全注，徐本、通典、集釋俱在傳下，通解、楊氏俱在此。

658 釋曰此貴妾　「此」字下，要義有「貴臣」二字。

659 注此謂至則已　此節疏，要義在傳疏之後，與徐本注合。

660 案曲禮曰　曰，通解、要義俱作「云」。×

661 士昏禮云　要義無「禮」字，通解有。

662 故曰貴妾姪娣也　曰，要義作「以」，通解作「曰」。

傳曰何以緦也以其貴也

663 以臣與妾不應服　以臣與妾，要義作「以臣妾言」。

664 答曰以其貴也　曰，要義作「云」。×

傳曰何以緦也以名服也

665 獨大夫之子有之　子，要義作「法」。

曾孫

666 據曾祖爲之緦　「據」下，要義有「彼」字，通解無。

父之姑

667 女子謂昆弟之子爲姪　昆，要義作「𡖖」，通解、楊氏俱作「昆」。

從母昆弟

668 答云以名服者　云，要義作「曰」。×

669 用從母有母名而服其子　用，通解、要義、楊氏俱作「因」。

傳曰甥者何也

670 故謂之姊妹之子爲甥　要義無上「之」字。

671 傳曰何以緦也報之也　「緦」下，唐石經、徐本、集釋、通解、要義、敖氏俱無「也」字，楊氏有。

妻之父母

672 爲外親女之夫服　要義無「之」字。

673 答曰從服　曰，要義作「云」。×

674 下次言舅　下，要義作「不」。

傳曰何以緦報之也

675 以出外而生故也　也，通解、要義、楊氏俱作「曰」。

舅

676 母之兄弟　兄，徐本、集釋、通解俱作「昆」，楊氏作「兄」。戴震按集釋云：「考篇内及爾雅釋親皆不稱兄弟，母妻之黨始稱之，又爲小功以下通稱，不宜溷同。」

傳曰何以緦舅之子

677 對姑之子云舅子　「舅」下，通解、要義俱有「之」字。

678 其子相施　施，陳本、要義俱作「於」，通解作「施」。

679 夫之姑姊妹之長殤

夫之姑姊妹　按，此節疏二十一字，複見於下節疏首。據要義合兩經爲一條，疏不複出，今本盖因通解而誤也。疏首無「釋曰」二字，其誤顯然，宜刪此而存彼。

680 夫之諸祖父母報　閩、葛俱脱「報」字。

681 諸祖父母者　徐、陳、通解、要義俱無「母」字，通典、集釋俱有。閩本「父母」二字擠刻。

682 從祖祖父母　按，通典此句下有「即祖之兄弟也從祖父母即父之堂兄弟也」十七字，又注末「妻從服緦」下有「於夫皆有名於己從輕遠故不復條目而總言諸祖也唯曾祖外祖父母不報」三十字，皆不類鄭注，盖杜氏所坿益，唯「從祖父母」四字宜據補。

683 外祖父母　程瑤田曰：「注及疏『外祖』字皆當爲『從祖』之譌。前小功章連言從祖祖父母、從祖父母，故此疏云『云從祖祖父母、從祖父母者，此依小功章夫爲之小功者也』。凡服必由近及遠，不當舍從祖父母而服從祖祖父母。況据傳外親之服皆緦，爲外祖父母小功者，以尊加也。其夫本加服，妻亦不當從服緦。又檢記文『夫之所爲兄弟服，妻降一等』條下，賈疏云『妻從夫服其族親，即上經夫之諸祖父母，見於緦麻章』。據此『族親』字，則注、疏兩『外』字爲『從』字之譌無疑矣。」〇按，段玉裁校本云：「當作『外祖父母』。正服小功，妻從服緦，此以外祖父母破曾祖父母之説也。外祖父母正服小功，見小功章。妻從服緦，見禮記服問『從無服而有服』注，賈作疏時未能正誤字耳。經明言『諸祖父母』，則『祖父母』三字成文。故注於内親舉從祖祖父母，於外親舉外祖父母，皆見小功章，妻從服緦麻，而兩祖父母報之。或欲以『曾祖父母』易去『外祖父母』，故鄭復辨之，言假令曾祖父母在内，則不得云報。言外祖父母在内，則與本經、禮記合。舉從祖祖父母，可以關從祖父母。舉外祖父母，可以關從母。皆見小功章，妻皆從服緦，皆報。」⑭

684 故緦麻也　此句下，要義有「云諸祖父者夫之所爲小功者妻降一等故緦麻者」二十字，通解有「夫之」至「緦麻」十四字。⑮

685 曾祖爲曾孫之婦無服　「無」下，要義有「降」字，通解無。

686 更爲成人而言　成，陳、閩俱誤作「或」。×

君母之昆弟

687 以其上連君之父母故也　浦鏜云「君」下脱「母」字。

傳曰何以緦

688 從於君母而服緦也　而服緦也，徐本作「而舅服之也」，集釋、通解俱與今本同。

689 君母之昆弟　要義無「之」字。

** 父母故亦同　「同」字誤在「故亦」下。

690 取於上傳解之也　要義無「於」字。

691 皆徒從之　要義無「之」字。

從父昆弟之子之長殤

692 同堂娣姒　堂，要義作「室」，通解作「堂」。

693 故緦麻也　要義無「麻」字，通典作「故服緦也」，通解與今本同。

傳曰何以緦也

694 皆明其成人也　明，徐本、通典、集釋、要義、敖氏俱作「服」，與疏合。通解作「明」。通典「服」上有「謂」字，與前小功殤注同。

695 若云長殤中殤降一等者　「若」下，通解有「然」字。

696 上殤小功注云　小，通解、要義俱作「大」。

記公子爲其母

697 縓緣三年練之受飾也　受，通典、敖氏俱作「采」，誤。

698 云練冠麻麻衣縓緣者　上「縓」字，陳、閩、通解、要義俱作「縓」，是也。

699 君之庶子也者　要義無「者」字，通解「者」作「然」。

700 則君之適夫人第二已下　二，陳、閩俱誤作「三」。

701 自與正子同　正，通解、要義俱作「出」。⑯

702 麻在首腰皆曰絰　「腰」上，要義有「在」字。按，鄭注有「在」字，要義是。

703 以其此言麻緦麻　「緦麻」下，通解、要義俱有「亦言麻」三字。要義「言」作「云」。

704 又見緦服　緦，要義作「司」。

705 故知已當小功布也　已，要義作「此」。

706 麻衣制同　「衣」下，要義有「與深衣」三字。

707 此服必服麻衣縓衣者　段玉裁挍本下「衣」字作「緣」。

傳曰何以不在五服之中也

708 公子以厭降　以，誤作「亦」。

709 餘五者爲賤妾也　按，要義於此下云「下又引齊王子有其母死」云云，今疏無此説，惟通解於經傳後附載孟子一條，與前不杖期章「昆弟之子」疏引孟皮事同。但要義於此云「下又引」，則似疏元有此語，尤不可曉。

※※ 三月而葬之王制文　「之」字衍。

大夫公之昆弟

710 以此求之也　徐本、集釋、通解、敖氏俱無「也」字。　×

711 注兄弟至求也之　監本無「也」字，與徐本注合。　×

712 上雖言之　上，通解作「以」。

713 故曰猶族親也　曰，通解作「云」。　×

714 皆非小功已下　「非」下，通解有「專據」二字。

715 716 爲人後者於兄弟降一等　於，要義作「爲」，與上節疏合。按，各本俱作「於」，賀循引亦作「於」。古於、爲二字通用，前注云「曾祖於曾孫之婦無服」，疏亦作「爲」。○於所爲後之兄弟之子若子　戴震挍集釋云：「古人昆弟不稱兄弟，凡稱兄弟皆疏遠者，上節注云『兄弟猶言族親』是也。所爲後之子者，其女子子也。所爲後之兄弟，則其族親也，舉遠以該近之辭。若言兄弟之子，則義不可通矣。通典載賀循引喪服制曰『爲人後者爲兄弟降一等，報。於所爲後者之子兄弟若子』。其所見記文未舛誤，今據以訂正。」盧文弨云：「石經已誤，疏亦沿誤，此條當附載於後。」○按，援通典以正此節之誤始於金榜，而戴震云「所爲後之子者，其女子子也」，其解未見的確。善乎程瑤田之言曰：「所爲後之子，設言所後者之真子也。真子之兄弟，小功以下之親也。今爲之服如真子一般，故云『若子』。兩『子』字非有二物。」如是而後此經可定。蓋合傳、記兩「若子」，而爲人後者之服畢舉矣。⑰

717 反來爲族親兄弟之類降一等　反，要義作「及」，通解作「又」，俱誤。

718 有不降服之嫌　「不」下，通解、要義俱有「敢」字。

719 兄弟皆在他邦　要義卷三十四起。

720 謂行仕也　要義無「謂」字。

721 同遊他國　「同」下，要義有「周」字。

722 從父兄弟之仇　兄，要義作「昆」。

傳曰何如則可謂之兄弟

723 嫌大功以上又加者也　「者也」二字，要義倒。

朋友皆在他邦

724 舊説云　集釋、要義、敖氏俱無「云」字。盧文弨云疏亦當刪。

725 主若幼少　少，要義作「小」。

726 鄭注謂服無親者　注，要義作「云」，陳本誤作「于」。

727 明爲之作主可知　作，陳、閩俱誤作「非」。

728 主人素冠環絰以視斂斂訖　「斂斂」二字，陳、閩俱誤作「見」。

729 主若幼少則未止者　少，要義亦作「小」，下「證主幼少」仍作「少」。陳本惟「證主幼少」作「小」，餘俱作「少」。

730 主若幼少不能爲主　要義無「少」字。

731 是二年之人小　二，陳、閩、要義俱作「三」。

732 以其有無大功已下之親　有，要義作「又」。

朋友麻

733 凡弔當事　凡，陳、閩、監、葛俱誤作「反」。×

734 則弁絰服　自「服」字起至下文「環絰也」止，凡十三字，陳、閩、監、葛俱脱。

735 緦麻也　麻，徐本、集釋俱作「衰」。

736 亦以錫衰爲弔服　錫，陳、閩、監、葛俱誤作「緦」。×

737 當事則弁絰　則，徐本、集釋俱作「乃」，與疏合。

738 素委貌冠加朝服　陳、閩、監、葛俱脱「冠」字。×

739 緇衣羔裘又曰　六字陳、閩、監、葛俱脱。

740 疑衰素裳　此句下，集釋有「冠則皮弁加絰」六字。浦鏜云：「下按周禮司服疏引此注有『冠則皮弁之絰』六字。」

741 則其弔服素冠委貌　陳、閩、監、葛俱作「則其冠素委貌」，與疏合。

742 如爵弁而素加環絰也　加，陳、閩俱誤作「如」。×

743 以三升布上玄下纁　「三」上，浦鏜云脱「十」字。

744 亦以三升布　「亦」字，陳、閩俱在「升」下。

745 以一股麻爲骨又以一股麻爲繩　陳、閩俱無兩「一」字。

746 故秦誓武王告諸侯云　秦，陳本、要義俱作「泰」。告，要義作「謂」。○按，當作「泰」。

747 亦有朋之義可知　「朋」下，要義有「友」字，是也。×

748 緦麻也　麻，要義作「衰」，與徐本注合。

749 玄盖謂無事其縷　要義無「盖」字。

750 有事其布哀在外　有，要義作「無」。

751 及殯時及弁經　浦鏜改下「及」字爲「乃」。段玉裁校本作「則」。

752 非此則皮弁　「此」字下，要義有「時」字。

753 故下取疑衰爲弔服也　「故」下，要義有「向」字。

754 是近天子之朝服　「是近」二字，要義倒。

755 云弁經皮弁之時　皮，誤作「反」。×

756 其服則白布深衣　要義無「其服」二字，「深衣」下有「以白布深衣」五字。

757 未辨緦衰疑衰所施用　「疑衰」二字，陳、閩俱重出。

758 君若有賜焉　賜，陳、閩俱作「錫」，下「賜恩」同。○按，陳、閩非也，士喪禮作「賜」。×

759 則君與此士有師友之恵　恵，要義作「恩」。

760 士唯疑衰　陳、閩俱脱「衰」字。×

761 有經有帶　下「有」字，要義作「無」。

762 袒弔服既著衰　袒，要義作「但」。

763 麻既不加于采　于，陳、閩俱誤作「是」。×

764 其以三衰所用　按，「其以」疑當作「以其」。

765 皆于朋友　于，要義作「是」。

766 則其帶未必如環　其，陳、閩俱作「有」。

767 爲士雖比殯不舉樂　不，陳、閩俱誤作「而」。

君之所爲兄弟服

768 室老似止君近臣　止，通解、要義俱作「正」。按，「止」疑「是」字之誤。

769 故從君所服也　故，陳、閩俱作「敬」。

夫之所爲兄弟服

770 是以母黨皆不服　「服」下，通解、要義俱有「之」字。

宗子孤爲殤

771 百世不遷收族者也　百世，陳本誤作「百也」，閩本誤作「者也」。

772 月本三月法一時　法，陳、閩俱誤作「去」。

773 以其父在無適子　無，通解、要義俱作「爲」。

774 適婦不爲舅後者　婦，陳、閩、監本俱誤作「父」。

775 則姑爲之小功　姑，誤作「始」。

776 云與宗子有期之親者　云，閩本作「元」，誤。

777 盡小功親以上　上，陳、閩俱誤作「下」。

778 至於小功親已下　「親」下，陳、閩俱衍「也」字。

779 殤與絶屬者同者　「同者」二字，陳、閩俱脱。

780 至下殤即入三月　至下，通解、要義、楊氏俱作「五月」，陳本誤作「王小」。

781 是以與絶屬者同　同，陳、閩俱誤作「日」。

782 故與絶屬者同也　同也，閩本誤作「爲宗」。

改葬緦

783 將亡失尸柩者也　尸，釋文作「屍」。徐本、集解、要義、敖氏俱無「者」字，⑱聶氏有。

784 改葬者　「改」上，徐本、集釋俱有「言」字。

785 其奠如大斂　奠，要義作「斂」。按，釋文云：「大斂，力驗反。」宋本釋文「大」作「其」，張氏從之，改「奠」爲「斂」，與疏不合。

786 注謂壙至除之　之，要義作「也」。按，各本注俱作「之」。

787 亦如大斂之奠　陳、閩俱無「之」字。

788 即設奠之禮朝廟是也又朝廟載柩之時　陳、閩俱無「朝廟是也又」五字。

789 飾以帷㡛　㡛，陳、閩俱作「荒」。

790 童子唯當室緦　按，此節及下「凡妾爲私兄弟如邦人」，要義併作一條，其注亦併爲一，未知何義。

791 案内則年二十故行孝弟　浦鏜改「故」爲「敦」。

傳曰不當室

792 此傳恐不當室與當室者同　通解「不」字在「與」字下。

凡妾爲私兄弟

793 目其族親也　目，徐本、集釋、要義、敖氏俱作「自」，與疏不合，非也。

794 女君有以尊降其兄弟者　「女」上，徐本、集釋、要義俱有「然則」二字。

795 與大夫之女　徐本、集釋、要義俱無「與」字。

796 爲天王后者　者，徐本、集釋俱作「也」，要義無。

大夫弔於命婦錫衰

797 知不弔命婦　「不」字，陳、閩俱在「婦」字下。

798 傳曰錫者何也麻之有錫者也　敖氏曰：「有錫，疑當作『滑易』，蓋二字各有似，以傳寫而誤也。鄭司農注司服職云『錫，麻之滑易者也』，其據此記未誤之文與？」○按，錫者，滑易也。有錫者，治其布使之滑易也。有即「有事其布」之有，若但云「麻之滑易」，則麻自滑易，不見有事其布之意。敖言先鄭作「滑易」，殊屬傅會。恐後人併據以改後鄭之本，故附論之。

799 錫者不治其縷　「錫」上，徐本、楊氏俱有「不」字。按，前「緦麻三月者」疏引此注，惟聶氏無「不」字，各本俱有。[19]

800 衰在外也　徐本無「也」字，亦與緦麻疏合。

801 士唯當事　唯，徐、陳、集釋俱作「雖」，與疏合。重脩監本誤作「准」。

802 皮弁錫衰而已　徐本無「弁」字。張氏曰：「監本云『皮弁錫衰』，從監本。」

803 則如朋友服　「服」下，徐本、集釋俱有「矣」字，與疏合。

804 又云錫者　陳、閩俱無「又」字。

805 皆皮弁衰而已　衰，要義作「言」。

806 亦是君於此士　「士」上，要義有「公」字。

807 上注士弔服　弔服，要義作「喪禮」。

808 又男子冠　又，陳、閩俱作「有」，誤。×

809 又笄總相對　對，要義作「將」。

女子子適人者

810 故使惡笄而有首　陳、閩俱脱「有」字。

811 齊衰已下　「齊」上，通解、要義俱有「則」字。

812 鄭注總六升象冠數　此句下，通解、要義俱有「則齊衰總亦象冠數」八字。

813 髽笄連言　陳、閩俱無「髽」字。×

814 傳曰笄有首者○吉笄者象笄也　吉，誤作「言」。

815 卒哭而喪之大事畢　喪，閩、監、葛本俱誤作「笄」。

816 吉笄尊變其尊者婦人之義也　十二字，徐本、集釋俱在「折其首者」上，通解無。盧文弨云：「案其語意，似今本爲是。若不先言折其首，則所謂變者何指？疏順文爲釋，與今本相合。」[20]

817 若然斬衰笄用箭　若，陳、閩俱誤作「笄」，無「用箭」二字。

818 齊衰用櫛　陳、閩俱無「齊衰」二字。

819 文承惡笄之下　文，誤作「妾」。×

820 乃折去首而著之也　首，要義作「笄」。

821 彼欂木與象櫛相對　此句下，通解、要義俱有「此櫛笄與象笄相對」八字。

822 但此用欂木彼用櫛木　按，「櫛」疑當作「榛」。

妾爲女君

823 妾爲女君之服　程瑶田曰：「妾爲女君見不杖麻屨章。爲君之長子經不見其服，故賈疏曰『妾爲君之黨服，得與女君同，爲長子亦三年也』。今疏作『妾爲女君之服』，蓋『君之黨』三字轉寫譌作『女君之』三字也。今据經傳服例參考改正。」○按，大功章「大夫之妾爲君之庶子」，疏云：「妾爲君之長子亦三年者，妾從女君服，得與女君同，故亦同女君三年。」此疏與彼正同，然則此句但須改「爲」字作「從」。若據小記注「妾爲女君之黨服，得與女君同」，則可於「之」下加「黨」字。

凡衰外削幅

824 內削幅者 「內」上，通解、要義、楊氏俱有「裳」字。

825 以其七幅布幅二尺二寸 陳、閩「七」俱誤作「士」，脱「布幅」二字。

826 則二七十四丈四尺 要義無「四丈」二字，通解、楊氏俱有。案，要義是。

827 故須辟積要中也 「要」上，通解、要義俱有「其」字。

828 任人麤細 任，要義作「在」，通解、敖氏俱作「任」。

829 治其絲麻 按禮運，當作「麻絲」。

830 便體者 便，陳、閩俱誤作「使」。

831 觀之美也 通解、要義俱作「覩之善也」，聶氏與今本同。

832 唐虞已下 下，聶氏作「上」。

833 左胸右末 右，陳、閩俱誤作「有」。

834 袞冕與爵弁爲祭服 袞，陳本、通解、要義俱作「六」。

835 其餘要間已外 餘，通解作「它」，要義作「實」。

836 似喪服三辟積無數也 服，陳本、要義俱作「冠」。「積」下，通解、要義俱有「吉冠辟積」四字。

若齊裳内衰外

837 而不言一斬者　「不言」二字，陳、閩、通解、要義俱倒。按，「而言」二字屬上「此據四齊」爲句，「一」字疑亦當作「言」。

838 以其上有斬　上，陳、閩俱作「止」。

839 下不齊　通解、要義俱無「下」字，陳本作「不不齊」。

840 齊既有針功　齊，陳、閩、通解俱誤作「衰」。×

841 而齊可知也　而，陳、閩、通解、要義俱作「亦」。

適博四寸

842 則與闊中八寸也　李氏曰：「濶中，或作闕中，謂闕去中央以安項也。」

843 旁出衰　「衰」下，徐、陳、集釋、通解、楊、敖俱有「外」字，與疏合。

844 謂比胷前衰而言出也　比，通解誤作「彼」。×

845 博是寬狹之稱　是，通解作「見」。

衰長六寸

846 釋曰衺長也　衺長也，陳、閩俱誤作「衰長者」。×

847 負在背者　「背」下，通解、要義俱有「上」字。×

衣帶下尺

848 取定爲限也　定，陳、閩、通解、要義、敖氏俱作「足」。

849 露見表衣　表，陳、閩俱誤作「喪」，通解作「裏」。

850 掩旁兩廂下際也　也，楊氏作「者」。×

衽二尺有五寸

851 燕尾二尺五寸　二，敖氏作「一」。按，敖氏是也。用布三尺五寸，兩端各留正一尺，中間一尺五寸，邪裁之爲燕尾也。但諸本皆誤，惟敖氏不誤。豈以意改之與？抑別有所據與？

852 故曰與有司紳齊也　曰，通解、要義俱作「云」。×

853 乃向下　通解、楊、敖俱無「向下」二字，要義有。

袂屬幅

854 謂整幅三尺二寸　三，聶氏、要義、楊氏俱作「二」，通解誤作「一」。

衣二尺有二寸

855 加闊中八寸　闊中，徐本、集釋、通解、楊氏俱作「辟領」。李氏曰：「辟領，賈氏作『闕中』。」

856 此衣據從上向掖下而言　通解無「此」字。

857 欲見袂與衣齊三也　三，要義作「參」，通解作「三」。

858 鄭注肘不能不出入　「注」下，通解、要義俱有「云」字。×

859 云加闊中八寸者　闊，聶氏、通解、要義俱作「闕」，是也。下同。按，盧文弨挍引李云：「闊，賈氏作『闕』，疏内皆作『闕中』。」

860 謂闊去中央安項處　項，陳本、通解俱誤作「頓」，閩本誤作「顯」。×

861 更以一相五尺二寸并計之　二，監本誤作「三」。×

862 彼當丈尺寸自見　見，陳、閩俱誤作「冕」。×

袪尺二寸

863 則袂末接袪者也　袂，閩本誤作「袪」。×

864 我則有姊之喪故也　陳、閩俱脱「有」字。×

865 既與深衣尺二寸既據橫而言　通解無兩「既」字。按，此處疑有錯簡，當云：「以袪橫據橫而言，既與深衣尺二寸同。」㉑

866 不言緣之深淺尺寸者　「者」下，要義有「同故」二字。按，「同」字當在上文「既與深衣尺二寸」下。故，即疏末「故記人」之故，要義節去末句，遂升「故」字於「緣口」之上耳。

衰三升

867 此三升半　半，閩本作「并」。陳本初作「并」，後改「半」。

868 是實義服　「是實」二字，要義倒。

869 齊服之降服四升　上「服」字，通解、要義俱作「衰」。

總衰四升有半

* 齊衰正服　「齊」乃「斬」字之誤。×

870 此諸侯之大夫　「此」字下，徐本、集釋、通解、要義、敖氏俱有「謂」字。

大功八升若九升

871 斬衰受之已下　已，徐、陳、閩、葛、集釋、通解俱作「以」。×

872 以此二小功衰　「功」下，陳、閩俱有「大功」二字，要義重「衰」字。

873 受衰十一升　衰，陳、閩俱作「冠」。

874 使義服小功至十四升　至，誤作

875

「正」。×

又云斬衰受之已下　已，陳、閩、通解亦俱作「以」。×

11—876

此衰之發於衣服者也　衰，通解作「衰」。

校記

❶此條校語以單疏作「文」爲是，南昌府學本以毛本作「大」爲是。

❷「問服有緦字」，學海堂本、南昌府學本同。案，「問服」當作「問喪」。

❸「按本疏據」以下至末，學海堂本、南昌府學本皆作：「許宗彥云：『姑姊妹連文，或姑姊，或姑妹，通稱姑姊妹，左傳以公之姑姊娶之是也。應是注脱二字，非疏衍也。』」

❹「反閩本誤作反」，學海堂本同，南昌府學本删此六字。案，下「反」字當作「及」。

❺南昌府學本删「加閩本誤作如」六字。

❻「字」原誤「子」，據學海堂本、南昌府學本改。

❼學海堂本、南昌府學本末皆增「凌曙云『來』内辭，當作『女』」九字。

❽「今」原誤「合」，學海堂本同，據南昌府學本改。

❾「字」，學海堂本、南昌府學本皆誤作「子」。案，文選樓後印本此葉換板，遂有此誤，學海堂本、南昌府學本皆承其訛。

❿「按自大夫之妾」以下至末，學海堂本、南昌府學本皆作：「按，此二十一字乃鄭所引舊讀之文，與下『此不辭』相連，皆爲注文，而上節鄭注『舊讀』以下三十二字，當次於傳文『女君同』之下，則一氣相連，曰言曰下言，文義顯然矣。鄭引此舊讀而破之曰『此不辭』，蓋鄭破舊説而欲顛倒傳文也。自寫者誤分注爲兩截，竄『舊讀』三十二字於『傳曰』之前，而又誤鄭注『下言』二十一字爲傳文，遂爲學者大疑。向使此二十一字爲傳，則舊讀甚是，鄭若破之，是破傳，非破舊讀矣。鄭不言傳誤，而但言舊讀誤，是傳必不與舊讀合矣。蓋鄭意謂傳『何以』至『君同』十

六字爲『庶子』以下之傳文，而誤爛在『女子子』節『嫁者』至『者也』十九字傳文之下。唐以前寫校之人麤淺不審，因爛下之文，遽疑『下言』二十一字爲傳文，而爛在下耳。今依舊讀則少『其』字爲不辭，依鄭讀則顛倒傳文，未嫁逆降，更招駁議。然不必論此是非，但論鄭注古本爲何如，必是誤注爲傳也。新舊二説是非，與此無涉也。元於乾隆五十八年校太學石經，即立此説，删此二十一字，見石經校勘記中。及元督學山東，覆校石經者又復增入。此外近儒諸説紛歧，皆非也。」

⑪「以疏考之」以下至末，學海堂本、南昌府學本皆作：「許宗彦云：『傳解爲小功之緦，注解治縷如小功，此遞相解。若傳文爲縷，則可不更注矣。蓋緦兼縷及升數兩層也。段、程皆誤。』」又前文「按」字，學海堂本、南昌府學本皆作「之」，屬上句。

⑫「通典作以」，學海堂本、南昌府學本同。案，今核通典無此文，疑「通典」當作「通解」。

⑬「與」字原脱，「九」原作「八」，學海堂本同，據南昌府學本補、改。

⑭學海堂本、南昌府學本末俱增：「許宗彦云：『曾祖父母齊衰三月，是尊尊之義，其正服是小功。若外祖父母小功，乃是加服，其正服當緦。此明載上傳，鄭氏不誤，段説非也。』」又前文「皆報」二字，學海堂本、南昌府學本俱作「者服」。

⑮學海堂本、南昌府學本「二十」皆作「廿」，俱無「夫之至緦麻」五字。案，此因文選樓後印本增補校語，爲遷就行款而删。然無此五字，則文義不足。

⑯學海堂本同。南昌府學本末增：「○按，『正子』有誤作『出子』者，無作『世子』者。此本作『世子』，誤也，今改從毛本。蓋長適固多爲世子，然左氏云誓於天子則爲世子，未誓於天子則爲公子，故有世子而非適長者，可知適長不得輒稱世子也，鄭故以正子言之。」

⑰學海堂本、南昌府學本末俱增：「許宗彦云：『昆弟之子舉其親，兄弟之子舉其疏，記文本不誤。』」

⑱「集解」，學海堂本、南昌府學本同。案，當作「集釋」或「通解」，或「集釋、通解」。

⑲學海堂本句末有「者非」二字。

⑳「盧文弨云」以下至末，學海堂本、南昌府學本皆作：「許宗彦云：『變者，以吉笄易惡笄也。注先解

吉笄爲婦人之義，後乃解折首爲其太飾，語勢相承，徐本是也。』」

㉑學海堂本、南昌府學本末俱增：「許宗彦云當作『不言緣之深淺尺寸者，以袪據横而言，既與深衣尺二寸同，故緣』云云。」

儀禮注疏校勘記卷十二

12—001 士喪禮第十二　要義卷三十五起。 ×

002 喪於五禮屬凶　「凶」下，集釋有「禮」字。

003 吉凶賓軍嘉　「賓軍」二字，通解倒。 ×

004 亡則以緇長半幅　半，誤作「百」。

士喪禮

005 疾時處北牖下　牖，釋文、集釋俱作「庸」。陸氏曰：「本又作墉。」徐本、通典、通解、敖氏俱作「墉」。

006 死而遷之南牖下　南，徐、陳、釋文、通典、集釋、通解、楊、敖俱作「當」。○按，室制南有牖，而北無牖。或亦有之，謂之向，毛詩傳及説文皆云「向，北出牖也」。故既夕記作「北墉下」，喪大記作「北牖下」。若作「北牖」，則近室之牖宜稱南以別之。若作北墉，則不必言南牖也。據疏内稱南牖、北牖者非一，似可兩通。

007 大斂所并用之衾　通典無「并」字。

008 必皆於正處也　皆，通解作「歸」。○按，喪大記作「皆」，不作「歸」。

009 疾時處北牖下死而遷之南牖下　要義「北牖」作「北墉」，「南牖」作「當牖」，並與徐本注合。

010 一衾承薦於下　承，誤作「尸」。 ×

復者一人

011 招魂復魄也　魄，閩、監俱誤作「魂」。 ×

012 當十有二人也　「十有」二字誤倒。

** 識之而來反　「反」下衍「衣」字。

013 故復者皆服也　「皆」下，監本、要義俱有「朝」字。 ×

014 皮弁服也　弁，閩本誤作「弃」。 ×

015 陳服於房中西牖下　浦鏜云「墉」誤「牖」。 ×

016 不用大裘而冕　大，誤作「犬」。 ×

＊＊ 鄭鞠衣展衣褖衣至褕狄　許宗彥云：「當作『鄭注云用稅衣上至褕狄』。」

017 孤之妻與九殯　盧文弨改「殯」爲「嬪」。

018 若凡常時衣服　要義無「時」字。

019 衣裳各別　「衣」上，陳本有「今」字，閩本有「令」字，並誤。 ×

020 今此招魂取其便　陳、閩俱脱「今」字。 ×

升自前東榮

021 婦人稱字　字，鍾本誤作「子」。 ×

022 以其死者　其，誤作「某」。 ×

023 受用篚　篚，唐石經、徐本、通解、楊、敖俱作「篋」，釋文、集釋俱作「篚」。陸氏曰：「本或作篋。」石經考文提要定作「篋」，云喪大記注「司服以篋待衣于堂前」可證。

復者降自後西榮

024 降因徹西北扉　釋文云：「扉，扶未反。本或作扉，音非。」

025 用爨之　用，通解、要義、楊氏俱作「而」。○按，喪大記作「用」，通解非也。

026 而云扉用筵　扉，誤作「不」。 ×

楔齒用角柶

027 爲將含　釋文曰：「含，本亦作唅，後放此。」

028 恐其口閉急也　急，楊氏作「結」。

綴足用燕几

029 爲將履　履，徐、陳、通典、集釋、通解、楊氏俱作「屨」。

030 又按周禮天官玉府　禮，要義作「官」。

**奠脯醢醴酒　此節疏内「此始死俱言」之下脱「脯醢」二字。

031 奠脯至尸東　要義有此五字。按，單疏殘缺，每節標目皆無可考。要義偶有此五字，故録之。

乃赴于君

032 赴告也　「告」上，敖氏有「走」字。鍾本「告」作「古」，誤。按，敖氏蓋据既夕注增入。

有賓則拜之

033 若不因命赴者　若，通解誤作「者」。×

034 入坐于牀東　牀，誤作「堂」。

035 是其衆主人直言在其後　要義無「是其」二字。

親者在室

036 父兄姑姊妹子姓在此者　「在」上，楊氏有「之」字。

037 謂大功以上　此句下，要義有「者以大功以上」六字。

038 上汼據死者妻妾子姓也　子，陳、閩俱誤作「之」。×

君使人弔

039 掌三公孤卿之弔勞　此句下，要義有「鄭云王使往」五字。○按，五字當有。

040 鄭探其意　意，誤作「義」。×

041 有寢門者外門者　要義無「外門者」三字。案，似當作「知寢門非外門者」。

主人哭拜稽顙成踊

042 凡九踊也　此句下，要義有「喪服小記爲父母長子稽顙大夫弔之雖緦必稽顙者三」廿二字，蓋從他書録入，非疏文。

君使人襚

043 按左傳隱公元年　要義無「公」字。

044 貝玉曰含　貝，閩本誤作「具」。　×

045 046 主人拜如初○升降自西階　「自」下，徐本有「階」字。○即位如西階下　如，唐石經、徐、陳、集釋、通解、楊、敖俱作「于」。

親者襚

047 論大功兄弟　陳本無「弟」字。閩本「弟」字擠入。

048 庶兄弟襚○委衣于尸東牀上　尸，閩、葛俱誤作「户」。

049 即衆兄弟也　即，通典作「則」。

朋友襚

050 親之恩也　通典重「親」字。

徹衣者

051 按此徹衣之文　文，閩本誤作「人」。　×

爲銘

052 大夫之所建也　「夫」下，通典、集釋、敖氏俱有「士」字。○按，據周禮司常注，則「士」字當有。

053 故以其旗識識之　徐本無「故」下「以」。「識」字，通典、楊、敖俱不重。　×

054 無旗　旗，徐本、通典、集釋、通解、楊氏俱作「旌」。

055 在棺爲柩　在，楊氏誤作「有」。爲，通典作「曰」。

056 今文銘皆爲名末爲旆也　今本脱「皆爲名末」四字，徐本、集釋俱有。集釋「未」作「末」。通解「末爲」二字未刻，餘與徐本同。案，「未」乃「末」字之誤，集釋是。

057 此引銘證旌者　「銘證」二字，要義倒。

058 云無旗　旗，要義作「旌」，與徐本注合。

059 但布幅二尺二寸　二，誤作「三」。

060 曲禮文　「曲」上，要義有「下」字。

061 竹杠長三尺置于宇西階上　敖氏曰：「宇，屋檐也，不宜與『西階上』連文。『宇』字蓋因『于』字而衍也，周官小祝職鄭司農注引此無『宇』字。」浦鏜云：「記檀弓設披節疏引此亦無『宇』字，敖言是也。」○按，先鄭本或與後鄭異，檀弓疏所引自據小祝注爾。

甸人掘坎于階間

062 中庭之西　「中庭」二字，敖氏倒。

063 皆有司屬吏之等　「皆」下，要義有「是」字。

064 新盆槃瓶廢敦重鬲　盆，通典作「瓫」，注及下同。

065 槃承渜濯　張氏曰：「監本『渜』誤作『澐』。案，釋文『渜，奴亂反』。從釋文及諸本。」

066 鬲將縣於重者也　徐本、敖氏俱無「於」字，通典、集釋、楊氏俱有。張氏曰：「釋文前『重』字注云『於重同』，則此『重』字上有『於』字，從釋文。」

067 知廢敦敦無足者　足，誤作「疋」。

068 此時先用煮潘沐　「潘沐」二字，要義倒。

陳襲事于房中

069 讀爲緈屈也　徐本、集釋、通解、楊氏俱重「緈」字，敖氏不重。

070 江沔之閒　釋文云：「沔，音緬，水名也。一本作沱，大何反，江别爲沱。」

071 於户東西領南上　户，閩本誤作「尸」。南上，要義作「西鄉」。

鬠笄用桑

072 桑之爲言喪也　喪，誤作「中」。✕

073 以鬠爲鬠　鬠，閩、監俱誤作「髻」，下放此。✕

074 皮弁爵弁笄　「皮弁」下，要義亦有「笄」字。

布巾環幅不鑿

075 反其巾而已　反，徐本作「及」，集釋、通解俱作「反」。張氏曰：「注曰『及其巾而已』。案，疏『及』作『反』，從疏。」○按，通典亦作「反」。

076 是士之子親含　含，誤作「舍」。✕

077 078 掩練帛廣終幅　廣，誤作「纊」。○長五尺　五，陳、閩、葛本俱誤作「伍」。

079 掩裹首也　也，通典作「者」。

080 爲將結於頤下　於，徐本作「放」。

081 又還結於項中　張氏曰：「注曰『又還結于項巾』。按，監、杭本『巾』作『中』，從監、杭本。」

瑱用白纊

082 對緼是舊綿也　綿，要義作「絮」。

幎目用緇

083 讀若詩曰葛藟縈之之縈　曰，徐本、聶氏、集釋、通解、楊氏俱作「云」。「之」字，徐本、通解俱不重，聶氏、集釋、楊、敖俱重。

084 爲可結也古文幎爲涓　下五字，今本脱，徐本、集釋、通解俱有。○按，釋文出「爲涓」二字。

085 鄭讀從葛藟縈之之縈者　「之」字，要義不重，與徐本注合。

握手用玄纁裏

086 牢讀爲樓　案，尒疋釋詁：「摟，聚也。」釋文云：「摟，从手。本或作樓，非。」然則此注「樓」字亦當从手。説文手部：「摟，曳聚也。」又毛詩角弓「式居婁驕」，箋云：「婁，斂也。」婁與摟古字通。

087 樓爲削約握之中央　爲，徐本、通典、聶氏、集釋、通解、楊、敖俱作「謂」，與疏合。

088 今文樓爲緵　樓，集釋作「牢」。按，鄭既讀「牢」爲「樓」，因曰「今文樓爲緵」。少牢「上佐食以綏祭」，注云：「綏，或爲挼，挼讀爲墮。古文墮爲肵。」與此同例。

089 義取樓斂挾少之意　樓，誤作「縷」。挾，浦鏜改「約」，盧文弨改「狹」。

決用正王棘

090 決拾既佽　佽，徐本作「次」，集釋、通解、楊氏俱作「佽」。

091 極猶放弦也　通典、聶氏俱無「弦」字。金曰追云：「大射儀『朱極三』，注『極猶放也』，無『弦』字，則有者誤衍也。」

092 以沓指放弦　放，楊氏誤作「於」。×

093 令不挈指也　釋文曰：「挈，苦結反。劉本作挈，苦計反。」案，徐本無「指」字，與疏合。釋文、通典、聶氏俱有。

094 古文王爲三　三，徐本、集釋俱作「玉」，通解作「三」。

095 今文櫸爲澤　櫸爲澤，徐本作「澤爲也」，集釋、通解俱與今本同。張氏曰：「注曰『今文澤爲也』。案，杭本云『櫸爲澤』，從杭本。」○按，「也」

疑「宅」字之誤。

096 云王棘與櫸棘者　櫸，誤作「擇」。

097 死者尊卑同二　二，監本誤作「三」。×

冒緇質

098 君綿冒黼殺　綿，徐、陳、集釋、通解、楊、敖俱作「錦」。○按，喪大記作「錦」，徐本是。

099 大夫玄冒黼殺　黼，楊氏作「黻」。張氏曰：「監、杭本『黼』作『黻』。巾箱、嚴本之爲『黼』，其以禮記喪大記之文乎？禮器曰『君黼，大夫黻』。喪大記之本蓋誤也。從監、杭本。」

100 綴旁三　三，敖氏作「二」。

爵弁服純衣

101 謂生時爵弁所衣之服也　「所衣」二字，徐本、通典、集釋俱無，與疏合。通解、楊氏俱有。○按，釋文「所衣」注云「下所衣同」，是爲此節作音也。

102 而經云爵弁皮弁　經，誤作「今」。×

皮弁服

103 是皮弁所衣著之服也　衣，陳、閩俱誤作「以」。×

褖衣

104 黑衣裳赤緣之謂褖　「之謂」二字，徐本、通典俱倒。集釋、通解、楊氏「之謂」下俱復有「之」字。張氏曰：「注曰『黑衣裳赤緣謂之褖』。案，釋文云『緣之』，則『緣』下有『之』字，從釋文。」○按，張氏但言「緣」下有「之」字，不言「謂」下無「之」字，黃、楊二家俱得之。今本誤會張意，遂刪去下「之」字。

105 不禪　禪，徐本、集釋、通解、楊氏俱作「襌」。

106 以其士是冠禮陳三服　要義、楊氏俱無「是」字。

107 褖或作税　盧文弨云：「四字乃以通解續

文誤入者，當删。」

竹笏

108 天子以璆玉　璆，徐本、楊氏俱作「球」，釋文、集釋、通解俱作「璆」。盧文弨云：「玉藻文本作『球』，下『搢珽』依玉藻，此『璆』亦當作『球』。」

109 天子搢珽　珽，釋文作「珵」，云「本又作珽，同」。張氏曰：「監本作『珵』。」〇按，說文有「珽」無「珵」。

110 舒儒者　儒，陳本、通解俱作「懦」。

111 夏葛屨〇皆繶緇絇純　張氏曰：「釋文云『緇純』，中無『絇』字。鄭氏注周禮屨人全引此文，亦無『絇』字。鄭氏又云『言繶必有絇純，言絇亦有繶純』。今之有『絇』字，後人加之也，從釋文。」〇按，疏有「絇」字。

112 明夏時用葛亦白也　集釋重「葛」字，無「也」字。

113 此皮弁之屨　此，徐本、楊氏俱作「比」，集釋、通解、敖氏俱作「此」。張氏曰：「監、杭本作『此』，從監、杭本。」

114 純謂緣口　謂，誤作「爲」。

115 但舄則對方爲繢次　繢，陳、閩俱誤作「績」。

貝三實于笲

116 但士飯用稻　稻，要義作「米」。

117 哀公十一年左氏傳云　要義無「公」字，下文「文公」同。

118 此雖盛貝　此，閩本誤作「比」。

119 不盛棗栗　不，陳、閩俱誤作「云」。

沐巾一

120 巾所以拭汗垢　汗，徐、陳、葛本、通典、集釋、楊氏俱作「污」。

121 **櫛用簞**　用，唐石經、徐、陳、閩、葛、釋文、通典、集釋、通解、要義、楊、敖俱作「於」。

122 **簞箄笥**　箄，徐、陳、釋文、通典、集釋、通解、楊氏俱從艸。

皆饌于西序下

123 **皆貝以下**　貝，徐、陳、集釋、通解、楊氏俱作「具」。張氏曰：「上文云『貝三』，蓋自『貝三』以下皆饌于西序，傳寫者誤以『貝』爲『具』。後經云『受具』。按，諸本亦作『貝』。」

管人汲

124 **則知吉尚安舒**　則，要義作「明」。

祝淅米于堂

125 **祝夏祝也淅沃也**　此注閩本誤作小字於「淅西厤反」下，作圈隔之，不標「注」字。葛本因之，竟缺此注。沃，徐本、釋文、集釋俱作「汏」，通解作「沃」。○按，釋文音徒賴反，則作「汏」是也。

管人盡階不升堂

126 **甸人取所徹廟之西北厞薪爨之**　廟，誤作「朝」字。「薪」下，徐、陳、釋文、集釋、通解、楊、敖俱有「用」字，與疏合。○按，喪大記原文有「用」字。❶

祝盛米于敦

127 **復于筐處也**　徐本、集釋、楊、敖俱無「也」字。釋文、通解俱有。

士有冰

128 **尸既襲既小斂**　陳、閩俱無「既襲」二字。○按，喪大記注有「既襲」二字。

129 **欲證士有賜**　有，誤作「肓」。

外御受沐入

130 **此云外御者**　此云，陳、閩俱誤作「自

此」。×

主人皆出户外北面

131 象平生沐浴裸裎　裸，徐本、釋文、通解、楊氏俱作「倮」，集釋作「裸」。裎，徐本、通解、楊氏俱作「程」，鍾本、釋文、集釋俱作「裎」。張氏曰：「注曰『象平生沐浴倮程』。案，監本及釋文『程』作『裎』。既夕禮『謂其倮程』。案，監本亦作『裎』，並從監本及釋文。」○按，鍾本既夕注亦作「程」。

132 大記云　大，要義作「下」，下「又大記云」同。

133 謂其裸裎　謂，陳、閩、監本、要義俱作「爲」。案，上條張氏引既夕注亦作「謂」字。裸，要義作「倮」，與徐本注合。

134 云而襢笫者　云，閩本誤作「出」。×

135 鄭云襢袒也　陳、閩俱脱「云襢」二字。×

乃沐

136 又以巾拭髮訖　訖，要義作「乾」。按，此句釋「晞」字之義。晞，乾也。

浴用巾

137 今用大鉋不方　大，監本誤作「木」。×

湙濯棄于坎

138 古文湙作緣　緣，釋文、集釋俱作「湪」。

139 棄于坎者　坎，陳、閩、通解、要義俱作「隱」。按，「隱」字是。

蚤揃如他日

140 讀爲爪　爪，徐本作「瓜」，誤。×

141 斷爪揃鬚也　釋文云：「鬚，本亦作須。」案，須、鬚古今字。

142 鄭讀從手爪之爪　要義無「之爪」二字。

鬠用組

143 古文鬠皆爲括　浦鏜云：「周禮弁師注『括』引作『檜』，檜、栝字異義同。疑『括』乃『栝』字之誤。」

144 乃可設明衣以蔽體　可，誤作「月」。×

商祝襲祭服

145 送終之禮也　徐本、集釋俱無「也」字。張氏曰：「疏下有『也』字，從疏。」×

146 若祝取銘之類　祝取，誤作「取祝」。×

147 下經爲次是也　次，陳、閩俱誤作「此」。×

148 以其死於北牖下　段玉裁校本「牖」作「墉」。

商祝執巾從

149 不言穢惡　言，陳、閩俱作「嫌」。

150 從鬼神尚幽闇　從，楊氏作「於」。

151 主人左扱米○又實米唯盈　盧文弨云：「又，楊倞注荀子禮論引作『凡』。」

商祝掩瑱

152 以經左右及中　經，誤作「今」。

153 云掩者先結頤下　頤，重脩監本誤作「順」。×

154 後二脚先結頤下　二，要義作「三」，誤。通解、楊氏俱作「二」。

155 無絇之屨　屨，陳本作「履」，要義作「扉」。○按，「扉」字是。

156 以其屨繫既結　其，要義作「綦」。❷

157 使兩足不相離　「相」下，要義有「恃」字。

乃襲三稱

158 **以其居當牖**　居，徐、陳、閩、葛、集釋、通解、楊氏俱作「倶」。按，作「倶」與疏合。

159 **皆左衽結絞不紐**　結，誤作「皆」。 ×

160 **以其小斂于户内**　户，閩本誤作「尸」。 ×

明衣不在算

161 **不在數**　張氏曰：「注曰『不在數明衣』。案，釋文云『不數』，中無『在』字，從釋文。」盧文弨云疏亦無「在」字。○按，張從釋文無「在」字，故讀「不數明衣」爲句。疏雖有「故不數也」之語，其述注仍有「在」字。

162 **以袍爲裏**　裏，陳本、要義俱作「表」，是也。

163 **不成稱**　陳本無「成」字，閩本無「稱」字。

設韐帶搢笏

164 **搢插也**　插，釋文、集釋俱作「捷」，下同。

165 **士緇辟**　此下疏有錯簡，今備載其文，而以通解、要義正之。**今死則加以五采士生時一色死更加二色是異於生若然又雜記朱緑帶注云朱緑帶者襲衣之帶飾之雜**　已上四十二字在後，下接「以朱緑異於生也」句。**辟又按雜記云率帶諸侯大夫皆五采士二采注云此謂襲尸之大帶也以此而言生時君大夫二色**　已上三十九字在前，上承「士緇辟」句。通解無「辟」字，要義併無「大帶也」已上二十八字。案，辟即「士緇辟」之辟，複衍者也。其餘二十七字，要義偶脱，宜從通解。**以朱緑異於生也**　案，通解删竄疏文多由臆定，此段有要義可證，知宋本原未誤也。 ×

166 **設決麗于掔**　掔，唐石經、嚴、徐、集釋俱作「掔」，下及注同。鍾本誤作「掔」，通解作「掔」。按，掔、掔二字形近易訛，即說文「掔」字，注中已誤作「掔」矣。

167 決以韋爲之籍　釋文、通典、通解俱無「之」字。

168 結於掔之表也　掔，集釋作「擘」。

169 屬紐子　子，誤作「于」　×

170 乃以橫帶繞手一二　二，楊氏作「帀」。

171 裹手一端繞於手表　裹，監本誤作「裏」。　×

172 屬一繫於下角　一，誤作「以」。　×

173 乃以繫繞手一帀　帀，誤作「市」。　×

巾柶鬠蚤埋于坎

174 云坎至此築之也者　築，誤作「策」。　×

175 方襲事　盧文弨改「事」爲「時」。案，安知「方」字非「妨」字之譌？古書有疑則闕之，勿遽改。

176 重木刊鑿之○三分庭一在南　三，唐石經、徐本、集釋、通解、要義、楊、敖俱作「參」，通典、聶氏俱作「三」。❸

177 夏祝鬻餘飯　陸氏曰：「鬻，本又作粥。」

178 二籃留陽厭不用餕　陽，監本誤作「之」。

179 冪用疏布　陸氏曰：「冪，本又作鼏。」

180 古文冪皆用密　古，徐本、集釋、通解俱作「今」。○按，通部皆古文作密，此不當作今。

祝取銘置于重

181 以銘未用　銘，要義作「重」。

182 今且置于重　且，陳、閩俱誤作「日」。　×

厥明陳衣于房

183 從者一幅　從，楊氏作「縮」。

184 倫之朝服　之，陳、閩、通解、要義皆作「如」。○按，下記正作「如」，陳本是也。

緇衾䞓裏無紞

185 紞被識也　徐本無「識」字，釋文、通典、集釋、通解、楊、敖俱有。張氏曰：「紞，被之識也，所以識前後也。無『識』字則句不成文。」

186 被無別於前後也　「後」下，徐本、通典、集釋、楊、敖俱有「可」字，與疏合，通解無。

187 不須別其前後可也　前，要義作「先」。×

祭服次

188 次陳君襚祭服　陳，誤作「至」。×

散衣次

189 袍繭之屬　繭，釋文、集釋、要義俱作「襺」。

190 191 饌于東堂下○冪奠用功布　奠，通典作「尊」。○在饌東　東，通典作「北」，下節同。

192 古文奠爲尊　案，釋文出「爲奠」二字，則陸本蓋作「古文尊爲奠」，與通典相應。

設盆盥于饌東

193 以土爲之　土，誤作「上」。×

194 爲奠設盥也　「奠」下，敖氏有「者」字。

195 凡設洗篚不言巾者　凡，陳本、要義俱作「至於」。

196 至於不就洗篚皆言巾者　至於，陳本、要義俱作「凡」。

197 苴絰大鬲　鬲，敖氏作「搹」。陸氏曰：「鬲，又作搹，同。」○按，敖據喪服傳定作「搹」。然喪服傳疏內「搹」字，單疏、要義皆作「鬲」。

198 服重者尚麤惡　惡，通解作「焉」。○按，疏作「惡」。

199 中人之手搤圍九寸 陸氏曰：「搤，本又作扼。」

200 牡麻絰者 楊氏無「絰」字，下同。敖氏此有下無。

201 服輕本於陰而統於外 「服輕」二字，徐本、集解、通解俱倒。❹○按，作「輕服」不誤。

202 絰服本於陰而統外 金曰追改作「輕服」，云：「若作『服輕』，與上注『重服統於內本陽』不一例。」

203 又去五分一以爲帶 去，誤作「云」。

204 彼二寸 按，「彼」疑「破」字之誤。

205 苴絰爲上者 苴，監本誤作「直」。×

婦人之帶

206 婦人亦有苴絰 苴，敖氏作「首」。周學健云：「與帶對言，自宜爲首絰。但疏似作『苴』，今仍監本。」

207 亦苴絰也 「亦」下，監本衍「有」字。

208 婦人至亦苴絰也 陳、閩、監本俱無「亦苴」二字。×

209 是其異者 其，要義作「無」。×

210 且男子小功緦麻 陳、閩俱無「且」字。

211 可以兼之矣 可，誤作「司」。×

212 直言齊衰以下至緦麻 直，陳、監、要義俱作「宜」。

213 彼絰既兼男女 女，陳、閩俱誤作「子」。×

214 陳一鼎于寢門外○覆匕東柄 柄，敖氏作「枋」。

215 去蹄　去，誤作「云」。×

216 但喪中之奠　中，陳、閩俱誤作「終」。×

217 辟小斂奠於序西南也　案，後經「其餘取先設者」節疏云：「將設後奠，則徹先奠於西序南。」毛本「西序」誤作「序西」。此句「序西」疑亦當作「西序」，諸本皆誤。

218 商祝布絞衾○祭服不倒　倒，唐石經作「到」，顧炎武、張爾岐並云石經誤。石經攷文提要云：「釋文『傎倒』乃發注文音，則經文非『倒』字明矣。」

219 或傎倒衣裳　陸氏曰：「傎，本又作顛。」

220 既後布祭服　「布祭」二字誤倒。

221 半在尸上　此句上要義有「半在尸下」四字。

222 又在散衣之下　又，要義作「文」。案，「文」字是。×

設牀第于兩楹之閒

223 注衽寢至上簟　寢，誤作「席」。×

224 主人髻髮袒　髻，鍾本誤作「髺」，注及後並同。

225 又將初喪服也　喪，楊氏作「變」，通典、集釋、通解俱作「喪」。張氏曰：「監本『喪』作『變』，從監本。」

226 狀如今之著幓頭矣　張氏曰：「釋文云『今著』，中無『之』字，從釋文。」×

227 于房于室　下「于」字誤作「入」。×

228 冠笄相對　相，誤作「將」。×

229 云又將初喪服也　喪，要義作「變」。

230 紒上著髻髮也　著，閩本誤作「者」。×

士舉男女奉尸俠于堂

231 謂榲閒牀第上也　上，誤作「是」。 ×

主人出于足

232 襲經於序東東夾前　兩「東」字之間，通解有一圈，疏亦然。案，圈處疑有「當」字。當東夾前，明在堂下。

233 即位於阼階以主人位南西面也　以，閩本、通解、敖氏俱作「下」，是也。

234 踊訖襲經也　陳、閩俱無「踊」字。

235 更無升降之文　升，陳、閩俱誤作「外」。浦鏜云「降」字疑「階」字之誤。

236 主人即位踊訖　陳、閩俱重「踊」字。

237 而去襲經于序東　浦鏜改「去」爲「云」。

238 東西當序牆之東　陳、閩俱無「西」字。案，「西」字衍文。

舉者盥

239 錯鼎於此宜西面　「錯」下，要義有「七故」二字。此，楊氏作「北」。

右人左執匕

240 抽扃取鼏加扃於鼏上　兩「鼏」字俱誤作「鼎」。 ×

241 古文予爲于　于，徐本、要義俱作「與」，通解誤作「午」，集釋作「于」。

242 即云抽扃於左手兼執之　浦鏜云：「予，監本誤『于』，毛本誤『於』。」○按，陳、閩俱作「于」。

243 乃朼載載兩髀于兩端　載，通解不重。

244 凡匕體皆覆爲塵　匕，徐、監、通典、集釋、通解俱作「七」，與疏合。楊氏作「匕」。

245 今文胉爲迫　嚴本重「胉」字。徐本「爲」上空一字。鍾本「爲」上有「皆」字。集釋、通解俱與今本同。張氏曰：「注曰『今文胎胎爲迫』。按，監本無一『胎』字，從監本。」

246 柢皆爲胝　胝，徐本作「眡」，誤。×

247 248 夏祝及執事盥○甸人徹鼎　鼎，或誤作「幂」，見疏。○巾待於阼階下　待，監本誤作「侍」。

249 己不設　己，通典作「朼」。

250 云甸人徹鼎巾者　閩本無「巾」字。

251 或云徹鼎者誤　鼎，閩本作「幂」。按，此及上條皆當從閩本。賈氏讀「甸人徹鼎」爲句，因或本誤「鼎」爲「幂」，故特辨之。下云「幂奠用功布，實于簞，何徹之有」，正辨「幂」字之誤也。後人誤斷經句，併改疏文，失之遠矣。一説上條「巾」字當移補此句「鼎」字下，亦通。

豆錯俎錯于豆東

252 巾之爲塵也　巾，閩本誤作「中」。×

253 主人位在阼階下　陳、閩俱無「阼」字。

乃代哭不以官

254 禮防其以死傷生　防，釋文作「坊」，云「本亦作防」。瞿中溶云：「説文防或从土作埅，坊即埅之省文。」

255 隨尊卑代哭之事　事，陳、閩俱誤作「時」。

256 有朝夕有阼階下哭　下「有」字，要義作「在」。案，「在」字是。×

257 賓入中庭北面致命　中，誤作「出」。

258 襚者以褶○徹衣者亦如之　敖氏無「者」字。

259 雖複與禪同　複，通典、敖氏俱作「復」。

260 則裳又無絮　則，誤作「作」。×

宵爲燎于中庭

261 燎火燋　火，監本、釋文、集釋俱作「大」。陸氏曰：「燋，本作燭。」案，「大」字是。

262 注宵夜也燎火燋　火，監本、要義俱作「大」，下同。

263 注云未爇曰燋　陳、閩俱無「注」字。×

264 古者以荆燋爲燭　者，要義作「人」。

265 以蠟灌之　蠟，陳、閩、監本俱作「臈」。

266 厥明滅燎　要義卷三十七起。×

267 横者三　案，喪大記作「横者五」。

268 自家祭玄端服　陳、閩俱無「祭」字，通解「自」下「玄」上止有一字未刻。

269 二小斂衣數　二，陳本、要義俱作「云」。衣，陳、閩、監本俱誤作「之」。×

270 東方之饌○甒豆兩　豆，通解誤作「鬲」。

271 竹柲緄縢　柲，通典作「閟」。案，詩作「閟」，陸於彼釋云「本亦作鞑」。

272 盛之也　段玉裁校本作「神之也」，云：「下文注云『彌神之』，正蒙此。疏同。」

273 鄭云亦者亦上小斂也　要義無「亦者」二字。

274 全物若牒爲菹　牒，監本誤作「膘」。×

掘肂見衽

275 肂埋棺之坎也　「坎」下，徐本、通解俱有「者」字，與疏不合。集釋、敖氏俱無。楊氏「坎」下空一字。

276 君殯用輴　輴，宋本釋文从木。張氏曰：「此必後人因禮記之文改從車爾。既夕禮注『謂之楯』同。」

277 欑至于上　欑，誤从手。下及疏同。陸氏曰：「劉本作挫，音同。」

278 欑至于西序　至，徐、陳、閩、監、葛本、集釋俱作「置」，與疏合。案，大記「欑至于西序」，宋本及日本古本、足利本皆作「置」，見山井鼎七經孟子考文，與孔疏合。

279 塗不暨于棺　陸氏曰：「暨，其器反。劉本作塈，古慨反。」

280 塗上帷之　帷，誤作「幃」。

281 云殔埋棺之坎也者　要義無「也」字。

282 檀弓又云　「檀」上，要義有「以」字。

283 不忍異於生　陳、閩俱無「忍」字。

284 營欑置於西序　陳、閩、通解俱無「營」字。

285 但欑木不及棺而已　「已」下，要義有「也」字。○按，通解「欑」作「塗」，是也。

286 小要每道爲一條皮束之　束，重修監本誤作「東」。

287 故二衽二束　二衽，重修監本誤作「三衽」。

棺入主人不哭

288 軸輁軸也　上「軸」字，嚴本作「輴」。張氏曰：「監、杭本『輴』作『軸』，從監、杭本。」○按，既夕禮「遷于祖用軸」，疏引此注亦作「軸」。

289 輓而行　陸氏曰：「輓，本又作挽。」

290 穿桯前後著金　桯，誤作「程」。案，既夕注「桯」字，諸本亦有作「程」者。

熬黍稷各二筐

291 令不至棺旁也　令，誤作「今」。　×

陳三鼎于門外

292 合左右體升於鼎　體，通典作「胖」。

293 謂豚體及匕俎之陳　匕，徐本作「上」，通典、集釋俱作「匕」。張氏曰：「監、杭本『上』作『匕』，從監、杭本。」

294 謂豚七體之等　七，監本誤作「匕」。

燭俟于饌東

295 又詩曰　曰，要義作「云」。

296 皆在地爲燎　爲，閩、監、通解、要義俱作「曰」。

297 此云執之曰燭　曰，要義作「云」。　×

298 祝徹盥于門外〇丈夫踊　丈，石經補缺誤作「大」。

祝徹巾

299 又將巾之　又，楊氏誤作「及」。　×

300 其餘取先設者〇南堂西榮　榮，誤从水。

301 孝子不忍使其親須臾無所馮依也　使，楊氏誤作「死」。　×

302 則徹先奠於西序南　「西序」二字誤倒。

303 待後奠事畢　要義無「事畢」二字。

304 乃適饌　適，誤作「設」。

士盥位如初

305 言亦者　「言亦」二字，陳、閩俱誤倒。　×

主人奉尸斂于棺

306 釋曰云　要義此節疏與上節疏合爲一條，此「云」字上有「下」字。

主人降拜大夫之後至者

307 今殯後拜大夫後至者　今，監本誤作「令」。×

衆主人復位

308 注阼階至之位　至，陳、閩、監本俱作「上下」。×

309 旁一筐　金曰追云：「敖繼公曰『旁一筐，喪大記引作旁各一筐。各，謂各黍稷也』。」

卒塗

310 於東可知　「知」下，陳、閩、通解俱有「也」字。×

乃奠

311 朔月荐新奠　荐，陳、閩、監本、通解俱作「薦」，要義作「奠」。案，「奠」字當在「薦」字上。

312 祝反降　祝，誤作「燭」。

祝執醴如初

313 注如初至先升　至，陳、閩、監本俱作「祝」，是也。×

設豆右菹

314 菹在醢南也　醢，徐本、集釋俱作「醴」，通解、敖氏俱作「醢」。

315 嫌先設者在左　左，陳本作「此」，要義作「北」。

316 言右俎則醢自然在左　俎，陳、閩、要義俱作「菹」。案，「菹」字是。

317 菹在醢南也　醢，要義作「醴」，與徐本注合。

318 云此左右異於魚者　「云」上，要義有「注」字。×

319 此言設豆右俎　俎，陳、閩、監本、通解、要義俱作「菹」。案，「菹」字是，下同。

320 即左俎也　俎，陳、閩、通解、要義俱作「菹」。

賓出婦人踊

321 但大功亦有不同門不同財之義　有，陳、閩、監本俱作「容」。要義「有」上有「容」字。

322 異門者大功亦可以歸　要義無「者」字，與既夕注合。○按，通解亦無「者」字。

主人揖就次

323 注次謂至可也　謂，陳、閩、俱作「者」。×

324 325 君若有賜焉則視斂　斂，嚴、徐俱作「劒」，鍾本、集釋、通解俱作「斂」。張氏曰：「監本『劒』作『斂』，注云『斂，大斂』，從注及監本。」○君至　二字鍾本在下節之首。

326 按服問云　問，監本誤作「門」。×

327 此士與君有師友之恩　與，陳本、要義俱作「於」。

巫止于廟門外

328 巫掌招彌以除疾病　彌，徐、陳、集釋、楊氏俱作「弭」，釋文作「彌」，云「又作弭」。通解脱此句。盧文弨云「彌」亦通用。○按，説文有「弭」無「彌」，周禮亦作「弭」。

329 小臣掌正君之法儀者　「小」上，徐本、通典、集釋、楊氏俱有「周禮」二字，通解無。

330 周禮男巫　周禮，通典作「春官」。按，以上三句皆見周禮，首句亦男巫職文，下既別引男巫，故首句不加「周禮」字。小臣、男巫皆周之職官，故稱周禮。然「小臣」上既有「周禮」字，則下句不宜叠出。依通典作「春官」，取文相變，亦可。

331 喪祝王弔則與巫前　此八字徐本、通典、集釋、楊氏俱無，通解有。金曰追云：「是誤以疏爲注也」。

332 彌讀爲敉安也　要義重「敉」字。

333 君釋采　采，釋文、通典俱作「菜」。案，敖氏曰「采讀爲菜」，蓋從釋文也。

升公卿大夫

334 春秋傳曰鄭伯有耆酒爲窟室而夜飲酒擊鐘焉朝至未已朝者曰公焉在其人曰吾公在壑谷伯有者公子子良之孫良霄　今本脱三十九字，徐本、集釋俱有，通解、楊氏俱與今本同。浦鏜云：「疏不引全文，知注已見也。」○按，釋文有「耆酒」、「窟室」、「朝至」、「公焉」四條。

335 貴重之極　要義無「重」字。

336 證經公是公之孤也　要義無上「公」字。

337 副貳三公　貳，誤作「二」。

338 大國無公　大，要義作「公」，誤。

339 卒公卿大夫逆降復位　逆，石經補缺誤作「送」。

340 君反主人○君坐撫當心　君，石經補缺誤作「坐」。

341 婦於舅姑奉之　於，誤作「與」。×

君升即位

342 亦復中庭位　位，閩本誤作「立」。×

君要節而踊

343 由重南東時也　由，楊氏作「猶」。

344 由重南面東　重，誤作「二」。面，陳本、通解俱作「而」。

君出門

345 則貳車本不入大門　貳，誤作「二」，下同。

346 明出大門矣　明，誤作「四」。×

347 卿大夫見君之尸皆下之尸必式　陳、閩俱無「皆下之尸」四字。

348 凡平立視前十六步半　要義重「視」字。

349 貳車畢乘　貳，誤作「二」，注、疏竝同。

350 爲御於車右者也　於，要義作「與」。

351 以巾車又云　要義「以」字下有「其」字，無「巾車又云」四字。

352 釋曰王以朝　五字要義無。

353 雖不言弔臨然弔臨亦是出入之事　要義無上六字。案，周禮司常云「道車載旞」，注云：「道車，象路也，王以朝夕燕出入。」巾車疏備引其文。賈氏此疏亦兼引巾車及司常注，其中似有後人增竄之詞，當悉從要義。

354 乘君之乘車　陳、閩俱無上三字。×

355 不敢立相視巂常爲式耳　浦鏜云衍「相」字。「巂」字，陳、閩、通解俱誤作「舊」。

三日成服

356 死數往日　往日，陳本誤作「伐昆」。×

357 謂殯斂以死日數也　「謂」上，要義有「此」字。案，陳本於上句「日」字作「昆」，乃誤合「日此」二字爲一耳。

朝夕哭

358 朝夕及哀至乃哭　乃，楊氏作「則」。

359 朝夕及哀至乃哭者　者，陳、閩俱誤作「也」。

婦人即位于堂

360 辟開也　開，要義、楊氏俱作「門」，誤。

361 是皆有服者也　「是皆」二字，要義倒。

主人堂下直東序西面

362 就其位特拜　位，誤作「拜」。特，敖氏作「而」。

363 亦當前於士位也　「士」下，要義有「之」字。

364 徹者盥于門外燭先入　燭，誤作「獨」。

乃奠醴酒脯醢升

365 爲在堂而久設　爲，誤作「謂」。

366 朔月奠　月，鍾本誤作「日」，注中「月」字仍不誤。

367 月半又奠　又，通解作「有」。

368 又用月半奠也　用，要義作「有」。案，「有」是。

369 舉鼎入升〇卒朼　卒，誤作「執」。

其設于室

370 當籩位　當，嚴本作「常」。張氏曰：「監本『常』作『當』，從監本。」

371 俎南黍　俎，敖氏作「菹」。

372 黍東稷　黍，陳本誤作「稷」，疏同。

有薦新

373 以彘嘗麥先薦寢廟仲夏云　要義無下七字，似誤。

徹朔奠

374 令足間鄉前也　令，徐本作「今」，似誤。

筮宅

375 注宅葬至營之　此段疏陳、閩俱無，通解亦不載。

既朝哭

376 新營之處　新，徐本、集釋、敖氏俱作「所」，通解作「新」。○按，「所」字是。

命曰哀子某

377 某甫且字也　且，徐、鍾、陳、閩、葛本、楊氏俱作「其」，嚴、監、通典、集釋、敖氏俱作「且」，通解作「某」。○按，「且」字是，「其」、「某」並誤。

378 釋曰云某甫　「云」字誤脱。×

379 謂二十加冠時且字　「加」上誤衍「五」字。案，疏内唯此及後疏云「某甫者，以上孔甫之類且字也」，二「且」字諸本皆同。其餘唯監本、要義作「且」，他本竝作「其」。

380 有玉兆瓦兆原兆者　要義無「者」字。×

381 孝經注亦云兆塋域　陳、閩俱脱「孝」字、「注」字。按，陳、閩固誤，然上文云「此注兆爲域，彼注兆爲吉兆」，「彼注」者，謂孝經注也，豈鄭解孝經「兆」字有二説歟？唐御注孝經曰：「兆，塋域也。」邢疏以爲依孔傳，則似非鄭義。

382 兆爲營域之處　營，通解作「塋」。

383 筮人許諾○右還北面　右，誤作「左」。

384 因會命筮爲述命　命，通解誤作「合」。×

385 中央壤也　張氏曰監本「中」誤作「申」。×

386 又有即席西面坐命龜　坐，陳、監、要義俱作「一」。案，作「一」是也，下有「共爲一命龜」之語。

387 是爲因事命筮　因，陳本、要義俱作「一」。

388 下文云遂述命曰　文，要義作「又」。×

389 是直云孝孫某　某，閩本誤作「其」。×

390 通前爲事命筮有二　事，陳本、要義俱作「士」。按，「爲事命筮」即上文所謂「因事命筮」也。

391 謂若士月半不殷奠　奠，監本誤作「與」。×

392 知大夫命龜　知，陳、閩俱誤作「如」。

393 亦知有二者　知，要義作「只」，似誤。

394 通前命龜爲三　陳、閩俱脱「前命龜爲」四字。

395 特牲之吉禮　吉，陳、閩俱作「士」。

卒筮

396 反與其屬共占之　占，誤作「古」。×

397 則從二人之吉　吉，要義作「言」。

398 夏家易以純艮爲首　此句下，要義有「艮爲山」三字。

既井椁

399 則往施之竁中矣　施，誤作「於」。

400 久須作之　久，陳、閩、要義俱作「又」。

401 以其爲椁刊治其材者有功　要義無「者」字。

402 謂反西面拜位　西，誤作「四」。

獻材于殯門外

403 亦拜工左還　工，監本誤作「二」。×

404 形法定爲素　形，葛本作「刑」，與毛本疏誤同。

405 故彼言材爲椁材也　也，陳、閩俱作

「者」。

406 明素是形法定　形，誤作「刑」。

407 又言成是成就之名　「是成」二字，要義倒。

408 409 卜日既朝哭○卜人先奠龜于西墪上　墪，唐石經、徐、陳、閩、葛俱作「塾」。○楚焞置于燋　燋，石經補缺誤作「醮」。

410 荆焞所以鑽灼龜者　集釋無「灼」字。陸氏曰：「鑽，一本作灼。」○按，沈彤云：「按釋文，是鑽、灼二字當衍其一。本疏有『鑽龜』之文，集釋又無『灼』字，則所衍必『灼』字也。」

411 掌其燋挈　挈，徐本、集釋、楊、敖俱作「契」。釋文作「挈」，云「本又作栔」。○按，周禮作「契」。

412 凡卜以明火爇燋　陳、閩、監、葛俱脱「卜」字。

413 遂灼其焌契以授卜師　遂，誤作「燧」。灼，集釋作「歓」。

414 役之使助之　下「之」字，陳、閩俱作「人」。

415 是楚焞與契爲一　楚，陳、閩俱誤作「初」。

416 皆謂鑽龜之焌　焌，要義作「荆」。

族長涖卜

417 其象似玉瓦原之璺罅　瓦，誤作「兆」。

418 原原田也　田，楊氏誤作「由」。

419 及占之　及，誤作「今」。

420 坼有微明　坼，誤作「圻」，下同。

421 是其卜不專據此三兆也　金曰追云：「今本脱『不』字，與上文義不貫，依通

解補。」❺
闔東扉
422 扉門扉也　上「扉」字，誤作「扉」。下「扉」字，楊氏作「扇」。
席于闑西閾外
423 爲卜者也　也，通典作「席」。
424 古文闑作縶　古，誤作「故」。縶，徐本、集釋俱作「槷」，通解作「縶」。○按，徐本是。
宗人告事具
425 宗人受龜受視受命訖　宗人，陳本作「辛文」，要義作「下文」。
426 次事小事以下　下，要義作「上」，誤。
卜人抱龜燋
427 又取龜執之以待之者　下「之」字，陳、閩俱作「待」。

宗人受卜人龜
428 高起之處　「起」字，要義作「者部」二字。按，疑當作「部起之處」。
429 430 命曰哀子某來日　「日」下，唐石經、徐本、通典、楊、敖俱有「某」字，集釋、通解俱無。石經考文提要云：「某者，某甲子。」○按，聶氏三禮圖引此句「日」字上下甚稀，蓋本有「某」字，挍者据今本删之耳。○卜葬其父某甫　其，通解、楊氏俱作「某」。
431 亦卜孔甫之類　亦，誤作「以」。
432 許諾不述命還即席　還，誤作「送」。
433 俟龜之兆也　俟，葛本誤作「侯」。✕
434 下文告于主婦主婦哭是也　「主婦」二字，陳、閩俱不重出。
卜人坐作龜興

435 **周禮卜人**　人，集釋、敖氏俱作「師」，是也，與疏合。

12—436 **卜擇如初儀**　擇，唐石經、徐本、通解俱作「宅」，集釋、楊、敖俱作「擇」。張氏曰：「上文有云『筮擇如初儀』，此卜日爾，非卜宅也。擇、宅音同，故誤。」顧炎武云：「擇，當依石經作『宅』。」張爾岐云：「擇，石本誤作『宅』。」

校記

❶ 學海堂本、南昌府學本末皆增：「○此節疏内『三階上也』，『階』乃『等』字之訛。」

❷ 「其要義作綦」，「其」，學海堂庚申補刊本、南昌府學本皆誤作「屨」。

❸ 學海堂本、南昌府學本末俱增：「許宗彦云：『下節夏祝注重主道也四字及疏五十三字，皆屬此節之文，傳寫者誤入下節經文注疏之内，宜改正。』」

❹ 「集解」，學海堂本、南昌本同。案，當作「集釋」。

❺ 南昌府學本出文無「不」字，校語「金曰追云」前增「毛本卜下有不字」七字。按，毛本無「不」字，南昌府學本非也。

儀禮注疏校勘記卷十三

13—001 既夕第十三　「夕」下，唐石經、徐本、釋文、楊、敖俱有「禮」字，集釋無。案，既夕摘取篇首二字爲題，與有司徹同例，似不必有「禮」字。舊本俱有，惟單疏標題獨無，明刻注疏因之。單疏本卷三十八起。

002 大戴第五删　單疏本作「大戴第十五」。案，大戴第十五乃公食大夫，此當作第五也，「删」字似後人校語誤入正文。○按，卷一疏云「大戴既夕爲第五」。

003 乃記葬時而摠計之　計，單疏、通解、要義俱作「記」。

004 開殯既遷於祖　既，單疏、陳本、通解、要義俱作「即」。

既夕哭

005 鄭知復外位時者　時，單疏、通解、要義俱作「請」。

請啓期告于賓

006 明日須啓殯　日，陳、閩、監本、要義俱作「旦」。

夙興

007 則此經所朝　朝，陳、閩俱誤作「廟」。　×

陳鼎皆如殯

008 在廟門外西面北上　上，監本誤作「二」。　×

009 侇牀饌于階間　侇，唐石經、徐本、通典、要義、楊、敖俱作「夷」，釋文、集釋、通解俱作「侇」。陸氏曰：「侇，音夷，本亦作夷。」○按，今本經文及注、疏「夷」、「侇」錯出。

010 朝正柩用此牀　釋文無「正」字，通典有，與疏合。

二燭俟于殯門外

011 燭用蒸　蒸，徐本作「烝」。張氏曰：「注曰『燭用蒸』。案，釋文云『蒸，之承反，薪也』。從釋文。」案，今本釋文亦作「蒸」。又嚴本與徐本同，而張氏所引作「蒸」，亦不可解。○按，說文云「蒸」或省火作「𦯶」。

012 案周禮甸師氏云　要義無「氏」字。○按，要義是也。

013 以薪蒸役外内饔　「外内」二字，要義誤倒。×

014 注大曰薪　「注」下，單疏、閩本、通解、要義俱有「云」字。×

015 主者執燭抱燋　執，誤作「報」。

丈夫髽

016 啓後主人免可知　「免」上，單疏、通解、要義俱有「著」字。

婦人不哭

017 此不蒙如初者　蒙，徐本作「象」，集釋、通解、楊、敖俱作「蒙」。張氏曰：「疏作『蒙』，從疏。」

018 止讙囂也　徐本、集釋、楊、敖俱無「也」字，與單疏標目合。宋本釋文、通解俱有。×

019 注此不至囂也　囂也，單疏本作「讙囂」。×

商祝免袒

020 爲有所拂仿也　仿，徐本、聶氏、集釋、敖氏俱作「㧍」，與單疏述注合。釋文亦作「㧍」，云「拂㧍，本又作仿佛，上芳味反，下芳丈反」。楊氏「拂仿」作「彷佛」，通典「仿」作「柩」，通解與今本同。金曰追云：「釋文正作『拂㧍』，注云『本又作佛仿』。今上字既作『拂』，則下字自當作『抭』。且疏云『猶言拂拭』，亦於『佛仿』義遠。案，楊氏作『仿佛』，義或與此異。」○按，釋文注「仿佛」二字，金引作「佛仿」，未知何據。疏別見後。

021 **爲有所拂仿也者**　仿，單疏、聶氏、要義俱作「抭」，下竝同。通解作「仿」。

022 **亦是舊説也**　此句上單疏本有「不云舊説」四字，通解無。

燭入

023 **則一燭入室中炤徹**　入，單疏、通解、楊、敖俱作「於」。

祝降

024 **則周祝也**　則，誤作「作」。×

025 **燭既入室時**　單疏、要義俱無「時」字，通解有。

026 **即下云重先奠從者是也**　「奠從」下，要義有「燭從」二字。○按，有則與下文合，要義是也。

027 **此銘及下陳明器云**　明，誤作「銘」。

028 **二者皆銘**　二，誤作「已」。銘，單疏本作「名」。

商祝拂柩用功布

029 **覆之**　「覆」上，徐本、通典、集釋、通解、要義、楊、敖俱有「幠」字。

030 **開柩已出時**　已，誤作「以」。×

031 **雖不言用夷衾**　陳、閩俱無「雖」字。

遷于祖用軸

032 **蓋象平生時將出必辭尊者**　徐本、楊氏俱無「時」字，與疏合。集釋有。

033 **穿桯前後**　桯，徐、葛、通典、通解、楊氏俱作「程」，聶氏、集釋俱作「桯」。案，疏内「桯」字單疏及識誤所引俱與今本同。

034 著金而闟軸焉　闟，通典作「閟」。軸，徐本、集釋俱作「輁」，通典、聶氏、通解、楊氏俱作「軸」。張氏曰：「疏『輁』作『軸』，監本亦作『軸』，從疏及監本。」○按，敖氏於士喪禮載此注亦作「輁」。

035 亦升輁軸於階上　亦，陳、閩俱作「以」。

036 夷牀輁軸于西階東　「于」上，單疏、要義俱有「饌」字。○按，下記有「饌」字，單疏是也。

037 先朝廟訖　訖，誤作「記」。　×

038 云周朝而隨葬者　隨，單疏、陳、閩、通解、要義俱用「遂」，是。

039 云軸輁軸也者　下「軸」字，陳本無，閩本擠入。

040 漢法名轉軸爲轉轔　案，玉海引作「漢時」，不誤。

041 主人從升○衆人東即位　「人」上，唐石經有「主」字。敖氏曰：「東即位者乃衆主人也，脱一『主』字耳，以記攷之可見。」顧炎武曰：「當依石經。」盧文弨曰：「疏疊注亦無『主』字。下云『自衆主人以下』，云『以下』，則不專指衆主人。」

主人柩東西面

042 故待正柩訖　待，誤作「特」。

043 其重依上文序從之時　從，誤作「次」。　×

席升設于柩西

044 席設于柩之西　席，誤作「序」。

045 席北鋪之　北，閩本誤作「此」。　×

046 云從奠設如初東面也者　此句下，單疏、要義俱有「如初」二字，通解無。案，單疏是也。

047 此還是彼朝夕奠脯醢醴酒　醴，誤作「禮」。×

048 據室中東面　「室中」二字，單疏、通解、要義俱作「神」，楊氏作「神位」，陳本無「室」字，閩本「室」擠入。

主人踊無算

049 乃得東面　面，閩、葛、通解俱作「也」。案，疏云「乃由柩足鄉柩東」，正釋注「東」字之義。又云：「主人降拜賓，婦人乃得東也。」據此，則注「面」字當依通解作「也」爲是。

050 襲者主人從殯宮中降拜賓　單疏、要義俱無「主人」二字。通解有「主人」二字，無「襲者」二字。單疏、要義俱無「降」字，通解有。

051 入即位袒　袒，監本誤作「祖」。×

052 乃得東面者❶　面，通解作「也」。

053 知婦人户西南面　「面」下，單疏本有「者」字。×

054 祝及執事舉奠　祝，誤作「祈」。

055 亦户西南面　亦，誤作「之」。×

056 相隨向西面也　向，單疏本作「同」，通解作「向」。

薦車直東榮

057 將行陳駕也　集釋無「也」字。×

058 車當東榮　車，徐本作「采」，誤。×

059 若車將駕　若，單疏、要義俱作「君」，通解作「若」。案，「若」字非也。

060 故謂魂車也　「謂」下，單疏、通解俱有「之」字，是也。×

質明滅燭

061 令至正明　令，單疏、陳、閩、通解俱作「今」。

徹者升自阼階

062 啓殯前夕時一設　「啓」上，單疏、要義俱有「未」字。

乃奠如初

063 亦爲柩西當階之上　爲，單疏、陳、閩、通解、要義俱作「於」。

064 以其上三鼎及東方饌　「方」下，單疏、通解、要義俱有「之」字。×

065 及朝奠　「朝」下，單疏、通解、要義俱有「夕」字。

薦馬纓三就

066 就成也　「就成」二字，監本誤倒。×

067 其著之如罽然　著，通典作「飾」。

068 王之革路絲條　絲條，徐本、通典、集釋、通解、楊、敖俱作「絛纓」，與疏合。

069 纓轡貝勒縣于衡　于，重修監本誤作「平」。×

070 士制也　此句上，單疏、通解、要義俱有「注云兩馬」四字。案，單疏是也。

071 故云蓋以擬之　擬，單疏、通解俱作「疑」。案，單疏是也。

072 云著之如罽然者　「云」下，單疏、通解俱有「其」字。案，「其」字當有。

073 王革路木路不用罽　王，單疏本作「至」，通解、楊氏俱作「王」。

074 車馬將祖之物　將祖，單疏、通解俱作

「相將」。

075 一分在北　北，誤作「此」。 ×

有司請祖期

076 每事畢輒出　輒，誤作「徹」，疏同。 ×

077 賓出至祖期　注亦因至始也　單疏本。 ×

078 論祖時飾柩車之事　飾，陳、閩俱誤作「布」。 ×

079 何須請啓　啓，單疏、要義俱作「期」。

080 因主人出在外位　因，監本誤作「三」。 ×

081 皆因出在外位請之　單疏本無「位」字，通解有。

082 顯父薦之　薦，單疏、通解俱作「餞」，是也。

曰日側

083 側昳也　案，段玉裁云「當作『側讀爲昃。昃，跌也』。漢人用『跌』不用『昳』。」

084 謂將過中之時　敖氏無「將」字，似與疏合。過，陳本誤作「滿」。

085 主人入祖　祖，石經補缺誤作「祖」。

086 舉柩卻下而載之　「舉」上，徐本、通典、集釋、楊、敖俱有「乃」字，與疏合。通解無。

087 下乃云卒束　陳、閩俱無「下」字。 ×

降奠當前束

088 下遷祖之奠也　祖，通典作「柩」。

089 此在柩車西當束　束，單疏本作「前」，通解作「束」。

090 故取而言也　「取」下，單疏本有「當腢」

二字。

商祝飾柩

091 衣以青布　布，誤作「白」。

092 其畢亦狀如長牀　「亦」下，單疏、要義俱有「一」字，陳、閩俱有「刪」字。案，「刪」字亦後人校語誤入正文。

093 兩畔豎軨子　豎，閩本誤作「登」。　×

094 縣於前面荒之瓜端　瓜，要義作「爪」。

095 荒上中央加齊　「上」下，單疏、要義、楊氏俱有「於」字，陳本有「於」無「中」。

096 即加帷荒是也　即，監本誤作「既」。　×

097 以此經直云飾柩　以，閩本誤作「似」。　×

098 謂此飾柩者也　謂，監本誤作「於」。

此，各本誤「比」。

099 君大夫加文章焉　章，誤作「車」。　×

100 若然對而言之　單疏、要義俱無「而言之」三字，通解有。

101 柳中兼牆矣　中，誤作「巾」。　×

102 兼宮室之承霤　兼，單疏、陳本、通解、要義俱作「象」。

103 縣於柳前面而已　陳、閩俱無「前」字。

104 云士不揄絞者　揄，單疏、要義俱作「褕」，下竝同。通解竝作「揄」。○按，「褕」正字，「揄」假借字。

105 青質五采皆備成章曰鷂　質，誤作「贊」。　×

106 者倉黃之色　「者」上，單疏、通解、要義俱有「絞」字。○案，「絞」字當有。

107 則人君於倉黄色繒上　繒，誤作「繪」，下同。

108 故云大夫則不揄絞屬於池下　「池下」二字，單疏、要義俱重出，是也。

109 各有前後　有，單疏、通解、要義俱作「爲」，是也。×

110 若人之齊　齊，楊氏作「臍」。案，封禪書「天主祠天齊」，索隱曰：「言如天之腹齊也。」齊、臍古蓋通用。

111 上朱中白下蒼者　蒼，單疏、要義俱作「倉」，通解載下「朱白蒼」句亦作「倉」。案，各本注俱作「蒼」。

112 彼據纁藉用三采　據，閩本誤作「圭」。×

113 形如瓜分然　瓜，誤作「爪」。×

114 是彼士爲天子元士　是，要義作「見」。

設披

115 披輅柳棺上貫結於戴　輅，通典、集釋俱作「絡」。案，輅、絡古字通。

116 人君旁牽之　君，徐、陳、集釋、通解、楊、敖俱作「居」。案，「居」字是。×

117 以備傾　「傾」下，徐、陳、通典、集釋、通解、楊、敖俱有「虧」字，與疏合。

118 所以連繫棺束　繫，監本誤作「擊」。×

119 此注云披輅柳棺上貫結於戴　單疏、要義俱無「輅」字，通解有。貫，監本誤作「棺」。×

120 然後貫穿戴之連繫棺束者　陳、閩

俱無「連」字。

屬引

121 坐引而哭之三　「引」下，通典有「者」字。案，「者」字似不可省，疏亦似有「者」字。

122 釋曰云引所以引柩車者　下八字，單疏、通解、要義俱無。

123 屬著於柩車　陳、閩俱無「著」字。

124 亦謂飲食之而哭之　通解「食」下無「之」字，要義無「而」字。此句下，單疏、通解、要義俱有「亦以師哭之」五字。

陳明器於乘車之西

125 有鐘磬而無筍簴　筍，集釋作「簨」。簴，徐本、集釋俱作「虡」，與單疏疏文合。案，説文「虡」字在虍部，不从竹。

126 則重之北也　徐本、通典、集釋、通解俱無「之」字，與單疏述注合。楊氏有。

127 自筍以下　「自」字下，要義有「包」字。

128 則自苞筍以下　苞，單疏本作「包」，後竝同。

129 謂邊無縢　金曰追「邊」改「籩」。

130 又云有鐘磬而無簨簴　簴，單疏本作「虡」，下同。

131 則重之北者　單疏、通解、要義俱無「之」字。

折横覆之

132 言覆之見善面　之見，單疏本作「者謂」，通解作「之見」。

133 故善者鄉下　下，陳、閩俱作「人」。

134 加之於壙上　加，監本誤作「如」。

135 亦約茵爲抗木　爲，單疏、陳、閩、通解俱作「與」。

136 承抗席也　「也」上，單疏本有「者」字。

抗木横三縮二

137 以其在抗席之上　席，通解、要義俱作「木」。○按，要義非也。

138 其横與縮各足掩壙者　單疏、要義俱無「壙」字，通解有。

加抗席三

139 以上承塵　「以」字下，單疏本有「承」字。上，陳、閩俱作「土」。

加茵用疏布

140 縫合兩邊幅爲袋　袋，單疏、通解、要義俱作「帒」。

141 下葬時茵先入　單疏、要義俱無「入」字，通解有。

142 則茵與棺爲藉　「茵」下，陳、閩、通解俱有「以」字。

143 使之牢固不折壞　折，單疏本作「坼」，閩本作「拆」，通解作「折」。

144 因爲篩也　篩，單疏、陳本、通解俱作「飾」。案，單疏是也。

145 故上抗木　故，單疏、通解俱作「者」，屬上句。案，單疏是也。

146 云木二則在下　木，閩本作「茵」。

147 又云人藏其中焉者　又，單疏本作「也」，屬上句。

148 爲三才也　才，單疏本作「材」。

筲三

149 則筲以管草爲之　管，單疏、陳、閩、通解俱作「菅」。案，「菅」字是。

150 罋三　罋，釋文、聶氏俱作「甕」。按，疏云：「罋與甒等字從缶、瓦。」蓋「罋」字從缶，「甒」字從瓦也。聶氏既作「甕」，遂改疏云「甕、甒二字皆從瓦」。◯

151 冪用疏布　冪，通解作「鼏」，注及下同。釋文作「冪」，云「本又作鼏」。

152 罋十二升　十，單疏、陳本、通解、要義俱作「斗」。

甒二

153 亦瓦器　「器」下，徐本、聶氏、集釋、通解、楊氏俱有「也」字。　✕

154 承上罋三也　承，單疏、要義俱作「亦」，是也。　✕

皆木桁久之

155 謂以蓋案塞其口　通解無「案」字。◯按，疏有「案」字。

156 而罋甒獨云冪者以其苞筲之等燥物　者以具，陳、閩俱誤作「覆之云」。案，下文有「覆之云」三字相連，此因彼而誤。

157 用器◯兩杅　杅，監本誤作「杆」，注同。陸氏曰：「杅音于，本又作芋，音同。」

158 今文杅爲桙　爲，要義作「作」。

有燕樂器可也

159 云與賓客宴飲用樂之器也者　宴，諸本俱作「燕」。　✕

役器

160 矢箙　箙，楊氏作「服」。陸氏曰：「箙，本又作服。」◯按，經傳多假「服」爲「箙」。

161 沽示不用　示，誤作「六」。　✕

162 燕器杖笠翣　張氏曰：「案釋文云『翣，所甲反，扇也』。此非牆翣之翣，故從竹。從釋文。」○按，説文有「翣」無「箑」，翣亦翣扇字也，牆翣之翣本取象於扇。今本釋文作「翣」，張説恐非。

163 笠竹箬蓋也　錢大昕曰：「釋文『箬』字無音，賈疏釋『箬』爲竹青皮，則『箬』當爲『箁』字之譌，陸所見本亦必作『箁』。『箁』字禮記屢見，故不更加音爾。説文無『箬』字，五經文字亦不收，惟集韻始收之，蓋此注之譌始於北宋矣。」○按，『箬』與『箁』形聲俱不相近，不知何以致誤。

徹奠

164 直有往來　「往來」二字，單疏、通解、要義俱倒。

165 由重東南者　「東南」二字，單疏、通解、要義俱倒。

166 由重北而西徹訖　要義重「徹」字。

祖

167 爲將祖變　祖，徐本、通解俱作「袓」，集釋、要義、楊、敖俱作「祖」。張氏曰：「疏作『祖』，從疏。」

商祝御柩

168 而執功布　單疏本作「故執布」，通解與今本同。

169 乃祖　祖，通解誤作「袓」。

踊襲

170 前祖是主人　是，要義作「即」。

婦人降

171 即明旦遣奠行之　奠，單疏、通解、要義俱作「而」。

172 今柩車南還　還，單疏、要義俱作「還」，通解作「還」。

祖還車

173 自已南上　已，集釋、敖氏俱作「若」。×

174 即上文茵下注云　茵，重修監本誤作「酋」。×

二人還重左還

175 各以其便　以，諸本俱作「由」。×

布席乃奠如初

176 人皆從車而來　人，單疏、陳本、通解、要義俱作「又」。

177 今車既還　既，單疏、通解俱作「已」。

178 是謂之祖奠　之，單疏、陳本、要義俱作「彼」。

入復位

179 云主人也者　單疏、陳本俱無「也」字。

180 以其送賓據主人　「人」下，單疏、陳本俱有「入」字。❷

181 據在殯宮中　單疏本無「據」字，通解、要義俱有「據」字，無「在」字。×

182 公賵玄纁束馬兩　單疏本卷三十九起。×

183 故云助主人送葬者也是以下注云　陳、閩俱作「故下注云」，脱中間十字。通解併刪「故」字。

184 制謂士在家常乘之法　單疏、通解、要義俱無「制」字，是也。×

185 禧公所乘　禧，單疏、要義俱作「僖」。案，「僖」字是。×

186 駟牡騑騑　牡，誤作「牲」。×

187 有不腆先人之産馬　馬，陳、閩俱誤作

「焉」。

擯者出請入告

188 注尊君至西面　至，誤作「主」。

189 云衆主人自若西面者　「人」下，陳、閩俱有「不迎賓明」四字。案，單疏亦無此四字，陳、閩非。

馬入設

190 皆三分庭一在南設之　三，單疏、要義俱作「參」，通解作「三」。

賓奉幣

191 三分庭之北　三，徐本、集釋、楊、敖俱作「參」，通典、通解俱作「三」。北，徐本作「此」，通典、集釋、通解、楊、敖俱作「北」。張氏曰：「注曰『參分庭之此』。案，監、杭本『此』作『北』，從監、杭本」。

192 云賓使者　此句之下，單疏、通解俱有「案此使者」四字，是也。

193 輅車在階間少南　輅，單疏、陳本、通解俱作「柲」。

194 三分庭之北者　三，單疏本作「參」，下竝同。

195 上經祖還車訖云少南　單疏本無「少南」二字，通解有。

196 云三分庭之北者　閩本「三」作「二」，無「庭」字。

197 故知輅有前後也　知，陳、閩俱作「此」。

主人哭拜

198 故授左服　授，陳、閩、通解俱作「也」。

199 容授尸之右也　容，陳、閩、通解俱作「客」。

士受馬以出

200 有勇力者受馬　有，通解作「言」。

201 不得爲屬士者　單疏本無「者」字。×

202 擯者請入告　「請」上，唐石經、徐、陳、通典、集釋、通解、楊氏俱有「出」字，敖氏無。

203 注不迎至某須　單疏本不標經文起止。×

204 馬入設○賓從致命　致，通解作「將」。

主人拜于位

205 與在室同　在，誤作「左」。

206 注柩車至室同　此下兩節，單疏本俱不標經文起止。×

207 亦出迎矣　矣，單疏、陳本、通解俱作「也」。×

若奠

208 或可堪爲奠於祭祀者也　「爲」下，單疏本空一字。祝，單疏、陳、閩、通解俱作「祀」。案，作「祀」是也。

入告出

209 注士亦至復也　單疏本不標經文起止。×

入告主人出門左

210 注主人至主人　此下兩節，單疏本俱不標經文起止。×

211 王使榮叔歸含且賵　賵，要義作「賻」。○按，春秋文五年作「賵」。

212 若無器則捂受之　捂，釋文作「梧」。

213 謂對相授　「授」下，集釋、敖氏俱有「受」字，與疏合。案，張氏士昏禮引此注無「受」字。

214 捂即逆也　逆，單疏、要義俱作「遻」，下同。

215 又請　又，鍾本作「三」。金曰追謂上已有「又請」，此當作「三請」爲正。

擯者出請

216 注如其至告須　單疏本不標經文起止。×

若就器

217 注就猶至之陳　陳，誤作「常」。×

所知

218 許贈不許奠也　贈，單疏、通解、要義俱作「賵」。

219 故知於死者爲多　單疏本無下五字，陳本無「於死者爲」四字。通解「於」上有「施」字，楊氏與今本同。

220 所知爲疏　單疏本「疏」下空一字，閩本無此四字。

書賵於方

221 有賻有賵　聶氏、敖氏俱作「有賵有賻」。

書遣於策

222 故在賓客贈賻與賵之下特書也　贈賻與賵，單疏本作「贈賻與賄」，要義作「贈賄與賵」，通解與今本同。

宵爲燎于門内之右

223 皆間有婦人　皆，單疏、通解俱作「階」。案，「階」字是。

厥明

224 亦如大斂在廟門外　大，誤作「入」。×

225 以其初死　其，誤作「奠」。×

其實羊左胖

226 禮不殊骨也　禮，徐、陳、集釋、通解、楊氏俱作「體」。

227 則於上肩脅脊別升　於，單疏、通解、要義俱作「與」。

離肺

228 離搉　「搉」下，釋文、集釋俱有「也」字。

229 搉離之　搉，單疏、楊氏俱作「刲」。○按，少儀注作「刲」，單疏是也。

230 不絕中央少許　許，單疏、通解俱作「者」，是也。

豕亦如之

231 君子不食溷腴　溷，集釋作「圂」。

232 釋曰亦如之　「曰」下，單疏本有「云」字。

233 上下共爲一段　一，單疏、陳本、通解俱作「二」。盧文弨云：「據下疏羊俎有二段，則作『二』爲是。」

魚腊鮮獸皆如初

234 豕既豚解略之者　豕，誤作「鄭」。

東方之饌

235 讀爲雞脾肶之脾　肶，徐本作「胔」，釋文、通典、集釋、通解俱作「肶」。案，說文：「膍，牛百葉也。从肉𣬉聲，或从比。」徐鍇曰：「周禮謂之『脾析』，借『脾』字。」據此，則脾、肶實一字。此注「脾肶」連文，疑有誤。說文「膍」字下注云「一曰鳥膍胵」，疑「脾肶」當作「膍胵」。徐本作「胔」，「胔」即「骴」字，殘骨也，尤非。❸

236 齏菹之稱菜肉通　菜，誤作「米」。

237 彼天子禮容有牛　容，誤作「云」。

238 云脾蜯也者　脾，陳、閩、通解俱作「螷」，是也。

醴酒

239 仍饌之于主人之南　仍，單疏、通解俱作「乃」。

陳器

240 夜斂藏之　周學健云：「疏云『本作夜斂，適似寫誤』。據此，則改『適斂』爲『夜斂』，反與疏語不符，今仍『適』字。」❹

滅燎

241 照徹與葬奠也　照，徐本、集釋俱作「炤」，與單疏標目合。後同。通解作「照」。

242 注照徹與葬奠也　照，單疏本作「炤」。 ×

243 一人執燭俠輅北面　一，陳、閩、通解俱作「二」。

244 輅西者炤徹祖奠　單疏、通解俱無「徹」字，楊氏有。○按，「徹」字當有，單疏誤脱。

245 炤徹與葬奠也　葬，誤作「祖」。

徹者入

246 亦由序西南　由，閩、監、葛本、通典、集釋、楊氏俱作「猶」，陳本、通解俱作「曰」。案，「由」、「猶」古字通用，「曰」即「由」字之誤。

247 門外盥訖入升自阼階　訖，陳、閩俱誤作「其」。 ×

248 亦猶小斂大斂朔日奠　日，陳、閩、通解俱作「月」。○按，單疏亦作「月」。

徹者東

249 東適葬奠之饌　適，誤作「設」。

250 故知在柩車北東行也　在，閩本作「由」。

鼎入

251 云陳之　「之」下，單疏、要義俱有「也」字，通解無。 ×

252 鼎入皆如初　初，重脩監本誤作「入」。×

253 則此在阼階下西面北上　此，單疏、通解、要義俱作「皆」。上，閩本誤作「土」。

254 既疑而知在重東北　單疏、要義俱無「重」字，通解有。

255 故可知也　單疏、通解、要義俱無「可」字。

乃奠

256 次北脾醢　盧文弨改「脾」爲「蜱」，是也。

257 則四籩豆　單疏本無「豆」字，通解有。

258 亦宜設於脾析已南　「亦宜」二字，單疏本倒。

俎二以成

259 蜡在豕東　蜡，徐、陳、閩、葛、集釋、通解、楊、敖俱作「腊」，監本誤作「醋」。

奠者出

260 由柩車南而東者　東，單疏、陳本、通解俱作「來」。

薦馬

261 云行者乘車在前　陳、閩俱脱「在」字。×

徹者入踊如初

262 苞以歸父母　苞，單疏本作「包」，後同。要義亦俱作「包」。

263 个謂所苞遣奠　个，要義作「包」。

264 三牲有九體　「有」字未刻。×

265 天子亦太牢　「亦」下，單疏、通解俱有「一」字，是也。

266 就十二體中　十，誤作「于」。

267 則羊俎仍有兩段在　「在」下，單疏、通解俱有「俎」字。

268 俎有三段在　三，閩本作「二」，誤。×

不以魚腊

269 故云非正牲　牲，誤作「也」。

270 主人之史○柩東當前東西面　東，誤作「車」。

271 論讀賵遣之事　「賵」下，單疏、要義俱有「讀」字。

272 鄭知使北面請者　使，單疏、陳、閩、通解、要義俱作「史」，是也。監本誤作「始」。

273 明史北面問之　問，閩本作「同」。

274 故知在主人之前面鄉柩也　面，單疏、陳本、通解俱作「西」。

卒命哭

275 卒已也　除本、集釋、楊氏俱無「也」字。×

276 不待言燭出　待，單疏、陳本、通解俱作「得」。

公史自西方東面

277 亦掌典禮可知　典，閩本作「其」。×

商祝執功布

278 云以御柩執披者　披，閩本誤作「彼」。×

279 葬時乘車　車，單疏、通解、要義俱作「人」。

280 若然鄭云　鄭，誤作「奠」。×

出宮踊襲

281 以出宮有此踊襲　襲，陳、閩俱作「者」。

單疏本此句下復有「以出宮有此踊者」七字，要義無。

主人去杖不哭

282 經蓋云左右　蓋，單疏本作「直」。×

283 以柩車在廟門時　以，單疏本作「次」，通解作「以」。

284 唯君命止柩于堩　堩，監本誤作「桓」。×

285 不敢留神明　案，下記注「明」作「也」。

主人哭拜稽顙

286 若親授之然　授，徐、陳、通解、楊氏俱作「受」，通典、集釋、敖氏俱作「授」。

287 實幣于棺之蓋中載以之壙　自「載」字起至下「此實於蓋中者」「中」字止，凡二十二字，陳、閩俱脱。

288 至于壙　單疏本卷四十起。×

茵先入❺

289 朝廟用輴可知　可，誤作「故」。×

290 大夫諸侯以上有四周謂之輴以其十四字，單疏、要義俱複出。案，疏文冗蔓多類此，似非刊本誤衍。

291 王人雖微　王，誤作「主」。×

屬引

292 除飾者　飾，監本誤作「節」。×

293 然後下棺　「棺」下，要義有「也」字。×

294 大夫士以緘　緘，單疏、陳、閩、監本、通解、要義俱作「咸」，楊氏作「緘」。○按，喪大記經文作「咸」。

主人袒

295 上無負土爲羨道　土，誤作「上」。×

襲贈用制幣

296 以丈八尺爲制　「尺」下，單疏、要義俱有「名」字，通解無。

卒袒拜賓

297 反位也　徐本、楊、敖俱無「也」字，與疏合。集釋有。案，注末楊、敖俱有「拾更也」三字，浦鏜説見後。

賓出則拜送

298 謂相問姓名　問，單疏、通解、要義俱作「聞」。○按，雜記下作「聞」，單疏是也。

藏器於旁

299 檀弓曰有虞氏之瓦棺夏后氏堲周殷人棺椁周人牆置翣　徐本、集釋、敖氏俱如是，通解删「有虞」至「棺椁」十五字，今本因之。盧文弨云：「陸氏爲『堲周』作音，則有者是。」

300 其外反置翣爲飾也　反，單疏、陳本、通解、要義俱作「又」，是也。

301 藏苞筲於旁　苞，監本誤從竹。

302 君容柷　柷，徐本、要義、楊氏俱作「祝」。❻釋文、通典、集釋、通解、敖氏俱作「柷」。

303 後陳者先用先用甕甒　「先用」二字，單疏、楊氏俱不重出，通解、要義俱重。

304 云喪大記者　云，單疏、通解、要義俱作「引」。

實土三

305 則少長皆反　長，監本誤作「食」。

306 乃反哭入　盧文弨云：「士虞禮注引下有『門』字」。

307 拜鄉人訖　訖，誤作「記」。

308 入升自西階　單疏本無「自」字。

309 反哭於堂　於，單疏、通解、要義俱作

「升」。○按，檀弓下作「升」，單疏是也。

310 **今不由阼階**　由，陳、閩、監本、通解俱作「於」，要義作「以」。

311 **殯又在西階**　陳、閩俱無「西」字。

312 **婦人入丈夫踊**　丈，徐本作「大」，集釋、通解、楊、敖俱作「丈」。張氏曰：「監本『大』作『丈』，從監本。」

主婦入于室

313 **拾更也**　浦鏜云：「三字儀禮圖、集説皆在前『卒袒拜賓』節下。今案釋文次第，當在此。」

314 **親所饋食之處哭也**　單疏、要義俱無「哭也」二字，通解有。○按，通解以意增，檀弓注無「哭也」二字。

315 **主婦踊**　「婦」下，單疏本有「人」字，通解無。

賓弔者

316 **古文無曰字**　徐本、集釋俱作「今文無曰」，與單疏標目合。通解與今本同。

317 **注賓弔至曰字**　「曰」字，單疏本作「無曰」。 ×

318 **以其上經云**　單疏、通解、要義俱無「云」字。

319 **故知乃東面位也**　乃，單疏、陳本、通解、要義俱作「仍」。

遂適殯宮

320 **則此如啓位**　如，單疏、要義俱作「主」，通解作「如」。

321 **婦人亦即位于堂東西面**　單疏、陳本、通解、要義俱無「西」字，閩本「西」字擠入。

兄弟出

322 **丈夫婦人在殯宮**　丈，監本誤作「大」。 ×

323 至虞卒哭祭　單疏、要義俱無「哭」字，通解、楊氏俱有。

324 緦小功虞卒哭　小，誤作「所」。×

325 衆主人出門哭止

因依門外　依，單疏、陳本、通解、要義俱作「在」。案，「在」是。

326 既虞柱楣前屏　浦鏜云「翦」誤「前」。

三虞

327 不忍一日離　句末釋文、集釋俱有「也」字。案，疏標目無「也」字。×

328 主人孝子葬之時　時，閩本誤作「等」。×

329 若魂氣則無不之也　單疏本無「也」字。

330 欲見迎魂而反　見，誤作「兄」。×

卒哭

331 亦不絶聲　亦，陳、閩俱作「無」。×

明日以其班祔

332 而屬之今文班爲胖　下五字今本俱脱，徐本、集釋俱有，與單疏標目合。

333 注班次至屬之　屬之，單疏本作「爲胖」。×

記士處適寢

334 必在北墉下　必，閩本、重脩監本俱作「此」。墉，要義作「牖」。

335 生氣之始也　氣，誤作「器」。「始」下，單疏、通解、要義俱有「故」字。

養者皆齊

336 憂也　通解無此注。

337 怒不至詈　詈，監本誤作「罵」。×

338 疾病内外皆埽　「内外」二字，唐石經、徐、陳、閩、葛、集釋、通解、要義、楊、敖俱倒，與單疏標目合。石經考文提要云：「疏作『外内』，與禮記喪大記文同。」

339 疾病外内皆埽　單疏本。 ×

徹褻衣

340 新衣是朝服言新　「朝服」二字，單疏本重出。

341 羔裘玄冠即朝服　即，通解、要義俱作「則」。

御者四人

342 今時待從之人　待，徐、陳、閩、葛、集釋、通解、楊、敖俱作「侍」，與單疏述注合。

343 若然四體各一人　然，誤作「祭」。 ×

344 今時待從之人者　待，單疏、陳、閩俱作「侍」，是也。 ×

345 男女改服　此節經注，唐石經及徐本、集釋、敖氏俱無，通解、楊氏俱有。石經攷文提要云：「此因通解而誤。蓋通解於士喪禮雜附本經記及喪大記之文，此節乃喪大記誤入儀禮。又此記五節與喪大記同，鄭兩注各異，獨此節注不異，明係移彼注此。又因與士喪禮不合，妄改『庶人』爲『主人』，又彼注上文有『新朝服』，故曰『亦朝服』。此上文無『朝服』字，何以云『亦』？足證羼入。」盧文昭云：「通解『庶』字尚未改。」○按，改「庶人」爲「主人」，自楊氏始。

屬纊以俟絶氣

346 爲其氣微難節也　爲，嚴本作「有」，與單疏標目合。

347 注爲其至新絮　爲，單疏本作「有」。○按，單疏非也。 ×

348 喪大記云　單疏、通解俱作「按喪大記注云」。○按，單疏是也。 ×

男子不絕於婦人之手

349 若婦人則內御者持體還死於其手　陳、閩俱無此十四字。

350 僖公三十三年冬　單疏、通解俱無「公」字。

351 即安也注云　也，單疏本作「服」，通解「也服」二字竝有。金曰追云：「首句雖與杜注不殊，而『禮男子』以下二十二字全非杜注，則其爲服氏注無疑。」

352 乃行禱于五祀　五，陳、閩、葛本俱作「伍」。

乃卒

353 士不祿　「士」下，單疏、通解俱有「曰」字。案，有「曰」字與曲禮合。

354 主人啼　張氏曰：「釋文云『諦，大兮反』。從釋文。」○按，今本釋文仍作「啼」。玩大兮之音，乃讀「諦」爲「啼」也。若本是「啼」，不須作音。

355 於是始去冠而笄纚　徐本無「冠而」二字，與單疏述注合。集釋、通解、楊氏俱有。

356 知於是始去冠而笄纚　單疏本無「冠而」二字。

357 雞纚服深衣也　雞，單疏、通解俱作「笄」。

設牀笫

358 寢東首於北墉下　墉，單疏、陳、閩俱作「牖」，通解作「墉」。

359 云衽臥席者　單疏、通解俱無「云」字。

360 是衽於臥席　於，單疏、陳、閩、通解俱作「爲」。案，「爲」是也。

遷尸

361 徙於牖下也　徙，誤作「徒」。

復者朝服

362 注衣服至以變　服，單疏、陳、閩俱作「朝」，與注合。×

楔貌如軛

363 軛謂如馬鞅軛馬領　單疏無「如」字，通解有。

364 此角柶　角，單疏、陳本俱作「用」。

綴足用燕几

365 今則夾以竪用之　單疏本作「今以夾則竪用之」，通解與今本同。

366 尸南首　首，誤作「者」。×

赴曰君之臣某死

367 上某是書名　書，單疏、陳、閩、通解俱作「士」，是也。

368 則云長子某若母妻　若，單疏、陳本、通解俱作「甲」，屬上句，是也。

室中唯主人主婦坐

369 此士之禮　之，單疏、陳、閩、監本、通解、要義俱作「喪」。案，「喪」字是。

370 若無命夫命婦　單疏、要義俱無「無」字，通解有。案，黃氏誤衍「無」字，遂謂疏文前後牴牾。❼

其襚

371 尸在室中户西　尸，閩本誤作「户」×

372 奉尸侇於堂前　前，單疏、陳本、通解俱作「則」，屬下句。○按，當作「則」。

御者四人

373 爲其裸裎　徐本、通解俱作「倮程」，集釋、敖氏俱作「裸裎」。張氏士喪禮識誤云：「既夕禮『謂其倮程』，監本亦作『裎』。」○按，張氏以「爲」爲「謂」。

374 **盝水便**　「便」下，釋文、集釋俱有「也」字。

375 **盝音禄**　徐本、集釋俱無此三字，葛本、通解俱於「盝」上加圈。

其母之喪

376 **云内御女御也者**　單疏、通解俱無「也」字。

377 **周禮九嬪注云**　單疏本無此六字。

378 **此婦人不笄**　「此」字下，單疏本有「云」字。

設明衣

379 **中帶若今之褌襂**　若，通解作「者」。褌，徐本作「禪」，與單疏標目合。釋文、集釋、通解、敖氏俱作「褌」。陸氏曰：「褌音昆。」

380 **注中帶至褌襂**　褌，單疏本作「禪」，下同。通解、要義載下疏亦作「禪」。案，通解於注作「褌」，於疏作「禪」，蓋宋時注、疏別行，黄氏各據本文，未暇畫一。

381 **鄭舉其驗而言**　其，單疏、陳本、通解、要義俱作「目」，是也。

掘坎南順

382 **鄭不明言**　鄭，閩本作「前。」

383 **今文掘爲坅**　「坅」下，嚴本、通解俱有「也」字。

垼用塊

384 **注塊堛也**　單疏本不標經文起止。

明衣裳用幕布

385 **則此不削幅**　「則此」二字，聶氏倒。

386 **謂繚使相著**　謂繚，聶氏作「但繚之」。

387 **還以袂二尺二寸**　陳、閩「以」俱作

「二」，聶氏作「爲二尺二寸」。

388 凡爲衣　「凡」下，單疏本有「平」字，通解無。

有前後裳

389 不辟積也　積，徐本、通典、通解、楊氏俱作「質」，與單疏述注合。集釋作「積」。

390 短無見膚長無被土　兩「無」字，釋文俱作「不」。集釋上作「不」，下作「無」。

391 云不辟積也者　積，單疏本作「質」。

縓綼緆

392 爾雅文　案，「文」誤「云」。×

393 純袂純邊　「袂」下，單疏本有「緣」字，通解無。○按，通解非也，深衣有「緣」字。

394 緣注如彼也　注，單疏、通解俱作「法」。案，毛本凡「注」字俱从言，此獨從水，明爲「法」字之誤也。監本作「註」，則益誤矣。❽

緇純

395 緇黑色也　徐本、集釋俱無「色」字，通解、楊氏俱有。

396 397 設握裏親膚　裏，唐石經、徐本、集釋、通解、要義、楊氏俱作「裏」，敖氏作「裏」。○結于掔　掔，唐石經、嚴本、集釋俱作「掔」，注同。說詳士喪禮。

398 設握麗于掔　掔，單疏本作「掔」，下竝同。

399 云以握繫一端繞掔　繫，監本誤作「擊」。×

400 按上文握手用玄纁裏　裏，單疏、閩本、通解、要義俱作「裏」，是也。下同。

401 先以一端繞繫一匝　繫，單疏、要義俱作「掔」。

隸人涅厠

402 又亦鬼神不用　盧文弨云「亦」一作「以」。

403 按周禮司隸職云　隸，單疏本作「厲」，通解作「隸」。○按，通解誤。

404 其奴男子入於罪隸者　單疏本無「者」字，通解有。○按，不當有「者」字。

405 是征四夷所得也　征，閩本誤作「正」。　×

406 故得云死者不用也　得，閩本誤作「待」。　×

既襲

407 故記明之也　明，誤作「名」。之，閩本誤作「文」。

408 設棜于東堂下　單疏本卷四十一起。　×

409 素勺二　徐本無「二」字。楊氏無此句，與疏合。集釋、通解俱與今本同。

410 爲夕進醴酒　夕，徐本作「少」，集釋、通解、楊氏俱作「夕」。張氏曰：「疏『少』作『夕』，從疏。」

411 云籩豆二以併　「籩豆」二字，單疏本倒。

412 故知二爲大斂饌　爲，陳、閩、監本俱作「謂」。　×

凡籩豆實具設

413 以其云籩豆具　具，監本誤作「且」。　×

414 故雖一籩一豆　籩豆，通解、要義俱倒。

415 即禮記檀弓云　禮記，陳、閩俱誤作「曲禮」。　×

小斂辟奠不出室

416 畢事而去之　通解無「之」字，疏同。　×

417 至於既小斂　於，陳、閩俱作「此」。

418 則亦不出於室　室，誤作「主」。 ×

419 爲既斂而言也　爲，閩本作「以」。「言」下，陳、閩俱有「者」字。

420 而設小斂奠于尸東　東，閩本作「東」。 ×

既馮尸

421 又有絞帶　又，單疏、要義俱作「更」，通解作「又」。

422 鄭注云經象大帶　「經」上，陳、閩、通解俱有「要」字，依喪服注增。

423 升自阼階　阼，要義作「西」。

巾奠

424 無執燭降由主人之北　北，誤作「此」。陳本無「之」字。 ×

既殯

425 翦髮爲鬌　翦，陳、閩、監本、集釋、敖氏俱作「鬋」，疏放此。

426 論孝子衣服飲食乘車等之事　子，誤作「十」。 ×

427 此說及下經不說絰帶　陳、閩俱無上「說」字。 ×

三日絞垂

428 以經小斂曰　經，單疏、要義俱作「垂」，通解作「絰」。曰，單疏、陳本、通解俱作「日」。○按，單疏作「日」非也，「經」誤「垂」。

冠六升

429 外之者　徐本、集釋俱無「之」字，通解、楊氏俱有。○按，疏有。

430 垂下爲纓　「垂下」二字誤倒。

431 但此冠上下　冠，陳、閩、通解、要義俱作「文」。

432 衰三升　鄭亦爲三十升布　三，閩本誤作「二」。

433 屨外納　此菅屨也　「此」字下，單疏本有「則」字。[9]

434 杖下本　桐竹皆下本謂根本　單疏、通解「謂」上俱重「本」字。

435 居倚廬　按喪服傳云　「按」字上，單疏、要義俱有「一釋」二字。

436 不塗塈　塈，監本誤作「既」。

437 以既練居堊室而言外　陳、閩俱無「居」字。室，陳本作「屋」。

438 則初死居倚廬倚廬亦知中門外可知也　「倚廬」二字，要義不重出。「亦」下，單疏、要義俱無「知」字。

439 寢苫枕塊　一頭至北　北，單疏、通解、要義俱作「地」。

440 苫編藁　藁，釋文从禾無艸，監本亦從禾。案，從禾是，無艸非。

441 哀親之在土　土，重脩監本誤作「上」。

442 不說經帶　說，監本誤作「設」。

443 故周公說經　陳、閩、通解俱無「周公說經」四字。[10]

444 非喪事不言　言而事行　陳、閩俱無「事」字。

歠粥

445 今日食米二溢　二，監本誤作「一」。

446 糜亦一溢米同也　同，誤作「四」。×

447 云二十四兩曰溢　單疏、要義俱無「四」字，與注合。

448 銖爲十絫　絫，要義作「參」，下同。

449 分十兩兩爲二十四銖　陳、閩俱無「爲」字。×

450 則爲二百二十六銖　二十，單疏、要義俱作「一十」，是也。

主人乘惡車

451 王喪之木車也　王，誤作「玉」。×

452 非有此事則不行　行，陳、閩俱作「出」。

453 知義然也　陳、閩俱無「知」字。×

454 王之喪車五乘　五，閩本誤作「正」。×

白狗幦

455 覆笭也　陸氏曰：「笭，本或作軨。」

456 古文幦爲幂　幂，釋文作「幕」，云「音莫」。集釋亦作「幕」。

457 此喪車無飾　陳、閩俱無「喪」字。

御以蒲菆

458 牡蒲莖也　徐本、楊、敖俱無「也」字，與疏合。×

459 楚熊負羈囚知罃　熊，單疏、要義俱作「雄」。

460 杜注云　杜，單疏、通解、要義俱作「服」。

犬服

461 亦白今文犬爲大　下五字今本脱，徐本、集釋俱有，與單疏標目合。通解未刻。

462 注笭閒至亦白　亦白，單疏本作「爲大」。案，單疏是也。 ×

463 用兵器　用，單疏、陳本、通解、要義俱作「凡」，是也。

464 故云以犬皮爲之　「犬皮」二字誤倒。

465 取其堅故也　故，單疏、通解、要義俱作「固」。案，注無「固」字。

466 幦亦白者　幦，要義作「云」。○按，要義是。

467 幦用白犬皮　犬，單疏、通解、要義俱作「狗」。

馬不齊髦

468 此注解文不於末者　不，陳、閩俱誤作「下」。 ×

469 按此士之喪車　單疏本無「按」字。

470 主人至卒哭已後衰殺　衰，單疏、陳、閩、通解俱作「哀」，是也。 ×

471 不革輓而漆之　革，閩本誤作「華」。 ×

472 亦與王以下同乘漆車者　陳、閩俱無「同」字。

主婦之車

473 皆有容蓋　皆，誤作「蓋」。 ×

貳車

474 可以副貳之車　以，單疏、陳、閩、通解、要義、楊氏俱作「有」。

475 謂攝服　「謂」下，單疏、通解、要義俱有「之」字。 ×

其他皆如乘車

476 爲惡車白狗幦以下　爲，單疏、通解俱作「謂」。案，單疏是也。

477 皆同主人惡車也　皆同主人，誤作「主人皆同」。

朔月

478 此盡下室　「此」字上，要義有「自」字。×

479 服注云　陳、閩、通解俱無「服」字。×

從徹者而入

480 無事則立主人之南北面　浦鏜云「北南」字誤倒。

481 482 比奠○聚諸窔　窔，徐、陳、釋文、集釋、通解俱作「宎」，注同。陸氏曰「本又作窔」。○埽者執帚垂末　末，徐本作「未」，唐石經、集釋、通解、要義、楊、敖俱作「末」。張氏曰：「監、巾箱、杭本『末』作『未』，從諸本。」

483 室東南隅謂之窔　「室」下，集釋有「中」字。張氏曰：「疏『室』下有『中』字。」○按，少牢注亦有「中」字。

484 注比猶至之窔　窔，單疏本作「宎」。×

485 按上文童子從徹者入　童，誤作「男」。

486 及此經則從執燭者出者　出者，陳、閩俱作「在後」。

燕養饋羞湯沐之饌

487 所以洗去汙垢　陸氏曰：「洗，悉禮反。劉本作滓，七對反。」

488 謂在燕寢之中　陳、閩俱無「寢」字。

489 平生時所有供養之事　陳、閩俱無「平」字。○按，單疏「供」作「共」。

490 或鄭略云　云，單疏、陳、閩、監本、通解、要義俱作「言」。盧文弨云疑是「之」字。○按，草書「言」、「云」俱似「之」字。

491 云進徹之時　單疏本重「進」字，通解不重。

492 如其頃者　陳、閩俱無「者」字。×

493 若一時之頃也　時，單疏、通解、楊氏俱作「食」，是也。

朔月若薦新

494 則聽私朝　單疏、要義俱無「聽私朝」三字，通解有。

筮宅

495 筮吉乃掘坎　陳、閩俱無「乃」字。

** 冢人物土是　許宗彥云：「『物土』乃『營之』之訛。此引經文，非引注文。」

496 卜曰吉　曰，通解、敖氏俱作「日」，與單疏標目合。周學健云：「敖氏注云『日，人質反』。蓋恐人誤讀耳。」○按，唐石經作「日」。

497 卜日至皆止　單疏本。×

498 主人哭　人，陳、閩、通解俱作「婦」。

499 啓之昕外内不哭　外内，要義倒，與疏合。

夷牀輁軸

500 古文輁或作拱　張氏云：「監本云『爲拱』，從監本。」○按，張説與單疏標目合。

501 注明階至作拱　作，單疏本作「爲」。×

502 故併言之　併，單疏本作「并」。×

503 鄭注云　單疏本無「注」字。×

504 於禰亦饌輁軸焉者　於，誤作「與」。×

505 明旦乃移於輁軸上　「移」下，單疏、通解俱有「柩」字。

其二廟

506 先朝禰奠設　禰，陳、閩俱作「祖」。

朝于禰廟

507 雖言正柩于兩楹間　雖，閩本作「畢」。

508 主人從升主人以下　單疏、要義「升」下俱有「衆」字，通解有「衆」無「升」。

燭先入者升堂

509 一在柩前　陳本無此四字。

510 互記於此者　互，要義作「亘」，下同。

511 主人降即位〇升自西階　「升」下，唐石經、徐本、通典、集釋、楊、敖俱有「降」字，通解無。石經考文提要云：「監本沿通解之誤。」

512 按上經云　單疏本無「云」字，通解有。

513 故此記所云如之也　單疏本無「記所云」三字，通解有。

祝及執事舉奠

514 酒脯醢俎從之　俎，通典作「菹」。

515 則此日數亦同矣　亦，通解作「應」。

516 論至祖廟陳設既贈之事　既，單疏、要義俱作「及」。

517 此彌奠與小斂奠同　盧文弨改「彌」爲「禰」。

518 此經所云　陳、閩俱無「此經所」三字。✕

519 既正柩席　「既」上，單疏本有「云」字。✕

520 知受巾巾之者　「知」下，陳、閩、通解俱有「祝」字。

521 云序從主人以下者　序，誤作「席」。

522 薦乘車〇干笮　干，石經補缺誤作「于」。

523 鹿辟　辟，徐本、通典、集釋、通解、要義、楊、敖俱作「辟」。按，釋文「辟」字無音，是亦作「辟」。

524 鞘韁也　陸氏曰：「韁，劉本作繮。」

525 有箙無弓矢　要義無「弓」字。

526 此拜下車三乘　拜，單疏、陳、閩、通解、要義俱作「并」，是也。

527 云鹿淺幦謂車前式覆者　鹿淺幦，陳本、通解、要義俱作「幦覆笭」，閩本作「幦覆笭者」。楊氏與今本同，「謂」作「爲」。

528 鞃式中也　案，詩傳「式」作「軾」，下同。

529 淺虎皮淺毛也　毛，陳、閩、通解俱作「色」。案，陳、閩、通解非也。

530 按司常云　司，監本誤作「同」。×

道車載朝服

531 日視朝之服也　「之服」二字，徐本倒，集釋、通解俱與今本同。

532 謂大夫士私朝之服　「士」下，單疏、要義俱有「也」字，通解無。服，監本誤作「朝」。

533 當家私朝之車　當，閩本誤作「富」。×

534 則不云裳　陳、閩俱無「則」字。×

535 稾車載簑笠　稾，嚴、鍾、通解、要義、楊、敖俱从木，唐石經、徐本、聶氏、集釋俱从禾，注文同。簑，唐石經、徐本、釋文、聶氏、集釋、通解、要義、楊、敖俱从艸，注同。○按，檀弓上「孔子之喪」節疏引作「蓑」。

536 稾車載蓑笠　單疏本。「稾」字、「蓑」字，下竝放此。要義與單疏同。

537 謂王行小田獵巡行縣鄙　單疏、陳、閩、通解、要義、楊氏俱重「小」字。○按，「小」

字當重。周禮司常疏云「今以小小田臘及巡行縣鄙」，正與此文同。

538 同是旃散所乘　旃，單疏、要義俱作「游」，通解、楊氏作「旃」。

539 云簑笠備雨服者　雨，誤作「用」。×

540 笠所以備暑　備，單疏、陳、閩、通解、要義俱作「御」。

541 茵著用茶　案，「著」單疏標目從竹。

542 茅秀也　浦鏜云「秀」釋文作「莠」。○按，「茅莠」見釋文注中，非摘鄭注。

543 且御溼　陸氏曰：「御，魚呂反。劉本作衙，音禦。」

葦苞

544 葦苞長三尺一編　注用便易也　單疏本。×

545 言便易也者　單疏、通解俱無「也」字。×

546 葦草即長　浦鏜改「即」作「既」。

菅筲三

547 菅筲三其實皆瀹　注米麥至爲敬　單疏本。×

548 黍稷皆淹而清之　清，單疏、陳本、通解、要義俱作「漬」。○按，作「漬」不誤。

549 飯用米貝　貝，要義作「具」。閩本「米貝」作「茅具」。○按，要義、閩本竝誤也。

祖還車

550 上經未還奉車在階間　奉，浦鏜改作「車」。

凡贈幣無常

551 玩好曰贈　曰，徐本作「日」。

552 鄭注云　單疏、要義俱無「注」字，是也。×

凡糗不煎

553 不云糗之煎不　「煎不」二字誤倒。

554 而此云凡者　單疏、陳本、通解俱無「此」字。×

555 記人通記大夫以上也　單疏、陳本、通解俱無「也」字。×

車至道左

556 先至爲乘車也　爲，單疏、通解、楊氏俱作「謂」。×

柩至于壙

557 不空之以歸　集釋句末有「也」字。×

558 不空之以歸者　單疏、要義俱無「之」字。要義「空」作「窆」，下「柩車既空」、「示不空之」竝同。通解與今本同。案，要義蓋誤合「空之」兩字爲「窆」耳，下兩「空」字遂亦作「窆」。浦鏜挍謂「柩車既空」「空」字應作「窆」。

卒窆而歸

559 實十三　土，誤作「上」。×

560 云孝子往而慕　而，單疏、陳、閩、要義俱作「如」，是也。

君視斂

561 待大斂訖　陳、閩俱無「訖」字。×

既正柩

562 或作搏　搏，徐、陳、通解俱作「摶」，集釋作「槫」。

563 既葬執翿　既，單疏、通解、要義俱作「及」。○按，周禮作「及葬執纛」。

564 正謂載柩　謂，通解、要義俱作「爲」。

565 匶車柩路也柩車載柳　單疏、通解、要義俱無下五字。案，周禮注有此五字，「柩車」作「柩路」。

566 或作搏者　要義無「或」字。×

567 皆或禮記別本　或，要義作「合」。×

568 其轝與輶車同　輶，單疏、監本、通解、要義俱作「輴」。案，「輴」字是。

弓矢之新

569 爲死者宜用新物　陳、閩俱無「宜」字。

有弭飾焉

570 緣繫約而漆之　而，閩本誤作「面」。×

571 弓隈既用角　隈，閩本、通解俱作「服」。角，通解作「骨」。

572 亦可張也　「可張」二字，唐石經、徐本、集釋、楊、敖俱倒，通解與今本同。石經考文提要云：「監本沿通解之誤。」○按，「也」字唐石經初刻作「以」，後改。

573 古文柲作柴　作，集釋作「爲」。柴，徐本、集釋俱作「粊」，與單疏標目合。釋文作「粊」，通解作「柴」。金曰追云：「尚書費誓，古文作『粊』。」○按，集韻：「柴，兵媚切，地名。」疑即「粊」之別字。

574 注柲弓至作柴　柴，單疏本作「粊」。×

575 使不損傷　損，陳、閩、監本、通解俱作「頓」。

設依撻焉

576 云撻弣側矢道也者　單疏、通解俱無「也」字。×

577 猴矢一乘　張氏曰：「釋文『猴』字上更有一『矢』字，從釋文。」盧文弨云：「『猴』上有『矢』字，當是爲猴矢、志矢之目。」○按，今本釋文出「猴矢」二字，張氏所見當作「矢猴」也。

578 亦云不用也　云，徐本、集釋、楊、敖俱作「示」，通解作「云」。

579 可以伺候射敵之近者　伺，單疏、陳本俱作「司」，通解作「伺」。○按，周禮注作「司」，單疏「敵」誤「故」。

580 故此亦云　云，單疏、要義俱作「之」，通解作「云」。×

581 云生時猴矢金鏃者　猴，誤作「鏃」。金，誤作「今」。案，監本「金」作「仐」，⓫蓋欲改「今」爲「金」，而未全也。

582 上陳五矢　「五矢」二字，陳、閩俱倒。×

志矢一乘

583 輖蟄也　蟄，徐本、敖氏俱作「摯」。釋文、集釋、通解、楊氏俱作「蟄」。陸氏云「本又作贄」。○按，「贄」即俗「摯」字，因借而誤。

584 唐弓大弓　唐，誤作「居」。×

585 非是軒輕之輕　兩「輕」字，單疏、陳、監、通解、要義俱作「蟄」，閩本作「輊」。案，「輊」形似「輕」，故毛本誤作「輕」。下文云「故讀從執下至」，則此句不當作「蟄」。疏意從車之「輊」與從執之「蟄」二字不同，故特分別言之。

586 志矢生時用骨鏃　骨，陳、閩俱作「金」。

587 此志矢是也　陳、閩俱無「也」字。×

588 凡枉矢之制　陳、閩、通解俱無「枉」字。

589 殺矢之屬三分　三，單疏、要義俱作「參」，通解作「三」。

590 軒輖中　中，重脩監本誤作「申」。×

591 按周禮有八矢　按，通解、要義俱作「但」。○按，單疏誤作「位」。

13—592

猴矢居前　陳、閩俱無「矢」字。

校記

❶「得」原誤「即」，據學海堂本、南昌府學本改。

❷南昌府學本末增：「按，無『入』字者是。以疏但釋注『主人』也。況疏義方明送賓出在外，亦不當遽用『入』字。」

❸「胑即骴字殘骨也尤非」，學海堂本、南昌府學本皆作「或此至聲近相借耶」。

❹南昌府學本删「今仍適字」四字。

❺「茵先入」三字原脱，據學海堂本、南昌府學本補。

❻「楊氏」原誤「陽氏」，據學海堂本、南昌府學本改。

❼學海堂本、南昌府學本俱删「案黄氏誤衍無字遂謂疏文前後牴牾」十五字。按，學海堂本、南昌府學本皆以有「無」字爲是。

❽「益」原誤「蓋」，據學海堂本、南昌府學本改。

❾學海堂本末增「菅毛本誤營」五字，南昌府學本亦謂毛本「菅誤作營」。

❿南昌府學本末增「〇按設譌説」。

⓫「仐」，學海堂本、南昌府學本俱作「今」。按，「仐」乃殘缺之字形，改作「今」不合原校之義。

儀禮注疏校勘記卷十四

14—001 士虞禮第十四　單疏本卷四十二起。×

002 虞安也　「安」上，集釋、楊氏俱有「猶」字。按，釋文有「猶」字，李、楊自據釋文，勿以改疏。

003 士既葬其父母　單疏、通解、要義俱無「其」字，楊氏有。按，此「其」字與下句「而」字亦俱見釋文。

004 日中而祭之於殯宮　單疏、要義、楊氏俱無「而」字，通解有。

** 小戴第十五　當作「第八」，第十五乃聘禮。

士虞禮

005 士虞禮特豕饋食　注饋猶歸也　單疏本。×

006 其云饋者　者，陳、閩俱作「也」。

側亨于廟門外之右

007 云側亨亨一胖也　胖，誤作「判」。

008 特牲亦云側殺者　側，誤作「則」。×

009 云是日也以虞易奠祔而以吉祭易喪祭　單疏本作「云是日也至喪祭」，通解與今本同。

010 卒哭比祔爲喪祭　比，閩本誤作「此」。×

011 故下記云　陳、閩俱無「云」字。×

012 尊兩甒於廟門外之右少南　「南」下，陳、閩、通解俱有「水尊在酒西」五字。

013 以此知卒哭對虞爲吉祭也　單疏、要義俱無此十一字，通解有。

014 明日以其班祔用專膚爲折俎取諸脰膉　「祔」下，單疏、要義俱有「沐浴又云」四字，無「用專」以下十字。通解與今本同。

015 對時廟與寢別　陳、閩俱無「時」字。 ×

魚腊爨亞之

016 故王孫賈問孔子曰　「問」下，要義有「於」字。

017 與其媚於奧　於，誤作「爲」。 ×

饎爨在東壁

018 齊盛即黍稷　盛，閩本誤作「齊」。 ×

尊于室中北墉下

019 則醴代玄酒在上　則，閩本誤作「在」。 ×

020 故云上醴也　醴，誤作「禮」。 ×

021 絺布葛屬者　「絺」上，單疏、通解、要義俱有「云」字。按，「云」字當有。 ×

素几葦席

022 則几筵具　筵，陳、閩俱作「席」。 ×

023 每敦一几　敦，單疏、陳、閩、通解、要義俱作「燾」。○按，周禮司几筵作「每敦一几」，鄭注「敦讀曰燾」，即改爲「燾」字，此正義例也。

饌兩豆菹醢于西楹之東

024 又左俎右醢　俎，單疏、陳、閩、通解俱作「菹」。按，單疏是也。

從獻豆兩亞之

025 亦得其設　其，誤作「共」。 ×

026 匜水錯于槃中○簞布在其東　布，唐石經、徐本、釋文、集釋、楊、敖俱作「巾」，通解作「布」。石經考文提要云：「特牲、少牢皆有『簞巾』。」

陳三鼎于門外之右

027 今文扃爲鉉❶　爲，釋文、要義俱作「作」。

匕俎在西塾之西

028 不饌於塾上　上，監本誤作「土」。　×

029 匕俎在西塾之西　注不饌至南鄉　單疏本。　×

030 在内西塾上　此句下，單疏本有「而在塾上」四字，通解無。

031 主人及兄弟如葬服○皆即位于門外　「外」下，通典有「之左」二字。

032 論將虞祭於位及衣服之事　及，誤作「反」。　×

033 卒云無時之哭　云，單疏、陳本、通解、要義俱作「去」。

034 則作其喪服　作，單疏本作「衣」，陳本、通解、要義俱作「依」。

035 即此經賓執事者弔服士也　士，單疏、要義俱作「是」。

036 則取於大功以下　單疏、要義俱無「則」字，通解有。○按，單疏誤脱，曾子問有「則」字。

祝免澡葛經帶

037 祝所親也　祝，閩、監、葛本俱誤作「祀」。

038 然則士之屬官　浦鏜云：「『吏』誤『官』，從雜記疏挍。」盧文弨云疏作「吏」。○按，上節疏引此注作「官」。

039 故云祭祀之禮　祀，誤作「祝」。　×

宗人告有司具

040 朝夕哭時　「哭」下，單疏本有「祭」字，通解無。

主人即位于堂

041 乃反哭入則升自西階　則，徐本、集釋、通解、楊、敖俱作「門」。浦鏜云既夕經無此字。

042 異於朝夕　「異」上，徐本、楊、敖俱有「此則」二字，通解無。

祝入門左

043 故云祝不與執事同位　單疏本無「祝」字，與注合。 ×

贊薦菹醢

044 齊斬之服　齊，徐本、集釋、通解俱作「衰」，通典、要義、楊氏俱作「齊」。按，疏作「齊」。

佐食及執事盥出

045 在西方位也　徐本、集釋、楊、敖俱無「在」字，通解有。

鼎入設于西階前

046 今文扃爲鉉　鉉，誤作「絃」。 ×

贊設二敦于俎南

047 敦有虞氏之器也　氏，誤作「士」。 ×

祝奠觶于鉶南

048 復位復主人之左　此注徐本、通典、集釋、楊、敖俱在「稽首」下，與單疏標目合。通解與今本同。按，通解截經文「復位」以上爲「設饌」節，「主人再拜」以下爲「饗神」節，遂移此注于「復位」下。

049 祝奠至稽首　注復位至之左　單疏本。 ×

050 祝從在左右　單疏本無「右」字，通解誤作「左」，屬下句。 ×

051 主人再拜稽首○祝饗　饗，監本誤作

「響」。×

052 告神饗也　徐本、集釋、楊氏俱無「也」字，通解有。

053 下至適爾皇祖某甫饗　「甫」下，徐本、集釋、楊氏俱有「尚」字，通解無。

054 祝饗命佐食祭　注饗告至是也　單疏本。×

055 以某妃配某氏　上「某」字，閩本誤作「其」。×

056 如今擐衣也　擐，釋文作「撏」，云：「音宣。手發衣曰撏。又作擐，音患，古患反。」要義載注及疏亦俱作「撏」。

佐食許諾

057 設苴以定之耳　定，誤作「奠」。×

058 當有主象而無可乎　可，徐本、集釋、要義、楊氏俱作「何」，與單疏標目合。通解作「可」。

059 注鉤祖至可乎　可，單疏本作「何」，下竝同。×

060 按上文祝取苴降席設于几東者　席，單疏、要義俱作「洗」。按，單疏是也。

061 是以鄭以苴爲藉祭　單疏、要義俱無上「以」字。×

062 按下記云　云，單疏、陳本、通解、要義俱作「文」。×

063 祝迎尸一人衰絰奉篚　陸氏曰：「篚，本亦作筐。」

064 公無所繫　公，徐本、集釋、通解、楊、敖俱作「心」。○按，儀禮圖亦作「心」。

065 無從尸之禮　禮，單疏、陳、閩、通解、要義俱作「理」。

066 且非疏遠　且，監本誤作「旦」。×

尸及階

067 如出户　户，誤作「尸」。

068 云以升者　以，單疏本作「如」，通解作「以」。

主人及祝拜

069 注妥安坐也　單疏、陳本俱無此五字。×

從者錯篚于尸左

070 象特牲肵俎置于席北　「肵俎」二字，單疏本重出，通解不重出。

尸取奠左執之

071 墮之猶言墮下也　「猶言」二字，集釋倒。張氏曰：「按釋文云『猶隳』，則『言』字當在『猶』字上，『墮下』之『墮』當作『隳』。今本以『墮』解『墮』，其誤不待辨。從釋文。」識誤按云：「『墮』古通用『隋』，周禮守祧之文可證。即儀禮中亦皆作『隋』，故注以『墮』解之。若『隳』，乃『墮』之俗體耳。注文當作『隋之言猶墮』。張氏不知上『墮』字與經竝應爲『隋』，而改下『墮』字以從俗，疎矣。」○按，儀禮内「隋祭」之「隋」，或作「墮」，或作「隋」，諸本不能畫一。説文：「隋，裂肉也。」唐韻：「徒果切。」此字惟周禮有之，他經罕見。自隋以來借爲「隨」字，而本音本義亡矣。此注以「墮下」釋「隋祭」，世遂以「墮」代「隋」，間有作「隋」者，據周禮正之也。

072 既祭則藏其墮　單疏、通解、要義俱無「則」字。按，周禮有「則」字。

073 謂此墮祭一也　此，要義作「比」。

074 不從綏與羞之義也　義，單疏、通解俱作「意」。

075 即祭則藏其墮　即，單疏、通解、要義俱作「既」，是也。×

076 墮與綏讀同耳　綏，單疏、陳本、通解、要義俱作「挼」，是也。

077 以其特牲及此士虞　士，誤作「十」。

佐食取黍稷肺祭授尸

078 祝祝卒乃再拜稽首也　單疏本無「再拜稽首」四字，似誤。通解有。

佐食舉肺脊授尸

079 祝命邇敦　邇，單疏、楊氏俱作「爾」，下竝同。通解作「邇」。

尸祭鉶嘗鉶

080 冬用苴　苴，單疏、閩、監俱作「荁」，陳本、通解俱作「苴」。○按，記文是「荁」字。

尸飯播餘于篚

081 飯黍毋以著　著，單疏、陳本、通解、要義俱作「箸」。按，說文有「箸」無「著」。

082 證搏飯去手爲放飯　搏，單疏、通解、要義俱作「播」。

三飯

083 飯閒啗肉安食氣　張氏曰：「監、巾箱、杭本『閒』作『門』，從諸本。」

舉魚腊俎

084 不竭人之忠　忠，誤作「終」。

085 俗語名枚曰個者　曰個者，陳、閩俱誤作「者個曰」。

086 吉禮異故也　異，陳、閩俱誤作「畢」。

主人洗廢爵

087 古文酳作酌　錢大昕曰：「說文無『酳』字。說文『酌，少少飲也』，音與『酳』同。學者多聞『酌』少聞『酌』，故注文譌爲『酌』。釋文於『酌』無音，蓋陸所見本已譌爲『酌』矣。」

088 與北面相反　北，單疏本作「此」，通解作「北」。

賓長以肝從

089 從實肝炙於俎也　從，通解、敖氏俱作「縮」。

090 喪祭進柢　柢，嚴本、敖氏俱从手，似誤。

尸左執爵

091 加菹豆以近身　菹，閩本誤作「俎」。×

092 祝不敢與尸同加於菹豆　菹，誤作「俎」。

093 加與俎　與，單疏、通解俱作「于」。

094 祝酌授尸尸以醋主人　陸氏曰：「醋，本亦作酢。」

主人坐祭

095 筵祝南面　注祝接至萑席　單疏本。×

096 解得先獻之事　「得先」二字，單疏本倒，通解與今本同。

主人獻祝

097 獻祝因反西南位　南，徐本、集釋、楊氏俱作「面」，與單疏標目合。通解作「南」。周學健云：「上主人倚杖入西面，是其西面位也。」

098 注獻祝至南位　南，單疏本作「面」，下同。×

099 尸拜送主人退　單疏本無此六字，通解有。

100 彼注云　陳、閩俱無「云」字。×

薦菹醢設俎

101 今文無擩鹽　此注徐本、集釋俱在「荅拜」

下，與單疏標目合。通解與今本同。×

102 薦菹至荅拜　單疏本。×

103 注今文無擩鹽　單疏、陳本俱無此六字。×

主人酌獻佐食

104 注簠在至面立　單疏本不標經文起止。×

105 約同薦車設薦奠之等也　薦奠，單疏、通解俱作「遷奠」，閩本誤作「薦尊」。

106 乃東面立者　「東」下，單疏本有「西」字，通解無。

主婦洗足爵于房中

107 尸拜受爵　尸，陳、閩俱作「及」。

自反兩籩棗栗

108 設于敦南北　北，單疏、通解、楊氏俱作

「此」，屬下句。

酌獻祝

109 尸祭至于房　注初主人儀　單疏本。按，「尸祭」指「尸祭籩」句。×

賓長洗繶爵

110 口足之間有篆　「篆」下，通典有「文」字。❷

111 亦是爵口足之間有飾可知　知，陳、閩俱誤作「和」。×

婦人復位

112 即西面位也　單疏、要義俱無「西」字，通解有。

祝出户

113 以處主人東面　「以」字下，陳、閩、通解俱有「其」字。面，陳、閩俱無。

114 故祝西面對而告之　面，閩本作「南」。

祝入尸謖

115 謖起也祝入而無事　上三字今本俱脱，徐本、通典、集釋、楊氏俱有，與單疏標目合。通解無。按，通解載釋文於注前，已有此三字，遂删注首。

116 注祝入至爲休　祝入，單疏本作「謖起」。✕

祝前尸出户

117 尸入户踊如初　下「尸」字，單疏、陳、閩、通解、要義俱作「户」，是也。

祝反入

118 庶幾歆響　響，徐、陳、閩、葛、集釋、通解俱作「饗」。❸

119 變古文明東面　古，通典、集釋俱作「右」。張氏曰：「疏云『上文設几席于室中，東面，右几。今云几在南，明其同。必變文者，少牢大夫禮，亦几在南，此言右几，嫌與大夫同』。予以爲鄭氏稱作經者變上『右几』之文而已，未必及大夫也。然『古』必作『右』，從疏。」盧文弨挍引方云：「『古』乃『吉』之譌，『文』乃『又』之譌。」○按，張説與通典合，方説恐非。

120 注改設至幽闇　闇，誤作「門」。✕

121 變古文者　古，要義作「右」。按，「右」字是。

122 今文几在南　文，單疏、要義、楊氏俱作「云」，通解作「文」。按，識誤引疏亦作「云」。

123 陽厭時南面　單疏、要義俱無「面」字，通解、楊氏俱有。

祝薦席徹

124 以其主人之事　事，單疏本作「士」，通解作「事」。

125 今還與房可知也　與，單疏、通解俱作

「于」。

贊闔牖户

126 鬼神尚居幽闇　通典無「居」字。

127 或者遠人乎　張氏曰：「疏『者』作『諸』。特牲饋食禮注亦曰『或諸遠人乎』。從疏。」

128 釋曰　曰，閩本誤作「者」。

129 云或者遠人乎者　上「者」字，要義作「諸」，與識誤合。

130 或取遠人之意故也　此句下，單疏、要義俱有「知是生人之意」六字，通解無。

131 唯有祝與佐食　唯，誤作「未」。

132 故知闔牖户　「户」下，單疏、通解、要義俱有「者」字。

133 主人出門哭止　「止」上，通典有「者」字。

134 注門外未入位　單疏本不標經文起止。

宗人告事畢

135 未出入門　入，陳、閩、通解、楊氏俱作「大」。監本作「人」，亦誤。

136 **記**虞沐浴不櫛　敖氏無「沐」字，云：「本云『沐浴』，而鄭注乃云『今文曰沐浴』，則是鄭氏但從古文，元無『沐』字也。今本記與注首皆云『沐浴』，蓋傳寫者誤衍之。」盧文弨云：「『沐浴』當倒爲『浴沐』，疏云『期以下虞而浴沐櫛』可證。蓋浴而沐，沐而櫛，櫛而搔翦，其次弟如是。後人見經書多言『沐浴』，遂誤易之耳。」○按，注既云「今文曰沐浴」，則古文自不作「沐浴」，但未見其必衍「沐」字耳。敖意豈以櫛沐相連，經言「不櫛」，故知不沐與？下經「沐浴櫛搔翦」，注亦云「今文曰沐浴」，又何説乎？盧文弨説亦有理，但以疏「浴沐」爲證，則今本疏文實誤，盧文弨未見單疏本耳。此處要當闕疑，雜記下疏引此注亦作「沐浴不櫛」。❹

137 虞而浴沐櫛可也　「浴沐」二字，單疏、陳本、要義俱倒。

陳牲于廟門外

138 實獸于其上東首　東，陳、閩俱誤作「束」。

139 證虞時右牲之事　右，單疏、陳、閩、要義俱作「有」。

日中而行事

140 再虞三虞皆質明　質，誤作「執」。疏同。

141 故云日中而行虞事也　云，單疏、要義俱作「至」，通解作「云」。

羹飪

142 字從肉從殳殳矛之殳聲　徐本、集釋「字」上俱有「此」字，與疏合。「肉」下俱無「從」字，與單疏述注合。通解竝與今本同。按，此句當云「此字從肉殳聲」，復於「殳」下加「殳矛之殳」四字，乃注中之注也。後人連讀，更衍一「從」字，則「聲」字如贅旒然。

143 然則此所升唯七體　七，閩本誤作「士」。

144 擇之取羹者　羹，單疏、通解俱作「美」。按，「美」字是也。

145 貶於肫吉　浦鏜云「純」誤「肫」。

146 此字從肉從殳　單疏本無下「從」字。

147 不是形人之類　是，閩本誤作「足」。人，一本改作「聲」。按，説文股从肉殳聲，與鄭注合。賈氏於偏傍之學甚疏。

升腊左胖

148 上文升左肩臂臑肫胳脊脅　「上」字上，單疏、要義俱有「牲」字。

載猶進柢

149 今文柢爲眂　眂，徐本、釋文、集釋俱作「眡」。通解作「眡」，亦誤。

150 下利生豕　生，單疏、通解俱作「升」。○按，少牢是「升」字，誤。❺

151 變於食生也　單疏本無「生」字，通解有。按，當有「生」字。

＊ 進腴　「腴」乃「腴」之訛。×

152 是皆於此反矣　於，單疏、通解俱作「與」。

153 皆復進柢　復，單疏、通解、要義俱作「覆」。

154 未異於生也　生，誤作「之」。×

155 祝俎髀脰脊脅離肺　脰，唐石經初刻作「豆」，後加「月」。

156 以其尸祭用刲肺　「刲」字未刻。×

佐食無事

157 云户牖之間謂之依　户，閩本誤作「尸」。依，單疏本作「扆」。×

158 鉶芼○冬用荁　荁，徐本作「苴」，誤。注同。

159 古文苦爲枯　陸氏曰：「劉本作枯。」○按，劉本疑作「姑」。「姑」、「枯」古通用。易大過「枯楊」，鄭以爲「無姑山榆」。

160 今文或作竿　作，釋文作「爲」。竿，嚴本作「竿」，徐本、釋文並作「芐」，閩、葛俱作「竿」。

161 皆云鉶芼苦薇　云，誤作「用」。×

豆實葵菹

162 則豆不髦　髦，嚴、陳、監本、釋文、集釋、通解俱作「楬」，與單疏述注合。徐本、楊氏俱作「揭」，閩、葛俱作「褐」。陸氏曰：「楬，本又作髦，同。」

163 籩有縢也　縢，嚴本、集釋俱作「籘」，與單疏述注合。徐、陳、閩、葛、監本、通解俱作「籐」，楊氏作「藤」，俱誤。

164 則豆不毼　毼，單疏本作「褐」，是也。陳、閩、監本俱作「楬」。❻

165 籩有縢也　縢，單疏本作「籘」，陳、閩、監本俱作「籐」，下同。

166 褐豆兩　褐，陳、閩、監本、通解俱作「毼」。○按，士喪禮作「毼」。

167 尸入祝從尸　瞿中溶云：「祝，唐石經原刻作『執』。」

168 主人先祝入户　户，閩本誤作「尸」。×

169 祝在主人前　主，閩本誤作「至」。×

尸坐不說屨

170 侍神不敢燕惰也今文說爲税　下六字徐本、集釋、通解俱有，與單疏標目合。楊氏無。按，今本脱「也」字，以「今文說爲税」五字誤爲釋文。

171 注侍神至燕惰　燕惰，單疏本作「爲税」。×

172 尸謖祝前鄉尸　單疏本卷四十三起。×

173 故改去階名　改，單疏、陳本、通解俱作「没」。×

降階還及門

174 以其自階到門　自，重修監本誤作「目」。×

175 以將出門如出户時　單疏、通解俱無「以」字。×

尸出

176 尸出至詔降　單疏本不標經文起止。×

177 宗人乃詔告主人降　詔，誤作「誥」。

尸服卒者之上服

178 尸服卒者之上服　注上服至衣耳　單疏本。

179 不服玄端者　者，陳、閩、通解俱作「若」，屬下句。

180 先祖爲士者　此句上單疏、要義俱有「先祖尸在中故」六字，通解無。

181 則宵衣耳者　陳、閩俱無「耳」字。

182 可以兼男女　女，陳、閩俱作「子」，非也。

男男尸

183 不使同姓孫與婦爲尸者　單疏、要義俱無「孫」字，通解有。按，通解删下「尸須得孫列者，孫與祖爲尸」二句，故此句加「孫」字。今注疏本既不删下二句，仍依通解加「孫」字，則贅矣。

184 必知容用庶孫者　容，單疏本作「無」，下空一字。要義「無」字在「知」字下。通解與今本同。按，要義似得之，「必知無」三字略逗。

185 自禫已前　禫，單疏、陳本、通解、要義俱作「禪」，下竝同，是也。

186 按司几筵云　筵，閩、監俱誤作「延」。

187 祭於廟同凡　凡，單疏、通解、要義、楊氏俱作「几」。按，單疏是也。

188 篇末云　末，誤作「未」。

既饗祭于苴

189 釋曰云既饗者正謂祝釋饗神辭告之使令祔之安之釋饗訖佐食取黍稷祭於苴　疏凡三十二字，今本脱，單疏、

通解、要義俱有。❼

祝祝卒

190 記異者之節　張氏曰：「監、巾箱、杭本『記』作『既』。按，疏與嚴本同，從疏、嚴本。」❽

191 不綏祭○莪從獻　陸氏曰：「莪，莊吏反。劉本作莪，酢再反。」

192 有泰羹湆自門入　有，單疏、通解、要義俱作「又」。

193 主人獻之後　陳、閩、通解俱無「之後」二字。

194 自羹已下王事　王，單疏、陳、閩、通解、要義俱作「三」，是也。×

195 以見綏無尸　綏，單疏、陳本、通解、要義俱作「經」，是也。

主人哭

196 出復尸外東面位也　尸，單疏、陳本、通解、要義俱作「户」。按，「户」字是。

祝闔牖户降

197 門西北面位也　通解無「也」字。×

祝升止哭

198 警覺神也　警，通典、通解、楊氏俱作「驚」，疏同。

主人入

199 注親之　此下兩節，單疏本俱不標經文起止。×

200 啓牖鄉是親之事　單疏本「鄉」作「鄉」。顧廣圻云：「當作『祝之事』，宋本已誤。」

祝從

201 鄉牖一名也　徐本無「一」字，集釋、通解俱有，與疏合。

202 故須解之　解，陳、閩俱作「辭」。

203 在牖饗之下　饗，單疏本作「鄉」。

204 卒徹祝佐食降位　「降」下，唐石經、徐本、通典、集釋、通解、要義、楊、敖俱有「復」字。石經考文提要云：「鄭注『祝復門西北面位，佐食復西方位』，明有『復』字。」

205 注祝復至褻也　單疏本不標經文起止。

始虞用柔日

206 柔日陰取其靜　徐本、通典、楊氏俱重「陰」字，集釋、通解俱不重。

207 論初虞二虞三虞卒哭　「二」下，要義無「虞」字。

敢用絜牲剛鬣

208 敢昧冒之辭　「昧冒」二字，通典倒。

209 注敢昧至剛鬣　單疏本不標經文起止。○按，單疏「敢昧」誤作「改沫」。

210 云豕曰剛鬣者　云，陳、閩俱作「也」。

211 香合　香，通典作「薌」。陸氏曰：「香，本又作薌，音同。」

212 蓋記者誤爾　爾，徐本、通解、楊、敖俱作「耳」，集釋作「爾」。○案，徐本非。「耳」作而已解，「爾」作如此解，二字絕不同。

213 梁曰香萁　萁，單疏、要義俱从艸，通解從竹。○按，單疏是也。曲禮從艸不從竹。

214 祭以生爲主　生，單疏、通解、要義俱作「牲」。○按，單疏不誤。

嘉薦普淖

215 言故言爲號云者　下「言」字，單疏、陳、閩、要義俱作「以」。

明齊溲酒

216 謂以新水漬麯　麯，要義作「麴」。

217 直取新義同　「同」上，單疏、要義俱有「是」字，通解無。

218 應在上與牲爲次　與，誤作「特」。

哀薦祫事

219 主欲祫先祖也　「欲」下，徐本、通典、集釋、通解、楊、敖俱有「其」字，❾與疏合。其祫，通典作「合於」。

220 今文曰古事　古，集釋作「合」。周學健云：「祫之言合也，作『合』字文義方協。」

221 合先君之主於大廟　君，要義作「祖」。

222 今始虞而已言祫者　單疏、要義俱無「今」字，通解有「今」無「已」。

223 鄭云　陳、閩俱無「云」字。×

224 響　唐石經、徐、陳、閩、葛俱作「饗」。

225 勸强之也　勸，閩、監俱誤作「勤」。×

226 再虞皆如初曰哀薦虞事　曰，唐石經作「日」，下同。

227 注丁日至言耳　單疏本不標經文起止。×

228 巳日再虞者　盧文弨云：「『巳』當作「戊己之『己』」，疏文同」。者，閩本誤作「於」。×

三虞卒哭

229 壬日卒哭　壬，徐本作「王」，誤。×

230 報葬者報虞　「虞」下，徐本有「者」字，通典、集釋、通解、楊氏俱無。

231 謂之也者　也，徐、陳、葛本、通典、集釋、通解、楊氏俱作「他」，與疏合。

232 令正者自相亞也　令，徐、陳、楊氏俱作「令」，釋文、集釋俱作「令」。張氏曰：「監本『令』誤作『令』，從諸本。」

233 卒哭曰成事　曰，徐本作「日」，集釋、通解、楊氏俱作「曰」。張氏曰：「注曰『卒哭日成事』。按，檀弓『日』作『曰』，此引檀弓文也，從檀弓。」

234 注當祔至爲它　它，誤作「他」。×

235 即解初虞再虞稱祫稱虞之意　即，單疏、通解、要義俱作「却」。

236 故次取庚日爲二虞也　二，單疏、陳本、通解、要義俱作「三」，是也。

237 隔辛日取壬日爲卒哭　隔，單疏、通解俱作「降」，是也。

238 謂不待三月喪　單疏、通解、要義俱無「喪」字。

239 三日而後卒哭者　日，單疏、陳本、通解、要義俱作「月」。按，「月」字不誤。

240 乃爲卒哭祭也　單疏、要義俱無「也」字，通解有。

241 以鄭若以前　若，單疏、陳、閩、要義俱作「君」。按，「君」字是。

242 則卒哭成事祔與虞異矣　「哭」下，陳、閩俱衍「者」字。×

獻畢

243 出縮于泲　縮，徐本、通典、集釋、通解、楊、敖俱作「宿」，是也。泲，徐本、釋文、通典、敖氏俱作「濟」，集釋、通解、楊氏俱作「泲」。

244 飲餞于禰　陸氏曰：「禰，乃禮反。劉本作泥，音同。」

245 尸旦將始祔于皇祖　旦，徐本作「且」，集釋、通解、楊氏俱作「旦」。張氏曰：「疏『且』作『旦』，其辭曰『是明日之旦也』。從疏。」

246 彼生人餞行人之禮　生，陳、閩俱作「行」。

尊兩甒于廟門外之右

247 無鼎不久陳　鼎，徐、陳、閩、葛、集釋、通解、楊氏俱作「鼏」。

248 注少南至廡也　此下兩節，單疏本俱不標經文起止。

249 則尋常祭祀之酒　「則」上，單疏、通解、要義俱有「酒」字。

250 祭尊在房户之間　户，誤作「尸」。

饌籩豆

251 古文脡爲挺　挺，誤作「梃」。

有乾肉折俎

252 如今涼州烏翅矣　烏，徐本、集釋、通解、要義、楊氏俱作「鳥」，釋文作「鳥」。盧文弨云李與周禮合。○按，釋文作「鳥」，恐亦刊本之誤。

253 云涼州烏翅者　烏，單疏、通解俱作「鳥」。

尸出

254 尸乃興以前尸也　尸，誤作「事」。

255 不見更設几席之文明同初虞　「文明」二字，陳、閩俱倒。

256 今卒哭祭未餞尸於門外　「卒哭」二字誤倒。浦鏜云「未」誤「末」。○按，疑「未」下脱「徹」字。

主人出即位于門東

257 注婦人出者重餞尸　單疏本不標經文起止。

258 尸即席坐帷主人不哭　帷，唐石經、徐本、通典、楊、敖俱作「唯」，陳本、集釋、通解俱作「惟」。按，「惟」、「帷」相似，故誤作「帷」。

259 注朐脯至於吉　單疏本無「脯」字。×

260 主人荅拜　荅，單疏本作「其」，通解作「荅」。

261 尸授振祭嚌　授，唐石經、徐本、集釋、通解、楊、敖俱作「受」，與疏合。石經考文提要云：「上句乃『佐食授嚌』，授受相承。」

262 注反之至有終　此下兩節，單疏本俱不標經文起止。×

263 經云佐食受嚌　受，單疏、通解俱作「授」。

264 明反於佐食　於，單疏、通解俱作「與」。

主人及兄弟踊

265 由廟門外無事尸之禮也　由，集釋、敖氏俱作「猶」，疏同。盧文弨云：「疏云『鄭舉正祭況之』，則固當作『猶』。猶、由通。」

266 古文謖作沐　沐，陳、閩、監、葛、集釋、通解俱作「休」。按，前經注云「古文謖作休」，則此亦當作「休」字。鍾本誤作「古文作爲沐」。

267 婦人在北　婦人，要義作「女子」。

268 南爲左　南，誤作「男」。

269 在廟以廟爲限　「爲」上，要義有「門」字。

270 取正祭北之　北，單疏、陳、閩、通解俱作「比」。

271 尸出門哭者止　者，通典作「則」。按，疏云「尸出大門，哭者便止」，則作「則」亦有理。

272 以餞於外　餞，誤作「薦」。

273 似事尸在廟門爲限　似，閩本誤作「以」。×

274 故知鄭云　單疏、通解、要義俱無「知」字。×

主婦亦拜賓

275 云不言出送拜之於闈門之内者　「送拜」二字，要義倒。

276 故擧以爲況也　況，陳、閩俱作「説」。×

丈夫説經帶于廟門外

277 使賓知變即故也　即，單疏、通解、要義、楊氏俱作「節」。按，「節」字是。

入徹

278 經云入徹　經，監本誤作「経」。×

婦人説首経

279 帶不説也　説，徐本、通典、集釋、楊氏俱作「變」，與疏合。通解作「説」。

280 未可以輕又變於主婦之質　未，閩本誤作「末」。又，徐本、通典、集釋、通解、楊氏俱作「文」，與疏合。

281 知齊斬婦人帶不變也者　婦，誤作「衰」。

282 齊衰帶惡笄以終喪　陳、閩俱無「帶」字。○按，陳、閩據今喪服小記删，非也。喪服「布總箭笄」，疏云「喪服小記云『婦人帶惡笄以終喪』。」

283 重首首在上體　「首」字，單疏、通解、要義俱不重，楊氏重。

284 此鄭解大功以下　陳、閩俱無「鄭」字。×

285 雖夕時未變麻服葛　夕，誤作「久」。

286 無尸則不餞猶出几席設如初⑩　几，監本誤作「凡」。

287 不爲送神也　不，單疏、通解、要義俱作「本」。

288 哭止告事畢賓出死三日而殯　上七字今本脱，徐本、通典、集釋、通解、楊、敖俱有。張爾岐云：「唐石經剥蝕，尚有『賓出』二字脚可辨。補字缺，或亦承監本之誤。」

289 事以更有此文也　事，單疏、要義俱作「是」。

290 死與往日鄭云　自「鄭」字起至下「死數往日」句止，凡二十四字，陳、閩俱脱。

291 皆殊死日死月數　殊，單疏、通解俱作「除」。

卒辭曰

292 以其卒哭祭　「卒哭」二字誤倒。

女子曰

293 歸葬女氏之家　陳、閩俱無「葬」字。

婦曰

294 曰孫婦差疏也　徐本、通典、集釋、通解俱重「婦」字，與疏合。

295 今文無某氏　此五字今本脱，徐本、集釋俱有，與單疏標目合。通解無。

296 注不言至某氏　單疏本不標經文起止。案，「某氏」今本誤作「疏也」。×

297 故不爾也　「不」下，單疏、通解、要義俱有「云」字。×

其他辭一也

298 皆有辭　「有」下，單疏本作「比」，誤。通解作「此」。

299 儕祔爾王爾皇祖妣某氏　王，單疏、陳、閩、通解、要義俱作「于」。按，「于」字是。

饗辭曰

300 勸强神之辭也者　要義無「神」字。浦鏜云「尸」誤「神」。

301 執奠祀饗　祀，單疏、陳、閩、通解、要義俱作「祝」。○按，特牲饋食作「祝」，單疏是也。

明日以其班祔

302 孫與祖同昭穆　「同」字，單疏、通解、要義俱在「穆」下。

303 則祔於夫之所祔之妃　夫，誤作「失」。

304 云凡祔已復于寢　復，誤作「夫」。

305 穀梁傳云　云，要義作「曰」。

306 易擔可也　擔，單疏、要義、楊氏俱作「檐」。○按，穀梁文二年傳作「檐」，單疏是也。

307 按左氏僖公三十三年傳云　「傳」字，要義在「氏」字下。

308 則行祭皆於廟焉　焉，要義作「言」，屬下句。

309 用彝盛鬯必用卣　鬯，單疏、要義俱作「鬱」。「必」下，陳、閩俱衍「曰」字。

310 歸於其廟　歸，要義作「禘」。

311 沐浴櫛搔翦　搔，監本誤從木。翦，釋文作「揃」。張氏曰：「經曰『沐浴櫛搔鬋』。按，釋文云『揃，子淺反。注鬋同』。既曰『注鬋同』，則『鬋』非經文也。又注云『揃，或爲鬋』。此『揃』必指經也。從釋文。」○按，經文「翦」字，張氏作「鬋」。考嚴、徐、鍾諸本俱作「翦」，與張氏不合，未詳其故。注云「搔翦或爲蚤揃」，如釋文及張氏說，則「翦」、「揃」宜互倒,乃與經相應。戴校集釋删注中「翦」、「揃」二字,但云「搔或爲蚤」,以爲据釋文。不知「翦」字習見,「揃」、「鬊」難識,故但爲「揃」、「鬊」作音,非必注中無「翦」字也。

312 當音爪　音,徐本、集釋、通解、要義、楊、敖俱作「爲」。

313 末在於飾　末,單疏、陳本、通解、要義俱作「未」。○按,上文注作「未」。

用專膚爲折俎

314 今文字爲折俎　今,重修監本誤作「合」。×

315 古文脰膉爲頭嗌也　嗌,監、葛俱誤作「益」。集釋作「膉」,亦誤。

316 注專猶至嗌也　嗌,誤作「益」。

317 鄭知俎是主婦以下俎者　「知」下,單疏、通解、要義俱有「折」字。

用嗣尸

318 餞尸且將始祔于皇祖　且,陳、閩俱作「且」。

曰孝子某

319 注稱孝者吉祭　單疏本不標經文起止。×

用尹祭

320 故不言牲號　故,陳本、要義俱作「今」。

嘉薦普淖

321 注普薦至爲醷　單疏本不標經文起止。×

322 故并言其次矣　矣,單疏、要義俱作「耳」,通解作「矣」。

適爾皇祖某甫

323 按彼鄭注云　單疏、要義俱無「云」字,通解有。×

324 而後主各反其廟者　主，陳、閩、監本俱誤作「王」。

325 祭而反之　祭，單疏、通解、要義俱作「聚」。

326 故云無主則反廟之禮未聞　反，閩本誤作「及」。　×

327 曾子問　「問」下，單疏、通解、要義俱有「云」字。　×

朞而小祥

328 祥吉也　吉，通解作「祭」，誤。

曰薦此常事

329 古文常爲祥　張氏曰：「監本『古』誤作『吉』。」　×

330 注祝辭至爲祥○釋曰祝辭之異者　單疏本無「祝辭至爲祥釋曰」七字。按，要義亦直云「注祝辭之異者」，不載「釋曰」二字。

331 禮正月有親　有，單疏、通解、要義俱作「存。」○按，單疏是也，喪服小記作「存」。

332 期則宜用祭　單疏、要義俱無「用」字。○按，喪服小記無「用」字。

333 是以謂小祥祭謂常事也　下「謂」字，要義作「爲」。

中月而禫

334 自喪至中　中，徐、陳、閩、葛、通典、集釋、通解、楊氏俱作「此」。

335 古文禫或爲導　張氏曰：「釋文『前道』之注云『爲道同』。此『導』當爲『道』，從釋文。」○按，説文㐬部㐫字注云「讀若三年導服之導」，與此注合，不必從釋文作「道」。

336 後月樂　後，單疏、通解、要義俱作「徙」。按，檀弓作「徙」。

337 二十八月後月半常主作樂也　後月半常主，單疏、通解、要義俱作「復平常正」。

338 又於禫月將鄉吉祭　鄉，誤作「即」。

是月也

14—339 謂是禫月得禫祭　單疏、通解、要義俱無「得」字。

校記

❶「鉉」原誤「絃」，據學海堂本、南昌府學本改。

❷學海堂本、南昌府學本末俱增「是也」二字。

❸「饗」原誤「響」，據學海堂本、南昌府學本改。

❹「按注既云」以下至末，學海堂本、南昌府學本皆作：「許宗彦云：『今文曰沐浴，蓋無不櫛二字，異于古文耳。觀後經文沐浴櫛蚤揃，注曰今文曰沐浴蚤揃，對勘自明矣。蓋後注言今文無櫛字，此注言今文無不櫛二字。以後證前，豪無可疑，諸校者皆誤。』」

❺學海堂本無「誤」字，南昌府學本「誤」上有「生字」二字。案，當從學海堂本删去「誤」字，或從南昌府學本補「生字」二字，否則文義不通。核諸文選樓本之行格，似初刻有「生字誤」三字，後删改而未盡也。

❻「陳閩監本俱作楬」，學海堂本、南昌府學本同。案，「楬」當作「褐」。

❼「今本」以下至末，學海堂本作「注疏本俱脱，此據單疏本及通解、要義補」，南昌府學本作「注疏本、毛本俱脱，通解、要義有」。

❽此條校語南昌府學本改作「嚴本、毛本同，監、巾箱、杭本記作既」。

❾「其」原誤「奇」，據學海堂庚申補刊本、南昌府學本改。

❿「餞」原誤「薦」，據學海堂本、南昌府學本改。

儀禮注疏校勘記卷十五

002 15—001 特牲饋食禮第十五　單疏本卷四十四起。

諸侯之士祭祖禰非天子之士而於五禮屬吉禮　集釋校云：「此條有脱誤。釋文引鄭云『諸侯之士以歲時祭其祖廟之禮』。又疏云『鄭知非天子之士，而云諸侯之士者』。似釋文所引乃鄭目録本文，此云『非天子之士』及『而』字，皆疏内字訛入注文，『于五禮屬吉禮』下又脱『大戴第七小戴第十三别録第十五』凡十四字。」○按，釋文「廟」字誤，當從疏作「禰」。

003 皆同日而祭畢　日，重修監本誤作「目」。

特牲饋食之禮

004 於廟門諏丁己之日今文諏皆爲詛　下六字今本脱，徐本、集釋俱有，與單疏標目合。通解無。按，釋文摘「爲詛」二字。

005 特牲饋食之禮不諏日　注祭祀至爲詛　單疏本。　爲詛，今本誤作「之日」。

006 食道是人飲食之道　「人」上，單疏、通解、要義俱有「生」字。

007 且云祭祀自孰始者　且，單疏、要義俱作「耳」，屬上句。

008 欲見天子諸侯饋食已前　食，要義作「孰」。

009 吾不與祭　此句下，單疏、要義俱有「如不祭」三字。

010 與不祭之同　單疏、要義俱無「之」字。×

011 諸侯祠則不禘　祠，單疏、要義俱作「礿」。○按，王制作「礿」，單疏是也。

012 嘗事不書　嘗，單疏、要義俱作「常」。○按，公羊作「常」，單疏是也。

及筮日

013 是以散文言之　言，誤作「文」。×

014 諸侯曰視朝之服　浦鏜云「日」誤「曰」。

015 吾端冕而聽古樂　古，誤作「鼓」。×

016 云門爲廟門　爲，單疏、陳、閩俱作「謂」。

017 是冠禮云　是，單疏、陳、閩俱作「士」。按，「士」字是。

018 而冠禮筮　而，單疏本作「爲」。按，單疏是。

019 此謂祭廟　謂，單疏本作「爲」，是也。×

子姓兄弟

020 繼禰爲小宗　禰，誤作「彌」。×

席于門中

021 古人闑作栔　人，徐、陳、集釋、通解俱作「文」。栔，徐本、釋文、集釋、通解俱作「槷」。

022 閾作蹷　張氏曰：「釋文曰『爲蹷』，從釋文。」○按，今本釋文亦作「作」。×

筮人取筮于西塾

023 按周禮天府職云　要義無「職」字。×

024 神既爲生成之人　人，單疏、通解俱作「神」。

025 鄭云爲蓍者　爲，單疏、通解俱作「謂」。×

026 圓而非神　「非」字，單疏、通解俱在「神」

下，屬下句，是也。

宰自主人之左贊命

027 士祭曰歲事　張氏曰：「監本『曰』誤作『日』。」 ×

028 祖字也　浦鏜改「祖」爲「且」，非是，説見下。

029 注宰群至幾也　「幾」上，單疏本有「庶」字。 ×

030 贊命之辭　辭，單疏、通解俱作「事」，陳本誤作「辛」。

031 法士冠禮　法，單疏本作「決」。

032 據吉而言　「吉」下，單疏、通解、要義俱有「祭」字，是也。

033 以某妃配　某，誤作「謀」。 ×

034 此與彼文同　彼，誤作「本」。

035 伯某祖字也　要義無「伯」字。「祖」字，單疏、要義俱作「且」，下同。陳本此句誤作「但」，下句亦作「且」。段玉裁云：「特牲『祖』字，少牢『且』字，皆不誤。『且』之言薦也，薦其字也。賈疏分別此稱『祖』字、少牢稱『且』字之恉，而刻本疏内誤『且』爲『祖』，致學者不能讀。浦鏜之説，二篇互訛。」○按，凡言「且」字者，皆謂二十字，非謂五十字也。少牢疏言之甚明。少牢云「伯某」，「某」在「伯」下，是二十字也。此云「某子」，「某」在「子」上，是五十字也。故少牢爲「且」字，此爲「祖」字。

筮者許諾

036 注士之至寫之　此下兩節，單疏本俱不標經文起止。 ×

037 於士不同　於，單疏、通解俱作「與」。按，「與」字是。

筮者還

038 以其年之長幼　年，徐本作「屬」，集釋、通解、楊氏俱作「年」。

若不吉

039 又云旬之内日近某日　上「日」字，單疏本作「曰」，下同。通解此句作「曰」，下兩句仍誤作「日」。

前期三日之朝

040 是以下云厥明夕　夕，陳、閩俱誤作「反」。

041 上則宿賓與視濯別日　上，陳、閩俱作「士」。　×

042 宿尸云乃是緩辭　單疏本重「乃」字。

043 二者同日　「者」下，單疏本有「既」字。

044 今有筮其子爲尸　有，單疏、陳、閩、通解、要義俱作「又」。

045 朝事筵尸於户外　筵，要義作「延」。按，單疏亦作「延」。○

乃宿尸

046 古文宿皆作羞凡宿或作速　上六字今本脱，徐本、集釋俱有，與疏合。通解無。

047 壘之不從古文　壘，單疏、要義俱作「疊」。

048 謂一布之内　布，單疏、通解、要義俱作「部」。

049 主人肅客而入　肅，誤作「速」。

050 是以鄭況云或也　況，單疏、通解、要義俱作「汎」。按，「汎」字是。

主人立于尸外門外

051 注不東至其後　東，誤作「當」。　×

052 此北面　「此」字下，單疏、要義俱有「中」

字，通解無。

尸如主人服

053 以其大夫尊有君道　「尊」下，單疏、要義俱有「於恩」二字，通解無。

主人再拜

054 注主人先拜尊尸　單疏本不標經文起止。　×

055 今此尊尸　今此，單疏、要義俱作「故云」，通解與今本同。

056 尸乃拜　「拜」下，單疏、要義俱有「許」字，通解無。

** 不得擯辭訖　得，當作「待」。

宗人擯辭如初

057 著其辭所易也今文無敢　下四字今本脱，徐本、集釋俱有，與單疏標目合。通解併無「也」字。

058 注宗人至易也　易也，單疏本作「無敢」。　×

059 卒曰者　「卒」上，單疏、通解俱有「云」字。　×

060 筮某之某爲尸　尸，誤作「尺」。　×

祝許諾致命

061 明宗人旋向東面釋之可知　向，陳、閩、監本俱作「鄉」。　×

尸入

062 注相揖至尸尊　單疏本不標經文起止。　×

063 鄭知有相揖而去者　揖，重修監本誤作「搏」。　×

宿賓

064 諸士此獻者之中 士，要義作「在」，通解作「士」，刪下五字。

065 記久乃辨之 久，單疏、陳本、通解、要義俱作「人」。辨，單疏、通解、要義俱作「辨」。

厥明夕

066 注厥其至爲密 單疏本不標經文起止。

067 下篇少牢陳鼐在門東 鼐，單疏、陳本、通解、要義俱作「鼎」，是也。

棜在其南

068 如今大木轝矣 轝，宋本釋文作「輿」。

069 下篇少牢 「篇」下，單疏、要義俱有「云」字，通解無。

070 少牢五鼏 鼏，單疏、陳本、通解、要義俱作「鼎」，是也。

071 故不言也 「言」下，單疏、要義俱有「之」字，通解無。

072 彼文變吉者 文，單疏、要義俱作「云」。

073 特牲三鼎 單疏、要義俱無「三」字，通解有。

074 有豕魚腊 有，通解作「言」。

牲在其西

075 注其西至其生 此下五節，單疏本俱不標經文起止。

設洗于阼階東南

076 西夾室之前近南耳 張氏曰：「疏無『室』字。此篇末注云『東堂，東夾之前』。聘禮經曰『西夾亦如之』。公食大夫『立于東夾南』，注曰『箱，東夾之前』。覲禮注曰『東箱，東夾之前』。

士喪禮注曰『襲絰于序東，東夾前』。亦不帶『室』字。從疏。」〇按，夾室古衹稱「夾」。顧命云「東夾西夾」，無「室」字。至雜記釁廟始稱「夾室」。

077 陳服于房中西墉下　下，陳、閩俱誤作「不」。×

078 亦不言東　東，陳、閩俱誤作「陳」。×

079 當夾之也　之，單疏、通解、要義俱作「北」。按，「北」字是。

080 西夾之前近南耳者　西，陳、閩俱誤作「房」。×

081 夾室前當謂之廂　當，單疏、通解、要義俱作「堂」，是也。廂，單疏、通解、要義俱作「相」，下同。

賓及衆賓

082 不象如初者　象，集釋、楊氏俱作「蒙」。張氏曰：「疏『象』字，于既夕禮作『蒙』，從既夕禮。」

083 以賓在　賓，徐本、集釋、楊氏俱作「宰」，通解作「賓」。

084 注不象至不在　按，此「象」字當作「蒙」，下同。

085 即位于門東　于，閩、監俱誤作「子」。×

086 主人再拜賓再荅拜　「再荅」二字，唐石經、徐、陳、閩、葛、集釋、通解、要義、楊、敖俱倒。

087 以其純故也　「純」下，單疏、通解、要義俱有「臣」字。

088 衆賓得致禮故也　致，單疏、要義俱作「備」，是也。

宗人升自西階

089 決下文初饌時云　下，單疏、陳本、通解俱作「上」。〇按，「上」字不誤。

090 經不言者　經，單疏本作「文」，通解無。

091 洗濯當告絜　「洗」上，單疏、通解俱有「凡」字。

092 故直言濯具　言，單疏、陳、閩、通解俱作「告」。

093 亦洗濯之限　「亦」下，單疏、通解俱有「在」字。

賓出

094 爲視牲也今文復爲反　下五字今本脱，徐本、集釋俱有，通解無。

宗人視牲告充❶

095 注充猶至聲氣　單疏本不標經文起止。　×

096 周禮庖人職云　職，單疏本作「唯」。〇按，「唯」字是。

097 而正云　正，單疏本作「鄭」，是也。

請期

098 而曰肉熟　曰，徐本作「日」，集釋、通解俱作「曰」。張氏曰：「監本『而日』作『曰』，從監本。」❷

099 比於子　比，閩、監俱誤作「北」。　×

100 告賓賓與有司　單疏、通解俱不重「賓」字。

101 夙興〇立于門外東房南面　房，唐石經、徐本、集釋、通解、要義、楊、敖俱作「方」。

102 緇韠者　韠，誤作「之」。

103 是以下記人辯之　辯，單疏、陳本、通解、要義俱作「辨」。

104 司士繫豕　繫，單疏、要義俱作「擊」，下同。按，疏内「繫」字凡三見，通解衹載最後一條，亦作「擊」。○按，少牢作「司士繫豕」。

105 君子弗身踐也者　踐，單疏本作「翦」。○按，玉藻注云：「踐當爲翦，聲之誤。」故賈氏即改作「翦」，單疏是也。

主婦視饎爨于西堂下

106 南齊于坫　釋文、楊氏俱無「于」字。按，疏有。

107 注炊黍至作饎　此下四節，單疏本俱不標經文起止。×

108 至孔子時則謂之竈　要義無「則」字。×

109 又知南齊于坫　「坫」下，單疏、要義俱有「者」字，通解自「者」字起至「皆齊于坫」竝刪。

110 廩人概甒甗匕與敦於廩爨　甒，單疏、要義俱作「甑」。○按，作「甑」與少牢文合。

111 兼事之可知　事，單疏、要義俱作「視」。

112 或作饎也　饎，誤作「二」。×

亨于門外東方

113 溉之釜鬵　張氏曰：「釋文『溉』作『摡』，古愛反。從釋文。」○按，今本釋文仍作「溉」。

尊于户東

114 若據房户東西　户，誤作「中」。

115 事酒在東　事，誤作「尊」。

116 唯君西尊　西，單疏本作「面」，通解作「西」。

實豆籩鉶

117 經云實豆籩者　「者」下，單疏本空一字。按，空處疑是「明」字。

執事之俎

118 故不見主人主婦俎　單疏、要義俱無「不」字，通解有。

119 以獻三禮成　「獻三」二字，單疏、通解、要義俱倒。

120 盛兩敦陳于西堂藉用萑　萑，唐石經初刻作「雚」。

121 古文用爲于　用，監本誤作「云」。

122 注盛黍稷者宗婦也　單疏本不標經文起止。

尸盥匜水

123 設盥水及巾　巾，閩、監、葛本俱誤作「申」。

124 東爲門東　爲，單疏、通解俱作「謂」。

125 欲明門内據鄉内以入爲左右也　左右，單疏、閩本俱作「右者」。

祝筵几于室中東面

126 爲神敷席也　陸氏曰：「敷音孚，本又作鋪，普禾反，後同。」

127 至此使親接神　親，徐、葛、集釋、通解、楊氏俱作「祝」。

128 注爲神至接神　單疏本不標經文起止。

129 東西南上　西，單疏、通解俱作「面」。

130 至此使祝接神也　「神」下，單疏本有「故」字。

131 主婦纚笄宵衣○南面　南，誤作「東」。

132 此衣染之以黑　此，徐本作「比」，集釋、通解、楊氏俱作「此」。張氏曰：「諸本『比』作『此』，從諸本。」

133 詩有素衣朱宵　衣，誤作「有」。 ×

134 同服也　同，監本誤作「曰」。 ×

135 猶使之主祭祀者　者，閩本作「也」。 ×

136 君子狐青裘豹褎　單疏、通解、要義俱無「豹褎」二字。按，此本有者，依玉藻補也。

※ 從絲省　省，當作「肖」。

137 亦髮鬄衣侈袂　髮，單疏、通解俱作「髪」，要義亦誤作「髮」。侈，單疏、通解、要義俱作「移」，下同。○按，少牢作「衣侈」，釋文云：「侈，本又作袳。」疑「移」乃「袳」之誤。

138 天子諸侯王后以助祭　「以」字下，單疏、通解、要義俱有「下」字。

139 證經主婦而舍姑　舍，要義作「含」。

140 夫老自爲主婦　夫，單疏、要義俱作「末」。按，疏意經言主婦兼姑與子妻言之，故曰「證經土婦而含姑也」。曲禮云「七十曰老而傳」，謂傳家事也，祭祀猶自主之。是舅未没則姑未老，舅爲主人，姑爲主婦。舅没則姑老，子爲主人，子妻爲主婦。

佐食北面立于中庭

141 即位于西方　陳、閩俱無「方」字。

142 外自西階東面　外，單疏、要義俱作「升」。○按，既夕作「升」。

143 主人行事阼階　「阼」上，單疏、要義俱有「由」字，通解誤作「面」。

144 宗人亦在阼階南擯　單疏、要義俱重「階」字，通解不重。

145 主人及祝升　單疏本卷四十五起。 ×

146 綂於東　於，陳、閩、監、葛俱誤作「與」。 ×

147 故云統於衆也　衆，單疏、陳本、通解俱作「東」。

宗人執畢先入

148 宗人則執畢導之　導，釋文作「道」，云「音導」。

149 又以畢臨匕載　又，徐本作「乂」，與單疏述注合。集釋、通解、楊氏俱作「又」字。匕，釋文作「朼」。張氏曰：「監本『匕』誤作『上』，從諸本。」○按，「上」字因「匕」而誤，疏亦作「匕」，唯釋文作「朼」。張氏恪遵釋文，而此不從「朼」，何耶？

150 長三尺刊其本與末　徐本、集釋、通解、楊、敖俱無「長」字。

151 畢似御他神物　似，徐、葛、集釋俱作「以」，與單疏述注合。

152 虞者祭也　徐本作「虞喪祭祭也」，與單疏述注合。葛本、集釋、楊、敖俱作「虞喪祭也」。

153 主人未執事　張氏曰：「監本『未』誤作『求』，從諸本。」

154 有捄天畢　捄，陳、閩、監本俱作「求」。天，閩、監俱作「夫」，亦誤。

155 又以畢臨匕載備失脱也知義然者　又，單疏、要義俱作「乂」，是也，下同。通解作「又」。

156 以經言宗人執事先入　事，單疏、陳、閩、通解俱作「畢」。

157 備脱也者　「脱」上，單疏、通解俱有「失」字。

158 棘心已刻是也　已，單疏、通解俱作「匕」。按，作「匕」與記文合。

159 畢似御他神物　似，單疏、陳、閩、要義俱作「以」。他，閩誤作「也」。

160 舊説知此　知，單疏、要義俱作「如」。

161 **彼舊説之意也**　彼，單疏、要義俱作「破」，是也。

162 **云虞喪祭也**　單疏、要義俱重「祭」字。

163 **則祔以執事用桑爻**❸　以，單疏、要義俱作「已」字。「執事」二字，單疏、要義俱重出。

164 **則雜記所云事也**　事，單疏、要義俱作「是」，是也。

165 **則禫月及吉祭**　禫，誤作「譚」。

×

贊者錯俎加匕

166 **東柄**　柄，釋文、集釋、楊氏俱作「枋」，敖氏作「柄」。陸氏曰：「枋，本亦作柄。」

167 **注贊者至北面**　此下七節，單疏本俱不標經文起止。北面，今本作「面也」。按，各本注末俱有「也」字。

×

佐食升肵俎

168 **肵謂心舌之俎也**　「肵」下，集釋、敖氏俱有「俎」字。

169 **實牲鼎**　「實」下，單疏、通解、要義俱有「於」字，與記文合。

170 **卒載加匕于鼎**❹　于，誤作「去」。

主人升入復位

171 **知載入設俎者**　入，單疏、陳、閩、通解俱作「人」。

172 **豕入設於豆東**　「豕」下，單疏、通解、要義俱有「俎」字。

173 **主婦設兩敦黍稷于俎南○及兩鉶芼**　唐石經重「鉶」字。張氏曰：「監本云『及兩鉶鉶芼』，多一『鉶』字。從諸本。」

174 **主婦洗爵于房中**　單疏、要義俱無

「爵」字。

175 升獻尸　升，單疏、要義俱作「拜」。○按，有司徹是「拜」字。

176 主婦設二鉶與糗脩　與，誤作「于」。

177 祝洗酌奠○立于西南面　「于」下，唐石經、徐本、集釋、通解、要義、楊、敖俱有「户」字。

178 奠其爵觶　「觶」下，徐本、要義、楊氏俱有「也」字，通解無。 ✕

179 遂命佐食啓會乃奠者　「佐食」二字，單疏、通解、要義俱重出。

主人再拜稽首

180 當爲主人釋辭於神也　陳、閩、監、葛、通解俱脱「人」字，又「神」誤作「主」。

祝迎尸于門外

181 凡平賓客　平，誤作「來」。

主人降

182 注主人至爲厭　此下二節，單疏本俱不標經文起止。 ✕

183 則疑於君　單疏、通解、要義俱無「則」字。○按，祭統有「則」字。

184 皆取同姓之適孫　「取」下，單疏、通解、要義俱有「於」字。○按，祭統注有「於」字。

185 出廟門　「出」上，單疏、要義俱有「有」字，通解無。按，「有」字疑當作「者」，屬上句。

186 主人有君厭臣之義　「君」下，單疏本有「是是」二字，要義有「是君」二字，通解無。按，當云「主人是君，是有厭臣之義」。

尸入門左北面盥

187 見十經陳盥在門右　士，單疏、通解俱作「上」。

尸至于階

188 祝從主人升自阼階　阼，誤作「祚」。

尸荅拜

189 孝孫某圭爲孝薦之饗　圭，嚴本作「主」。張氏曰：「監本『主』作『圭』，從監本。」○按，少牢疏引此注「爲」下有「而」字。

190 吉祭稱孝　吉，誤作「告」。 ×

191 以其改哀爲孝　爲，單疏、陳、閩、通解、要義俱作「云」。

192 祝命挼祭○右取菹㨎于醢　釋文無「于」字，與注合。按，公食大夫「擩于醢」，注云「今文無于」。此經不疊今文古文，是今古俱無「于」也。又公食有「于」字，故注但釋「擩」義云「擩猶染也」。此經無「于」字，故注補之云「㨎醢者，染於醢」。

193 古虞禮古文曰　上「古」字，徐本、集釋、通解、楊氏俱作「士」。

194 祝命佐食墮祭　墮，集釋作「隋」，下同。張氏曰：「注曰『士虞禮古文曰，祝命佐食墮祭。周禮曰，既祭則藏其墮』。按，釋文釋『挼祭』云『音墮，後隋祭、挼祭皆放此』。後少牢饋食禮經曰『墮祭爾敦』。按，釋文亦作『隋，許規反，下同』。注又曰『挼讀爲墮』。按，釋文音『綏』字，注云『隋亦放此』。有司注曰『挼讀爲藏其墮之墮』。按，釋文音『綏』字，注云『并注挼及墮，皆許恚反，後放此』。然則三篇之『墮』皆『隋』字也，與周禮守祧之文合。至于士虞禮之『墮祭』與舉周禮之文，釋文于彼自作『墮』。竝從釋文。」○按，「墮祭」當槩作「隋祭」，釋文字例雜糅，張氏曲從之，非是。

195 墮與挼讀同耳今文改挼皆爲綏古文此皆爲挼祭也　下十五字今本脱，徐本、集釋、楊氏俱有，通解無。周學健云：「士虞禮『尸取奠』節疏引此注有。」○按，士虞疏引此注「挼祭」作「擩祭」，故有五字不同之説。

196 云今文改挼皆爲餧　餧，單疏、要義俱作「綏」。

197 欲見挼下有祭無醢　挼，單疏、要義俱作「挅」。按，「挅」即「擩」之俗字。挼祭、挅醢本屬兩事，疏恐人誤溷，故特辨之。説文云：「擩，染也。周禮『六曰擩祭』。」然則「挼祭」之「挼」與「挅醢」之「挅」本俱作「擩」，此節經文「挅醢」，注中「挼祭」，宜皆改作「擩」。

198 故壘之而不從也　壘，單疏、要義俱作「疊」。

199 云挅醢者染於醢　挅，誤作「挼」。於，誤作「欲」。按，疏意「擩祭」之「擩」當爲「挼」，「擩醢」之「擩」則爲「擩」，未知果鄭意否。

佐食取黍稷肺祭授尸

200 祭酒穀味之芬芬者　下「芬」字，集釋、楊氏俱作「芳」。張氏曰：「注曰『祭酒穀味之芳芳者』。按，監本作『芬芳』，從監本。」○按，徐、鍾亦俱作「芬芬」，張氏所據之嚴本獨作「芳芳」。

201 告之美　「美」上，楊氏有「以」字。

202 注肺祭至享之　此下二節，單疏本俱不標經文起止。　×

203 此經云肺祭　單疏本無上四字，通解有。

祭鉶嘗之

204 故云肉味之有菜和　單疏本無「之」字，「和」下有「者」字。　×

205 絮者調和之義　單疏本作「不合絮調之義」，通解與今本同。

206 則不調以鹽菜　單疏本無「則」字，通解有。

207 祝命爾敦佐食爾黍稷于席上　黍，唐石經初刻作「稷」。

208 爾近也　近，陳、閩、監、葛俱誤作「退」。　×

設大羹湆于醢北

209 大羹湆自門入　張氏曰：「巾箱本『大』誤作『六』。」 ×

210 設大羹湆于醢北　注大羹至爲汁　單疏本。 ×

211 士虞禮大夫羹湆　陳、閩、通解俱無「夫」字，要義有。

主人羞肵俎于腊北

212 注肵俎至其先　此下六節，單疏本俱不標經文起止。 ×

佐食舉幹

213 云幹長脅　單疏、陳、閩、監本俱無「幹」字，通解有。

214 文出下記下云　次「下」字，單疏本作「也」，通解無。

佐食羞庶羞四豆

215 膮炙胾醢　胾，誤作「截」。 ×

216 脚以東　脚，單疏本作「腳」，通解亦誤作「脚」。

217 纁膮牛炙　纁，單疏、通解俱作「臐」。○按，公食大夫禮作「臐」。

218 醢在南　單疏本無「在」字，通解有。

219 葵菹在北綍　單疏本無「綍」字，通解有。

220 故鄭皆云綍也　鄭下衍「云」字，通解併無「皆」字。

221 舉骼及獸魚如初　骼，誤作「酪」。

222 佐食盛肵俎　肵，徐本作「所」，誤。

223 有若干個者　「有」下，徐本、集釋俱有「云」字，通解無。集釋無「者」字。

224 牲腊　牲，閩本誤作「特」。

225 長脅二骨短脅　二，誤作「三」。×

226 今以舉正脊一骨　以，陳、閩、通解俱作「尸」。按，「尸」是也。

227 及骼脊脅各一骨在　陳、閩、通解「骼」下俱有「肩則」二字，「各」下俱有「有」字。

舉肺脊

228 肺脊初在菹豆　菹，徐本作「俎」，集釋、通解、楊氏俱作「菹」。按，疏作『菹豆』。張氏曰：「注曰『肺脊初在俎豆』。經上文云『尸實舉于菹豆』，注云『舉謂肺脊』，今自菹豆加于肵俎也。從疏。」○按，單疏本述注作「菹」，標目仍作「俎」。今本則與單疏相反，要以「菹」爲正。

229 注尸授至菹豆　菹，單疏、陳本俱作「俎」。×

※※ 授之也是　當作「授之是也」。

230 云肺脊初在俎豆者　俎，單疏、通解俱作「菹」，是也。下同。

231 尸實舉于俎豆　俎，陳、閩、監本、通解俱作「菹」。×

主人洗角

232 云酳者　云，徐本、集釋、楊氏俱作「謂之」，通解作「云」。

233 又却頤衍養樂之　却，徐、陳、集釋、通解、楊氏俱作「欲」。

234 今文酳皆爲酌　錢大昕曰：「少牢、士虞注並云『古文酳爲酌』，特牲注『今文』亦當爲『古文』之譌。」

235 故知此是主人酳尸也　浦鏜云「酳」當「獻」字誤。

236 加人事略者　「加」上，單疏、通解俱重

「角」字。

尸拜受

237 今文曰啐之古文無長　上五字今本脱，徐本、集釋俱有。案，「古文」徐本誤作「古又」，嚴、鍾俱不誤。通解此節無注。

238 肝亦縮進米　米，單疏、陳本、通解俱作「末」。

尸左執角

239 節主人拜　人，誤作「入」。×

祝酌授尸

240 尊尸也尸親醋相報之義　下七字今本脱，徐本、集釋、楊氏俱有，通解無。

241 注醋報至作酢　此下二節，單疏本俱不標經文起止。「醋」字，誤作「錯」。×

242 主人拜受角〇佐食授挼祭　張氏曰：「注云『妥亦當爲挼』。又云『今文或皆改妥作挼』。則經文『挼』蓋『妥』字也，從注。」〇按，士虞疏所舉五字獨不及「妥」。大抵「挼」、「擩」、「綏」、「妥」四字古今文既參差不一，今本又復淆譌，不可致詰。

243 進受爵反位妥亦當爲挼　下五字今本脱，徐本、集釋俱有，楊氏作「受亦當爲授」，通解無。

244 佐食授之挼祭　授，徐本作「受」，集釋、通解、楊氏俱作「授」。

245 古文挼作綏　徐本、集釋俱作「今文或皆改妥作挼」，與單疏標目合。通解無。

246 注退者至作綏　綏，單疏本作「挼」。×

247 亦如上佐食取黍稷肺祭挼尸　挼，單疏、陳本、通解俱作「授」。

主人坐左執角

248 待尸授之以長大之福也　徐本、集釋、

楊氏俱無「也」字，通解有。　×

249 **佐食摶黍授祝**

宜嫁于田　嫁，單疏、通解俱作「稼」。○按，少牢作「稼」，單疏是也。

250 **天子黍**　「黍」上，單疏、要義俱有「沐」字。○按，有「沐」字與喪大記注合。

主人左執角

251 **季小也**　小，釋文作「少」，云「詩召反。下同」。○按，要義載注亦作「少」，載疏仍作「小」。

252 **嚌之古文挂作卦**　下五字今本脱，徐本、集釋、要義俱有，與單疏標目合。通解無。

253 **注詩猶至作卦**　單疏本不標經文起止。案，「作卦」今本作「嚌之」，非也。　×

254 **但左手執角右手挂祛以小指**　「左」、「右」，單疏、陳、閩、要義俱互倒，監本俱作「左」。

255 **不干左手**　干，陳、閩、監本、通解俱作「于」。

主人出

256 **此大夫尊**　尊，誤作「爭」。

** **不似有入房**　當作「不自入房」。

257 **秋斂曰嗇**　秋，單疏本作「收」。○按，少牢注作「收」，單疏是也。

主人酌獻祝

258 **注行神至設俎**　單疏本不標經文起止。　×

259 **此女佐食**　女，單疏本作「汝」。按，此句疑有譌脱，浦鏜改「女」爲「先」，亦未是。

260 **祝左執角○佐食北面拜受角**　張氏曰：「巾箱本『拜』誤作『和』。」　×

261 佐食俎觳折脊脅也　觳，陳、閩俱作「獻」。○按，「獻」字非也，下記文作「觳」。

262 主婦洗爵于房酌亞獻尸　酌，誤作「祝」。

宗婦執兩籩

263 鄭不尚棗　不，通解作「云」。×

祝贊籩祭

264 棗栗之祭　「祭」下，徐本、楊、敖俱有「也」字，集釋、通解俱無。×

265 若平取菹揳于醢　浦鏜云「右手」誤「若平」，經無「手」字。

酢如主人儀

266 如酢主人也　主，誤作「王」。×

267 自祝酌至尸拜送　酌，要義作「獻」。

268 云不易爵辟內子者　「爵辟」二字誤倒。

主婦適房南面

269 示親祭　示，陳、閩、監、葛俱誤作「云」。×

賓三獻如初

270 三獻禮成　集釋無此四字。

271 此一科之內　此，閩、監俱作「比」，誤。×

272 以主婦亞獻承初獻　承，單疏本作「丞」，下同。通解、要義俱作「承」。×

273 謂尸得三獻而禮成　尸，閩本誤作「戶」。×

席於户內

274 爲主人鋪之　按，前經「祝筵几於室中」，注云「爲神敷席也」，陸氏曰：「本又作鋪，後同。」然則此「鋪」，釋文亦作「敷」。

主婦洗爵酌

275 注主婦至酌爵　此下二節，單疏本俱不標經文起止。「主」字，閩本誤作「至」。×

俎入設

276 待佐食設俎　待，單疏、陳本、通解俱作「時」，屬上句。

主人左執爵祭薦

277 豕亦然　張氏曰：「巾箱本『豕』誤作『家』。」×

278 忖肺不捝手　忖，集釋作「刌」。

279 注絶肺至作説　此下四節，單疏本俱不標經文起止。×

280 云忖肺不拭手者　拭，單疏、陳、閩、通解俱作「捝」。按，「捝」字是。

281 以其先已斷絶　單疏本無「其先」二字，通解有。

肝從

282 亦均　亦，徐本、楊氏俱作「亣」，與單疏標目合。集釋、通解俱作「亦」。盧文弨云：「『亣』非，疏甚明。」

283 注於席至亦均　亦，單疏本作「亣」。×

主婦出反于房

284 今文授爲受　今文授，徐本、集釋俱作「古文更」。

285 上主婦亞獻洗爵于房中　「洗爵」二字，單疏、要義俱重出，通解不重。

286 則用下篚内爵也　「内」下，陳、閩、通解俱有「之」字。

三獻作止爵

287 賓入尸北面曰　尸，徐、陳、集釋、楊、敖俱作「户」，通解作「尸」。

288 289 尸卒爵酢酌獻祝及佐食　祝，徐本作「洗」，集釋、通解、楊、敖俱作「祝」。張氏曰：「經曰『獻洗及佐食』。巾箱、杭本『洗』作『況』，監本作『祝』。從監本。」○復位　復，誤作「二」。

290 亦不承婦人爵今文曰洗致古文更爲受　下十字今本脱，徐本、集釋俱有，與單疏標目合。通解無。

291 注洗乃至人爵　人爵，單疏本作「爲受」。

292 尸及祝皆燔從如初　「從」下，單疏本有「此言皆燔從」五字。

主人降阼階

293 如初視濯時　「視」上，徐本、集釋、楊、敖俱有「如」字，通解無。

賓辭洗

294 統於其位今文無洗　下四字今本脱，徐本、集釋俱有，通解無。按，疏標目無。

295 以其賓得在西階上北面　北，閩本誤作「比」。

薦脯醢

296 有司在門西　「有」上，單疏、通解俱有「公」字。

297 賓左執爵祭豆　左，唐石經作「佐」，誤。

298 注主人至其意　此下二節，單疏本俱不標經文起止。

299 以其賓尊行敵禮故也　敵禮，誤作「二干」。

主人坐祭卒爵拜

300 令受獻於西階上　令，單疏、通解俱作「今」字。受，誤作「祭」。

尊兩壺於阼階東

301 士卑得與人君同　士，閩本誤作「上」。×

302 皆有大酒　大，單疏、通解、要義俱作「玄」。

303 故云示惠由近爲始也　爲，誤作「二」。

主人奠觶拜

304 注西面至東北　此下二節，單疏本俱不標經文起止。「至」字，誤作「之」。×

305 明主人不得南過於賓　不，單疏本作「之」，通解作「不」。

主人奠觶于薦北

306 主人飲酒左不舉　主，單疏、陳本、通解、要義俱作「生」，下同。

307 奠觶於右　「奠」上，單疏、通解、要義俱重「侑」字。○按，依有司徹「奠」上當有「侑」字。

主人洗爵

308 論主人獻長兄弟及衆兄弟之事　衆，誤作「長」。

309 洗獻兄弟　「兄」上，唐石經、徐本、集釋、通解、楊、敖俱有「衆」字。石經考文提要云：「疏述經明有『衆』字。」

310 此言如衆賓獻　獻，徐、陳、集釋、通解、楊氏俱作「儀」，與疏合。

311 則如獻衆賓洗明矣　如，集釋作「知」。按，作「知」是也，觀疏自明。疏述注亦誤作「如」字。通解無「獻」字。

312 注獻卑至明矣　單疏本不標經文起止。×

313 以其士獻衆賓時　士，單疏、通解俱作「上」。

洗獻内兄弟于房中

314 位在房中之尊北　「位」上，徐本、集釋、楊、敖俱有「其」字，通解無。

315 略婦人也　「人」下，徐本、通解俱有「者」字，集釋、楊氏俱無。✕

316 尊兩壺于房中西牖下　牖，單疏、陳本、通解、要義俱作「墉」。○按，當作「墉」。

主人西面荅拜

317 注爵辯至荅拜　單疏本不標經文起止。✕

長兄弟洗觚爲加爵

318 以其闕主人主婦致爵并酢四爵　酢，要義作「酬」。

319 天子大祫十有三獻　三，單疏、要義俱作「二」，通解作「三」。

320 祭禮士於大夫同者　於，單疏、通解、要義俱作「與」，下同。

321 亦於大夫同少牢五鼎❺　「大」上，單疏本空一字。✕

衆賓長爲加爵

322 欲神惠之均在於庭也　「在於」二字，陳、閩、通解、要義俱倒。

323 嗣舉奠盥入　單疏本卷四十六起。✕

324 舉猶飲也　猶飲，陳、閩、監、葛俱誤作「飲酒」。

325 欲見無適長　「適長」二字，單疏、通解、要義俱倒。

326 獻爲舉奠洗爵酌入也　爲，單疏、通解、要義俱作「謂」。

尸執奠進受

327 古文備爲復　張氏曰：「監、巾箱、杭本無『復』字，從嚴本。」

328 舉奠洗酌入○祭酒啐酒　「祭」上，唐石經、徐本、通解、楊、敖俱有「尸」字，集釋無。按，集釋無者，疑近刻譌脱。

329 此嗣子獻賓賓皆啐之　兩「賓」字，通解並作「尸」。案，單疏、通解、要義俱無「皆」字。

330 亦欲酌己　酌，單疏、要義俱作「酢」，通解作「酌」。

331 故於此總言也　「也」上，單疏、通解、要義俱有「凡」字。

宗人告祭脀

332 衆賓兄弟内賓也　「兄」上，徐本、集釋、楊、敖俱有「衆」字，通解無。

333 注脀俎至可知　單疏本不標經文起止。

334 上文下長兄弟如賓儀　文，單疏本作「又」。

乃羞

335 自祝主人至於内賓　祝，誤作「酌」。

336 膮炙胾醢　膮，閩本、通解俱誤作「曉」，下同。

337 言自祝下及内賓衆賓兄弟　「衆」上，單疏、通解、要義俱有「及」字。

338 乃羞庶羞于賓兄弟　乃，誤作「薦」。

339 不殯尸　殯，單疏、陳本、通解、要義俱作「儐」。

340 云無内羞者　單疏本無「無」字，通解、要義俱有。

341 賓坐取觶○長兄弟在右　上三字陳、閩、葛本俱脱。

342 堂下行旅酬無算爵竝在　在，通解、要義俱作「有」。×

343 禮後改殺故也　單疏、陳本、通解、要義俱無「後改」二字。

344 直行無算爵者堂下而已　者，單疏、陳、閩、通解、要義俱作「於」，是也。×

345 以其堂下於神靈共尊　下，單疏本作「上」，通解、要義俱作「下」。於，單疏、通解、要義俱作「與」。

346 禮尸與室中　與，單疏、通解、要義俱作「於」。

347 賓酬長兄弟　酬，誤作「旅」。

348 同類之中　類，誤作「上」。

349 賓奠觶拜○賓立于觶　于，唐石經、徐本、集釋、通解、要義、楊、敖俱作「卒」。○按，「卒」字是。

350 注其尊至北面　單疏本不標經文起止。×

351 長兄弟西階前北面衆賓長左受旅　「左」上，唐石經、徐本、集釋、楊、敖俱有「自」字，通解無。

長兄弟酬賓

352 注長兄至文省　單疏本不標經文起止。×

353 此長兄所舉奠觶者　「兄」下，單疏、通解俱有「弟」字。

354 即上弟子舉觶於其長是也　上，陳、

閩、監本俱誤作「士」。 ×

355 所以嫌者　此句下，單疏本誤複「嫌其不終所以嫌者」八字，通解無。

356 故鄭云文省也　單疏、通解俱無「也」字。 ×

357 358 賓弟子及兄弟弟子洗〇長皆荅拜舉觶者祭卒觶拜長皆荅拜　下十一字今本脱，唐石經、徐本、集釋、通解、楊、敖俱有。〇各酌于其奠　奠，唐石經、徐、陳、閩、葛、集釋、通解、楊、敖俱作「尊」。

359 南柄　柄，閩本、通解俱作「枋」。 ×

360 同於主人飲酒　主，單疏、陳本、通解、要義俱作「生」。

361 亦皆作北面　徐本、集釋、通解、楊、敖俱無
長皆執以興
「作」字。

362 則上文復位　復，誤作「其」。 ×

363 行旅酬又無算爵　又，單疏、通解、要義俱作「及」。

364 云凡者　單疏、要義俱無「者」字。 ×
爵皆無算

365 亦交錯以辯　錯，誤作「醋」。
利洗散

366 言利以今進酒也　言，誤作「以」。 ×

367 以利待尸禮將終　待，集釋作「侍」。按，疏作「事」。

368 自此盡西序下　下，陳、閩、監本俱誤作「不」。 ×

369 衆賓長加爵　「加」上，單疏、通解俱有

「爲」字。

370 通洗散獻尸亦二　二，單疏、陳本、通解俱作「三」。

371 主人出立于户外西南　南，集釋、敖氏俱作「面」。張氏曰：「下文有云『上養荅拜，受爵，降實于篚。主人出，立于户外，西面』。此『南』字亦當爲『面』，從下文。」○按，唐石經亦作「南」，張氏以意改爲「面」，而李氏、敖氏從之。

祝東面告利成

372 立于阼階上南面　浦鏜云「西」誤「南」。

373 此户外告利成　利，誤作「禮」。

374 孝孫徂位堂下西面位也　徂，單疏、通解、要義俱作「往」。

尸謖

375 前尸之儀　儀，陳、閩、監、葛、通解俱誤作「義」。

祝反

376 俎所以載肵俎　以載，集釋作「載于」。

377 注俎所至歸之　單疏本不標經文起止。

徹庶羞

378 大宗已侍於賓奠　張氏曰：「監本『已』誤作『巳』字。」陸氏曰：「奠，本或作暮，或作養。」○按，賈疏謂「暮」、「養」皆誤，以「奠」爲正。

379 已而與族人飲也　「已」上，集釋有「祭」字。

380 以其尸三飲後　三，誤作「及」。飲，單疏、要義俱作「飯」，通解作「飲」。

381 引也者　也，單疏、要義俱作「之」，是也。

382 其上大夫當曰儐尸　曰，單疏、通解、要義俱作「日」。

383 是無燕私者　者，單疏、通解、要義俱作「若」，屬下句。

384 以兄弟受獻于堂下　下，單疏、通解、要義俱作「上」。

筵對席

385 敦有虞氏之器也　氏，誤作「士」。×

386 周制士用虞　虞，徐本、集釋、通解、楊氏俱作「之」。

387 祭之末也　末，徐本作「未」，誤。×

388 尸亦餕鬼神之餘也　徐本、集釋、通解俱無「也」字，楊氏有。×

389 可以勸政矣　勸，徐、陳、閩、葛、集釋、通解、楊氏俱作「觀」。

390 當同周制用簋　「周制」二字，要義重出。

391 引祭經者　經，單疏、通解俱作「統」。按，「統」字是。×

宗人遣舉奠及長兄弟盥

392 其惠不過族親　「親」下，徐本、集釋、楊氏俱有「也」字，通解無。×

393 注命告至作餕　此下六節，單疏本俱不標經文起止。×

主人西面再拜

394 祝告餕　告，徐本、集釋俱作「曰」，通解、楊氏作「告」。

395 言女餕此　「餕」下，徐本、楊氏俱有「于」字，集釋有「乎」字，通解無。

396 亦當以之也　疏云：「亦謂亦似其先祖，已上皆爲『以』，爲『似』者誤也。」盧文弨云：「字作

『以』，其義爲『似』。陸於經文云『以，依注音似』。疏釋此句云『謂亦似其先祖』，下注『似先祖之德』，皆作『似』字。乃復云『似』誤，殊所不解。」○按，「必有以也」，毛詩作「以」不作「似」。鄭注禮時未見毛詩，此注引詩必作「似」，後人妄据毛詩改之。陸釋經「有以」云：「以，依注音似，或如字。」固已爲騎墻之解矣。至賈疏當云：「已上皆爲『似』，爲『以』者誤也。」今本互易二字，遂不可通。然疏引詩箋爲解，亦不合。蓋不知鄭氏注禮與箋詩不同，而欲强同之，轉覺牽溷。

397 必有以也從之者　單疏本無「也」字。×

398 我君何以久留於二佐　浦鏜據原文改「二佐」爲「此乎」。

399 已上皆爲以爲似者誤也　說見上。陳、閩「以」俱作「已」，尤誤。

400 不見其惠　惠，單疏、通解俱作「處」。

401 以明下蕢席南　「南」下，單疏本有「面」字，通解無。

402 卒食○亦如之　張氏曰：「巾箱『亦如』誤作『交加』。」×

403 贊者洗三爵　「爵」下，徐本、集釋、通解、楊、敖俱有「酌」字。×

404 主人北面授下蕢爵　下，徐本、通解俱作「于」，集釋、楊氏俱作「下」。

405 引舊說　引，誤作「爵」。×

406 主人坐祭卒爵拜○立于户内西面　内，唐石經、徐本、集釋、通解、楊、敖俱作「外」。

407 事餕者禮畢　餕，誤作「人」。

祝命徹阼俎豆籩

408 然祝命徹阼俎時　「然」上，要義有「若」字。○按，單疏「然」上作「者」字。

409 命佐食并徹之　命，單疏、通解俱作

「今」。

祝執其俎以出

410 注俟告至以出　單疏本不標經文起止。×

411 乃執俎以出于廟門　「門」下，單疏、通解俱有「外」字。

宗婦徹祝豆籩

412 宗婦不徹主人豆籩　主，重修監本誤作「三」。×

佐食徹尸薦俎敦

413 南面如饋之設　如，徐本、要義俱作「而」，集釋、通解、楊氏俱作「如」。按，古書假借通用，後人多改從本字，間有一二存者，宜仍其舊。

414 此所謂當室之白　此所謂，楊氏作「也所以」。×

415 注厞隱至厭也　此下三節，單疏本俱不標經文起止。×

416 堂室之白則同　堂，單疏、陳、閩、通解、要義俱作「當」。按，「當」字是。

417 何謂陰厭陽厭也　也，要義作「者」。×

418 陰厭陽厭有　「有」上，單疏本有「竝」字，要義有「具」字。

419 孔子引宗子死有陰厭　引，陳、閩俱作「別」。死，單疏、要義俱作「一」。下同。

祝告利成

420 荅送賓也　荅，徐本、集釋、通解、要義、楊氏俱作「拜」。

421 若賓更荅拜　要義無「更」字。

佐食徹阼俎❻

422 唯賓俎　賓，徐本作「實」，集釋、通解、楊氏俱作「賓」。張氏曰：「監本『實』作『賓』，從監本。」

423 尊賓者　者，集釋、楊氏俱作「也」。按，疏標目作「者」。 ×

424 孔子不脱冕而行　脱，單疏本作「悦」，陳本、要義俱作「税」，通解作「脱」。

記特牲饋食

425 謂賓及兄弟筮日筮尸視濯　日，徐本作「曰」，集釋、通解、楊氏俱作「日」。 ×

426 命賓兄弟　命，徐本、集釋、楊氏俱作「今」，通解作「命」。

427 記特牲至緇韠　注於祭至玄端　單疏本。 ×

428 士冠在朝上服　「上服」二字，單疏、要義俱倒，陳、閩俱脱「上」字。

429 明其餘不如初　不，要義作「亦」。

430 此緇帶　帶，單疏、通解俱作「韠」。按，單疏是也。

唯尸祝佐食

431 注與主至下士　此下二節，單疏本俱不標經文起止。 ×

432 然則玄裳以下見玄端一而裳有二也　陳、閩俱無「下見」二字。二，陳、閩、通解俱作「三」。

433 亦謂禮荒有所禱請服之　禮，單疏本作「札」。○按，作「札」與鄭注司服注合。後人疑「札」爲「礼」之譌，遂改爲「禮」。

434 設洗○東西當東榮　榮，誤作「營」。

水在洗東

435 祖天地之左海　左，陳、閩、監、葛、通解俱作「右」，集釋作「左」。按，「右」非也。

篚在洗西

436 長兄弟酌衆賓長爲加爵　酌，徐本、要義、楊氏俱作「酬」，集釋作「及」，通解作「酌」。周學健云：「及，監本作『酌』，楊氏儀禮圖作『酬』，竝譌。推尋文義，應作『及』字爲是。」

437 迎接竝也　迎，徐本、集釋、要義、楊氏俱作「宜」，通解作「迎」。

438 其三長兄弟酌賓卒受者　酌，單疏本作「酬」。

439 及長兄弟洗觶爲加爵　及，單疏、通解俱作「又」。

440 如初爵止　初，誤作「此」。×

441 在尸羞之後　尸，陳、閩、通解俱作「乃」。

442 卑者舉爵　爵，通解、要義俱作「角」。

443 壺棜禁饌于東序○冪用綌　張氏曰：「經曰『冪用綌』。按，注作『鼏』，從注。」○按，「冪」、「鼏」之溷已久，今本注亦作「冪」，其不足憑明矣。

444 盝爲其不宜塵　盝，徐本、釋文、集釋、通解、楊、敖俱作「且」，是也。陳、閩、監、葛俱誤作「宜」。

445 冪用綌　冪，徐本、通解俱作「鼏」，集釋、楊氏俱作「冪」。

446 籩巾以綌也纁裏　裏，唐石經、徐、陳、集釋、通解、楊、敖俱作「裹」，是也。按，作「裏」因注文「烝裏」字而誤。

447 籩有巾者　巾，閩本誤作「市」。×

448 果實之物多皮核　「皮」字，陳、閩、葛本俱誤在「物」字上。×

449 可烝裹之也　裹，徐本作「裏」，下同。釋文、集釋、通解、楊氏俱作「裹」。按，當作「裹」。注同。

450 鍘芼○夏葵冬荁　荁，徐本作「苴」，誤。

451 堇荼如飴云　徐本、集釋、通解、楊氏俱無「云」字。×

452 云今文苦爲芐　今，誤作「經」。×

453 牲爨在廟門外東南○饎爨在西壁　壁，釋文作「辟」，云「步歷反，又音壁」。

454 禝在南　禝，徐、陳、集釋、通解俱作「稷」。

肵俎

455 是以進之　進，誤作「祭」。

沃尸

456 今文淳作激　陸氏曰：「激，一本作浮。劉本作徼，音敷。」○按，「浮」與「淳」形相似而誤，「徼」者又「尃」之誤，故其字音「敷」也。

457 尊兩壺于房中西牖下　牖，徐、陳、集釋、通解、楊、敖俱作「墉」，石經補缺、閩、監、葛本俱誤作「墉」。

458 明其相亞次　其，誤作「明」。×

459 內賓立于其北東面南上　南，徐本作「西」，集釋、通解、要義、楊、敖俱作「南」。張氏曰：「監、巾箱、杭本『西』作『南』，從諸本。」

460 如獻衆兄弟之儀　如，陳、閩、監本、要義俱作「知」。

主婦及內賓宗婦

461 宗婦之娣婦　娣，釋文作「弟」，云：「大計反。或作娣。下弟同。」

462 舉觶於其姒婦　陸氏曰：「姒音似。本或作似。」

463 各舉奠於其長　奠，集釋作「觶」，與疏合。

464 皆西面主婦之東南　「面」下，集釋、敖氏俱有「于」字。按，疏亦脱「于」字。

465 注西面至東面　面，陳、閩俱作「南」。❼ ×

466 亦取奠觶酬内賓之長　取，誤作「似」。×

467 皆西面主婦之東面者　面，陳本亦作「南」，❽竝與注合。

尸卒食而祭饎爨雍爨

468 亨者祭雍爨　亨，徐本、楊氏俱作「享」，集釋、通解、要義俱作「亨」。

469 無籩豆俎　豆，誤作「而」。×

470 亦約禮器云盆瓶知　「知」下，通解、要義俱有「之」字。×

賓從尸

471 注賓從至去之　此下二節，單疏本俱不標經文起止。×

尸俎右肩臂臑肫胳

472 凡俎食之數奇　食，徐、陳、集釋、通解、楊氏俱作「實」，與單疏述注合。

473 貶於奠者　奠，徐、陳、集釋、通解、楊氏俱作「尊」。按，疏是「尊」字。

474 云凡俎食之數奇者　食，單疏、通解俱作「實」。按，陳本注作「實」，疏仍誤作「食」。×

475 三脊脅俱有　俱，單疏、通解俱作「具」。

魚十有五

476 注魚水至等也　此下兩節，單疏本俱不標經文起止。×

477 諸魚數亦尊卑同也　諸，單疏本作

「謂」，通解作「諸」。

臘如牲骨

478 故直言如牲骨也　如，陳、閩俱誤作「加」。

479 祝俎脾脡脊二骨　脾，唐石經、徐本、集釋、通解、楊、敖俱作「髀」。脡，閩、監、葛本俱誤作「脠」。

480 祝俎有代脅也知者以尸俎無脡脊祝則有之尸俎無代脅可知　自「也知」至「代脅」十八字，今本脱，單疏本有。通解無「知者」二字，「尸俎無代脅」下有「祝俎有代脅」五字，餘與單疏本同。按，就單疏本言之，但移「祝俎有代脅」五字置於「尸俎無代脅」下，而以「也」字屬上「謂代脅」爲句，則文勢自順，通解增删未當。

481 亦凡者　亦，陳、閩俱作「言」。○按，單疏本亦作「言」。

482 下佐食俎觳折脊脅也　觳，陳、閩俱作「穀」。

483 約有三體之外　單疏本無「有」字。

胙俎

484 又於其可併者二　於，徐本、集釋、楊氏俱作「加」，通解「加」字在「於」下。

485 膚一至短脅　注主人至體臂　單疏本。

486 主人右云臂　右，單疏、通解俱作「又」。

主婦俎觳折

487 折分後右足以爲佐食俎　「分」下，要義有「也」字。按，疏述注無「折」字，疑此注「折」下脱「分也」二字。

488 辟大夫妻古文觳皆作穀　張氏曰：「監本『辟』誤作『臂』字。」下六字今本脱，徐本、集釋俱有，與單疏標目合。

489 注轂後至作轂　單疏本不標經文起止。案，「作轂」今本作「夫妻」，非也。

490 是轂後足也　要義無「轂」字。×

491 左足大卑故知用後右足故知用後右足故鄭云辟大夫妻也　今本作「左足大卑故也」，脱中間十八字，單疏本有。按，複句疑衍「故知」二字。

賓骼

492 爲其已甚卑而全之　張氏曰：「監本『已』作『己』，從諸本。」×

493 注骼左至略之　自此至末凡三節，單疏本俱不標經文起止。×

衆賓及衆兄弟

494 所以惠之必均也　「惠」上，徐本、集釋、通解、要義俱有「明」字。

495 私臣自己所辟除者　按，段玉裁云：「『自』當是『目』字，此與喪服注『私兄弟目其親族也』同。」

496 執巾以接尸　巾，閩本誤作「申」。接，單疏、通解、要義俱作「授」。

公有司門西北面東上

497 祭祀有上事者貴之　此句下，集釋有「非執事者」四字。按，注上云「獻在後者，賤也」，故此句釋之，有事爲貴，則無事者賤矣。下云「亦皆與旅」，即承「賤者」言。古人文簡，似不必如集釋所增。

498 謂前舉鼎已載羞從獻衆賓擇取公有司酬爵之事　已，單疏、通解、要義俱作「匕」，是也。事，陳、閩、通解、要義俱作「屬」。按，此句疑有誤，一本改作「謂執前舉鼎匕載肝從燔從加爵之事」。

499 使爲佐食是也　單疏、要義俱無「是」字，通解有。

500 及獻兄弟薦脀　及，誤作「乃」。

501 在阼階前西面北上　階，陳、閩俱誤作「時」。

502 及群有司皆以齒　群，誤作「於」。

15—503 卿擇執事者貴　卿擇，單疏本作「鄉釋」，陳本作「鄉擇」。按，「鄉」讀曰「曏」，「曏釋」猶言舊解也。

校記

❶「宗」原誤「宋」，據學海堂庚申補刊本、南昌府學本改。

❷南昌府學本删「張氏曰監本而日作曰從監本」十二字，而在校語中謂監本作「曰」。

❸「祔」原誤「附」，據學海堂本、南昌府學本改。

❹「載」原誤「歲」，據學海堂本、南昌府學本改。

❺「鼎」原誤「誤」，據學海堂本改。

❻「阼」原誤「胙」，據學海堂庚申補刊本、南昌府學本改。

❼「面陳閩俱作南」，學海堂本同。按，「面」當作「下面字」。

❽「面陳本亦作南」，學海堂本同。按，「面」當作「下面字」。

儀禮注疏校勘記卷十六

16—001 少牢饋食禮第十六　單疏本卷四十七起。 ×

少牢饋食之禮

002 唯據羊若豕則曰豢　「豕」上，要義有「犬」字。按，疏下引槁人職，明犬得稱「豢」也。

003 故地官虆人職云　虆，單疏、通解、要義俱作「槁」。○按，「虆」乃「稾」之誤，「槁」與「稾」同。宋本周禮、釋文作「槁人」，不誤。

004 非以爲禮　禮，單疏、通解、要義俱作「禍」。○按，樂記是「禍」字，單疏是也。

005 故郊特牲特牲與士　特牲與士，單疏本作「與特牲士」，通解、要義俱作「與士特牲」。

006 日用丁己　魏氏曰：「己音紀。陸音祀。」○按，今本釋文「祀」亦誤作「紀」。

007 自丁寧　丁，重修監本誤作「可」。 ×

008 内事以柔日　内，閩本誤作「用」。 ×

009 爲冠昏祭祀　爲，單疏、通解、要義俱作「謂」。

筮旬有一日

010 以先月下旬之己　以，誤作「言」。 ×

011 知旬爲十日者　單疏、要義俱無「爲」字，通解有。

012 筮來月上旬之己者　月，誤作「日」。 ×

013 即直云　即，單疏、通解、要義俱作「鄭」。

按，單疏是也。×

014 言是先近日故也　言是，單疏、通解、要義俱作「吉事」。

筮於廟門之外

015 孝經注云　「孝經」二字，陳、閩俱誤倒。×

016 卜筮冠皮弁　弁，陳、閩俱誤作「并」。×

017 尊蓍龜之道是也　是，陳、閩俱誤作「也」，通解作「故」。×

018 史練冠長衣　冠，陳、閩俱誤作「官」。×

主人曰孝孫某

019 公命之以字爲展氏　集釋無「之」字。×

020 某仲叔季　某，集釋、敖氏俱作「其」。

021 季某　「某」下，集釋、通解俱有「也」字。×

022 合食曰配　合，誤作「命」。×

023 某氏　氏，陳、閩、監、葛俱誤作「食」。×

024 桓十四年己亥嘗　己，單疏、通解、要義俱作「乙」。○按，春秋桓十四年作「乙」，單疏是。

025 及擇元辰　及，單疏、通解、要義俱作「乃」，是也。×

026 陰陽式法　式，陳、閩俱作「武」，非也。

027 若某在子上者　某，單疏本作「其」，通解、要義俱作「某」。

028 若五十字以伯仲　單疏、要義俱無「以伯仲」三字，通解有。

029 故知取二十冠而字爲謚也　單疏、要義俱無「冠而」二字，通解有。

030 因生以賜姓　生，誤作「主」。陳、閩俱脱「以」字。

031 胙之土而命之事　事，單疏、通解、要義俱作「氏」。○按，左傳作「氏」。

032 謚伯某某或且字　謚，單疏、陳、閩、要義俱作「證」，是也。

033 而非常祭祀　而，通解、要義俱作「及」。按，「而」字誤。

史曰諾

034 蓍之德圓而神　圓，徐本、釋文、集釋、通解、楊氏俱作「圜」。

035 云易曰蓍之德圓而神者　魏氏曰「圓」本作「圜」。

遂述命曰

036 重以主人辭告筮也　辭，陳、閩、監、葛俱誤作「辟」。

037 謂之述命訖　「述命」二字，單疏、通解、要義俱重出，是也。✕

038 與述命同爲一辭者　陳、閩俱無「命」字。辭，閩本誤作「亂」。✕

039 即與即席西面命龜異　此句下單疏、要義俱有「異者」二字，通解無。✕

040 繇辭則占龜之長　占，誤作「古」。

乃釋韇立筮

041 注卿大夫至由便　單疏本無「夫」字。✕

042 大戴禮二正記　浦鏜云「三」誤「二」。○按，浦是也，單疏不誤。✕

043 以其蓍長筮爲便　「筮」上，單疏、通解俱有「立」字，是也。

044 若諸侯蓍七尺　「若」下，單疏、通解俱有「然」字。

045 卦者在左○乃書卦于木示主人　李氏曰：「『示主人』，石本上有『以』字。」

046 六爻備書於板　張氏曰：「疏作『版』，從疏。」按，單疏本作「版」，張説是也。

047 以示主人也　單疏本「以示」上有「受」字。

048 注從者至之言　單疏本不標經文起止。　×

吉則史韇筮

049 是求吉得吉之吉也　吉也，單疏、陳、閩俱作「言也」。按，單疏是也。　×

乃官戒

050 滌溉濯祭器　陸氏曰：「溉，一本作濯。」盧文弨云「濯」字衍。○按，疏有「濯」字。疑當以「滌溉」爲一句，「濯祭器」爲一句。滌者溉也，謂濯祭器及掃除宗廟也。如此則即改「溉」爲「濯」，亦不嫌與下「濯」字重。❶

若不吉

051 近日即上旬丁己　此句下，單疏、通解、要義俱有「是也若上旬丁己」七字。

宿

052 筮日既戒諸官以齊戒也　也，徐、陳、閩、葛、集釋、通解、楊氏俱作「矣」。　×

053 使知祭日當來　來，陳、閩俱作「求」。

054 以言前宿一日　「言前」二字誤倒。

前宿一日

055 注皆肅至將筮　單疏本不標經文起止。　×

056 總解經前肅一日宿戒尸　肅，陳、閩、監本、通解俱作「宿」。

057 明日朝　按，張爾岐謂「朝」下有「服」字，石本、監本并脱。今考各本，俱無「服」字。

058 筮尸如筮日之儀　儀，唐石經、徐本、集釋、通解、敖氏俱作「禮」，是也。楊氏作「儀」。

059 用爲歲事於皇祖伯某　爲，唐石經、徐本、集釋、楊、敖俱作「薦」，通解作「爲」。

060 決上篇特牲士禮云　士，陳、閩俱誤作「十」。×

061 前期三日筮尸　三，閩本作「二」。○ 按，「二」字誤。×

062 前祭一日筮宿尸　單疏、通解俱無「宿」字。

吉則乃遂宿尸

063 以其諸官一宿　宿，陳、閩、監本、通解、要義俱作「肅」。

064 其尸已宿訖　「尸」下，單疏本空一字，通解作「上已宿尸訖」。按，單疏所空疑是「上」字。

065 故云　「云」下，單疏本有「也」字，通解無。×

066 其實當在此重宿尸之後也　宿，陳、閩、監本、通解俱作「肅」。×

067 不敢南面當尊　面，閩本誤作「而」。×

主人再拜稽首

068 告尸以主人爲此事來　「來」下，徐本、集釋、要義、楊氏俱有「肅」字，敖氏有「宿」字，通解無。

尸拜許諾

069 注尸不拜者尸尊　此下兩節，單疏本俱不標經文起止。×

若不吉則遂改筮尸

070 此筮尸不言 言，單疏、通解俱作「吉」。按，「言」字誤。✕

既宿尸反

071 言及肅尸 及，徐、陳、閩、葛、集釋、通解、楊、敖俱作「既」。按，「及」字非也。

072 云爲期肅諸官而皆至者 諸，陳、閩俱誤作「請」。✕

073 及宿諸官以爲期 以，單疏、通解俱作「與」。✕

074 以經文宿尸反 文，單疏、陳本、通解俱作「云」。✕

主人門東南面

075 注比次至來也 單疏本不標經文起止。✕

明日主人朝服

076 省文也 徐本、釋文、集釋、楊、敖俱無「文」字，與疏合。通解有。○按，通解非也。

077 尚書傳 「傳」下，徐本、集釋、楊氏俱有「曰」字，與疏合。通解無。✕

078 直言封擊告備乃退者省文 單疏、要義俱無「文」字，通解有。

079 必知人君視殺引日者 知，誤作「如」。引，要義作「別」。

080 謂卿祭之晨 卿，單疏、陳本、要義俱作「鄉」。○按，作「鄉」與周禮注合。

081 及禮之日 禮，單疏、陳本、要義俱作「祀」，是也。

082 辟人君一云 單疏本無「一」字，通解「一」作「也」。

083 文玄云省也者 玄云，單疏本作「互者」。按，單疏是也。

084 如卿所解　卿，單疏、陳本俱作「鄉」。

085 還使刲羊屬火故也　單疏、要義俱重「羊」字。

086 大夫職職相兼　「夫」下，單疏、要義俱有「又」字。

雍人概鼎匕俎于雍爨

087 注雍人至告絜　此下兩節，單疏本俱不標經文起止。

廩人概甑甗匕与敦于廩爨

088 甗實一鬴　一，單疏、監本、通解、要義、敖氏俱作「二」。○按，考工記作「二」，單疏是也。

089 七穿　七，單疏、通解、監本俱作「匕」，陳本、要義、敖氏俱作「七」，閩本誤作「士」。○按，戴震考工記補注云：「一穿爲甗，七穿爲甑。」單疏本作「匕」，非也。

090 司宮概豆籩勺爵觚觶几洗篚于東堂下　几，唐石經、徐、陳、通解俱作「凡」，誤。集釋、楊、敖俱作「几」，與疏合。

羹定

091 以有几席　「以有」二字，閩本誤倒。

092 故使饔也　「饔」下，單疏、要義俱有「人」字，是也。

093 三鼎在豕鑊之西　三，監本、通解、要義俱作「二」，陳、閩俱誤作「一」。

094 前注可知魚腊皆有竈　可，單疏、通解、要義俱作「何」。

095 按上虞禮云　上，陳、閩、通解、要義俱作「士」，是也。

096 魚腊爨在其南 陳、閩俱無「其」字。×

司馬升羊

097 肱骨 「骨」下，徐本、楊、敖俱有「也」字，集釋、通解俱無。按，敖於「股骨」下亦有「也」字。据有司徹疏引此注，今本兩句俱有「也」字。單疏本則上句有「也」字，下句無「也」字，徐本正與之合。×

098 屈而反 屈，陳、閩、監、葛俱誤作「居」。×

099 上十一體 「十」上，陳、閩俱有「有」字。

100 取綥屈之義 綥，監本誤作「糾」。×

101 脡者取脡脡然直 脡者，單疏本無「脡」字，通解有。

102 舉先正脊 正，閩本誤作「止」。×

103 次應先言二脅 二，單疏、陳本、通解俱作「正」。

104 又取綥之義 「義」下，單疏、通解俱有「也」字。×

105 按特牲記肩臂臑肫格 格，單疏、陳本、通解俱作「胳」。按，「格」字誤。

106 故知此言皆二骨 二，閩本誤作「一」。陳本「骨」上空一字。×

司士升豕

107 君子不食溷腴 溷，集釋作「圂」。按，少儀作「圂」，俗作「溷」。

108 注豕無至溷腴 此下二節，單疏本不標經文起止。×

雍人倫膚九

109 故知膚 「膚」下，單疏、要義俱有「者」字，通解無。×

司士又升魚腊

110 以下經文　文，單疏、陳本、通解俱作「云」。

111 卒脀皆設扃幂　幂，唐石經、徐本、集釋、楊、敖俱作「鼏」。注同。通解作「冪」。

112 司宮尊兩甒于房户之間○皆有幂　張氏曰：「經曰『同棜皆有幂』。按，注云『今文鼏作幂』。『鼏』指經也，經字必『鼏』，後『乃啓二尊之蓋鼏』同。從注。」

113 棜無足　棜，誤作「於」。

114 今文幂作鼏　幂、鼏，徐本、張氏俱互倒，與單疏標目合。集釋、通解俱與今本同。按，鼎幂、尊幂在今文則皆作「幂」，在古文則皆作「密」，後人妄爲分別，而刊本又復淆譌，不可致詰。此注當有誤字，張氏据注以改經，固非。李、黄据經以改注，亦未爲得。蓋以「幂」爲古，「鼏」爲今，儀禮中無此例。

115 注房户至作鼏　户，誤作「中」。鼏，單疏本作「幂」。

116 異於祭祀也　異，陳、閩俱誤作「亦」。

司宮設罍水於洗東

117 枓剩水器也　剩，徐、陳、閩、葛、集釋、通解、楊、敖俱作「斞」。疏同。

118 注枓剩至此也　剩，單疏本亦作「斞」。

119 沃盥用枓　盥，陳、閩俱誤作「監」。

120 以士冠禮直言水在洗東　東，誤作「不」。

121 故鄭云　「鄭」下，單疏、通解、要義俱有「注總」二字。

小祝設槃匜與簞巾於西階東

122 尸盥匜水　尸，誤作「巳」。

主人朝服

123 布設舉鼎上載之事　上，單疏、要義俱作「匕」，是也。

司宮筵於奧

124 席東西近南爲右　西，徐本、集釋俱作「面」，通解、楊氏俱作「西」。按，當作「面」。

125 故司宮設席神　單疏、通解、要義俱無「神」字，是也。

126 故使兩官共其事　「共」上，單疏本有「若」字，通解無。

主人出迎鼎

127 注道之至不舉　單疏本不標經文起止。×

128 司宮取二勺於篚○加二勺於二尊　徐、陳、通解俱無下「二」字，唐石經、集釋、楊、敖俱有，與注合。

129 今文啓爲開古文柄皆爲枋　徐本、集釋俱如是，「枋」與單疏標目合。今本脱六字，又誤「枋」爲「方」。按，釋文有「作枋」二字。

130 注二尊至爲方　方，單疏本作「枋」。×

131 即上司宮尊兩甒於房户之間是也　宮，陳、閩、監本俱誤作「官」。×

宗人遣賓就主人

132 古文朼作匕　張氏曰：「監本『匕』誤作『上』。」×

佐食上利升牢心舌

133 午割使可絶　「絶」下，徐本、集釋、楊、敖俱有「也」字，通解無。×

134 言皆如初爲之爨也者　「之」下，單疏本有「于」字。

135 云皆如初爲之于爨也者　也，單疏、陳、閩、監本、通解、要義俱作「皆」。

136 羊豕皆有心舌也　此句上，單疏、要義俱有「皆羊豕」三字，通解無。

佐食遷所俎于阼階西

137 故俎乃一辯而已　「辯」下，單疏本有「之」字，通解無。

138 代脊長脅短脅　脊，單疏、通解俱作「脅」，是也。

139 是距云　距，單疏、要義俱作「以」，是也。通解作「距」。

140 周禮爲之距　爲，單疏、通解俱作「謂」，要義誤脱。

141 彼注云周禮爲之距　爲，單疏、陳本、通解、要義俱作「謂」，是也。

142 是距爲俎足中決横者也　決，單疏、陳本、通解、要義俱作「央」，是也。

143 謂四足下更有距　距，單疏、陳本、通解、要義俱作「跗」，是也。

144 上下兩間　間，監本誤作「門」。

145 按此經節祈前體肩臂臑兩相爲六　節祈，單疏本作「即折」，是也。陳本作「節析」，通解作「節折」。

146 上經文升於鼎此經文載於俎　兩「文」字，單疏、陳本、通解並作「云」。

司士三人升魚腊膚

147 右首進腴　腴，誤作「魚」。

148 注右首至進尾　進，誤作「祭」。

149 凡載魚爲生人　生，閩本誤作「主」。下

「生人死人」放此。

150 故祭初進腴也　初，陳本、通解、要義俱作「祀」，是也。

151 欲見正祭與儐尸載魚禮異　儐，監本誤作「擯」。×

152 是天子諸侯繹祭可知　是，閩本誤作「楚」。×

153 以其天子諸侯繹祭　繹，閩本誤作「釋」。×

154 卒脅祝盥於洗　單疏本卷四十八起。×

155 注將納祭也　單疏、要義俱如是。按，「注將納祭也」五字，今本例宜有而誤脱。

156 主婦被錫衣侈袂　侈，唐石經、嚴本、要義、楊氏俱作「移」，與單疏疏文合。徐本、釋文、集釋、通解、敖氏俱作「侈」，下同。陸氏曰：「侈，本又作移。」魏氏曰：「移，本又作侈。」段玉裁云：「釋文當云『移袂，本又作侈』。後人倒之耳。張忠甫依釋文改『移』爲『侈』，非也。作『移』者自是相傳古本。群經音辨曰『移，廣也，音侈。禮，主婦人衣移袂』。此賈昌朝本作『移』也。葉抄釋文『移』從衣，殆非也。」臧庸云：「『移』字當作『移』。説文『移，衣張也』。」○按，「移」乃正字，「移」即「移」之假借字，作「侈」誤也。葉本釋文「移」从礻，蓋因「礻」而誤。通志堂本从木，又因「礻」而誤。段謂釋文當云「移袂，本又作侈」，正與要義合。追師注引此經亦作「移」。表記「衣服以移之」，注云：「移讀如水汜移之移。❷移猶廣大也。」此古本作「移」之証。

157 讀爲髮鬄　段玉裁校本「鬄」作「[illegible]」，下同。

158 以被婦人之紒爲飾　段玉裁挍本「被」作「髲」。

159 衣二尺三寸　徐、陳、集釋、通解、楊氏俱作「三」。

160 朝事之豆也　事，徐本作「士」，誤。集釋、通解、楊氏俱作「事」。

161 葵菹在綼今文鬊爲緆嬴爲蝸　「今文」二字，陳、閩、監、葛俱誤在「葵」字上。「在」下，集釋有「北」字。按，特牲疏引此注，今本有「北」字，單疏本則有「北」字而無「綼」字也。今本無「鬊爲緆」三字，徐本、通解俱有。嚴本、集釋俱與徐本同，惟「鬊」字作「錫」。釋文有「爲緆」二字，云「音羊」。○按，「緆」字不當從「易」，疑陸誤。

162 主婦被錫衣至入于房　注被錫至爲蝸　單疏本。

163 此被錫侈袂與主婦同　侈，單疏、要義俱作「移」，通解作「侈」。

164 因名髮鬄焉者　髮，陳、閩、通解俱作「髲」，要義作「髮」。

165 以爲吕姜髢　姜，監本誤作「美」。

166 是其取賤者髮爲鬄之事也　髮爲鬄，陳本、通解俱作「髲爲鬄」，要義作「髮爲髲」。按，當作「髮爲髲鬄」。

167 若今假紒　陳、閩俱無「今」字，非也。

168 鄭云所謂髲鬄者　上六字單疏本重出，通解無。按，疏意蓋謂此注云「周禮所謂次」者，指追師文。追師注云「所謂髲鬄」者，即指此文也。傳寫錯誤，複衍六字。

169 六服外之下者　外之下，誤作「下之外」。

170 衣二尺三寸　下「三」字，單疏、陳、閩俱作「二」，監本誤作「一」，通解作「三」。

171 故衣三尺三寸　單疏本無「衣」字，通解有。

172 菖本麋臡　菖，單疏、陳本、通解俱作「昌」。按，周禮作「昌」。

173 茆菹麋臡　浦鏜云「麋」作「麋」。

174 云葵菹在綪者　按，「在」下亦當有「北」字，或「北」誤爲「綪」。

175 今於次東　今，誤作「二」。

176 主婦自東房執一金敦黍○又興受贊者敦稷　興，誤作「十」。

177 明象龜獸之形　「龜」下，單疏、通解、要義俱有「蟲」字，聶氏有「蟲」字無「龜」字。

178 外骨內骨　內，閩本、通解俱作「肉」，誤。

179 刻畫祭器　畫，閩本誤作「盡」。×

180 管仲鏤簋朱紘　紘，單疏、通解、要義俱作「紘」。○按，當作「紘」字。今本禮器亦有作「弦」者，非也。

181 九嬪職云　嬪，監本誤作「殯」。×

182 孝經注直云外方曰簋者　陳、閩俱無「者」字。×

183 據而言　「據」下，要義空一字，一本增「外」字。

184 故易損卦云　損，閩本誤作「捐」。×

185 孝經緯鉤命決云　鉤，監本誤作「絢」。×

祝酌奠

186 注酌奠至累之　此下四節，單疏本俱不標經文起止。×

187 設譔要由尊者成　譔，陳、閩、通解、要義俱作「饌」。○按，單疏本「設」作「器」。

188 欲合之也　欲，單疏、陳、閩、通解俱作「卻」。

主人西面

189 羊肥則毛柔　「柔」下，單疏、要義俱有「濡」字，通解無。

190 證黍稷太和之義　太，陳、閩、監本、要義俱作「大」，是也。通解作「太」。

191 吾牲牷肥腯　牷，監本誤作「拴」。　×

祝出迎尸於廟門之外

192 是後尸也　「尸」下，單疏本有「者」字，通解無。　×

193 宗人奉槃○振之三以授尸坐取簞興以受尸巾　自「以」至「興」七字，今本脱，唐石經、徐本、集釋、楊、敖俱有，通解無。

194 即亦没霤者也　「亦」下，單疏、通解俱有「此」字。

195 祝延尸　延，唐石經、鍾本俱作「筵」，誤。

尸升筵

196 注主人至人左　單疏本不標經文起止。　×

197 祝主人皆拜妥尸　「拜」上，要義有「再」字。

198 鄭解其遂坐而卒食之意　「鄭」上，單疏、通解、要義俱有「故」字。按，單疏是也。

＊＊故無拜事　「拜」乃「三」字之訛。

199 亦謂不嘗豕鉶也　單疏、要義俱無「亦」字，通解有。　×

200 知此不嘗羊鉶者　此，單疏、要義俱作「非」，是也。

201 故知嘗豕鉶也　「知」下，單疏、要義俱有「不」字。

202 即不啐奠　即，單疏、通解、要義俱作「既」。

203 云告旨者　「云」下，單疏、通解、要義俱有「不」字，與注合。

204 故云不告旨者　者，閩本誤作「考」。

205 禮器云　云，單疏、陳本、通解俱作「文」字，不誤。

206 墮祭爾敦　墮，釋文作「隋」，下同。

祝反南面

207 注未有至不命　此下兩節，單疏本俱不標經文起止。

208 尸取韭菹○尸同受祭于豆祭　「同受」二字，唐石經、徐本、集釋、要義、楊、敖俱倒，通解與今本同。

209 合祭於俎豆之祭也　李氏曰「俎豆」當作「菹豆」。張氏說見後。

210 今文辯爲徧　爲，釋文作「作」，與疏標目異。

211 俱祭于菹上　浦鏜云「菹」誤「菹」。「上」字之下，單疏、要義俱復有「上」字，屬下句。通解無。

212 謂陰厭是神食後　「神食」二字，要義重出。

213 上佐食舉尸牢肺正脊以授尸　李氏曰：「『授尸』下，賈氏有『尸受祭肺』四字。」

214 若然器即不動　若，閩本誤作「君」。

215 按特牲黍稷　「牲」下，單疏本有「云」字。

216 主人羞肵俎○置于膚北　置于，釋文作「直於」，云：「音值。下注『直室』同。」

217 上佐食羞兩鉶○遂以祭豕鉶　遂，徐本作「逐」，誤。

食舉

218 先歙啗之　歙，釋文、集釋、楊氏俱作「食」。陸氏曰：「作『歙』、『飯』者皆非。」○按，疏亦作「食」。

219 上佐食羞鉶羹　陳、閩俱無「上」字，「羞」下有「於」字。

220 按特牲舉肺脊以授尸　脊，監本誤作「祭」。×

221 脊體之貴也　也，單疏作「者」，通解作「也」。×

上佐食舉尸牢幹

222 注幹正脅也　單疏本不標經文起止。×

223 故此知食幹　「此知」二字，單疏、通解俱倒。

尸又食食胾

224 此少牢特言三飯五飯九飯之等　「特」下，單疏、通解、要義俱有「牲」字。

225 五口謂之五飯等　「飯」下，單疏、要義俱有「之」字。

226 今則橫之矣　單疏、通解俱無「之」字。

227 則與本俎同橫可知也　與，誤作「於」。

228 此主爲大夫不儐尸者大羹之文也　浦鏜云：「『不』當衍字。『者』下當脫『故無設』三字。」❸

又食上佐食舉尸腊肩

229 注腊魚至威儀　單疏本不標經文起止。×

230 牲體舉肩爲終　牲，陳、閩俱誤作「特」。×

又食

231 鄉大夫之禮　鄉，徐、陳、集釋、通解、楊氏俱作「卿」。

尸告飽

232 祝獨勸者　獨，誤作「南」。

233 祝獨勸者　獨，閩、監俱誤作「讀」。　✕

234 當亦有之　「當亦」二字，通解、要義俱倒。

235 諸侯九飯告飽而侑　飽，誤作「飯」。

主人不言

236 云親疏之者　按，「之」下脱「宜」字。　✕

尸又三飯

237 尸十一飯　尸，徐本、集釋、通解、楊、敖俱作「凡」。

上佐食受尸牢肺正脊

238 而實舉于俎豆　俎，集釋、楊氏俱作「菹」，與疏合。張氏曰：「疏于特牲之『肺脊初在俎豆』既作『菹』，于此又作『菹』，則此篇之上文注『合祭于俎豆之祭也』之『俎』亦必『菹』字。並從疏。」

239 尸祭酒啐酒○肝亦縮進末　末，陳、閩俱誤作「未」，葛本作「末」。

240 鄉左擩之　左，閩、監俱誤作「在」。　✕

241 祝酌受尸　受，集釋、要義、楊、敖俱作「授」。張氏曰：「經曰『祝酌受尸』。按，經上文『祝受尸爵』，今酌以授尸，作『受』非也。從經。」○按，唐石經作「受」。

242 俠爵拜爵彌尊尸　徐本、集釋、通解、楊氏俱無下「爵」字。

243 注主人至尊尸　此下四節，單疏本俱不標經文起止。　✕

上佐食取四敦黍稷

244 古文墮爲肵　張氏曰：「經云『上佐食以綏祭』，『墮』當爲『綏』。後注有云『綏亦當爲挼，古文爲肵』。此『綏』爲『肵』之證也。從經。」○按，注似非誤，説詳士喪禮「今文樓爲緌」下。

245 則藏其墮減之義也　「減」上，單疏、通解、要義俱有「取墮」二字。

246 下文主人受嘏之時　受，誤作「守」。

247 是以佐食受黍稷　受，單疏、通解、要義俱作「授」。

248 主人左執爵　左，徐本作「佐」。張氏曰：「經前後文執爵皆左，此『佐』當爲『左』。從經前後文。」

249 齊謂祭禮時　禮，單疏、通解、要義俱作「祀」。○按，曲禮注作「祀」，單疏是也。

250 祝與二佐食○搏之以授尸　搏，唐石經、陳本、集釋、通解、楊氏俱作「摶」。按，徐本亦誤作「搏」。

卒命祝

251 嘏大也　此句上，要義有「命祝以嘏辭」五字。

252 來讀曰釐　曰，要義作「爲」。

253 言無廢上時　上，徐本、集釋、要義、楊、敖俱作「止」，通解作「上」。

254 替爲袂袂或爲載　袂，徐本並从木，與宋本釋文合。集釋、通解、要義俱並从衣。段玉裁云：「釋文『柍音決』，今本乃作『袂音決』。『袂』不當有『決』音，此葉鈔本之可貴也。儀禮嘉靖本、鍾人傑本皆作『柍』。」錢大昕曰：「『袂』當爲『秩』，字形相涉而譌也。説文『載』爲『戜』，詩『秩秩大猷』，説文引作『戜戜大猷』，是『秩』與『戜』通。」

255 特牲無嘏　「嘏」下，盧文弨增「辭」字。×

256 主人坐奠爵興○主人嘗之　張氏曰：「巾箱、杭本『嘗』誤作『當』，從監、嚴本。」

257 云出户也者　單疏、通解俱重「出」字。

258 特牲主人出爲嗇于房　爲，單疏、通解俱作「寫」。

259 祝徧取黍稷牢肉魚臑於醢　臑，陳本、通解、要義俱作「擩」，是也。閩本誤作「儒」。

主人獻祝

260 主人延賓　延，陳、閩俱誤作「廷」。×

薦兩豆菹醢

261 上云韭菹醓醢　韭，閩、監俱誤作「匪」。×

262 而饋食用之　而，閩本誤作「面」。×

佐食設俎

263 注皆升至不殊　單疏本不標經文起止。×

264 縮有七物　有，陳、閩、通解俱作「其」。

265 謂髀與尻相連屬不殊　與，誤作「于」。×

祭酒啐酒肝牢從

266 注亦如至賤也　此下兩節，單疏本俱不標經文起止。×

267 故特明之　故，閩本誤作「文」。×

268 主婦獻祝興獻二佐食同　興，單疏、通解、要義俱作「與」。

269 以士卑故祝不賤　卑，要義作「賤」。

270 主人酌獻上佐食○坐授爵興　李氏曰：「授，石本作『受』。」

271 不啐而卒爵者　張氏曰：「監本『啐』誤作『卒』，從諸本。」

272 有司贊者○授主婦贊者于房户　户，誤作「中」。

273 論主婦亞獻祝獻尸與佐食之事　論，誤作「中」字。尸，要義作「祝」。按，要義固非，然獻尸宜在獻祝前，諸本亦有誤。

274 且相授則女授以篚　且，單疏、陳本、通解、要義、楊氏俱作「其」。下「授」字，單疏、通解、要義、楊氏俱作「受」。

婦贊者受

275 注入户至東隅　此下二節，單疏本俱不標經文起止。　×

尸拜受

276 拜於主之北　「主」下，徐本、集釋、通解、楊氏俱有「人」字。

277 始拜於此　徐本、集釋、敖氏俱作「此拜於北」，與上節疏合。通解作「始拜於北」，楊氏作「也拜於北」。

278 則上拜於南　「南」下，徐本、集釋、楊、敖俱有「矣」字，與上節疏合。通解無。　×

279 尸祭酒卒爵○酌授尸　周學健云：「授，石經作『受』字。」按，唐石經作「授」。

280 賓長洗爵獻于尸○賓尸西北面拜送爵　尸，唐石經、徐本、集釋、楊、敖俱作「户」，通解、要義俱作「尸」。

281 啐酒而不卒爵　卒，徐本、集釋、楊氏俱作「啐」，通解作「卒」。李氏曰「啐爵」當作「卒爵」。○按，飲酒之法，或啐酒而不卒爵，或不啐而卒爵，各有所宜，鄭注甚明，舊本多誤。此注「卒爵」，嚴、徐諸本以「卒」爲「啐」。前主人獻佐食，注「不啐」，宋監本以「啐」爲「卒」。聘禮注「糟醴不卒」，本或多作「不啐」，其誤並同。

282 賓長至其筵前　至，誤作「主」。單疏、陳本俱無「其」字。　×

283 俱爲拜儐尸　單疏、陳本、通解「俱」皆作「但」，「拜」俱作「待」。

284 祝入○主人出　出，唐石經、徐、陳、閩、葛、集釋、通解、楊氏俱作「降」，監本誤作「祭」。

285 謖或作休　按，士虞注云「古文謖或爲休」，此注「謖」上疑脱「古文」二字。

祝先尸從

286 訖於廟門外　徐本無「外」字，與疏合。集釋、通解俱有，楊氏有「外」無「廟」。

287 主人至廟門　按，「主人」者，指前節「主人出立于阼階上」句也。❹凡儀禮皆以一疏配一注，此獨總三節爲一疏，亦變例也。然標目既云「主人至廟門」，而疏乃云「自此盡『廟門』，論祭祀畢尸出廟之事」，殊不可解。一本移「自此」句置前注「孝子之養禮畢」下，則標目當改云「主人至利成」。

288 上祝迎尸於廟門畢　「畢」上，通解、要義俱有「今禮」二字。○按，單疏亦有「今禮」二字。

祝反復位于室中

289 決特牲饋食徹尸俎出廟門者　饋，單疏、通解、要義俱作「佐」。

290 謂食將魚肉不反俎　將，單疏、要義俱作「時」，是也。

291 今儐尸將更食魚肉　儐，單疏本作「賓」，通解作「儐」。

292 故云本爲不反魚肉也　陳、閩俱無「不」字，監本「不」字擠入。✕

司宮設對席

293 大夫禮四人蕢　蕢，徐本、集釋、通解俱作「餕」，楊氏作「蕢」。

294 注大夫至大也　單疏本不標經文起止。✕

上佐食盥升

295 不謂東西相對　對，單疏、陳、閩、通解、楊氏俱作「當」。

司士進一敦黍于上

296 注右之至在北　此下兩節，單疏本俱不標經文起止。

297 資黍于羊俎兩端兩下是餕　李氏曰「餕」當如上下文作「養」。

298 據二賓長於二佐食爲下　於，單疏本作「以」，通解作「於」。

299 以地道尊右故也　單疏本無「也」字，通解有。

司士進一鉶于上養

300 故更羞二豆湆于兩下　二，誤作「一」。

301 卒食主人洗一爵升○主人荅一拜　一，唐石經、徐本、集釋俱作「壹」，注同。楊氏經作「壹」，注作「一」。通解、敖氏俱作「一」。

302 大夫餕者賤也　大，誤作「夫」。

303 古文壹爲一也　壹爲一，徐本、通解俱作「一爲壹」，與單疏標目合。集釋與今本同。按，經有兩「一」字，「一拜」徐本作「壹拜」，則所謂「古文一爲壹」者，自指「一爵」言。李氏誤認爲指「壹拜」言，故倒注文耳。至今本經注不相應，其誤更不待辨矣。

304 注不拜至壹也　自此至末凡四節，單疏本俱不標經文起止。「壹」字，今本作「一」。

305 云荅一拜略也者　一，單疏、要義俱作「壹」，通解作「一」。

306 此云略者　云，要義作「言」。

上養親嘏曰

16—307 以上皇尸命二祝嘏主人以黍　以，單疏、通解俱作「亦」。二，單疏、陳本、通解俱作「工」，是也。

校記

❶ 此條校語學海堂本、南昌府學本皆作：「許宗彦云：『疏有濯字，葢陸本作溉祭器，一本作濯祭器，賈本則作溉濯祭器耳。盧文弨云濯字衍者非。』」

❷ 「移讀如水汜移之移」，末「移」字原誤「袳」，據學海堂庚申補刊本、南昌府學本改。

❸ 「者下」原誤「者上」，南昌府學本同，據學海堂庚申補刊本改。

❹ 「指前節主人出立于阼階上句也」，「主」原誤「立」，學海堂本同，據南昌府學本改。

儀禮注疏校勘記卷十七

17—001 **有司徹第十七**　唐石經、徐本、釋文俱無「徹」字，集釋、通解俱有。陸氏曰：「本或作有司徹。」○按，單疏本卷四十九起，篇題有「徹」字。他篇注、疏引此篇，亦多有「徹」字。

002 **釋曰鄭目録云**　按，此獨有「釋曰」二字，下文又重出「釋曰」，正與考工記篇題疏同例，明鄭目録乃作疏者所引，非鄭氏自引也。今本于此「釋曰」下加一「注」字，其誤可知。❶

003 **上大夫既祭**　通解、要義、楊氏俱無「上」字。按，疏下云「言大夫既祭儐尸于堂之禮者」，則無「上」字明矣。釋文引鄭目録亦無「上」字。此「大夫」兼上下言之：「儐尸于堂」，上大夫也；「禮尸于室中」，下大夫也。

004 **若下大夫**　單疏、通解、要義、楊氏俱無此四字，集釋有。按，上句既加「上」字，則此句不得不增此四字。

005 **無別行儐尸于堂之事**　單疏、要義、通解、楊氏俱無此句，集釋有。按，此乃賈氏語誤入。

006 **有司徹于五禮屬吉**　「吉」下，集釋有「禮」字。

007 **謂上大夫室中事尸**　中，單疏、通解、要義俱作「内」。

有司徹

008 **卿大夫既祭而儐尸**　儐，徐本作「賓」。按，通篇「儐尸」之「儐」，或作「賓」，或作「儐」，諸本錯互，今不悉挍。據經文作「儐」，則當以「儐」爲正。「賓」、「儐」或古字通用，其作「擯」者誤。

009 **在室内北牖下**　牖，單疏、通解、要義俱作「墉」。

010 賤者省文之事　事，單疏、通解、要義俱作「義」。

011 繹之于廟門内　廟，單疏、通解、要義俱作「庫」。○按，郊特牲是「庫」字。

012 又于其堂神位在西北二者同時　北，單疏、要義俱作「此」，通解作「北」。

013 又見二者雖同時　又，陳、閩俱誤作「文」。　×

014 若正祭祊　「若」下，單疏、要義俱有「然」字，通解無。　×

015 博求之于廟門内之旁　于廟，陳本、要義俱作「平生」，與楚茨箋合。通解作「乎廟」。按，「平」字似「乎」，因改爲「乎」，并改「生」爲「廟」。

016 祝禮于是甚明　祝，單疏、陳、閩、通解俱作「祀」。

017 同日正祭之牲　日，通解、要義俱作「用」。

018 求終也　終，陳、閩、通解俱誤作「祭」。　×

埽堂

019 汎埽曰埽　張氏曰：「釋文云『氾，芳劒反』，與禮記同。從釋文。」○按，今本釋文作「氾」，亦誤。

司宮攝酒

020 更洗益整頓之　按，疏謂此「洗」當作「撓」。

021 整酒謂橈之　橈，通解、要義、楊氏俱从手。○按，士冠禮注作「撓」，單疏不誤。

022 因前正祭之酒　「因」上，單疏、通解、要義俱有「亦」字。

023 更橈擾添益整新之也　橈擾，單疏、通解、要義俱作「撓攪」。

乃𤇍尸俎

024 及後升之於鼎也　及，單疏、通解、要義俱作「乃」。

025 而別豆侑也　豆，單疏、通解、要義俱作「立」。

026 彼尋者論語古文通用　尋者論語，單疏、要義俱作「不破者或」。

027 至此見有人作𤇍　人，單疏、要義俱作「今」。

028 案哀十二年左傳　「哀」下，單疏、通解、要義俱有「公」字。

029 亦可寒而歠之　此句下，單疏本空一字。×

卒𤇍

030 今文扃爲錢　錢，徐本、集釋俱作「鉉」，通解始誤作「錢」。

乃議侑于賓

031 言侑即賓之賢者明賓有司主人皆復内位矣若然知賓主不先在内必知出復内位者　下二十七字，今本脱，單疏、通解、要義俱有。

032 主人送餞言退　「送」下，單疏、通解、要義俱有「上」字。

宗人戒侑

033 戒曰　張氏曰：「注曰『戒日，請子爲侑』。按，疏『日』作『曰』，從疏。」〇按，徐本作「曰」。

034 知南面告于其位者　于，誤作「子」。×

035 賓位在門東北面者　「賓」上，單疏、通解、要義俱有「知」字。

036 皆荅一拜　一，單疏、要義俱作「壹」，通解作「一」。

侑出

037 待於外　外，徐本、楊、敖俱作「次」，是也。集釋、通解俱作「外」。

尸與侑

038 注言與至賓客　單疏本不標經文起止。×

039 儐尸之禮　「儐」上，單疏本有「以」字，通解無。

040 以尸爲賓各　各，單疏、通解俱作「客」。按，「各」字非也。

尸入門左

041 注没霤至又讓　此下兩節，單疏本俱不標經文起止。×

乃舉

042 自此盡西祊　祊，單疏、陳本、要義俱作「枋」。

司馬舉羊鼎

043 注如初至北上　此下五節，單疏本俱不標經文起止。×

044 045 雍正執一匕以從○司士合執二俎以從　士，誤作「事」。○匕皆加于鼎　匕，鍾本誤作「從」。

046 群吏掌辨體名肉物者　辨，徐本作「辦」，集釋、通解、楊氏俱作「辨」。

047 048 雍人合執二俎　二，聶氏作「貳」。下「二疏匕」同。○西枋　枋，閩、監、葛本俱誤作「祊」。

049 竝并也　并，徐本、釋文、集釋、通解、要義、楊氏俱作「併」。按，「併」、「并」今多溷用。此注下云「古文竝皆作併」，此云「竝，併也」，是以古文解今文也，不得岐出，故辨之。

050 主人降受宰几

几所以坐安體　張氏曰：「巾箱本『几』誤作『凡』。」×

051 掌贊玉几玉爵　玉，徐氏並作「王」，誤。×

052 正宰授主人几之義　正，單疏、通解俱作「證」。

主人升尸侑升

053 其賓位在尸西　尸，單疏本作「户」，下同。通解唯「未得在尸西」作「尸」，餘亦竝作「户」。

主人退尸還几縮之

054 尸一手受于主人手間時　一，單疏、陳本、通解、要義俱作「二」。

055 謂若上一篇以來　單疏、通解、要義俱無「一」字。

** 不言坐是重之此言坐執之　許宗彦云：「上句衍『不』字，下句脱『不』字，『執』乃『輕』字之訛。」

尸復位

056 注侑拜者從于尸　單疏本不標經文起止。×

主人降洗

057 爲士污手不可酌　士，徐、陳、集釋、通解俱作「土」，楊氏亦誤作「士」。

058 主婦自東房薦韭菹醢　菹，石經補缺誤作「苴」。

059 韭菹醓醢　醓，誤作「醢」。

060 昌本麋臡　麋，徐本作「麋」，釋文、集釋、通解、楊、敖俱作「麋」，與醢人合。案，徐本「臡」下空一字。

061 蕡熬枲實也　釋文無「實」字。

062 案此上經　「經」上，單疏、要義俱有「下」字。

063 至此皆朝事之豆籩　單疏本無「之」字。通解有「之」字，無「豆」字。

064 茆菹麋臡　浦鏜云「麋」誤「麇」。○按，汪道昆翻刻岳板周禮亦作「麋」。

065 苴者麻之有蕡者也　苴，誤作「菹」。

066 方曰笥　笥，閩本誤作「筒」。×

067 細切爲韲　韲，通解、要義俱作「虀」。

068 司馬杝羊○載右體肩臂肫骼臑　骼，釋文、敖氏俱作「胳」。陸氏曰：「本亦作骼」。

069 亦著脊脅皆一骨也　亦，監本誤作「赤」。×

070 折分之以爲肉湆俎也　俎，徐本、集釋俱作「貶」，通解、楊氏俱作「俎」。

071 注言殽至一俎　單疏本不標經文起止。×

072 皆上骨以竝　浦鏜云「二骨」誤「上骨」。

073 今皆一骨　一，單疏本作「二」。

074 今後序之　後，單疏、陳本、通解俱作「復」。

羊肉湆臑折

075 上所折分者　張氏曰：「巾箱『所』誤作『析』」。×

076 以增俎爲尸加也　「俎」下，單疏、通解、要義有「實」字。

077 必先進羊匕湆焉　單疏、通解、要義俱無「焉」字。

078 豕無正俎無匕湆　下「無」字上，單疏、通解、要義俱有「魚」字。

079 云必有臑折　有，單疏本作「爲」。

080 上經退縮在下者　縮，單疏、通解俱作「臑」。

081 司士杝豕○亦右體肩臂肫骼臑　亦，監本作「載」。

082 豕肉所湇以不折者　「所湇」二字，單疏本倒。

083 侑俎○膚三　三，楊氏作「一」。周學健云：「下『胙俎』注云『降于侑羊體一，而增豕膚三』，謂膚三爲增於侑俎，似侑俎無『膚三』也。然諸本皆同，無可取正，存疑於此。」○按，楊氏獨作「膚一」，不知何據。

084 豕又祭肺不嚌肺　嚌，重修監本誤作「齊」。

085 案少牢云　單疏、通解、要義俱無「云」字。

086 唯有一在此　唯，陳、閩俱誤作「雖」。

087 是以少牢祝羊豕體各三　豕，誤作「尸」。下「侑豕俎無肫」、「豕俎有嚌肺」二句並同。

088 以包二者皆無　包，陳、閩俱誤作「有」。

089 侑皆無　侑，陳、閩俱誤作「湇」。

胙俎

090 胙俎主人俎　上「俎」字，誤作「階」。

091 亦所謂順而樜也　樜，徐、陳、釋文、集釋、通解、楊氏俱作「摭」。按，从扌是也。

092 故以已肺代體　故以已，單疏、通解、要義俱作「故知以」，不誤。

093 以俎物雖有尸不同者　有，單疏、通解俱作「與」。

094 至尸阼主人而設之　阼，單疏、通解俱作「酢」。

095 此非值祟尸惠　值，單疏、通解俱作「直」。

096 見下文受酢致爵云　「爵」下，單疏、通解俱有「時」字。

097 皆言左肩左肫　肩，閩本誤作「傳」。×

098 似若得用左體　左，單疏、通解俱作「右」。

099 以右臂左尸俎故也　左，單疏、通解俱作「在」。

主婦俎

100 有嚌肺肺亦下侑也　「肺」字，單疏、通解俱不重，與注合。

101 言亦者　亦，陳、閩、監本俱誤作「示」。×

102 亦主人下侑也　陳、閩俱無「亦」字。×

103 云祭羊肺者　祭，單疏、通解俱作「嚌」，與注合。

104 下之主人獻賓之時　浦鏜云「下文」誤「下之」。×

司士杝魚

105 皆次言豕俎多俎　多，單疏、陳本、通解、要義俱作「魚」，是也。

106 而陳并於此者　「陳并」二字，要義倒。

107 生人進腠　生，誤作「主」。

108 所以變於神明　變，單疏、通解、要義俱作「交」，是也。

109 牲體皆自進腠　單疏、通解、要義俱無

「自」字。

110 於正祭之時縮載　時，陳、閩俱誤作「尸」。

* 進膄　「膄」乃「腴」字之訛。

111 謂上司士所設於豕鼎之西首也　「首」下，單疏本有「者」字。通解有「者」字，無「首」字。

卒升

112 次賓羞羊匕湆三也司馬羞肉湆四也　單疏、要義俱無此十五字，通解有。

賓長設羊俎于豆南

113 上賓長也　浦鏜云脱一「賓」字。

114 雍人授次賓疏匕與俎○二手執挑匕枋以挹湆　挑，唐石經、徐、陳、通解、要義、楊氏俱作「桃」，注同。釋文、集釋、敖氏俱作「挑」。盧文弨云：「注云『字或作挑』，則經文本作『桃』明矣。」○按，經文自當以「桃」爲正。諸本經文作「桃」者，注中四「挑」字亦俱作「桃」。注云「字或作桃」，蓋對今文作「抗」言之，盧說未是。

115 讀如或舂或抗之抗　抗，集釋、通解、敖氏并從手，下同。楊氏作「揄」。❷

116 字或作挑者　挑，宋本釋文作「桃」，云「本或作抗」。○按，釋文於經作「挑」，於注中此句作「桃」，與盧說相反。若依或本作「抗」，則「或」字指今文言，似亦有理。

117 狀如飯橾　橾，集釋、敖氏俱作「操」，要義作「橾」，疏同。宋本釋文作「橾」，今本釋文作「操」。楊氏誤作「槮」。魏氏曰：「橾當如此橾，七消反。」周學健云：「『操』、『摻』經史互譌，『慄』、『慘』等字亦然。蓋曹魏時避諱所改，其實音義迥別。」○按，方言卷五云：「臿，燕之東北、朝鮮、洌水之間謂之斛，趙、魏之間謂之喿。」然則斛、桃、橾，猶臿、斛、喿也，此「橾」字當從「喿」之證也。「操」、「摻」俱从手，「橾」、「槮」俱从木。今本作

「槮」从木，此「橾」字當从木之證也。

118 可以杼物於器中者　杼，徐本、釋文、集釋、通解俱作「抒」，楊氏作「杼」。盧文弨云「杼」亦非誤。

119 注猶瀉也　瀉，徐本、聶氏、集釋、通解、楊氏俱作「寫」。

120 今文挑作杭　監本唯此「挑」作「桃」，嚴本唯此「杭」作「抗」。

121 注挑謂至爲扱　此下兩節，單疏本俱不標經文起止。　×

122 彼注杭抒臼也　抒，要義作「杼」。

123 言淺升對尋常勺升深　「淺升」下，單疏本空一字。　×

124 尸興左執爵故知非嚌味也　味，單疏、通解俱作「肺」。

125 126 127 次賓縮執匕俎以升○尸卻手授匕枋　授，楊、敖俱作「受」。張氏曰：「按經文次弟，次賓執俎授尸，尸卻手受以祭，復覆手授賓，賓亦覆手受以降。諸本誤以『受』爲『授』。」周學健云：「石經亦作『授』，而刓其『扌』旁，知『受』字是也。」○覆手以授賓　授，嚴本作「受」。按，如張説，則嚴本誤也。張氏於此字無辨，何也？○賓亦覆手以授　授，唐石經、徐本、集釋、通解、楊、敖俱作「受」。

128 此嚌之者明肉湆加　「肉湆」二字，單疏、陳本、通解俱倒。

129 司馬羞羊肉湆○卒載俎縮執俎以降　周學健云：「石經『載』下無『俎』字。」○按，今本石經「載縮」二字已壞，補缺誤補「俎」字，遂脱「縮」字，周所据猶未壞本也。又戴校集釋謂唐石經「執」下無「俎」字，❸亦不然。

130 絶肺末以祭　末，徐作「未」。張氏曰：「諸本『未』作『末』，從諸本。」

131 七日絶祭　日，單疏、通解俱作「曰」。

132 尸坐執爵以興○賓縮執俎以降　降，誤作「爵」。

133 注燔炙　單疏本不標經文起止。×

134 傳火曰燔　傳，單疏、通解俱作「傳」，是也。下同。

135 彼以燔相對則異　「燔」下，單疏、通解俱有「炙」字。

136 注醢在至統焉　此下兩節，單疏本俱不標經文起止。×

主婦薦韭菹醢

尸受侑爵

137 尸酢主人時　時，閩本誤作「待」。×

138 主婦亦設籩豆　婦，誤作「人」。

139 賓長設羊俎二也　單疏、要義俱無「也」字，下「次賓羞羊匕湆三也」同。通解並有。×

140 迺自飲　迺，單疏、要義俱作「乃」，通解作「迺」。

司宮設席于東序

141 亦辟銂今文無二籩　下五字今本脱，徐本、集釋俱有，與單疏標目合。通解無。

142 注設籩至辟銂　辟銂，單疏本作「二籩」。×

143 此儐尸受酌即設席者　酌，單疏、陳本、通解、要義俱作「酢」。

144 此侑與主人皆二籩　皆，要義作

「合」。

145 長賓設羊俎于豆西○席未坐啐酒　未，唐石經、徐、陳、閩、葛、集釋、通解、楊、敖俱作「末」。

146 注奠爵至復用　單疏本不標經文起止。

147 次賓及羞匕湆於主人　浦鏜云「又」誤「及」。

148 則用此之豕俎　單疏本無「用」字，通解有，「此」俱作「北」，此句上俱復有「北之豕俎」四字。楊氏與今本同。

主人坐取爵以興

149 此下唯有崇酒之文　下，陳、閩、通解俱作「不」。

150 此不同者　「此」字上，單疏本有「與」字。

司宮取爵于篚

151 房户外之東　户，誤作「屋」。

152 注房東至之東　「房東」下，衍「外」字。

153 凡有四節　節，單疏、通解、要義俱作「爵」。

154 三婦設兩鉶　三，單疏、通解、要義俱作「主」，是也。

155 司士羞豕脀　「士羞」二字，陳、閩俱誤重。監本重「羞」字。

156 主婦洗爵於房中　唐石經、徐本、集釋、通解、敖氏俱無「爵」字，要義、楊氏俱有。○按，嚴杰云：「特牲饋食『主婦設兩敦』節疏引無『爵』字，與石經合。」

157 尸拜于筵上受　注尊南至便也　單疏本。

158 此法下文西面於主人之北拜送爵　法，單疏、通解俱作「決」。

159 主婦西面于主人之席北○取糗與腶脩　陸氏曰：「腶，本又作段，音同。」

160 面西　二字唐石經、徐本、集釋、通解、楊、敖俱倒。

161 擣肉之脯　陸氏曰：「擣，劉本作搗，同。」

162 注飲酒至爲斷　單疏本不標經文起止。×

尸坐左執爵

163 酳獻至荅拜　注酳獻至西面　單疏本。×

主婦羞糗脩

164 俱是正俎　俱，單疏、陳本、通解、要義俱作「但」。

165 以其文承上主人獻侑尸　尸，單疏、通解、要義俱作「時」。

166 不得湆如　湆，單疏、陳、監、通解、要義俱作「相」。

受爵酳以致于主人

167 故早致　早，誤作「卑」。

168 169 主婦設二鉶與糗脩○主人共祭糗脩　共，唐石經、徐本、楊、敖俱作「其」，集釋、通解俱作「共」。張氏曰：「經曰『主人其祭糗脩』。竊疑『其』者『共』字之誤。上文尸『兼祭于豆祭』、侑『同祭于豆祭』，下文主婦『兼祭于豆祭』。彼得以言『兼』言『同』，此不得以言『共』乎？今改『其』爲『共』，從上下文『兼』、『同』之義。」金曰追云：「『其』，今誤『共』，依唐石經改正。按，下經云『其受豕脀，受豕膰，亦如尸禮』。又後經云『其綏祭，其嘏，亦如儐。其獻祝與二佐食，其位，其薦脀，皆如儐。主婦其洗獻于尸，亦如儐』。並可証此經用『其』字之例。」然則

「其」改作「共」，是識誤始，集解從之，❹非也。○

拜啐酒　敖氏無「拜」字，云「從疏之所謂『或本』者」。○按，疏云：「或此經『啐酒』之上無『拜』文，有者衍字也。」「或」者，疑而不定之辭，敖氏以爲「或本」，非也。經文「拜」，疑當作「坐」。

170 尸降筵　「尸」字，唐石經在上句「爵」字上。顧炎武、張爾岐皆云石經誤。○今按，單疏標目不誤。

171 此科内從酢有三　此句下，單疏、要義俱有「三者」二字，通解無。

尸酌主婦出于房

172 南面尸於席西　尸，徐本、集釋、通解俱作「立」。

173 注設席者主婦尊　此下三節，單疏本俱不標經文起止。

主婦升筵

174 古文帨作説　帨，集釋作「捝」。

上賓洗爵以升

175 上文云賓長設羊俎是也　單疏、要義俱無「也」字，通解有。

176 此與上文賓長互見爲一人　「賓長」二字，單疏、要義俱倒。

177 此異之稱上賓者　上賓，監本誤作「長上」。

178 非爲賓神惠之事　賓，單疏本作「均」，是也。

179 主人降洗爵　爵，唐石經、徐本、集釋、要義、敖氏俱作「觶」，通解、楊氏俱作「爵」。石經考文提要云：「正德、嘉靖舊監本尚作『觶』，下同。」

180 主人實爵酬尸　爵，唐石經、徐本、集釋、敖氏亦俱作「觶」，通解、楊氏亦俱作「爵」。下「實爵」同。

181 尸北至薦左　注降洗者主人　單

疏本。

182 按下經二人舉觶於尸侑　「經」下，單疏本有「不舉」二字，通解無。

尸侑主人皆升筵

183 注二羞至陽也　單疏本不標經文起止。

184 其籩則糗餌粉餈者　單疏、要義、楊氏俱無下六字，通解有。

185 皆粉稻米黍米所爲也　皆，單疏本作「持」，似誤。通解作「皆」。

186 庶羞不踰特　特，單疏、通解、要義俱作「牲」。○按，單疏是也，作「牲」與王制合。

187 公食大夫是食禮故庶羞並陳　此十二字，單疏、要義俱在「皆豕燔從」下，此下又有「此飲酒之禮故先以燔從」十字。通解並與今本同。

188 主婦獻皆豕燔從　「主」上，要義有「當」字。

189 則知止有羊臐豕膮　止，閩本誤作「上」。

190 故云陰也　陰，陳、閩俱誤作「陽」。

191 大宗伯亦云　大，誤作「太」。

192 主人降　單疏本卷五十起。

193 衆賓一拜　一，集釋作「壹」。按，經文雖作「壹」，注自從省作「一」，不必與經同也。諸本俱作「一」，集釋恐係臆改。

194 今文壹爲一　今，徐本、集釋俱作「古」。按，全部注内「壹爲一」並云「古文」。

195 云言三拜也者　單疏、要義俱無「也」字。

196 即不純臣　即，單疏、要義俱作「亦」。

197 故下經云獻私人于阼階上注云私人家臣已所自謁除也　自「云獻」至「自謁」十八字，❺單疏、要義俱誤複。

主人洗爵

198 既則俟于西序端　西，閩、監俱誤作「序」，葛本不誤。✕

199 注羊骼至爲胳　此下三節，單疏本俱不標經文起止。✕

200 司正升相依　依，單疏本作「旅」，通解作「依」。

201 下文實執祭以降　實，單疏、陳本、通解俱作「賓」。

202 203 賓坐左執爵右取肺　肺，集釋、楊、敖俱作「脯」。張氏曰：「注云『祭，脯肺』。疏曰『按經云取脯取肺祭之，明祭是脯肺』。今諸本『右取脯』作『肺』。從注、疏。」石經考文提要云：「監本作『取肺』，沿唐石經之誤。」○卒爵執以興　「執」下，唐石經有「爵」字。敖氏曰：「『執以興』，似脱一『爵』字。」○按，敖氏蓋未見唐石經。

204 云取祭以降反下位也　「降」下，閩本衍「反以降」三字。✕

205 宰夫執爵以從　爵，唐石經、徐本、集釋、楊、敖俱作「薦」，通解作「爵」。

衆賓長升

206 是以長幼次弟受獻也　「是」下，單疏本有「奠爵故」三字，通解無。

宰夫贊主人酌

207 辯皆作偏　作，徐本、集釋、通解俱作「爲」。

辯受爵

208 儀者尊體盡　「儀」上，徐本、楊、敖俱有「用」

字，集釋、通解俱無。按，疏亦無。

209 今文儀皆爲曦　爲曦，徐本、釋文、集釋、敖氏俱作「作⿰月義」，通解作「爲⿰月義」。按五經文字、九經字樣俱無「⿰月義」字。○按，葉抄釋文作「⿰月義」。集韻：「⿰月義，曾羈切，度牲體骨也。」「曦」字非也。

210 若然不儐尸者　此下句單疏本有「亦用切肺者」五字。

乃升長賓

211 主人酌自酢　此句上，集釋、敖氏俱有「言升長賓則有贊者爲之」十字。按，各本俱無，未知二家復何所据。下旅酬章「主人復筵」節注云：「言升長賓，則有贊呼之。」敖氏引注往往彼此移易，此或敖氏所增，挍集釋者轉据敖本補入，非李氏之舊矣。敖氏增此删彼，李則於後重出，因襲之迹顯然。

212 宰夫洗觶以升主人受酌降　酌，要義作「爵」。

213 奠于篚古文酌爲爵　下五字今本脱，徐本、集釋、通解俱有，與單疏標目合。

214 注宰夫至于篚　于篚，單疏本作「爲爵」。×

215 則受其虚爵奠于篚者　其，誤作「則」。×

216 今宰夫既受觶訖　受，單疏，陳本、要義俱作「授」，通解作「受」。

217 故知升賓虚觶　升，單疏、通解、要義俱作「非」。

218 以爲無筭爵也　脱「以」字。

主人洗升

219 十卑　十，陳、監、通解、要義俱作「士」，閩本誤作「上」。

220 長兄弟爲貴　貴，要義作「賓」，誤。

221 不得如賓儀　儀，陳、閩俱誤作「飲」。×

辯受爵

222 設薦脀於洗東　洗，單疏本作「其」，通解作「洗」。

223 而在西階西南者　而，陳、閩俱作「面」。

224 上獻賓長及求賓　求，單疏、陳本、通解、要義俱作「衆」，是也。

225 先生之脀　句首唐石經、徐本、集釋、通解、要義、楊、敖俱有「其」字。

226 注先生至之折　單疏本不標經文起止。×

227 故知先生非老人教學者　「非」字，通解、要義俱在「先生」上。

228 折是豕左肩之折者　句首單疏、通解、要義俱有「知」字。按，「知」字當有。

229 以上初享牲體　享，單疏、陳、監、要義俱作「亨」，通解作「享」。

坐祭立飲

230 東面南上　面，誤作「西」。

231 主人降洗升獻私人于阼階上　阼，石經補缺誤作「降」。

232 己所自謁除也　己，集釋作「也」，誤。×

233 主人降至薦脀　注私人至位定　單疏本。×

234 己所自謁除也者　所，陳、閩、監本俱誤作「是」。×

235 故得名屬吏爲私臣也　吏，閩本、通解俱誤作「史」。×

236 云凡獻位定者　凡獻，單疏本作「兄弟」，通解與今本同。

237 俱言繼兄弟者　兄弟，單疏本作「凡獻」，通解與今本同。

238 是衆賓也　「賓」下，單疏、通解俱有「後」字。按，「後」字當有。

尸作三獻之爵

239 注上賓所獻爵至可以自舉　陳、閩、監本俱作「注上賓至自舉」。按，此因監本「司士縮奠俎」節有衍文十四字，毛本删去，乃於各節標目增多字數以就之。自此至「乃羞庶羞於賓」，凡增字者七節，陳、閩、監本俱依常例。

240 論舉主獻之爵　主，單疏、要義俱作「三」。

241 并致爵之事　并，誤作「升」。致，陳、閩俱作「取」。

司士羞湇魚

242 注不羞魚匕湇至隆污之殺　此下四節，單疏本俱不標經文起止。×

243 司士縮奠俎于羊俎南○侑拜受三獻北面荅拜　此下陳、閩、監、葛、通解俱誤複「受爵酌獻侑侑拜受三獻北面荅拜」十四字。石經考文提要云：「崇禎重補監本已删此十四字。」○按，康熙重修監本仍有。

244 司士羞一湇魚○受三獻酌以酢之　「獻」下，唐石經、徐本、集釋、楊、敖俱有「爵」字，通解無。石經考文提要云：「正德舊監本尚有『爵』字。」案，「酢」唐石經作「醋」。

245 今乃見致爵於主人訖　乃，單疏本作「尸」，通解作「乃」。

246 是遂達賓之意　賓，陳、閩、通解俱作

「之」。

二人洗觶

247 乃爲殷勤於尸侑也　乃，要義作「爵」。

248 故使二人舉觶　舉，閩本誤作「與」。×

249 故特牲等使二人舉觶　二，單疏、要義俱作「一」，通解作「二」。

250 與賓長所舉薦君之觶　君，單疏、要義俱作「右」，通解作「君」。

尸遂執觶以興

251 注尸拜至禮殺　此下五節，單疏本俱不標經文起止。×

252 是各於其階　單疏、通解、要義俱重「各」字。

253 主人拜受爵　唐石經無「爵」字。

卒飲者

254 未受酬者　未，集釋、敖氏俱作「末」，與單疏疏文合。

255 此私人未受酬者　未，單疏、要義俱作「末」，通解作「未」。

256 彼雖無人可旅　彼，單疏、通解、要義俱作「後」，是也。

乃羞庶羞于賓兄弟

257 其始主婦舉觶於内賓　觶，徐本、通解、要義俱作「酬」，集釋、楊氏俱作「觶」。

258 羞庶於賓及兄弟之等事　「庶」下，單疏、通解、要義俱有「羞」字。

259 兄弟之後生者舉觶于其長　觶，張氏從古文作「爵」。按，注既云「古文觶爲爵」，則鄭本自從今文作「觶」。張氏識誤務存鄭舊，而此條顯與鄭背，殊不可解。今削其説，而存其異字，以備參攷。

260 後生年少也　「生」下，楊氏有「者」字。

261 古文觶皆爲爵　爲，要義作「作」。

262 延景中　景，徐本、釋文、集釋、要義俱作「熹」，通解作「景」。盧文弨云：「延熹，漢桓帝年號。然此實『熹平』之誤。」○今按，延熹校書，熹平刊石，似屬兩事。

洗升酌

263 注長在左辟主人　此下兩節，單疏本俱不標經文起止。　×

264 主人常在左　在左，單疏、陳本、通解、要義俱作「左人」。

265 故辟主人也　單疏、要義俱無「也」字，通解有。　×

266 坐祭遂飲卒爵○爵止　止，徐本作「上」，誤。

267 此言止明亦奠薦左　左，陳、閩、通解俱作「右」。

賓長獻于尸

268 賓長者賓之長次上賓者非即上賓也　徐本、楊氏俱無此十五字，與單疏標目合。集釋、通解俱有。按，疏内述注有之，李氏蓋據疏補入。唯「非即上賓」句乃賈氏語，非注也。通解引疏刪「非即上賓者」五字，蓋亦知爲賈氏語，故可刪。

269 注賓長至者也　賓長，單疏本作「如初」。按，注首三句之脱，當在咸平以前。　×

270 上賓獻尸時亦於爵　於，單疏、要義俱作「止」，陳本、通解俱誤作「並」。

271 又衆賓長爲加爵　又，陳、閩俱誤作「及」。　×

272 賓一人舉爵于尸如初　此下陳、閩俱有「無」

字，葛本有「無湆」二字，皆誤。

273 故言亦遂之于下也　徐本、集釋、楊氏「故」俱作「是」，無「也」字。通解並與今本同。

274 上言無湆爵不止　「上言」二字，徐本倒，與疏不合。通解誤作「止言」，楊氏與今本同。

有司徹

275 堂上有尸侑之薦俎　尸，閩誤作「户」。×

276 宗婦徹祝籩豆入于房　「籩豆」二字，單疏、通解、要義俱倒。○按，俱倒是也。特牲作「豆籩」。

277 改饋饌于室中西北隅　單疏、通解、要義俱無「室中」二字。

278 而亦足以厭飫神　飫，閩本誤作「飲」。×

279 若不賓尸　賓，唐石經作「儐」。石經考文提要云：「此以下注疏中『儐』、『賓』雜出，然經文『儐』凡十三見，皆作『儐』，不應此獨作『賓』。」

280 不綏祭　陸氏曰：「綏，本亦作隋，同。」

281 獻厭飫神也　獻，單疏、陳本、通解、要義俱作「厭」。○按，曾子問注作「厭」不作「獻」。

乃盛俎

282 此七體羊豕　七，閩、監、葛本俱誤作「士」，疏同。

283 賓尸之禮更無所用　單疏、楊氏俱無上四字，通解有。

284 膞骼股骨也　單疏本無「也」字，通解有。×

285 後脛骨二膞骼也　膞，閩本誤作「特」。×

魚七

286 案中候云　中候，陳、閩俱誤作「申侯」。×

287 得申侯意　侯，單疏、監本俱作「朕」。

288 乃紂之　紂，單疏、通解俱作「討」。

腊辯無髀

289 代脅長脅短脅各一骨　代脅，閩本誤作「代骨」。×

290 今若復分一骨二骨　二，陳、閩俱誤作「一」。×

291 士虞禮祝與下　與，單疏本作「以」。

292 不云無脾　脾，陳、閩俱作「骼」，通解作「髀」。

卒盛乃舉牢肩

293 舉七　徐本、集釋、通解俱作「卒已」，楊氏與今本同。

佐食取一俎于堂下

294 注不言至於尊　單疏本不標經文起止。×

乃摭于魚腊俎

295 今文摭爲樜　今，徐本、集釋、通解俱作「古」字。樜，徐本作「摕」，葛本、集釋俱作「搩」。按，宋本釋文亦作「摕」，今本作「搩」。五經文字手部有「摕」字，云「之石反，見禮經」。

296 注个猶至爲樜　樜，單疏本作「摕」。×

祝主人之魚腊

297 注祝主至未聞　單疏本無「至」字，誤。×

298 案特牲士禮　特，閩本誤作「時」。×

299 主婦用臑　婦，誤作「人」。

尸不飯告飽

300 凡十一飯　一，陳、閩、監、葛俱誤作「三」。

301 士九飲　飲，徐、陳、集釋、通解、楊氏俱作

「飯」。

302 佐食受牢舉如儐　儐，石經補缺作「賓」。

303 主人洗至如儐　釋曰　單疏如此。按，此段係下節疏，通解、要義俱不誤，今本誤附此節。　×

304 主人洗酌酳尸　酳，石經補缺、閩、監、葛本俱誤作「酪」。

305 挼讀爲藏其惰之惰　惰，徐本、楊氏並作「墮」，與單疏述注合。陳本、釋文、集釋並作「隋」。通解上作「隨」，下作「隋」。按，當以釋文爲正。

306 古文爲㨨　㨨，徐、陳、集釋、通解俱作「挟」。

307 注肝牢至爲㨨　㨨，單疏、陳本俱作「挟」。　×

308 云讀爲藏其惰之惰者　惰，單疏本並作「墮」，陳本、通解並作「隋」，要義並作「墮」。按，唐人書「墮」字多從心，後遂誤爲「惰」。

309 既祭則藏其惰　惰，陳本、通解、要義俱作「隋」。

310 義取惰藏之事也　惰藏，單疏、要義俱作「隋減」，陳本、通解俱作「隋藏」。

其獻祝與二佐食

311 論主婦亞獻尸及祝　及，要義作「并」。

主婦反取籩丁房中

312 反主人之北拜送爵位　送，陳、閩、監、葛、通解俱作「還」。

313 注棗饋至爵位　單疏本「棗饋」二字空缺。又此節經、注分標，此五字在「陰厭神饌也」下，下復有「釋曰」二字。　×

314 主婦亞獻有四籩者　主，閩本誤作

「三」。

尸左執爵

315 至祝受加于肵　徐本無「祝」字，集釋、通解俱有。

316 注自主至于儐　此下四節，單疏本俱不標經文起止。

317 至此與儐者　「儐」下，單疏本有「同」字。

318 與儐尸異　單疏本無「異」字，通解有。單疏本此句下有「所得相決」四字，通解無。

319 祝易爵洗酌受尸　受，唐石經、徐本、集釋、通解、楊、敖俱作「授」，鍾本作「受」。

320 今文醋曰酢　醋曰酢，徐、陳、通解俱作「酢曰酌」，集釋作「醋曰酌」，閩、監、葛本俱作「酌曰酌」。按，「曰酌」二字，諸本俱與疏標目合。

宰夫薦棗糗

321 士妻卑也　士，閩本誤作「上」。

322 引春秋趙姬請送叔隗以爲内子　送，單疏、通解、要義俱作「逆」。

323 於祝不薦籩　不，陳、閩俱作「至」。

324 主人受爵酌獻二佐食　人，陳、閩、葛本、集釋、通解、楊、敖俱作「婦」。石經考文提要云：「監本沿唐石經之誤。此節乃主婦亞獻，其獻二佐食與少牢饋食主婦獻二佐食同，非主人也。」

325 賓長洗爵獻于尸○賓尸西北面荅拜　尸，唐石經、徐、陳、集釋、通解、要義、楊、敖俱作「户」，疏同。

326 皆云拜送　云，閩本誤作「子」。

主婦洗于房中

327 變於士也　張氏曰：「巾箱本『士』誤作『土』。」

328 上大夫受致不酢下大夫受致又酢　陳、閩俱脱「不酢下大夫受致」七字。

329 士受致自致　士，閩本誤作「土」。×

330 祀先王胙席亦如之　胙，單疏、通解俱作「昨」，要義作「胙」。

331 胙讀如酢　單疏、要義俱無此四字，通解有。

主婦薦韭菹醢

332 以其牢與腊脅而七　脅，徐本、集釋、通解、楊氏俱作「臂」。

333 注臂左至牲體　單疏本不標經文起止。×

334 以其上腊摭五牧　浦鏜云「枚」誤「牧」。

主婦荅拜受爵

335 注自酢不更爵殺　此下六節，單疏本俱不標經文起止。×

酌致爵於主婦

336 尸以酢主婦　酢，單疏、通解俱作「醋」。×

337 則主婦位南面西上可知　則，單疏、通解俱作「在」。

338 亦約特牲記文也　單疏、陳本、通解俱無「也」字。通解「文」作「云」。×

婦贊者薦韭菹醢

339 宗婦之弟婦也今文曰婦也贊者執棗糗授婦贊者不興受　下十七字今本脱，徐本、集釋俱有。通解無「今文曰婦也」五字，「棗」誤作「景」，餘與徐本同。❻

340 佐食設俎于豆東○祭肺一　唐石經無「祭」字。敖氏曰：「此肺，嚌羊肺也。曰『祭』者，誤衍爾。」○按，此亦敖氏未見唐石經之證。

341 鄭略而不言骨名　鄭，單疏本作「證」，是也。

342 主婦升筵坐

變於大夫　周學健云：「一本作『丈夫』。此謂主婦，故對『丈夫』而言。丈夫則兼尸、賓，非專指大夫也。」

易爵于篚

343 自賓獻及二佐食至此　徐本、楊氏俱無「獻」字，集釋有。通解有「獻」無「自」。

卒乃羞于賓

344 主人降至人辯　注自乃至庶羞　單疏本。按，通解、要義分節俱與單疏合。×

賓長獻于尸

345 以其上賓長已獻尸訖　「長」下，單疏、要義、通解俱有「上」字，楊氏無。

346 賓兄弟交錯其酬　錯，陳、閩、監、葛俱誤作「醋」。

347 似上大夫無旅酬　上，通解、要義俱作「下」。

348 案特牲只在室内　只，單疏、通解、要義俱作「尸」，不誤。

349 士賤不嫌與君同　士，陳、閩俱誤作「事」。

350 主人出立于阼階上○尸謖祝前　祝，徐本作「祀」，誤。

351 注自主至序下　單疏本無此六字，亦不標經文起止。按，疏首仍有「釋曰」二字，則不得與上節疏合爲一也。其不標經、注，偶脱耳。通解載此疏，亦脱「疏曰」二字。×

352 祝命佐食徹阼俎者　單疏、通解俱無

「者」字。

乃羞如儐

353 至此餕興出也　此，徐本、集釋、敖氏俱作「上」，通解、楊氏俱作「此」。

卒羞

354 司士擊豕是之　之，要義作「也」。

355 云當室之白　室，誤作「設」。

司宮埽祭

356 注埽豆至階東　自此至末凡四節，單疏本俱不標經文起止。×

357 凡幣帛皮圭爲王命　浦鏜云「主」誤「王」。

358 祝告利成○衆賓出　出，誤作「及」。

359 拜送賓也者　徐本、集釋、楊氏俱無「也」字，通解有。×

360 拜侑與長賓　與，陳、閩俱誤作「於」。

361 拜送其長可知　單疏本無「其」字，通解、楊氏俱有。

婦人乃徹

362 下上大夫之禮有　有，單疏本作「者」。

徹室中之饌

17—363 内者謂今婦人徹饋　「徹」字，單疏本空缺。×

儀禮單疏計肆拾柒萬伍阡捌伯肆拾捌字。

宣德郎守大理寺丞國子監直講賜緋魚袋臣崔偓佺校定

通直郎守太子洗馬國子監直講騎都尉
杭州監彫印版臣王焕校定❼
諸王府侍講承奉郎守尚書屯田員外兼
國子監直講賜金魚袋臣孫奭校定
承奉郎守尚書屯田員外郎直集賢院騎
都尉臣李維校定
朝散大夫行尚書職方員外郎祕閣校理
上柱國臣舒雅校定❽
朝散大夫尚書虞部郎中崇文院檢討
護軍臣杜鎬校定❾
南宮　朝請郎中守大理寺丞臣　文
再校❿
朝奉郎守國子博士騎都尉臣李慕清
再校
翰林侍講學士大中大夫守尚書工部侍
郎兼國子監祭酒權同句當官院事柱
國河間郡開國侯食邑一千户食實封

四百户賜紫金魚袋臣邢昺都校
大宋景德元年六月　日
朝散大夫給事中參知政事柱國大原縣
開國伯食邑八百户食實封貳伯户賜
紫金魚袋臣王欽若
朝散大夫守尚書刑部侍郎參知政事柱
國瑯琊郡開國侯食邑一千户食實封
四伯户賜紫金魚袋臣王旦
推忠協謀佐理功臣光禄大夫尚書右僕
射兼門下侍郎同中書門下平章事監
修國史上柱國隴西郡開國公食邑三
千八伯户臣李沆⓫
推忠協謀翊戴佐理功臣特進守司空兼
門下侍郎同中書門下平章事昭文館
大學士上柱國東平郡國公食邑五千
七百户臣吕蒙正

校　記

❶南昌府學本删「今本于此」以下至末十五字。

❷學海堂本、南昌府學本末俱增「注疏本抗誤杭」六字。

❸「戴」原誤「載」，據學海堂本、南昌府學本改。

❹「集解」，學海堂本、南昌府學本同。案，當作「集釋」或「通解」，或「集釋、通解」。

❺「至」字原脱，學海堂本同，據南昌府學本補。

❻「與」原誤「本」，據學海堂本、南昌府學本改。

❼「守太」、「都」三字原闕，據南昌府學本、汪氏重刻單疏本補。

❽「朝」字原闕，據南昌府學本、汪氏重刻單疏本補。

❾「朝」、「杜鎬」三字原闕，據南昌府學本、汪氏重刻單疏本補。

❿「大」、「文」原闕，據「南昌」府學本、汪氏重刻單疏本補。

⓫「沆」字原闕，據「南昌」府學本、汪氏重刻單疏本補。

儀禮釋文校勘記

士冠禮第一

f01—001 **謂禰** 父庿也 ○張氏曰：「『謂禰』，注云『父廟也』。按，監本『廟』作『庿』。」○按，「庿」、「廟」古今字，禮經十七篇，經皆作「庿」，注皆作「廟」。古文从苗，爲形聲。小篆从广朝，謂居之與朝廷同尊者，爲會意。

002 **爲緅** 側留反 ○宋本「側」作「則」。按，「則」字非也，當作「側」。

003 **具饌** 劉仕轉反 ○仕，宋本作「材」。○按，「材」字非也，當作「仕」。

004 **著頍** 陟略反 ○陟，宋本作「丁」。○按，當作「陟」。

005 **觶** 字林音至 ○至，宋本作「致」，是也。

006 **一匴** 本或作篹 ○篹，宋本作「算」。

007 **玉璂** ○璂，宋本作「琪」。

008 **爲襜** ○襜，宋本作「檐」。張氏士冠禮識誤曰：「按釋文云『爲檐，以占反』。廣韻云『檐與簷同，屋檐也』。❶垝謂之坫，故或爲檐。今從『襜』，非也。」

009 **袗玄** 之刃反劉之慎反一音真同 ○盧文弨云：「之刃，士昏禮内作『之忍』，此似脱爛。」

010 **撓之** 劉奴高反 ○奴，宋本作「好」字。○按，「好高」即集韻之「呼高」，「奴」字誤，宋本是也。

011 **爲鉉** 又胡畎反 ○胡畎，宋本作「玄犬」。

012 **蝓** 又音由 ○張氏曰：「『蝓』注云『又音虫』。按，監本『虫』作『由』。」

013 **柎** ○宋本作「拊」。

014 **母追**　○母，宋本作「毋」。

015 **殺**亦作試同　○試，宋本誤作「詩」。

016 **而諡**　○諡，宋本作「謚」，是也。

士昏禮第二

017 **納采**亡在反擇也　○亡，通解作「七」。擇，宋本作「釋」。○按，「七」字是，「釋」字誤。「七在」即集韻之「此宰」。

018 **使者**後使者及注皆同　○及注，宋本作「舉使」。張氏曰：「『使者』注云『後使者舉使皆同』。後經、注無『舉使』字，此『舉』當作『與』。」戴震云「案，今釋文作『後使者及注皆同』。攷篇內單言『使』，不讀『所吏反』之音也。張氏所見本併『使』字亦屬舛誤，『舉使』當作『與注』」。

019 **鄉爲**許亮反　○許，宋本作「神」。○按，「神」字大誤，作「許亮切」與集韻合。

020 **授校**又丁孝反□注同　○宋本「丁」作「下」，「注」作「雜」。○按，「下」字不誤，「雜」字非也。

021 **逡巡**　○張氏士昏禮識誤曰：「按釋文云『逡遁，音旬』。鄭氏于儀禮用『逡遁』字凡十有一。開寶釋文之本獨于此作『巡』，諸釋文之本皆作『遁』。」

022 **梧授**　○張氏士昏禮識誤曰：「按釋文云『捂授，吾故反』。玉篇曰『捂，受也』。」盧文弨云：「『梧』字从木爲正。」今按，説文無「捂」字，古蓋通用「梧」。

023 **請期**又七井反　○七，宋本誤作「士」。

024 **肫**又音之春反　○宋本無「又」字。

025 **飯必**扶晚反　○晚，宋本作「俛」。

026 **紒冪**　○冪，宋本作「鼏」。張氏士昏禮識誤曰：「按釋文『冪』作『鼏』，後『撤尊冪』，鄉飲酒、鄉射『尊紒鼏』同。」

027 **以庪**　○庪，宋本作「庋」。

028 謂緣又以令反　○盧文弨改「令」爲「全」。今按，「令」古音憐，但陸氏未必用古音耳。○按，集韻二僊有「緣」字，云：「因也。一曰衣飾。」盧改「以全切」，即集韻之「余專切」也。

029 爲神下主爲爲行同　○主，宋本作「注」。按，陸云「下主爲、爲行同」，指下文注「明主爲授女耳」句及「加之以爲行道御塵」句，宋本作「注」，乃轉寫之誤。❷

030 袗玄又普真反　○按，「普」疑「音」字之誤，「反」字衍。士冠禮釋文可證。

031 㓨黼劉音刺史之刺　○宋本「㓨」作「刾」，注兩「刺」字亦作「㓨」。按，張氏士昏禮識誤引釋文與今本同。○按，「㓨」俗字。

032 媵御下媵御御授御衽御餕御贊竝注同者　○張氏曰：「『媵御』注云『飯御贊竝同』。監本以『飯』爲『餕』，是已于上又脱一『御』字。經曰『御餕婦餘』。」按，今本與張説正合，豈後人據張説改正歟？又「竝注同者」四字，張氏直作「竝同」，盧云「音」字譌作「者」，未詳孰是。○按，張云「並同」是也。

033 嚌肝　○嚌，宋本作「齊」。張氏士昏禮識誤曰：「按釋文云『齊，才計反』。齊、嚌古通用，此從口者，後人加之爾。」

034 作稅詩稅反　○葉抄宋本作「詩説反」，是也。

035 將覵劉古徧反　○徧，宋本作「遍」。○按，「徧」、「遍」正俗字。

036 涚水　○涚，宋本作「説」。○按，當作「涚」。

037 猶妻　○猶，宋本作「可」。○按，宋本是也。

038 惷劉敕用反　○敕，宋本作「勑」。

039 謂卒寸忽反　○寸，宋本作「七」，同。

040 大姒　○姒，宋本誤作「以」。

041 溉於　○溉，宋本作「摡」。張氏士昏禮識誤曰：

「按釋文云『摡，古代反』。少牢饋食『摡鼎匕俎』、『摡甑甗匕與敦』、❸『摡豆籩勺爵觚觶』，字皆作『摡』。」

士相見禮第三

042 **請還**　○此條宋本在「相者」下。○按，葉抄非也。

043 **相也**　○也，宋本作「者」。○按，作「者」字與單疏標起訖合。

044 **呫嘗** 穀梁未嘗有呫血之盟　劉音當密反云此意謂未快或楚未詳　○密，宋本作「蜜」。張氏曰：「建陽本于『穀梁』下有『有』字，監本以『詳』爲『許』。」段玉裁云：「『蜜』當是『審』之誤。『此意謂未快』，疑當作『此音讀未決』。監本以『詳』爲『許』，無義。盧文弨校從之，何邪？」○按，葉抄「或楚」作「或所」，是也。

045 **隱辟** 劉房益反注同　○注，宋本作「此」。○按，當作「注同」，宋本非也。

046 **比及** 毗志反　○毗志，宋本作「比利」。

047 **曳腫**　○盧文弨改「腫」爲「踵」。○按，依説文當作「歱」，从止重聲。「踵」訓追，別一字。今字多作「踵」，而「歱」字廢矣。

鄉飲酒禮第四

048 **諸侯之鄉大夫**　○鄉，宋本作「卿」。○按，當作「鄉」。

049 **大師** 注大師大平大王同　○按，「王」下宋本有「皆」字，與儀禮識誤引同。張氏曰：「『大師』注云『大平、王王皆同』。此本以『大』爲『王』，監本去『王』字，皆誤。鄭注有曰『昔大王、王季』，今改『王王』爲『大王』。」按，張氏所改與今本正合。○按，依注文「大王」當在「大平」之前。

050 **葛覃**　○覃，宋本作「蕈」。張氏鄉飲酒禮識誤曰：「按釋文『葛蕈，大南反』。五經文字云『詩葛蕈，亦作蕈』。九經字樣云『葛覃，經典或作蕈』。今不作『蕈』，非古也。後燕禮同。」○按，「覃」正字，「蕈」假借字，不得謂之「非古也」。

051 胾醢莊吏反　○莊，宋本作「壯」，同。

052 冪　○宋本作「鼏」。○按，經文是「冪」字。

053 猶膱本或作樴　○宋本大字作「樴」，小字作「職」。按，作「職」誤也，小字當作「膱」。

鄉射禮第五

054 則爲下注爲有爲已爲位爲當明爲同　○盧文弨改「位」爲「涖」，云：「下注云『立司正爲涖酒爾』，則當作『涖』。」○按，盧云是也。

055 相工息幹反　○幹，宋本作「亮」。按，今本「幹」字係剜改而復誤。

056 插也　○插，宋本作「揵」。按，張淳所見亦作「揵」，見士冠禮識誤。

057 豫則音榭　○榭，宋本作「謝」。

058 ⿰弓咅弓浦比反　○盧文弨改「⿰弓咅」爲「踣」、「比」爲「北」，是也。

059 騶虞側留反　○側留，宋本作「壯由」。按「壯由」即「側留」。

060 迭飲　○飲，宋本作「於」，非也。

061 綌冪　○冪，宋本作「鼏」。

062 襦如朱反　○宋本無此條，別有一條，云：「薰，許云反。」

063 岐蹄　○岐，宋本作「歧」。○按，「岐」、「歧」正俗字。

燕禮第六

064 樂之下尚樂宴樂同　○張氏曰：「監本『宴』作『宴』。」盧文弨云：「『宴』見字林，五經文字以『宴』爲『宴』之重文。」

065 告語魚據反　○張氏曰：「監本『据』作『據』。」

066 爲燕下爲卿爲拜同　○卿，宋本作「鄉」。

067 大僕下大宰大平大王皆同　○張氏曰：「『大僕』注云『大寄』。按，監本『寄』作『宰』。」

068 又復下復盥復言復再拜又復將復而復同　○宋本「盥」作「與」，「言」作「云」。張氏曰：「鄭注有曰『復言之者』，『云』字當作『言』。」按，今本與張説合。○按，宋本「與」字誤。「復盥」，指下注「主人復盥」之「盥」。

069 爲其下爲拜猶爲爲其爲祭同　○張氏曰：「按鄭注曰『欲以臣禮燕，爲恭敬也』。此『祭』當作『恭』。」

070 文辯　○張氏曰：「經云『大夫辯受酬』。此文當作『夫』，後大射亦作『夫辯』出音。」

071 下賢避嫁反　○宋本「避」作「迴」。張氏曰：「『下賢』注云『延嫁反』。按，監本『延』作『迴』」。○按，作「迴」是也。

072 關睢七徐反　○徐，宋本作「如」。

073 燋也　○張氏曰：「按經『燋也』在『闇人』下。」○按，張是也。

074 酏以皮反　○張氏曰：「『酏』注云『以支反。劉書支反』。按，監本以『支』字當作『皮』。」

大射儀第七

075 糗孟子曰舜飯糗茹草　○宋本「糗」作「殠」，「草」誤「菜」。

076 鳿鵠音于　○于，宋本作「干」。按，「鳿」亦當從「于」。

077 若絺劉作綌音卻　○盧文弨云：「『綌』字無攷，云『音卻』，必本是『絡』字之誤。」

078 爲冪　○宋本作「鼏」。

079 壺獻下注獻並同　○盧文弨改「注」爲「汁」，是也。

080 中之下注次中矢中同　○次，宋本作「於」。○按，「次中」指下「次中隱蔽處」句，宋本「於」字誤。

081 共而下共而去皆同　○去，宋本作「侯」。○按，宋本作「共而俟」，亦轉寫之誤，當作「共而俟」。「共而俟」下凡三見，故云「皆同」也。

082 **爲絹** 一音占縣反 ○按，「占」當作「古」。

083 **眂算** ○宋本作「眂筭」。○按，宋本皆是也。「眂」、「算」並別一字。

084 **當飲** 下文若飲公飲君皆同 ○若，宋本作「相」。○按，當作「若」，宋本非也。

085 **爲之** 下爲大侯當爲嫌爲爲復爲將皆同 ○將，宋本作「其」。○按，「爲將復射」，是「司射適堂西」注文，宋本作「其」，非也。

086 **一个** ○盧移在「鄬」字上。

087 **薪蒸** 章凌反 ○蒸，宋本作「烝」。盧改「凌」爲「淩」，云「從宋本正」。

聘禮第八

088 **表識** 又音志 ○志，宋本作「試」。

089 **繅** 圭藉也 ○藉，宋本作「籍」。○按，當作「藉」，宋本非也。

090 **餼之** 謂殺而未熟 ○熟，宋本作「孰」。○按，「熟」、「孰」古今字。

091 **不腆** ○腆，宋本作「㥏」。○按，宋本非也。

092 **之祧** 遠廟爲祧謂始祖廟也 ○兩「廟」字，盧文弨俱作「庿」，云「從宋本」。

093 **既拚** 謂灑埽也 ○灑，宋本作「洒」。○按，「灑」正字，「洒」假借字。

094 **設飧** 音孫注同 ○「注」上，盧增「下及」二字，云「飧見下經及注」。

095 **逡** 七旬反 ○旬，宋本作「匀」。

096 **中棖** 門兩旁木也 ○旁，宋本作「傍」。○按，當作「旁」。

097 **依前**本又作扆　○扆，宋本作「衣」。○按，宋本非也。釋宫云：「牖户之間謂之扆。」是「扆」爲正字，禮經多假「依」字爲之。

098 **青豻**五旦反　○張氏曰：「監本『旦』爲『但』。」

099 **其復**下乃復復特同　○宋本「特」作「時」。○按，「復特饗之」是「賓介皆明日拜于朝」注文，宋本非也。

100 **道入**下逆道道賓帥道放此　○宋本「逆道」作「亦道」，「道賓」作「賓賓」，「帥」作「師」。案，張氏曰：「『道入』，注云『下逆道、賓道、帥道放此』。鄭氏注有曰『衆介逆道賓而出也』。又曰『亦道賓之義也』。又曰『大夫先升道賓』。❹今諸本誤以『道賓』爲『賓道』，監本又誤以『帥』爲『師』字。」按，今本與張説合，宋本作「亦道賓賓」，又與張氏所見諸本不同。

101 **醓醢**他感反　○張氏曰：「醓醢，他惑反。按，監本『惑』作『感』。」○按，「惑」誤字也。

102 **三秏**字林疾加反　○疾，宋本作「丈」字。按，宋本是也。

103 **束紡**劉敷罔反　○罔，宋本作「网」。❺○按，説文以「罔」爲「网」之或字。

104 **爲拜**下爲旦見爲爲行爲君爲酢爲之爲皆同　○宋本「旦」作「且」，「爲君」作「注君」。張氏曰：「『爲拜』注云『君爲酢爲之爲皆同』。按，鄭注有曰『爲君之答己也』。又曰『爲酢主人也』。又曰『喪禮殺爲之不備』。當曰『爲君、爲酢、爲之皆同』。」按，今本似亦知舊本之誤而改之，但於「爲君」上脱一「注」字，「爲之」下仍衍一「爲」字，遂不可解。○按，「爲旦」謂下注「爲旦將發也」，宋本「且」字誤。「爲君」當在「爲行」之前，諸本並誤倒。「爲君」乃「公使卿贈」節注，「爲行」乃「禳乃入」節注，宋本作「注君」，亦誤，非脱文也。「之爲」「爲」字下當脱「鄰」字，謂下「赴者至」節注「禮爲鄰國闕」作音，非衍文，故陸氏於是注後，直至經文「主人爲之具而殯」句始作音也。

105 **使之將**將則後加字　○將則，盧文弨改作「兵則」。○按，盧是也。

106 于闐　○張氏聘禮識誤引釋文云「於闐」。

107 作訃　○張氏曰：「作計，音赴。監本『計』作『仆』，皆誤，當作『訃』。」按，今所傳宋本作「訃」，與張氏所見二本不同。

108 不享　○享，宋本作「亨」。

109 與繅注藻及璪音同　○璪，宋本作「喿」，誤。

110 作約聲類以爲約字　○盧文弨云字疑有誤。今按，注「約」疑當作「絇」。

111 其摯　○摯，宋本作「贄」。張淳所見本亦作「贄」。

112 卷去阮反　○阮，宋本倣「院」。

113 豚他門反　○張氏聘禮識誤引釋文云：「豚，大本反。」盧文弨云：「舊本作『徒門反』，以豚犬本字讀之，大誤。注疏本作『大本反』，正與玉藻音同，今據改。」按，盧文弨以「他」爲「徒」，未知何據。且張氏所見正作「大本反」，今不據張本，而但據注疏本，何耶？○按，他、徒、大，與「豚」字並同位同等。

114 五職音職　○職，宋本誤作「膱」。

115 萊昜　○昜，宋本誤作「易」。

公食大夫禮第九

116 公食下注後食饗食禮同　○張氏曰：「『食饗』當作『饗食』。」○按，「後食」指下注「先饗後食」，「饗食」指下注「小臣於小賓客饗食」。今本不誤，惟「禮」字疑衍文。

117 作鉉音扃　○缺處宋本作「一」，是也。

118 牛鮨郭璞云鮨鮓屬　○鮓，宋本作「鮓」。○按，宋本是也。

119 鈃芼　○張氏公食大夫禮識誤曰：「此篇『鈃』字在經有四，在注有二。釋文釋其前『設鈃』作『鈃』，寫其後『鉶芼』又作『鉶』。其間二經二注之『鈃』，必不從『鉶』，悉改作『鈃』。」按，據此則張氏所見之本作「鉶芼」，張氏以意改爲「鈃」耳，而此本適與之合。○按，説文「苄」字下引作「鈃毛牛藿」。

120 苦荼 ○張氏曰「若荼。按，監本『若』作『苦』」，是也。

覲禮第十

121 覲禮其覲反 ○覲，宋本作「靳」。○按，宋本是也。

122 訝者五嫁同 ○盧文弨改「同」爲「反」，是也。

123 俠門古洽反　作傅音付 ○宋本「作傅」在「俠門」上。張淳識誤云：「按經『作傅』在『俠門』下。」○按，張云是也，惟「俠門」「作傅」四字皆注文，張云「經作傅」，亦轉寫之誤。

124 揭 ○宋本作「愒」，是也。

喪服經傳第十一

125 一溢王肅劉逵袁準孔倫葛洪 ○宋本脱「倫」字。

126 右縫 ○盧文弨云：「此條當在前『條屬』之下，誤脱在後。」○按，盧云非也。

127 言嫡丁狄反 ○狄，宋本作「歷」。○按，作「丁麻」與集韻合。

128 闍寺 ○張氏曰「間寺，監本云『闍寺』」，是也。

129 帶緣以絹反注同 ○宋本「注」字空缺。

130 牉合 ○牉，宋本作「胖」。

131 者與音餘 ○張氏曰：「者與音預，監本『預』作『餘』。注曰『然女君有以尊降其父母者與』。當作『餘』。」

132 不樛 ○段玉裁云：「依玉篇引當从手。」

133 婈本又作嫂 ○又，張氏喪服識誤引作「亦」。

134 大斂力驗反 ○大，宋本作「其」。按，鄭注云「其奠如大斂」，張氏所見本「斂」作「奠」。今云「其斂」，則「奠」又爲「斂」矣，皆失之。○按，「力驗反」正爲「斂」作音，不爲「奠」作音也。宋本「其」字誤，張氏作「大奠」，亦非。

士喪禮第十二

135 至於既殯之禮 ○宋本注末衍「於五禮」三字。

136 塊竈劉音古雷反 ○音古，宋本作「先苦」。○按，宋本「先」字誤，「苦」字不誤。「古雷反」，即集韻之「枯回切」。

137 吒鼠 ○段玉裁校本「吒」作「矺」。

138 絰殺劉色例反 ○例，宋本誤作「倒」。

139 而上時掌反 ○時，宋本作「士」。○按，「士」字誤。

140 褖衣 ○褖，宋本誤作「緣」。

141 緣之注緣同 ○注，宋本作「言」。按，「緣之」二字出注，注又云「褖之言緣也」，當作「下言緣同」。

142 笏作音忽 ○笏作，盧文弨改爲「竹笏」，❻云：「『竹笏』見經文，注云『今文笏作忽』。陸氏不應捨經而音注，而繫於『侯荼』之後。若云『笏作忽音忽』，尤無此理。今故移於『以瑬』之上而正之。」

143 盛米下注盛物巾盛盛笙同 ○張氏曰：「下無『盛笙』字，有曰『殷，盛也』，『笙』字當『也』。或曰，殷盛之盛，去聲也。按，籩豆具而有巾盛之也。釋文亦音成，與此同爾。」

144 抯用劉居吝反睎也 ○宋本「吝」誤「玄」，「睎」作「飾」。按，說文：「飾，㕞也。」抯有㕞義，故云「飾也」。今本鄭注亦作「睎」，皆誤。

145 擐劉郭大反 ○段玉裁挍本「大」作「犬」，是也。

146 用軨 ○張氏曰「用軨，監本『軨』作『軨』」，是也。

147 絰 ○此條宋本在「大鬲」下。○按，宋本非也。

148 殺之劉色例反 ○例，宋本亦誤作「倒」。

149 令著　○令，張氏士喪禮識誤作「令」，是也。

150 乃朼必季反　○季，宋本作「李」，是也。

151 大燋　○大，宋本作「火」。張氏士喪禮識誤曰：「注曰『燎，火燋』。按，釋文云『大燋』，從釋文。」

152 柲緄　○柲，宋本誤作「祕」。

153 用輴　○輴，宋本作「楯」。張氏士喪禮識誤引釋文亦作「楯」。

154 用軸大六反　○大，盧文弨從注疏本改作「丈」，是也。

155 輓而音晚　○張氏曰「輓而，音挽。按，監本『挽』作『晚』」，是也。

156 厭於及下注同　○及，宋本作「反」，是也。屬上讀。

157 釋菜七代反　○張氏曰「釋菜，士代反。按，監本『士』作『七』」，是也。

158 爇燋之悅反　○之，宋本作「人」。○按，宋本不誤。

既夕禮第十三

159 若上士二廟　○廟，宋本作「庿」。

160 請啓舊七井反　○七，宋本作「士」。○按，宋本非也。

161 饌子　○盧改「子」爲「于」，不誤。

162 用蒸　○蒸，宋本作「烝」。○按，說詳注疏挍勘記。

163 蹕　○宋本下有「也」字。○按，單疏本標起訖無「也」字。

164 之輴　○輴，宋本作「楯」。○按，張淳本亦作「楯」。

165 成蹢陟角反　○陟，宋本作「丁」，同。

166 甀二亡甫反　○亡，宋本作「罔」，同。

167 干笮矢箙也　○宋本「干」作「下」，「箙」作「服」。○按，宋本「下」字誤。「箙」正字，「服」假借字。

168 翣　○張淳既夕禮識誤引作「篓」，云「此非牆翣之翣，故從竹」。○按，字當作「箑」，假借作「翣」。「篓」者箑之或體。

169 于棧　○于，宋本作「子」。○按，宋本誤。

170 脾肶尺之反　○宋本「肶頻尸反」，「脛尺之反」，分爲兩條。段玉裁云：「『脾』不誤，『肶』當作『膍』，禮記注同。」

171 於緘劉古陷反　○古，宋本作「市」。○按，「古」字是，「市」字非也。

172 人啼　○啼，宋本作「諦」，張淳本同。盧文弨云：「諦與啼通。管子『冢人立而諦』，荀子禮論『哭泣諦號』，春秋繁露執贄篇『羊殺之不諦』，淮南精神訓『病疵瘕者踦踽而諦』，皆與『啼』通。」

173 衽又西鴆反　○盧文弨改「西」爲「而」，是也。

174 如軶　○軶，宋本作「軛」，張淳本同。

175 差盛又初隹反　○隹，宋本作「佳」。○按，宋本是也。

176 褌音昆　○段玉裁云：「宋本注、宋本疏皆作『禈』。」今按，張淳本亦作「禈」，與今本注疏合。

177 素勺土灼反　○土灼，宋本作「上汋」。○按「土」字誤。

178 辟斂下辟患同　○患，宋本作「忌」。○按，「辟忌」乃下文「君視斂」注，「患」字非也。

179 爲鬠　○鬠，宋本作「髺」。○按，說文云：「从髟，隋省聲。」

180 狗幦覆笭也　○笭，宋本从艸，誤。

181 蒲菆牡蒲莖也 ○莖，宋本誤作「莁」。

182 差飾初皆反 ○段玉裁云「皆」當是「賣」。

183 諸突本又作窔 ○窔，宋本作「突」。○按，「突」字非也。

184 于垣 ○于，宋本作「於」。○按，經作「于」。

185 之團作輇作摶劉團及輇 ○及，宋本誤作「反」。

186 爲柴 ○柴，張淳本作「柴」。按，鄭注本作「柴」，張氏據釋文改作「柴」，然説文無「柴」字。○按，「柴」是也。葉抄本亦作「柴」。

187 猴矢 ○宋本作「矢猴」。張氏既夕禮識誤曰「經曰『猴矢一乘』。按，釋文『猴』字上更有一『矢』字。」

188 祝免音問 ○宋本注末有「注同」二字，是也。

士虞禮第十四

189 既封劉通鄧反 ○盧文弨改「通」爲「逋」。○按，作「逋」，盧依集韻改也。

190 淳戶之純反❼ ○之，宋本作「韋」。盧文弨云：「宋本之作『韋』，注疏本作『童』，皆譌舊之字改刻。」嚴杰云：「『韋』、『童』皆『章』字之誤。『之純』即集韻之『朱倫』。」

191 擩韋帨反 ○韋帨，盧文弨改「人悦」，云從宋本正。

192 酳戶劉侯吝反 ○侯，宋本作「俟」。○案，當作「矣」。

193 猶養才亮反 ○才，宋本作「予」。○按，宋本是也。

194 鬐渠之反 ○渠，宋本作「巨」，同。

195 爲枯劉本作枯 ○盧文弨改「枯」爲「楛」。

196 不復設下豈復又復同 ○「下」上，宋本衍「又」字。

特牲饋食禮第十五

197 **作饜** ○作，宋本作「爲」，張淳本同。

198 **木轝** ○轝，宋本作「輿」，張淳本同。

199 **兄弟從**又才用反 ○張氏曰「『兄弟從』注云『下用反』。按，監本『下』作『才』」，是也。

200 **溉之** ○溉，宋本作「摡」，葉抄本及張淳本同。

201 **猶辨** ○辨，宋本作「辨」，張淳本同，云「辨當作辨」。今按，士相見禮作「辨」，故張氏從之。戴震云：「説文無『辨』字，徐氏新附始有之。古字『辨』通用『辨』。考工記『以辨民器』，鄭注云『辨猶具也』。釋文亦作『辨』，云『皮莧反。具也』。然則儀禮音義作『辨』者，乃後人所改，非陸氏之舊。婁機班馬字類引史記秦始皇本紀『倚辨于上』，項羽本紀『項梁常爲主辨』，今史記『辨』亦作『辨』，皆後人不識古字，憑臆妄改，以就其謬。」

202 **朼載** ○盧文弨云：「注疏本作『匕』。」今按，張氏特牲識誤云：「注曰『臨匕載』。監本『匕』誤作『上』，從諸本。」若釋文作「朼」，則張氏必從之。疑張氏所見釋文亦作「匕」。○按，「匕」、「朼」古今字，古經多作「匕」，漢人注經或作「朼」。

203 **刊其**若干反 ○盧文弨改「若」爲「苦」。○按，盧改是也。

204 **抽扃**古熒反 ○熒，宋本作「螢」。

205 **啓會**下并下注於會同 ○張氏曰：「『啓會』注云『下主于會同』。按，監本『主』作『注』。」

206 **聽嘏**受福曰嘏嘏長也 ○張氏曰：「『聽蝦，受福蝦。蝦，長也』。按，監本『蝦』作『嘏』，少牢饋食『受蝦』同。」○按，古多假「假」爲「嘏」，又多假「假」爲「徦」。集韻三十五馬「徦」下云「或作蝦」。

207 **洗散**下皆同 ○皆，宋本作「音」。

208 **作激**劉本作徼音敫 ○張氏曰：「『敫』必『敫』字之誤也。」○按，詳注疏校勘記。

少牢饋食禮第十六

209 丁己音紀 ○紀，宋本作「祀」。盧文弨云：「宋本譌音『祀』，朱子始正之。」

210 圜而音宣反 ○音，宋本作「于」，是也。

211 甑甗子孕反 ○張氏曰「甑甗，子盈反。按，監本『盈』作『孕』」，是也。

212 臑 ○宋本上有「臂」字。

213 兩甒注廡同音 ○廡，宋本作「甒」，誤。

214 長朼 ○朼，宋本誤作「杜」。

215 被錫劉士歷反 ○士，宋本作「土」。○按，「土」乃「先」字之誤。

216 侈袂本又作栘 ○栘，張淳本作「移」，葉抄本作「袳」，唐石經作「移」，自是相傳古本。今按，徐鍇注說文曰：「禮言大夫袳袂，謂其袂張大。」則從衣亦非無據。說文引春秋傳「公會齊侯于袳」，今左氏、穀梁俱作「袲」，「袲」即「袳」之別體。公羊作「侈」，「侈」、「袳」古蓋通用。○案，說詳注疏挍勘記。

217 醓他感反 ○盧本「他」誤「地」。

218 羸 ○宋本誤作「羸」。

219 韭菹側魚反 ○側，宋本作「測」。○按，宋本非也，當作「側」。

220 擩于如帨反 ○盧文弨改「帨」爲「悅」，從宋本改正。

221 嚌之丁計反 ○丁，宋本作「才」，是也。

222 以綏并注挼及墮亦放此 ○墮，宋本作「隋」。張氏特牲識誤引此亦作「隋」。

223 袂 ○宋本作「㭈」，段玉裁云：「『袂』不當有決音。儀禮嘉靖本、鍾人傑本皆作『㭈』。」今按，五經文字、九經字樣俱無「㭈」字，宋人重修玉篇始載之，未知是古字否。至錢大昕謂「袂」當作「秩」，陸所見本已譌，此又當別論也。

有司第十七

224 儐尸於堂之禮　○儐，宋本作「賓」。

225 爲儐　○儐，宋本亦作「賓」。

226 氾埽下索到反　○索，宋本作「素」。○按，「索」亦同位同等字。

227 下尸　下注下尸下之亦下下侑下主人下大夫下上夫夫同　○侑，宋本作「賓」　○按，「賓」字誤。「亦下下侑」當作「亦下侑」。

228 加膴況甫反　○甫，宋本作「羽」。

229 刌又口侯反　○宋本「又」字空缺。

230 㨎如帨反　○如帨，宋本作「人悦」。

231 或作挑　○挑，宋本作「桃」，誤。

232 飯操　○操，宋本作「橾」，是也。

233 與腶加薑桂以脯而鍛之　○以，當作「於」。

234 捝手由鋭反　○張氏曰：「監本『由』作『申』。」○按，「由」者「申」之誤。

235 膮許堯反　○許堯，宋本作「呼彫」，同也。張氏曰：「膮，呼報反。監本『報』作『彫』。」

236 爲揲之石反　○揲，宋本作「摕」。「石」當作「舌」。

f01—237 其綏皆許惠反　○惠，張氏特牲識誤引作「恚」。

校　記

❶「廣韻云檐與簷同」，「簷」原誤「詹」，學海堂本同，據張淳儀禮識誤改。

❷「乃」原誤「及」，據學海堂庚申補刊本改。

❸「概甑甗匕與敦」,「匕」原誤「甗」,據學海堂庚申補刊本改。

❹「升」原誤「生」,據學海堂庚申補刊本改。

❺「本」原誤「公」,據學海堂庚申補刊本改。

❻「盧文弨改爲竹笏」,「笏」原誤「篛」,據學海堂庚申補刊本改。

❼「淳戹」,學海堂本同。按,「戹」當作「尸」。